ARBEITSBUCH RELIGION UND THEOLOGIE

ARBEITSBUCH
RELIGION UND THEOLOGIE

VI x 12 HAUPTBEGRIFFE

HERAUSGEGEBEN
VON CLAUS WESTERMANN

KREUZ VERLAG STUTTGART · BERLIN

CIP-Kurztitelaufnahme der Deutschen Bibliothek

Arbeitsbuch Religion und Theologie:
VI x 12 Hauptbegriffe/hrsg. von Claus Westermann. –
Unveränd. Studienausg., 1. Aufl. – Stuttgart,
Berlin: Kreuz Verlag, 1976.
Frühere Ausg. u.d.T.: Theologie.
ISBN 3-7831-0489-0.

NE: Westermann, Claus [Hrsg.]

UNVERÄNDERTE STUDIENAUSGABE
DES 1967 ERSCHIENENEN BUCHES
„THEOLOGIE. VI X 12 HAUPTBEGRIFFE"

GESTALTUNG: HANS HUG
SATZ UND DRUCK: HOLZER, WEILER IM ALLGÄU
BUCHBINDERISCHE VERARBEITUNG: SPIEGEL, ULM
ISBN 3 7831 0489 0

Der Inhalt

Claus Westermann

I. ALTES TESTAMENT

1. Rettung oder Heil 13
2. Segen 17
3. Zorn und Gericht, Klage 20
4. Gotteslob 24
5. Gottesdienst 28
6. Glaube 32
7. Heilig 36
8. Sünde und Vergebung 41
9. Gott der Herr 45
10. Gebot und Gesetz 49
11. Gnade und Bund 53
12. Frieden 58

Eduard Schweizer

II. NEUES TESTAMENT

1. Gottessohn und Christus 67
2. Menschensohn 73
3. Kreuz und Nachfolge 78
4. Auferstehung 83
5. Gottes Reich und Gerechtigkeit 88
6. Wunder und Sündenvergebung 93
7. Geist 97
8. Fleisch und Seele 104
9. Leib 108
10. Gemeinde 112
11. Gottesdienst 117
12. Taufe und Abendmahl 112

Bernhard Lohse

III. KIRCHENGESCHICHTE

1. Tradition 133
2. Kirchenväter 138
3. Staat und Kirche 143
4. Konstantinisches Zeitalter 148
5. Scholastik 152
6. Papsttum und Kirchenregiment 156
7. Konzile, Konzilsbewegung 160
8. Reformation 164
9. Gegenreformation 168
10. Pietismus 172
11. Konfession und Konfessionalismus 176
12. Kirchenkampf 180

Heinrich Ott

IV. DOGMATIK

1. Theologie 187
2. Hermeneutik 192
3. Offenbarung 196
4. Natur und Gnade 201
5. Trinität 205
6. Vorsehung 211
7. Inkarnation 216
8. Rechtfertigung und Heiligung 223
9. Glaube 227
10. Kirche 231
11. Wort und Sakrament 235
12. Ewiges Leben 238

Heinz Eduard Tödt

V. ETHIK

1. Ethik 243
2. Nachfolge 250
3. Liebe 253
4. Verantwortung 258
5. Gewissen 262
6. Gesetz Gottes 266
7. Situation 271
8. Schuld 275
9. Recht 278
10. Verantwortliche Gesellschaft 283
11. Wissenschaftsethik 287
12. Frieden 291

Werner Jetter

VI. PRAKTISCHE THEOLOGIE

1. Predigt 299
2. Seelsorge 303
3. Beichte 309
4. Unterweisung 314
5. Konfirmation 319
6. Gottesdienst 325
7. Abendmahl 330
8. Taufe 335
9. Amt 340
10. Gemeinde 348
11. Amtshandlungen 358
12. Diakonie 363

Leseratschläge 369
Namen- und Sachregister 387

Einleitung

Diesem Buch liegt die Absicht zugrunde, in der augenblicklichen theologischen Lage einmal Vertretern der theologischen Hauptdisziplinen am gleichen Ort das Wort zu geben und in zwölf Hauptbegriffen ihrer Disziplinen deren gegenwärtige Arbeit darzustellen. Dabei ist zu den fünf klassischen Fächern, in denen die Theologie ihre Arbeit verrichtet, nur die Ethik hinzugetreten; der Beitrag zur Ethik in diesem Buch zeigt deutlich genug, daß es in unserer theologischen Lage unausweichlich ist, ihr neben der Systematik oder Dogmatik einen eigenen Ort zu geben.

Wer alle Beiträge dieses Buches nacheinander liest, wird aus dem Staunen gar nicht herauskommen, daß innerhalb des Fachs Theologie die Sprache theologischen Darstellens und Argumentierens in den verschiedenen Disziplinen so verschieden klingen kann, die Begrifflichkeit so viele, so weit voneinander entfernte Orte der Herkunft erkennen oder vermuten läßt, daß vom gleichen Gegenstand unter den Aspekten der verschiedenen Disziplinen so verschieden geredet werden kann!

Dies ist die wirkliche Lage in der Theologie, und dieser Lage gilt es sich zu stellen. Man kann zwar sagen, daß die Differenzierung die unausweichliche Notwendigkeit in allen Wissenschaften sei und daß sich daher auch die Theologie solchem Verzweigen unmöglich entziehen kann; das ist richtig, aber damit ist doch nicht alles gesagt. Eine Differenzierung der theologischen Sprache liegt sehr ausgeprägt schon in der Bibel (Altes und Neues Testament) vor, das kann auch jeder Nichttheologe erkennen. Es ist auch nicht zu verdecken, daß diese erheblichen Abstände der verschiedenen Möglichkeiten, von Gott zu reden, schon in der Bibel erhebliche Verstehensschwierigkeiten begründen. Wenn aber das Alte wie das Neue Testament zu einem Kanon zusammengefaßt wurden, ist damit das den verschiedenen Stimmen Gemeinsame als gültig gesetzt.

Zur Zeit der Reformation erhielt die reformatorische Botschaft ihre Durchschlagskraft nicht zuletzt dadurch, daß wissenschaftliche und praktische Theologie noch nicht geschieden waren und daß in der wissenschaftlichen Theologie eine Sonderung von biblischer, historischer und systematischer Arbeitsweise noch nicht ausgeprägt war.

Eine solche Sonderung wurde im Zuge der allgemeinen geistesgeschichtlichen Entwicklung nach der Reformation notwendig und unausweichlich. Man kann aber nicht sagen, daß damit auch eine allmählich sich steigernde Entfremdung in den nun notwendigen Fächern der Theologie unausweichlich war. Gegen eine solche Behauptung spricht beispielsweise die sehr verschiedene Entwicklung des Verhältnisses der theologischen Disziplinen zueinander in den verschiedenen Teilen und Bereichen der Christenheit, in den Kirchen der verschiedenen Kontinente.

Es sei auch darauf hingewiesen, daß während der Zeit der Bedrängnis der Kirche und Theologie in Deutschland nach 1933 sich sehr deutlich eine neue Bereitschaft abzeichnete, zwischen den theologischen Disziplinen mehr aufeinander zu hören und zu achten. Es ist nicht zu erweisen, daß ein allmähliches Versickern dieser Bereitschaft notwendig war, als die Theologie nach dem Zweiten Weltkrieg wieder in äußerer Sicherheit arbeiten konnte und die Betonung der strengen Wissenschaftlichkeit schnell wieder zu wachsender Isolierung der theologischen Disziplinen führte.

Verständlich ist solche Isolierung allerdings. Jede der theologischen Disziplinen muß sich im Umkreis ihres besonderen Arbeitsfeldes bewegen; das sind zum Beispiel beim Alttestamentler die für das Verstehen des Alten Testamentes notwendige Kenntnis der Religionsgeschichte, Geschichte und der Sprachen des alten Vorderen Orients, für den Systematiker die Kenntnis der gesamten abendländischen Philosophiegeschichte, die, von der griechischen Philosophie angefangen, auf die Lehrbildung der Kirchen eingewirkt hat, für den Ethiker die gesellschaftlichen Bewegungen, in deren Bereich sich die Kirche befindet, im weitesten Sinn.

Daß die wissenschaftliche Beschäftigung mit derart verschiedenen Bereichen zu verschiedener Sprache, zu verschiedenen Denkformen, zu verschiedener Begrifflichkeit führt, ist fast unausweichlich. Dennoch braucht die christliche Theologie für ihre Gesundheit und ihr Gedeihen unbedingt eine organische, sinnvolle Bezogenheit der Arbeit der verschiedenen Disziplinen aufeinander.

Sie ist notwendig wegen des praktischen Zieles der theologischen Arbeit, das in allen Disziplinen gleich ist. Es hat Zeiten gegeben, in denen die Erforschung eines Teilgebietes der Theologie in bewußter und betonter Ablehnung jeder Beziehung auf den praktischen Dienst der Kirche geschah; man wollte damit die reine Wissenschaftlichkeit solchen Forschens unterstreichen. Eine solche grundsätzliche Absonderung der theologischen Forschung – auf welchem Teilgebiet auch immer – vom praktischen Dienst der Kirche ist genauso töricht, wie wenn ein Forscher im Bereich der Medizin nichts zu tun haben möchte mit der Heilung des kranken Menschen. Überdies hat eine vom praktischen Dienst gelöste Theologie keinerlei Zukunft. Diese Erkenntnis hat sich heute weithin durchgesetzt.

Eine sinnvolle Bezogenheit der Arbeit in den verschiedenen theologischen Disziplinen aufeinander ist notwendig um der Wissenschaftlichkeit dieser Arbeit willen. Besteht der wissenschaftliche Charakter der Kirchengeschichte nur darin, daß der, der sie betreibt, Historiker ist und nichts als Historiker, so ist nicht einzusehen, warum er nicht seine Arbeit innerhalb der pilosophischen Fakultät tun könnte; dasselbe gilt für den Exegeten, sofern er die Wissenschaftlichkeit seiner Arbeit allein auf die historisch-philologische Methode gründet. Nur eine auf das Ganze der Theologie bezogene Wissenschaftlichkeit kann den Anspruch erheben, der Einzelarbeit in den verschiedenen Disziplinen einen wissenschaftlichen Charakter zu geben, der von den anderen Wissenschaften als eigenständiger Bereich wissenschaftlicher Arbeit anerkannt wird.

Eine sinnvolle Bezogenheit der Arbeit in den verschiedenen theologischen Disziplinen aufeinander ist schließlich notwendig wegen des universalen Charakters des Gegenstandes der Theologie. Wenn es noch einen Sinn hat, daß wir Gott als den Schöpfer Himmels und der Erde bekennen, hat es die Theologie niemals etwa nur mit der christlichen Kirche und mit den glaubenden Christen zu tun, sondern mit der ganzen Menschheit und der von Gott geschaffenen Welt. Damit bekommt einerseits die starke Differenziertheit der Theologie, die es auf den verschiedenen Gebieten mit Religionsgeschichte, Sprachwissenschaft, Historie, Philosophie, Soziologie, Politik und, was sie endlich zu sehen beginnt, auch mit den Naturwissenschaften zu tun hat, ihren Sinn. Andererseits aber wird dadurch die Theologie in allen ihren Arbeitszweigen gezwungen, nach dem Ganzen zu fragen und sich um das Ganze zu kümmern.

Und damit sollte sie anfangen in der Bemühung, nach den Beziehungen der eigenen Disziplin zu den anderen zu fragen und sich für die Arbeit der anderen Disziplinen zu interessieren. Die vorliegenden Beiträge zeigen, daß wir noch weit davon entfernt sind. Aber vielleicht können sie ein wenig dazu verhelfen, das Interesse der theologischen Disziplinen aneinander zu wecken und zu fördern.

Dem Nichttheologen mag die Darstellung der einzelnen Disziplinen in Hauptbegriffen einen Eindruck von der Vielgestaltigkeit gegenwärtiger theologischer Arbeit geben, zugleich aber auch davon, wie hier etwas in die Zukunft Weisendes in Bewegung gekommen ist: der auf mancherlei Weise begonnene Versuch, in bewußtem Festhalten an den Grundlagen, der Bibel und den Bekenntnissen der Kirche, dem heutigen Menschen einen Weg zu öffnen, in voller Bejahung seiner Wirklichkeit diese Grundlagen neu zu verstehen und sich ohne Verleugnung seiner Gegenwart darauf zu gründen.

Schließlich möchte ich Herrn Professor Eduard Schweizer danken, daß er im letzten Augenblick kurzfristig für einen verhinderten Kollegen eingesprungen ist.

Der Herausgeber

I ALTES TESTAMENT

Claus Westermann

1. *Rettung oder Heil*
2. *Segen*
3. *Zorn und Gericht, Klage*
4. *Gotteslob*
5. *Gottesdienst*
6. *Glaube*
7. *Heilig*
8. *Sünde und Vergebung*
9. *Gott der Herr*
10. *Gebot und Gesetz*
11. *Gnade und Bund*
12. *Frieden*

Rettung oder Heil I/1

Am Anfang der Begegnung zwischen Mensch und Gott im Alten Testament steht die Erfahrung einer Rettung:

„Laßt uns singen Jahwe!
Hoch hat er sich erhoben;
Roß und Wagen hat er ins Meer gestürzt!"

Das ist das älteste Wort von Gott, das wir aus Israel kennen. Es kündet in der Weise des Gotteslobes Gottes rettende Tat, die eine Gruppe von Menschen erfuhr. Dies hat zunächst noch nichts zu tun mit dem, was wir Religion nennen; es ist vielmehr ein Ereignis im Bereich geschichtlichen Erfahrens, in dem Gottes Wirken fundamental erfahren wurde. Die tödlich Bedrohten erfuhren die Wende ihrer Not; es begegnete ihnen die Erlösung, Befreiung, Rettung.

Diese Notwende als Gottes grundlegende Tat zieht sich durch das ganze Alte Testament, und zwar nach der einen grundlegenden Erfahrung als Geschichte der Errettungen sowohl der Gemeinschaft wie auch der einzelnen. Aus der Errettung erwächst eine Geschichte, aus der Begegnung wird der Weg, die „Heilsgeschichte". Zur Errettung kommt die Bewahrung, Führung, Erhaltung (Grundelemente der Exodustraditionen). Von der Errettung aus Ägypten zieht sich eine Geschichte dieser Erfahrung bis zur Befreiung aus dem babylonischen Exil, und die Verbindung von der einmal erfahrenen zu der aus gegenwärtiger oder zukünftiger Not erwarteten Rettung hält die Geschichte der Geretteten zusammen: sie wissen und sie warten. – Dabei kann die Weise der Errettung und die Art der Not sehr verschieden sein, bestimmend bleibt die Erfahrung einer tödlichen Bedrohung.

Die eigentliche Weise, von dieser Rettung oder Erlösung oder Befreiung zu reden, ist die Sprache des Jubels, das Lied. Das jubelnde, aufatmende Lied der Geretteten ist die grundlegende Traditionsform des von Gott erfahrenen Heils, für die Gemeinschaft wie für die einzelnen (Ps. 124; Ps. 40). Das Eingehen der Rettung in eine Geschichte spiegelt sich im „geschichtlichen Credo" (von Rad; z.B. Dtn. [5. Mose] 26). Das Glaubensbekenntnis kommt vom Jubel der Erretteten her. Die großen Taten Gottes haben das Lob geweckt, und es wird weitergetragen im Bekenntnis der grundlegenden Heilstaten Gottes, die in ihren Auswirkungen auch das Leben derer tragen, die im Gang der Generationen diese Taten Gottes bekennen.

Für dieses grundlegende, die Geschichte und das gegenwärtige Dasein begründende Handeln Gottes kann man nicht nur einen Begriff anführen wie Heil oder Rettung oder Befreiung; es ist das helfende, erlösende, befreiende Tun Gottes, das wesentlich und eigentlich in einem *Erzählen* tradiert wird, dem berichtenden Lob oder dem vom Lob herkommenden Bericht. Darin ist es begründet, daß im Alten Testament das für das Heil Grundlegende nicht eine Lehre, eine Heilslehre, sondern eine Geschichte, eine Heils-Geschichte ist. Die Tora oder der Pentateuch baut sich wie eine gewaltige Fuge auf dem Urbekenntnis Israels von Gottes seine Geschichte begründender Heilstat auf. Sie kündet das Heil, indem sie erzählt, was geschah.

In den grundlegenden Zügen ist das Reden vom Heil im Alten und Neuen Testament gleich. Auch die soteria des Neuen Testaments ist die grundlegende Rettungstat Gottes, von der Dasein und Geschichte der Christenheit herkommen. Auch das grundlegende Bekenntnis der Christenheit ist Bericht von einem Geschehen. Worin sich das im Neuen Testament verkündete Heil wesentlich unterscheidet, ergibt sich aus der im Alten Testament berichteten Geschichte der Errettungen Gottes. Sie begann mit der Rettung eines wehrlosen Haufens vor einer bewaffneten Übermacht; sie setzte sich fort in den Errettungen des Volkes von seinen Feinden in dem ihnen von Gott gegebenen Land. Dann aber wurde immer mehr die eigentliche Gefährdung des Volkes der Abfall von Gott. Damit wurde die Rettungstat Gottes grundlegend gewandelt. Es wurde immer mehr ein Zurückbringen zu Gott; die Mächte, vor denen jetzt das Volk gerettet werden mußte, waren solche, die in Israel und außerhalb von Israel das Volk von seinem Gott zu trennen imstande waren. Diese Gefährdung ging so tief, daß Gott sein Volk nur noch durch die Vernichtung hindurch retten konnte. Worin aber diese Rettung durch das Gericht hindurch besteht, das wird im Alten Testament nicht mehr als endgültig geschehen berichtet, sondern nur angedeutet und angekündigt. Der zweite Exodus, die Befreiung aus dem babylonischen Exil, hat nicht mehr die Eindeutigkeit des ersten Exodus; das Zurückbringen des Volkes zu Gott geschah nicht einfach von selbst mit dem Zurückbringen des Volkes in sein Land. Eines aber wird hier schon im Alten Testament eindeutig ausgesprochen: die Rettung durch das Gericht hindurch gründet auf der Vergebungstat Gottes; so Deuterojesaja in 40 und 53, so Jeremia (31, 31–34) und Ezechiel (36). Die Vergebung als Fundament der Rettungstat Gottes weist unmittelbar hinüber in das Neue Testament.

Zur Rettungstat Gottes gehört das Mittleramt. Man kann es auch nur in seiner Geschichte darstellen. Sie führt vom Mittleramt des Mose über die charismatischen Führer, die Könige und die Propheten bis zum Gottesknecht des Deuterojesaja und den Messiasverheißungen. Während am Anfang der von Gott gesandte Retter von Gottes Geist ergriffen seinem Volk zum Sieg mit den Waffen verhilft, ist am Ende der Gottesknecht Mittler der Rettung durch sein Leiden, das er für andere leidet. Dies ist der zweite eindeutige Zug, der von der Geschichte der Rettung im Alten Testament eindeutig hinüberweist zum Neuen Testament. Von Anfang an ist im Alten Testament das Wort mit der Geschichte der Rettung verbunden. Die grundlegende Rettungstat kommt zuerst im Wort der Verheißung zu den Notleidenden; das vorausweisende Wort der Ankündigung und das rückweisende Wort der Deutung des Geschehenen begleitet die Rettungsgeschichte auf jedem Schritt, bis sich in der Spätzeit das Gewicht ganz auf das Wort der Verheißung verlegt. Dies ist der dritte Zug, der die Geschichte der Errettung im Alten Testament mit der Botschaft von der endgültigen Rettungstat Gottes im Neuen Testament verbindet. Diese drei Grundzüge der soteria im Neuen Testament können nur recht verstanden werden auf dem Grunde der Vorgeschichte, die uns das Alte Testament berichtet: die Rettung des Gottesvolkes aufgrund der Vergebung am Ende einer sehr bewegten und sehr vielfältigen Geschichte der Errettungen; die Errettung durch das Leiden des einen Mittlers auf dem Grunde der Geschichte der sehr verschiedenen Mittler der Rettung im Alten Testament; das Wort, in dem die Rettungstat Gottes zu uns kommt, auf dem Grunde der Geschichte der Verheißung im Alten Testament.

Von der Rettung oder dem Heil redet das Alte Testament in seiner Ganzheit. Der Kern der geschichtlichen Bücher, der Pentateuch, hat zu seiner Mitte den Bericht von der Rettung am Schilfmeer, und dieses „Urbekenntnis" (Noth) zieht sich durch das ganze Alte Testament. Die in den Geschichtsbüchern erzählte Geschichte Israels als des Volkes Gottes nimmt mit dieser Rettung ihren Anfang und führt von ihr durch neue Nöte, Niederlagen und Abwendungen vom Retter bis zu der zweiten großen Rettung aus dem Exil und von da in die Erwartung einer endgültigen, die Heilszeit heraufführenden Rettung.

In den Prophetenbüchern ist die alles beherrschende Botschaft die des Gerichtes. Ihre Beziehung zur Rettung oder zum Heil ist eine verborgene oder paradoxe: Gott kann sein von ihm abfallendes Volk nicht mehr anders „retten" als durch die Vernichtung hindurch. Daß auch hinter der Gerichtsankündigung der Propheten der Wille Gottes zur Rettung seines Volkes steht, das sich von ihm abwendet, zeigt die Sendung der Boten als solche, zeigt auch der immer wieder begegnende andere Klang unter der dunklen Gerichtsbotschaft, der eine Rettung jenseits des Gerichtes andeutet.

Auch in den Psalmen bewegt sich der polare Grundklang von Klage und Lob um die Rettung, ob des Volkes oder des einzelnen. Das Flehen der Klagepsalmen ist ein Flehen um Errettung, vor allem aus tödlich drohender Gefahr, den „Stricken des Todes", und der Jubel der Lobpsalmen hebt in der Erfahrung der Erretteten an: „Du hast meine Seele aus dem Tode erlöst."

So hat die Botschaft des Heils oder der Errettung im Neuen Testament das ganze Alte Testament zu seiner Vorgeschichte.

Segen I/2

Wenn heute am Ende eines Gottesdienstes über einer Gemeinde der Segen gesprochen, als Zeichen der Segenshandlung das Kreuz geschlagen und die Gemeinde mit diesem Segen in ihre Häuser entlassen wird, so reicht dieser Vorgang in seiner Vorgeschichte Jahrtausende zurück. Er umgreift die Epochen des Väterglaubens, der Volksgeschichte Israels, des Glaubens der Christenheit. Der Segen ist älter als die Kirche, der Segen ist älter als Israel.

Das Wirken des rettenden, erlösenden, befreienden Gottes wird in besonderen Stunden erfahren, Stunden, in denen Gottes Volk in großer Not durch Gottes gewaltiges, wunderbares Eingreifen gerettet wird, so wie dieses rettende Handeln Gottes vom Mirjamlied (Ex. [2. Mose] 15,21) bis zu dem Jubelruf in Röm. 8 oder in dem Osterlied „Christ ist erstanden" besungen wird.

Daneben aber kennt die Bibel ein wesenhaft anderes Handeln Gottes: ein stetiges, nicht in ein Ereignis, eine Entscheidung, einen Augenblick konzentriertes, sondern ein still und stetig fließendes, unmerkbar sich mitteilendes, im Erhalten und Bewahren, im Wachsen und Bleiben sich auswirkendes Gotteshandeln: den Segen.

Das alttestamentliche Wort segnen bedeutet eigentlich: mit heilvoller Kraft begaben (so in Köhlers Lexikon), und die hier gemeinte Kraft ist ursprünglich die Kraft der Fruchtbarkeit in den drei Bereichen Fruchtbarkeit des Leibes, der Herden, des Landes (Dtn. 28,4). Der Begriff und das damit Gemeinte ist nicht etwas nur Israel Eigentümliches; solche von den Göttern kommende oder in sich göttliche Kraft der Fruchtbarkeit ist eines der Urelemente aller Religion, und in allem Kult ist dies ein fundamentales Element: die Kraft der Fruchtbarkeit zu erzeugen, zu bewahren und zu sichern.

Das eigentlich Israelitische und eigentümlich Biblische besteht nun darin, diese Segenskraft dem Gott der Geschichte, dem in der Rettungstat am Anfang und der daraus erwachsenen Kette der Rettungstaten erfahrenen Gott zuzusprechen und unterzuordnen. Das geschieht grundlegend und für das ganze Alte Testament geltend in zwei Zusammenhängen, in denen das segnende mit dem rettenden Handeln zu dem Wirken *eines* Gottes verschmolzen wird. Die eine Stelle ist Gen. (1. Mose) 12,1–3, der Eingang der Vätergeschichte. Der Segen, der in den Vätergeschichten selbst die vom Vater an den Sohn in Segenshandlung und Segenswort weitergegebene Lebenskraft ist (besonders Gen. 27 f.), wird zur Verheißung und wird damit der Heils- und Rettungsgeschichte eingefügt, ein Vorgang von hoher theologischer Bedeutung. Der dem Abraham verheißene Segen tritt in das Spannungsfeld von Verheißung und Erfüllung und bekommt ein Ziel, das über Abraham und seine Familie hinaus auf ein Volk weist, darüber hinaus aber auf ein noch Weiteres: „in dir sollen gesegnet werden alle Geschlechter der Erde."

Der andere Zusammenhang ist die Bileam-Erzählung (Num. [4. Mose] 22–24). Der Seher Bileam, ein Nichtisraelit, der die Kraft hat, Segen und Fluch auf eine Gemeinschaft zu legen, wird von Moabs König zum Verfluchen des gefährlichen israelitischen Volkes angeworben. Aber Bileam kann Israel nicht verfluchen, er muß es segnen, weil Jahwe, Israels Gott, das will. So wird dem Gott Israels die Kraft des Segnens wie die des Verfluchens zu- und untergeordnet, der fremde Seher wird zu seinem Diener, der Israel segnen muß. Es wird nicht behauptet, daß dem Gott Israels die Kraft des Segnens zum ersten Mal in der Welt- und Religionsgeschichte eigne, wohl aber wird bezeugt, daß sich diesem Gott die Kraft des Segnens unterordnen muß und so der rettende zum segnenden Gott wird. Zum einmaligen tritt das stetige, zum besonderen das in den Ordnungen bleibende, bewahrende Handeln.

Das Alte Testament zeigt das segnende Handeln Gottes vor allem in zwei Bereichen: im Volk und in der Familie. Die Familiengeschichte, die die Vätergeschichten Gen. 12–50 erzählen, ist Segensgeschichte; die meisten Erzählungen haben es direkt oder indirekt mit dem Segen oder mit einem der drei Bereiche des Segens zu tun. Hier bedarf der Segen noch nicht einer gottesdienstlichen Institution: der Segnende ist der Vater, und die eigentliche Situation des Segnens ist der Abschied, entweder des von der Familie in die Fremde Scheidenden (Gen. 24,60) oder der Abschied des sterbenden Vaters, der vor seinem Sterben den Sohn oder die Kinder segnet. Auch diese Elemente des Vätersegens sind bis in die christliche Kirche erhalten: der im Gottesdienst Segnende hat in diesem Akt für die Gemeinde eine Vater-Funktion übernommen, und der Ort des Segens ist das Verabschieden der Gemeinde.

Der dem Volk geschenkte und das Leben des Volkes bewahrende und fördernde Segen wird im Alten Testament besonders im Deuteronomium entfaltet. So ist die für den Pentateuch zentrale Geschichte von Gottes Rettungstat am Anfang (Exodus bis Numeri) eingefaßt in die zwei großen biblischen Abschnitte, die vom Segen erzählen, die Vätergeschichte und das Deuteronomium. – Schon in der Verheißung des Landes ist der auf das verheißene Land gelegte Segen angedeutet: „in ein schönes, weites Land, in ein Land, wo Milch und Honig fließt ...“ (Ex. 3,8). Mit der Ankunft in diesem Land fängt die Zeit des wirkenden Segens an (Dtn. 26,15; 27,11; 28,1–14). Das ganze Buch durchzieht der ständige Rückverweis von den Gaben, die Israel mit und in diesem Land bekam, zu dem in diesen Gaben still wirkenden Segen Gottes. Aber auch in diesem Buch ist Gottes Segen fest mit dem Geschichtshandeln verknüpft. Der Segen Gottes kann nur von einem Gott dankbar und gehorsam zugewandten Volk erfahren werden, und immer bleibt neben ihm der Fluch eine offene Möglichkeit (28,16–68 neben 28,1–15).

Während in den Geschichtsbüchern das Reden vom Segen wieder ganz zurücktritt, begegnet es in sehr veränderter Gestalt wieder in den Prophetenbüchern, dort, wo dem Gericht eine neue Heilszeit gegenübertritt. Dieses neue Heil ist weithin in der Sprache und den Bildern des Segens beschrieben. Dabei spielt der Begriff des Friedens eine wichtige Rolle „... und des Friedens kein Ende auf dem Thron Davids und in seinem Königreich ...“ (Jes. 9,7). Es ist für das Verständnis der ganzen Bibel wichtig, daß das hier (wie auch in den Vätergeschichten) für Frieden gebrauchte Wort shālōm in die Linie des Segenshandelns Gottes gehört und so verstanden wird. Es hat nicht den Sinn des mit Rettung oder Gerettetsein gleichbedeutenden Heils, sondern ist das einfache, stetige Heilsein, in erster Linie das Heilsein einer Gemeinschaft. In diesem Sinn gehören im Alten Testament Segen und Frieden zusammen.

Erteilen und Empfangen des Segens ist ein Wesensbestandteil des Gottesdienstes in Israel von der frühesten bis in die späteste Zeit, und neben dem Legen des Segens auf die ganze Gemeinde (Num. 6,22–27), wie es sich auch in vielen Psalmen spiegelt (Ps. 65; 67), gab es die Segnung des einzelnen, wie das P. 91 und 121 zeigen. – Daneben aber lebte außerhalb des Gottesdienstes der Segen im Gruß, vor allem im Abschiedsgruß und im Friedenswunsch weiter und breitete sich darin vom Gottesdienst über das ganze Volk und über jeglichen Alltag aus.

Die Besonderheit des stetigen Handelns Gottes neben seinem rettenden Handeln gilt ebenso für das Neue Testament, auch wenn es dort nicht so deutlich heraustritt. In den synoptischen Evangelien gehört in die Linie des Segens und des Friedens (im Sinn von shālōm) das bewahrende Wirken Jesu (Heilungen, Speisung, Seesturm), vor allem bei der Aussendung der Jünger die ihre Botschaft begleitende Gabe des Segens (Matth. 10), im Johannesevangelium die das ganze Evangelium durchziehende Linie des Wachsens und Bleibens (Joh. 15). In den Briefen die (Matth. 10 entsprechende!) Rahmung der Botschaft der Apostel in Gruß und Segen.

Zorn und Gericht, Klage I/3

Im Gegensatz zu der üblichen Meinung liegt im Reden von Gottes Zorn und Gottes Gericht ein grundlegender Unterschied zwischen Altem und Neuem Testament nicht vor. Für die ganze Bibel ist ein Reden von Gott nicht möglich, das von seinem Zorn und Gericht absehen will. Für das Alte Testament hat Gottes Zorn zwar nicht die Funktion, wohl aber die Bedeutung, die für die moderne Welt eine Naturkraft hat. Und so wie für unser Denken eine Naturkraft ethisch neutral ist, so ist für die Welt des Alten Testaments – so erstaunlich uns das klingt – Gottes Zorn zunächst einmal ethisch neutral. Gottes Zorn ist für das Bestehen der Welt schlechthin unentbehrlich. Denn für die Menschen des Alten Testaments ist es eine Grunderfahrung, daß die Welt gefährdet ist. Diese Gefährdung der Welt ist ein Wesenszug aller Erzählungen der Urgeschichte (Gen. 1–11). In dieser Gefährdung ist Gottes Zorn die erhaltende und bewahrende Kraft. Zorn ist hier – anders als wir das Wort verstehen – Impuls, der Macht zur Wirkung bringt. Und für die von Mächten, von Katastrophen und von übermenschlicher Hybris bedrohte Welt ist Gottes Zorn, wo er sich erhebt, diesen Mächten zu wehren, die lebenbewahrende Kraft. Diesem „kosmischen" Zorn Gottes entspricht sein Zorneswirken im Bereich der Geschichte, wo dieser Zorn Gott zum Einschreiten gegen Israels Feinde bewegt. So sagt Ps. 76 vom Sieg Gottes über seine Feinde vor den Toren der Gottesstadt: „Furchtbar bist du! Wer kann bestehen vor dir ob der Gewalt deines Zornes?" Hier ist das Reden von Gottes Zorn Bestandteil des Gottespreises!

Daß aber Gottes Zorn völlig unabhängige und völlig ungebundene Macht ist, bekommt ein gewaltiges und eindrückliches Zeugnis in den Volksklagepsalmen, in denen Gottes eigenes Volk unter den Schlägen seines Zornes aufschreit: „Wie lange, o Herr, willst du immerdar zürnen, soll dein Eifer lodern wie Feuer?" (Ps. 79, 5.) – In diesen Fragen der Volksklage: Warum? und wie lange? wird an der Wirklichkeit und an der Notwendigkeit des Gotteszornes niemals gezweifelt. Zu den Fragen zwingt allein die unverständliche Richtung, die dieser Gotteszorn nimmt. In diesen Volksklagen beginnt, was dann in der Prophetie zur Entfaltung kommt, was aber hier, in der sog. „Volksfrömmigkeit" Israels durchaus schon da ist: Israel beginnt, dem Gotteszorn standzuhalten, der nicht mehr gegen Urgewalten, nicht mehr gegen Israels Feinde anstürmt, sondern gegen Israel selbst: „Herr der Heerscharen, wie lange zürnest du noch beim Gebet deines Volkes?" (Ps. 80,5.) Man mache sich das klar: Das zu Gott fliehende Volk erfährt die zerstörende Wirkung des Zornes Gottes – trotz seiner Hinwendung zu Gott – und nimmt diesen Gott noch ernst! So tief eingewurzelt ist das Wissen, daß der Zorn Gottes eine Wirklichkeit ist wie eine Sturmflut oder ein Lavastrom und daß der Herr dieser Welt nicht Gott wäre, gehörte nicht zu seinem Wirken diese Zornesmacht. Diese Menschen wissen noch: in dem Moment, in dem die Zornesmacht von Gott abgelöst wird und er nur noch der gnädige Gott oder der Gott der Liebe ist, muß unsere Welt in das Chaos zurücksinken. Auch da, wo das Wirken des Zornes Gottes am unverständlichsten ist, muß noch ein – wenn auch völlig unverständlicher – Sinn in ihm sein: darum klammert sich das unter den Schlägen seines Zornes klagende Volk an diesen ihm zürnenden Gott.

Die Propheten Israels haben ihrem Volk Gottes Gericht zu verkündigen. Dieses Gerichtshandeln steht in unmittelbarem Zusammenhang mit Gottes Zorn.

Während „Zorn" ein rein personaler Begriff ist und die Reaktion einer Person auf ein Übel irgendeiner Art bezeichnet, setzt „Gericht" eine geordnete Gemeinschaft voraus, in der der einzelne seinen Zorn nicht mehr auslassen darf, sondern der Ordnung des Gerichts unterwerfen muß. Zum Gerichtshandeln gehört daher das öffentliche Erheben einer Anklage, dem das Gerichtsurteil folgt. Beides zusammen, Anklage und Ankündigung des Gerichts, bildet die Grundform des prophetischen Gerichtswortes. In ihm ist der Zorn Gottes eingegangen in die rationale Fassung, die dem Bund, dem Gemeinschaftsverhältnis Jahwes mit Israel entspricht. Anders als bei dem Zorneswirken, wie es Israel nach den Volksklagen erfährt, bekommt es jetzt die Begründung für das angekündigte Gericht in der prophetischen Anklage selbst zu hören. Hinter dem Eingreifen Gottes als Richter gegen sein eigenes Volk (auch dabei wird vom Zorn Gottes geredet) steht etwas auch von Israel unbedingt zu Bejahendes: Gottes Gerechtigkeit. Gott muß so handeln, wie er handelt. Aber das erleichtert den Boten dieses Gerichtes Gottes ihre Aufgabe nicht. Man stelle sich dies vor: über Jahrhunderte hin stand in Israel ein Mann nach dem anderen auf, von keiner Gruppe, von keiner Institution beauftragt, nur um sein Volk und dessen Führer offen und ohne Zurückhaltung auf die Stellen zu stoßen, an denen gegen den Willen Gottes gehandelt wurde, und ihm daraufhin Gottes Vernichtungsgericht anzukündigen. Es ist nicht möglich, die Botschaft der Propheten irgendeinem Begriff von Religion unterzuordnen. Sie leben zwar in den Traditionen der Religion Israels, und ihr Wirken geht später ein in diese

Tradition; sie selbst aber sprengen diese Tradition in einer Weise, daß sie sich jeder religionsgeschichtlichen und geistesgeschichtlichen Einordnung entziehen. Nimmt man die Zusammenfassung des dem Jesaja gegebenen Auftrags (6,9f.) oder den dem Jeremia gegebenen: „Siehe, ich mache meine Worte in deinem Mund zu Feuer und dieses Volk zu Brennholz, und es wird sie verzehren" (Jer. 5,14) ernst, dann ist die Botschaft der Propheten, nach allen menschlichen Maßstäben gemessen, unmöglich. Die Bibel sieht das nicht anders. Sie berichtet, daß sie – von einem Propheten zum andern – erfolglos blieb und daß sie den Boten (vor allem Jeremia) unerträglich wurde. Und dennoch mußte dies sein, und in der Geschichte, die die Bibel berichtet, nimmt die Prophetie eine Schlüsselstellung ein. Nach dem Eintreffen des Gerichtes wird das Weitergehen der Geschichte des Gottesvolkes über den Abgrund hinweg ermöglicht durch das Ja, das der Rest jetzt zu dem von den Propheten angekündigten Gericht spricht. Überdies ist die Prophetie das wichtigste Bindeglied zwischen Altem und Neuem Testament. Die Prophetie ist das Zeugnis für die Notwendigkeit des Zornes Gottes in der Geschichte unserer Welt. Die Freudenbotschaft des Neuen Testaments ist undenkbar und unmöglich ohne diesen Hintergrund.

Zorn und Gericht Gottes haben im Alten Testament noch einen weiteren Ausdruck bekommen. Das von den Propheten angekündigte Gericht trat ein, es wurde Geschichte. Nun aber öffnete sich ein weiterer, ein universaler Horizont des Gotteszornes und des Gottesgerichtes, wie er schon in der Urgeschichte (Gen. 1–11) vorbereitet war, sich in der Zwischenzeit hier und da andeutete, aber erst zur Entfaltung kam in der Apokalyptik: das Weltgericht (Jes. 24–27; Ez. 38f.; Daniel; viele Stücke in der späten Prophetie). Mit Gottes Gericht über Israel war die Geschichte des Gotteszornes nicht zu Ende. Andrerseits kann nach der urgeschichtlichen Verheißung (Gen. 9,11) eine Weltkatastrophe innerhalb der Geschichte nicht ausbrechen. Das Weltgericht ist somit gleichbedeutend mit dem Weltende. Hier setzt die großartige Konzeption der biblischen Apokalyptik ein, die unmittelbar vom Alten zum Neuen Testament übergreift. Das Gottesvolk hat – nicht erst seit Christus, sondern seit dem babylonischen Exil – keine politische Grenze mehr. Es ist aus einem Volk eine Gemeinde geworden und steht als eine Schar der Gottes Gottheit Bekennenden in einer Welt, die Gott nicht kennt oder Gott verneint (Dan. 1–6), die Gott nicht die ihm gebührende Ehre und Anerkennung gibt. Das ist die Situation, die ein Weltgericht unausweichlich macht.

So merkwürdig und bizarr das klingen mag: Israels tiefgegründete Erfahrung des Gotteszornes hat die erste Konzeption von Weltgeschichte erzeugt. In der Apokalyptik ist zum erstenmal Weltgeschichte erfaßt worden in der Aufeinanderfolge von Weltreichen, die einander ablösen und in

Sturz und neuem Erstehen einem Ziel zuführen: dem Weltgericht (Dan. 7). Damit ist der Geschichte der Völker und Reiche ein Gefälle gegeben, das sie zu einer den zeitlichen wie den räumlichen Horizont umgreifenden Ganzheit macht. In dieser Ganzheit, in dieser neuen Konzeption von Weltgeschichte aber geht es um nichts anderes als um Gottes Gottsein, das heißt um Gottes Herrschaft, die umfassend verwirklicht werden muß.

Gottes Zorn und Gottes Gericht ist in der Bibel niemals das Letzte. Sie sind notwendig, weil die Welt und die Menschen so sind wie sie sind: sie geben Gott nicht die Anerkennung und Ehre, die ihm gebührt. Das Letzte, dem Zorn und Gericht Gottes Jenseitige ist eben dies: die Anerkennung Gottes durch die ganze Welt, die vollendete Herrschaft Gottes. Zorn und Gericht Gottes sind notwendig, damit sein Reich komme. Das Kommen des Reiches ist das Ende, das Ziel und der Sinn der Geschichte des Zornes und des Gerichtes, ebenso wie es das Ende, das Ziel und der Sinn der Heilsgeschichte ist.

Die Reaktion des Menschen auf das Zorneswirken Gottes ist die Klage. Weil das Zorneswirken Gottes und sein Gerichtshandeln notwendig zu seinem Gottsein gehören, gehört zum Menschsein des Menschen, der vom Zornes- und Gerichtswirken Gottes getroffen wird, die Klage. Klage aber ist hier etwas anderes als das, was wir heute unter diesem Wort verstehen. Für uns hat das Wort einen negativen Klang, wir bewundern den Menschen, der auch in schwerem Leid gar nicht klagt; im Alten Testament wäre es unmenschlich, nicht mehr klagen zu können. Denn Klage ist hier Bewegung, in der Leid vor Gott gebracht wird. Es steht dahinter das Wissen, daß wirkliches, schweres Leid zu Wort kommen, daß es sich aussprechen muß; eben dies geschieht, wenn ein Mensch „sein Herz vor Gott ausschüttet" (Ps. 102). Der Unterschied zu dem, was für uns Klagen bedeutet, zeigt sich vor allem in folgender Feststellung: Die Klage im Alten Testament ist darin Ausdruck des Menschen in seiner Ganzheit, daß sie drei Glieder oder drei Aspekte hat: die an Gott gerichtete, die auf das eigene Ich bezogene und die auf die anderen Menschen (Feinde oder Zuschauer) bezogene Klage.

Die Gott-Klage fragt: Warum? Wie lange? und bringt darin unsere Frage nach dem Sinn des Leides vor Gott. Diese Gott-Klage ermöglicht es, Zweifel, Verzweiflung und sogar die empörte Anklage gegen Gott in der Anrede an Gott zu bewahren. Da, wo ein Mensch aus tiefer Enttäuschung oder hoffnungsloser Verzweiflung Gott absagt, von ihm fortgeht, da ermöglicht die Gott-Klage das Sich-Halten an Gott aus allen Abgründen heraus. Diese Möglichkeit hat ihre großartige Ausprägung im Hiobbuch gefunden.

Gotteslob I/4

Alles, was im Alten Testament zwischen Mensch und Gott geschieht, steht im Zusammenhang eines gewaltigen, vielfältigen und vielstimmigen Dialoges. Wenn im ersten Kapitel der Bibel die Schöpfung der Welt als Schöpfung durch das Wort dargestellt wird, so heißt das: Das die Schöpfung bestimmende Wort erwartet aus dem Geschaffenen heraus die Antwort. Und wenn der Mensch nach Gottes Bild geschaffen wird, so heißt das: zur Entsprechung Gottes, als der, der im eigentlichen Sinn Gott antworten, ihn hören, zu ihm reden kann. Aber in einem weiteren Sinn ist alle Kreatur zur Antwort bestimmt, so sagt es die mächtige Gottesrede von der Schöpfung in Hiob 38: „... da mich die Morgensterne lobten und jauchzten alle Kinder Gottes..."

Was schon für die Schöpfung gilt, gilt in erhöhtem Maß für Gottes Wirken in der Geschichte. Gottes Heilswirken, Gottes Zorneswirken und sein Gericht, Gottes segnendes Wirken, dies alles ist gemeint als Geschehen im Dialog. Hierin liegt eine Besonderheit des Alten Testaments, hierin hat es uns etwas zu sagen, was vom Neuen Testament her nicht so deutlich, aber auch für dieses grundlegend wichtig ist: Das Alte Testament geht in seinem Reden von Gott nicht vom Menschen und vom Standort des Menschen aus, der die Frage stellt: Gibt es Gott? Kann ich an Gott glauben? Kann ich glauben, was die Bibel von Gott sagt? Das Alte Testament setzt durchweg Gott als die wirklichste Wirklichkeit voraus, weil für es alle Wirklichkeit menschlicher Existenz und alle Wirklichkeit der Welt fest und tief im Wirken Gottes begründet ist.

Die Grundfrage ist daher für das Alte Testament eine andere: Bekommt dieses Wirken Gottes, bekommt sein Handeln und sein Reden die ihm zukommende, die ihm gebührende Antwort? Das ist der Grund, warum im Alten Testament vom Loben Gottes sehr viel mehr die Rede ist als vom Glauben an Gott. Das ist der Grund, warum im Alten Testament das Gotteslob und der Gottesdienst eine so entscheidende Rolle spielen. Die Fundamente aller Wirklichkeit werden in Frage gestellt, wenn Gott in seinem Wirken die gebührende Antwort versagt wird. Darum kann ein Ausleger des Alten Testaments die Bedeutung des Gotteslobes in ihm in diese Worte fassen:

„Je tiefer man durch die Jahrhunderte hin in die Breite des alttestamentlichen Schrifttums absteigt, desto lauter rauschen Lob und Preis Gottes auf; aber sie fehlen auch auf den ältesten Blättern nicht; und jedes Lob ist ein Bekenntnis des immer gegenwärtigen Satzes, daß Gott ist“ (Ludwig Köhler, AT-Theologie, S. 1 f.).

Sieht man das Gotteslob im Alten Testament so als Antwort, die zum Wirken und Reden Gottes gehört, als Antwort, die dieses Wirken und Reden Gottes bekommen muß, dann kann man den Unterschied spüren zwischen unserer gewöhnlichen Auffassung des Gotteslobes und der des Alten Testaments. Hier ist etwas zum Menschsein Gehörendes, ja es ist ein besonderes Merkmal menschlichen Daseins: „Leben, Leben, das lobt dich, wie ich heute!“ (Jes. 38,18 f.) Im Tod hört das Loben Gottes auf, sagt das Alte Testament, die Toten loben Gott nicht, hier ist die Antwort abgeschnitten (Ps. 6,6; 30,10; 88,11 f.; 115,17; 118,17; 119,175; Jes. Sir. 17,27 f.). Gotteslob also ist ein Wesenselement des Lebendigseins. Ein Menschendasein, das sich nicht ausspräche im Gotteslob, wäre kein ganzes, kein volles, kein heiles Menschsein, zum Lebendigsein gehört die zu Gott sich wendende Freude, der jubelnde Gottespreis, ganz so, wie wir es aus unseren Liedern kennen:

„Ich selber kann und mag nicht ruhn,
des großen Gottes großes Tun
erweckt mir alle Sinne. Ich singe mit...“

Wenn wir heute, aus weitem Abstand, die Lobpsalmen des Alten Testaments hören und nachsprechen, dann müssen wir uns bei jedem dieser Psalmen vergegenwärtigen, daß sie damals, in Israels Gottesdiensten und dem Leben der Menschen damals, etwas anderes bedeuteten, als was wir in ihnen sehen. Diese Psalmen sind nicht Ausdruck eines religiösen Gefühls, sie sind auch nicht, wie es heute meist erklärt wird, Liturgien, die zum gottesdienstlichen Gebrauch angefertigt wurden, sie sind Ausdruck einer zu Gott hingewandten Daseinsfreude. Es entspricht dem, wenn in den Psalmen der Ruf zur Freude eine so große Rolle spielt und wenn dieser Ruf zum Lob weit hinausgeht über die Grenzen der Gemeinde, wenn hier die Völker und Könige, die Enden der Erde gerufen werden, in das Lob einzustimmen, ja wenn dieser Ruf zum Lob noch weiter hinausgesandt wird in die Schöpfung, zu aller Kreatur im Himmel und auf Erden (Ps. 148). In alledem ist die jubelnde, frohe Antwort gemeint, in der alle Kreatur ihren Schöpfer bejaht, im Wort der Freude ihr Dasein mit dessen Ursprung in Verbindung bringt.

In den vielen Vokabeln des Gotteslobes, die im Alten Testament gebraucht werden, liegt viel mehr, als wir in unseren Übersetzungen zum Ausdruck bringen können. Wir können es sprachgeschichtlich verfolgen, wie Vokabeln wie Begeisterung, Jubel, Verherrlichen, Bewundern, Anbetung allmählich aus den Begriffen des Gotteslobes heraustraten und eigene Vokabeln bildeten. Ursprünglich sind sie alle in den Vokabeln des Lobes mit enthalten, so daß diese viel reicher und voller waren, als wir sie heute hören.

Im Alten Testament gibt es zwei Grundformen des Gotteslobes. Die eine ist das berichtende, erzählende oder auch bekennende Gotteslob. Ein Mann hat gerade eine wunderbare Rettung aus tödlicher Gefahr erlebt, nun erzählt er jubelnd vor den anderen, was Gott an ihm getan hat, so wie etwa Hiskia nach schwerer Krankheit (Jes. 38 s.o.). Wir hören es als Loblied des Volkes, so in dem wohl ältesten Lied Israels, dem Mirjamlied Ex. 15, 21. Ähnlich Ps. 118, 15 f.; Ps. 66, 8–12; Ps. 124; Ps. 129. Dieses bekennende Lob des Gottesvolkes bildet ein Grundelement der Geschichtstradition in Israel. Ebenso aber kann ein einzelner Mensch das wunderbare Rettungshandeln Gottes erfahren und antwortet darauf im Erzählen von „des großen Gottes großem Tun", so Ps. 30; Ps. 40; Ps. 66, 13–20; Ps. 116, Ps. 138. Das hebräische Verb für diese Art des Gotteslobes ist hōdāh, loben, preisen oder bekennen. Es steht zum Beispiel im ersten und letzten Vers des Ps. 118: „Danket dem Herrn, denn er ist freundlich..." Aber unser Wort „danken" entspricht dem biblischen Wort nicht genügend. Was wir mit dem Wort „danken" meinen, ist in dem hebräischen Wort hōdāh = preisen mit enthalten, aber dieses bedeutet mehr und anderes. Unser Wort „danken" gibt es im Hebräischen gar nicht. Und, soweit ich sehe, gibt es das Wort in keiner ursprünglichen Sprache als eine selbständige Wurzel. Der wichtigste Unterschied ist, daß in den Sätzen des Lobens der Subjekt ist, der gelobt wird: „du hast getan...", „du bist...", während in den Sätzen des Dankens der Dankende selbst Subjekt ist. Damit hängt zusammen, daß das Loben vor anderen geschieht, es ist darin Gotteslob, daß es vor anderen hörbar wird. Nur so wird verständlich, daß im Alten Testament diese Form des Gotteslobes eine Wurzel des Bekenntnisses wie auch der Verkündigung ist. Die Struktur der berichtenden Lobpsalmen, die an jedem dieser Psalmen leicht abgelesen werden kann, hat eine sehr viel weiter reichende Bedeutung. Man kann sie noch hinter dem Aufbau des Römerbriefes erkennen und ganz deutlich in Luthers Lied: „Nun freut euch, lieben Christen gmein..."

Die andere Form ist das beschreibende Lob, es faßt im Gotteslob zusammen, was Gott ist und was Gott tut, und kreist dabei so gut wie immer um die beiden Grundaussagen von Gott: es lobt Gottes Majestät und Gottes Güte. Typisch für dieses beschreibende Lob ist der 113. Psalm, in dessen Mitte der Satz steht:

> „Wer ist wie der Herr unser Gott im Himmel und auf Erden,
> Der in der Höhe thront – der in die Tiefe sieht!"

Dieses Grundmotiv des beschreibenden Lobes, wie es in vielen Psalmen, auch in Luk. 1–2 (Magnifikat) wiederkehrt, ist deutlich aufgenommen in vielen Weihnachtsliedern. Weiter entfaltet ist dieses Grundmotiv etwa in Ps. 33, wo die Majestät Gottes in zwei Bereichen beschrieben wird: Er ist der Schöpfer (V. 6–9) und der Herr der Geschichte (V. 10–11). Die Entfaltung dieses beschreibenden Gotteslobes ist unerschöpflich, nicht nur die Lobpsalmen selbst (Ps. 8; 19A; 29; 33; 93; 95–99; 134–136; 154–150 u. a.) bringen dieses staunende und jubelnde Bejahen Gottes immer neu zum Ausdruck, sondern Elemente dieses Gotteslobes finden sich an vielen anderen Stellen, bis hin zu den Worten, die Paulus am Ende von Röm. 11 spricht: „O welche Tiefe...!“

Das Gotteslob ist im Alten Testament die eigentliche Form des Ja-Sagens zu Gott, und eben darin ist es Lebensbejahung, das freudige Ja, mit dem die Kreatur ihrem Schöpfer und ihrem Herrn antwortet.

Gottesdienst I/5

So wie Gottes Wirklichkeit den Menschen begegnet in seinem Reden und in seinem Handeln, so gehört zur Antwort des Menschen beides: das Sagen und das Tun, das Loben und das Dienen („des alles wir ihm zu danken und zu loben und dafür zu dienen und gehorsam zu sein schuldig sind"). Gottesdienst im einfachsten und im ursprünglichsten Sinn ist daher die Seite der Antwort des Menschen auf Gottes Worte und Taten, die in einem Tun besteht. Im Alten Testament wie in sehr vielen Religionen findet dieses Tun seinen deutlichsten und häufigsten Ausdruck im Opfern.

Auf den ersten Seiten der Bibel ist das Opfer als schon bestehend vorausgesetzt. Opfer also gab es lange vor der Geschichte Israels, die Erzählung von Kain und Abel deutet an, daß das Opfer irgendwie schon zum Menschsein gehört. Die Erzählung von Isaaks Opferung hat das Menschenopfer zum Hintergrund. Sie weiß noch: einmal hat es das gegeben, aber dann hat Gott selber das Tieropfer statt des Menschenopfers geboten. Die Erzählung selber aber hat nicht das Tieropfer als solches zum Ziel, sondern stößt weit darüber hinaus zu der Frage vor, wie hoch die Opferforderung Gottes an den von ihm Erwählten gehen kann. Hier und an vielen anderen Stellen im Alten Testament wird schon über die Epoche des Tieropfers hinausgesehen. Vor allem bei den Propheten wird die unerhörte Frage gestellt, ob der Opferkult ihrer Zeit noch wirklicher Gottesdienst ist. So kommt es zu dem erstaunlichen Tatbestand, daß dieselbe Bibel, dasselbe gültige Gotteswort nebeneinander eine umfangreiche und bis in eine Fülle von Einzelheiten gehende Opfergesetzgebung enthält (vor allem in der Priesterschrift, aber nicht nur da) und Worte bei den Propheten und in den Psalmen, in denen rundweg gesagt wird, daß Gott an den Tieropfern keinen Gefallen hat (wie Ps. 50, 9–12; 51, 18 f.). Für das Verständnis des Gottesdienstes im Neuen Testament ist es wichtig, daß in ihm nicht nur die Linie des Opferdienstes zu ihrem Ziel kommt, wie es der Hebräerbrief beschreibt, sondern auch die andere Linie, in der schon im Alten Testament ein Nein zum Opferdienst gesprochen wird.

Diese andere Linie kommt deutlicher darin zum Ausdruck, daß Gottesdienst und Opfer sich im Alten Testament nicht decken, daß sie *nicht* identisch sind. Das Hebräische hat zwei verschiedene Worte für dienen, auf Gott bezogen. Das eine, šērēt, bekommt im Lauf der Zeit immer ausgesprochener den Sinn des Gott-Dienens in spezifisch kultischen Handlungen, es wird daher vor allem dort gebraucht, wo der kultische Dienst der Priester und Leviten beschrieben wird. Das andere Wort, ʿābad, kann auch den Opferdienst bedeuten (in später Zeit werden beide synonym für den Kultdienst gebraucht), es hat aber meist einen weiteren Sinn, der die Entscheidung für Gott und das Bejahen Gottes mit der ganzen Existenz einschließt. Dieses Wort wird in der Frage Josuas (Jos. 24,15): „Wählet heute, wem ihr dienen wollt…" gebraucht und sehr häufig im Buch Deuteronomium in Sätzen wie 6,13: „Den Herrn deinen Gott sollst du fürchten und ihm sollst du dienen…" In solchen Sätzen finden wir den eigentlichen und grundlegenden Sinn von Gott dienen und Gottesdienst im Alten Testament.

Von diesem eigentlichen Sinn des Gott-Dienens her wird die Spannung verständlich, von der oben die Rede war, die Spannung zwischen völliger Bejahung, ja höchster Wertschätzung des Opfers und einer kritischen Infragestellung des Opfers unter bestimmten Umständen. Das Opfer in jeglicher Gestalt kann im Alten Testament voll und ohne Vorbehalt bejaht werden, sofern sich in ihm das eigentliche, wirkliche Gott-Dienen vollzieht, nämlich das Bejahen Gottes mit der ganzen Existenz in einer Handlung, in der Gott ein Dienst dargebracht wird. Ganz so ist es gemeint in Dtn. 26, wo geschildert wird, wie ein Bauer die Erstlinge seiner Feldfrüchte zum Altar Gottes bringt und statt des gewöhnlichen Opferspruches das Bekenntnis seiner Väter spricht, das von Gottes großen Taten an seinem Volk berichtet. Daneben aber besteht die Möglichkeit, daß ein Opfer eine tote kultische Leistung wird, bei der der Darbringende nicht mehr wirklich auf Gottes Willen achtet (Amos 2,8). Diesen Mißbrauch des Opfers faßt Deuterojesaja zusammen, wenn er im Rückblick auf Israels Opferdienst sagen kann: „Nicht um mich hast du dich gemüht, Israel…
(und hier werden die verschiedenen Opferarten aufgezählt)
Nein, du hast *mir* Mühe gemacht – mit all deiner Verschuldung!" (Jes. 43,22–28.)

In diesem Abschnitt stehen zwei Formen des Verbs ʿābad einander gegenüber: Israel hat sich um Gott bemüht, es wollte ihm dienen. Aber dieses Dienen ist nicht bis zu Gott vorgedrungen, es ist ein menschliches Werk geblieben. Statt dessen hat der unechte Opferdienst Gott Mühe gemacht, er hat ihm die Sünde des Volkes aufgeladen und ihn so zum Diener gemacht – das Verhältnis hat sich umgekehrt.

Das also ist der Sinn der prophetischen Kritik am Opfer: das Opfer ist guter und rechter Gottesdienst, solange der das Opfer Darbringende wirklich in seinem Opfer Gott meint, sofern er in diesem Opfer in Gottes

Dienst steht mit Leib und Seele und seinem ganzen Sein. Wo das aber nicht mehr der Fall ist – und die Propheten zeigen sehr deutlich auf die Stellen, wo man sehen kann, daß es nicht mehr der Fall ist –, ist das Opfer nichts wert, ja ist das Opfer nicht mehr ein Dienst, sondern eine Last für Gott (Amos 5,22; Jes. 1,11–13). Das gilt aber nicht nur für das Opfer, sondern für jede gottesdienstliche Verrichtung. Damit meinen die Propheten aber nicht, wie es so oft verstanden wird, daß an die Stelle einer Handlung eine Gesinnung zu treten habe, sondern vielmehr, daß an die Stelle eines unecht gewordenen ein echter Dienst zu treten habe. Worin dieser rechte Dienst bestehen soll, kann sehr verschieden sein. In bestimmten Situationen kann es Rechttun, vor allem im Gerichtswesen sein (Amos und Jesaja), in anderen Situationen etwas ganz anderes. Jeremia kann seinen Dienst als Prophet als Gott-Dienen im spezifischen Sinn auffassen. Dabei liegt der Ton auf dem Augenblick im Dienst des Propheten, in dem er – wie ein Diener vor seinem Herrn – vor Gott steht und seinen Auftrag hört: „Wenn du umkehrst, darfst du wieder vor mir stehen... und mein Mund sein." – Das Entscheidende am Gott-Dienen hier ist das wachsame Achten auf Gottes jeweils neues Gebot, nur in dieser Wachsamkeit kann der Dienende wirklich *Gott* dienen. Gottesdienst in diesem Sinn kann nicht ein für allemal festgelegt werden, weil damit eben das Achten auf den Willen Gottes in der neuen Stunde wegfiele. – In dieser Richtung haben die Propheten den Sinn des Gott-Dienens gesehen.

Bei Jeremia kommt noch ein weiterer Gesichtspunkt hinzu: dieses andere Dienen, das Dienen in wacher Bereitschaft für Gottes *neuen* Willen, bringt den Propheten in das Leiden hinein (Jer. 15,10–21). Der Diener Gottes, sein ʻebed, muß leiden in seinem Gott-Dienen. Das weist zurück auf Mose, der in seinem Dienst für Gott auf andere Weise zu leiden hatte und der häufig Gottes Diener (ʻebed) genannt wird, und es weist voraus auf den Gottesknecht (ʻebed) bei Deuterojesaja. Hier liegt die Verbindung zu der oben erwähnten Stelle Jes. 43 auf der Hand: das Volk hat mit seinem Opfer nicht wirklich Gott gedient, es hat ihm vielmehr eine Last aufgelegt. Nun muß einer kommen, der die Last wegträgt. In den Gottesknechtliedern (Jes. 42,1–4; 49,1–6; 50,4–9; 52,13–53,12) kommt die von Mose als dem leidenden Diener Gottes zu den Propheten, besonders Jeremia, führende Linie zu ihrem Ziel: das stellvertretende Leiden des einen für die vielen ist der end-gültige Gottesdienst.

Es gilt also schon für das Alte Testament, daß „Gottesdienst" weder ausschließlich noch in erster Linie verstanden werden kann als ein institutionell festgelegter Vorgang, der sich in dieser Festgelegtheit ständig wiederholt. Das in diesem Vorgang Geschehende, also im Alten Testament im wesentlichen das Opfer, aber auch die anderen kultischen Handlungen – *kann* Gottesdienst, kann echtes Gott-Dienen sein, ist es aber nicht schon als solches. Denn Gott Dienen im eigentlichen und ursprünglichen Sinn ist Handeln im Gehorsam, ist das Handeln des Dieners, der sich wachsam fragend mit seinem ganzen Sein seinem Herrn zuwendet, um von ihm zu hören, was er jetzt will. Die Geschichte dieses Gott-Dienens ist zu ihrem Ziel gekommen in dem Knecht, den sein Gehorsam in das Leiden brachte (Jes. 50, 4–6) und der für die vielen die Sünden auf sich nahm. –

Daneben und vielfach mit der Grundfrage des Gott-Dienens verbunden, hat der institutionelle Gottesdienst seine hohe und das ganze Leben des Volkes wie des einzelnen bestimmende Bedeutung. Sein Ursprung innerhalb der israelitischen Geschichte liegt in der Gotteserscheinung am Sinai, in der Gott in seiner Majestät seinem Volk begegnet und aus dieser Begegnung die Grundelemente des Kultischen erwachsen: der heilige Ort, die heilige Zeit, die heilige Handlung, der Mittler des Heiligen. Die hier einsetzende Geschichte des Gottesdienstes in Israel ist in der Forschung der letzten Jahrzehnte das Feld einer Fülle von Untersuchungen und Hypothesen gewesen, doch ist uns hier vieles noch verschlossen. Der Gottesdienst kann nur verstanden werden als ein Wechselgeschehen: von Gott zu den Menschen hin und von den Menschen zu Gott hin; zu beidem gehört Wort und Handlung. Ein ausgesprochenes Wechselgeschehen wurde der Gottesdienst erst, als das Gottesverhältnis rein personal verstanden wurde; wo dies noch nicht der Fall war, war eine besondere Gestalt des Gottesdienstes die des Kultdramas, die noch lange nachwirkte. In dem, was in Israel im Gottesdienst zwischen Gott und Mensch geschah, war vieles, was es auch in anderen Religionen vor und außerhalb Israels gab: so das Opfer, Fluch und Segen, das Heilsorakel (die Gottesantwort), Klage und Lob und vieles andere, wie ja auch die von der Gotteserscheinung herkommenden Grundelemente des Kultischen (s. o.) nicht etwas für Israel Spezifisches sind.

Dem Gottesdienst Israels eigentümlich ist vor allem seine feste und vielfache Verbindung mit der Geschichte. Das zeigt sich besonders in der geschichtlichen Umdeutung der bäuerlichen, von außen übernommenen Jahresfeste (etwa des Passah, Ex. 12); es zeigt sich in der gottesdienstlichen Begehung des Bundesschlusses (Jos. 24), in der Bedeutung, die die Geschichtserinnerung in mancher Gestalt in den Gottesdiensten Israels hatte, und darin, wie die Psalmen, die zum Gottesdienst Israels gehören, voller Anklänge an Gottes Geschichte mit seinem Volk sind.

In der Geschichte des israelitischen Gottesdienstes ist der wichtigste Einschnitt das babylonische Exil. Mit der Zerstörung des Tempels ging der heilige Ort verloren, an dem allein geopfert werden konnte. Während oder in der Folge des Exils entstand der ganz neue Typ des Synagogengottesdienstes, dessen Hauptelemente Verlesung wie Auslegung des Gotteswortes und Gebet sind. Hiermit entsteht der Typ des Wortgottesdienstes, der in die christliche Kirche übernommen wurde.

Glaube I/6

Fragt man nach dem Glauben im Alten Testament, so muß man vom Verhältnis des Menschen zu Gott ausgehen, wie es durch das ganze Alte Testament hin dargestellt ist, und sich davor hüten, das neutestamentliche Glaubensverständnis einfach auch für das Alte Testament vorauszusetzen. Dort ist das Gottesverhältnis und Gottesverständnis davon bestimmt, daß Gott handelt und redet und der Mensch auf dieses Handeln und Reden Gottes antwortet im Loben und im Dienen oder – diese Antwort verweigert. In diesem Gottesverhältnis hat der Glaube seinen Ort zwischen dem Hören eines Gotteswortes und der Antwort des Menschen. Nun ist es aber im Alten Testament das Normale, das Gewöhnliche, daß der einem Gotteswort konfrontierte Mensch überhaupt nicht vor der Frage steht, ob er diesem Wort glauben soll oder nicht. Wenn es nicht ganz besondere Umstände sind, ist das Glauben das Selbstverständliche, es wird daher gar nicht bewußt und es wird auch nicht erwähnt.

Das ist der eine Grund, warum das Wort „glauben" im Alten Testament keine beherrschende Bedeutung hat wie im Neuen Testament, sondern daß nur in ganz besonderen Situationen vom Glauben geredet wird. Ein zweiter Grund kommt hinzu: Neben dem eben beschriebenen „einem an mich ergehenden Gotteswort glauben (oder nicht)" gibt es im Neuen Testament – und noch mehr in der christlichen Theologie – einen anderen Begriff: an Gott glauben in dem Sinn von glauben, daß es Gott gibt, daß Gott existiert. Diesen Sprachgebrauch gibt es im Alten Testament überhaupt nicht, und daher gibt es auch nicht ein Substantiv entsprechend unserem „der Glaube", pistis. Und zwar einfach aus dem Grund, weil dies als eine Existenzhaltung noch nicht in den Blick gekommen ist. Es ist keine ernsthafte Frage, ob es Gott gibt oder nicht, ob er existiert oder nicht. Nur ganz am Rande taucht die andere Möglichkeit auf: „Die Toren sprechen in ihrem Herzen: es ist kein Gott!"; aber selbst dies könnte nicht so ausgedrückt werden (und wird nie so ausgedrückt): „die Toren glauben nicht an Gott", weil Unglaube und Glaube noch nicht als Existenzhaltungen faktisch auseinandergetreten sind.

Es folgt daraus: Wenn im Alten Testament nur an wenigen Stellen und nur in wenigen Zusammenhängen vom Glauben geredet wird, so bedeutet dies nicht, daß der Glaube ein wesentlich neutestamentlicher Begriff sei, der im Alten Testament nur an wenigen Stellen vorausgenommen oder vorausgeahnt wird; es heißt vielmehr, daß das Glauben an Gott so sehr das Normale und das Selbstverständliche ist, daß es nur in ganz besonderen Fällen erwähnt wird. So ist es auch zu erklären, daß in der ältesten Schicht der Stellen vom Glauben im Alten Testament das Verb „glauben" fast immer negiert begegnet. Das Glauben tritt zunächst da in den Blick, wo es fehlt oder versagt wird. Was im Neuen Testament „glauben an Gott" heißt, das ist im Alten Testament überall, vom ersten bis zum letzten Satz die selbstverständliche Voraussetzung, die in den allermeisten Fällen gar nicht erwähnt wird. Die Grundfrage ist nicht, ob eine Gemeinschaft oder ein Mensch an Gott glaubt oder nicht, sondern ob er dem, was Gott redet und tut, entspricht im Gehorsam, im Dienen und Loben (im Gotteslob ist hier das Moment des Bejahens und Anerkennens Gottes enthalten). Für dieses Entsprechen, für dieses Antworten kann unter Umständen das Glauben von Bedeutung werden, aber eben nur unter besonderen Umständen.

Das Verb im Alten Testament für glauben, hä'ämin, bedeutet (jemanden oder etwas) fest sein lassen, als fest ansehen. Von der Wurzel ist āmēn abgeleitet, das immer nur die Rede eines anderen bestätigt, bejaht. Das Verb begegnet im Alten Testament mit dem Objekt Gott nur etwa 25mal. Für alle diese Stellen gilt, daß das Glauben eine Einstellung nicht des Denkens, sondern des Seins zu Gott ist, wie es besonders Stellen wie Num. 14,11 und Ps. 106,24 zeigen: „Und sie verschmähten das köstliche Land und glaubten seiner Verheißung nicht." Meist ist das Glauben an Gott, das Festseinlassen Gottes vom Volk ausgesagt, selten nur wird mit dem Wort das Verhältnis eines einzelnen zu Gott bezeichnet. Es kann fast gleichbedeutend sein mit Gehorsam (so wie etwa in 2. Kön. 17,14) und Gottesfurcht, Ex. 14,31: „Als Israel sah, wie gewaltig sich die Hand des Herrn an den Ägyptern erwiesen hatte, da fürchtete das Volk den Herrn und sie glaubten an den Herrn und seinen Knecht Mose." Das Glauben richtet sich auf Gottes Worte (Gen. 15,6; Dtn. 9,23; Ps. 106,12.24), aber damit zugleich auf Gottes Handeln (Ex. 14,31; Num. 14,11; Dtn. 1,32; Ps. 78, 22.32).

Die dem Alten Testament eigentümliche Anwendungsweise des Wortes „glauben" zeigt sich deutlich an der Abraham-Geschichte. An deren Anfang steht der Ruf Gottes an Abraham: „Geh aus deinem Vaterlande... in ein Land, das ich dir zeigen will!" und dann fährt der Text in V. 4 einfach fort: „Und Abraham zog, wie Gott ihm geboten hatte..." (Gen. 12, 1–4). Das ist die normale, die gewöhnliche Art, vom Glauben zu reden, das heißt, das Wort begegnet überhaupt nicht; daß Abraham diesem an ihn ergehenden Wort glaubte, ist darin impliziert, daß er dem Wort gehorchte. Nur an einer Stelle wird das, was hier und was gewöhnlich implizit ist, ausdrücklich gesagt. Das hat dann immer einen besonderen Grund. So ist es bei der Verheißungserzählung Gen. 15, 1–6. Hier wird in einer späteren, theologisch reflektierenden Darstellung das Außerordentliche herausgestellt, daß Abraham entgegen seiner Klage: „Muß ich doch von hinnen gehen ohne Kinder...!" der an ihn ergehenden Sohnesverheißung dennoch glaubt und dieses Außerordentliche betont: „Abraham glaubte dem Herrn, und das rechnete er ihm zur Gerechtigkeit an."

Eine wichtige Wurzel für den Glaubensbegriff im Alten Testament ist die Formensprache des „Heiligen Krieges" (von Rad). Der Begriff selbst begegnet in den alten Texten noch nicht; aber Jesaja, bei dem der Begriff „glauben" im Alten Testament seine stärkste Prägung bekam, ist noch von der Sprache des Heiligen Krieges bestimmt. In ihm hing alles davon ab, ob das in die äußerst gespannte Lage ergehende Gotteswort, vor allem die Übergabeformel: „Ich habe den... in deine Hand gegeben" in diesem Augenblick, in dem das in der Übergabeformel Zugesagte äußerst unwahrscheinlich war, angenommen und dementsprechend gehandelt wurde. In solchem Handeln, in dem eine kleine Schar sich einem weitaus übermächtigen Gegner entgegenstellte und darin das an sie ergangene Gotteswort „fest sein ließ", verwirklichte sich Glauben in einer besonderen Weise.

Einen Gegensatz zwischen Glauben und Sehen gibt es in den frühen Texten noch nicht, vielmehr wird hier oft dem fragenden Glauben ein Zeichen zugestanden (so auch in Jes. 7). Dieser Gegensatz kommt erst in den Blick, wo auf Gottes Verborgenheit hingewiesen wird (bei Deuterojesaja und bei Hiob). – Einen Gegensatz zwischen Glauben und Werken gibt es im Alten Testament niemals und kann es gar nicht geben, weil sich das Glauben immer in einem Antworten auf Gottes Reden oder Handeln vollzieht, also in einem Sagen oder Tun, in dem es impliziert ist.

Selten nur wird mit dem Wort glauben das Verhältnis eines einzelnen zu Gott bezeichnet, viel häufiger begegnen hier „vertrauen", „harren" und ähnliche, und der eigentliche Ort dieses Vertrauens ist das „Bekenntnis der Zuversicht" in den Psalmen, in denen ein Mensch (oder manchmal auch eine Gemeinschaft) sich entgegen einer tödlichen Bedrohung auf Gottes gnädiges Eingreifen verläßt.

Der absolute Gebrauch von „glauben" an zwei Jesaja-Stellen (7, 9 und 28, 16) weist auf eine Wandlung des Glaubensbegriffes. Hier entsteht für den Propheten Jesaja in einer bestimmten Situation in Gottes Geschichte mit seinem Volk etwas, was in die überkommenen Begriffe nicht mehr hineinpaßt. Weil der König, dem der Prophet gegenübertritt, dem ihm angekündigten Gotteswort nicht glaubt, wird der Prophet ein Wartender in einem Kreis von Wartenden (8, 16–18), die als solche die Glaubenden sind. In diese Stunde hinein wird gesagt: „Glaubet ihr nicht, so bleibet ihr nicht" (7,9). Und in 28,16 weist das Legen eines neuen Grundsteines am alten heiligen Ort Zion auf eine neue Epoche, und für diese neue Epoche und auf sie hin gilt: „Wer glaubt, wird nicht zuschanden."

Der für das Neue Testament zentrale Begriff des Glaubens kann nur recht verstanden werden auf der Geschichte des Glaubens im Alten Testament, aber nicht nur der Geschichte des Begriffes „glauben" im Alten Testament, sondern der sich in der Geschichte Gottes mit seinem Volk vollziehenden Geschichte des Glaubens.

Heilig I/7

Im Verstehen des Begriffes der Heiligkeit stehen einander zwei Auffassungen entgegen. Die eine hat ihren stärksten literarischen Ausdruck in Rudolf Ottos Buch „Das Heilige“ gefunden. Dieses Buch fand, als es erschien, eine erstaunlich weite Verbreitung und wirkte weit über die Kirchen hinaus. Indem Rudolf Otto das Heilige als das Grundelement des Religiösen oder der Religionen überhaupt erwies, lenkte er von einer Historisierung und Psychologisierung der Religion wie auch des christlichen Glaubens fort und hin zu einem neuen Respektieren der unbedingten Eigenständigkeit des Religiösen, das sich in keine anderen Kategorien auflösen läßt. Theologisch gesprochen wies er darin auf das Gottsein Gottes, das in seiner Andersartigkeit allen menschlichen Vorstellungen, Bildern, Gedanken und Begriffen, in denen sie Gott fassen wollen, eine Grenze setzt. Nicht in seinem religionsgeschichtlichen, wohl aber in seinem theologischen Aspekt hat Rudolf Otto mit diesem Werk auch auf den frühen Karl Barth und durch ihn tief in die christliche Theologie des 20. Jahrhunderts hineingewirkt.

Eine andere Auffassung kommt zum Beispiel zum Ausdruck in einem Satz bei Rudolf Smend, Alttestamentliche Religionsgeschichte, S. 206: „Der Ausdruck qādōš (heilig) besagt nichts anderes, als daß Gott im vollsten Sinne Gott ist.“ Sie kann die Grundelemente des Begriffes genauso sehen, wie sie Rudolf Otto bestimmt hat, weicht dann aber in einem wesentlichen Punkt davon ab: sie bleibt nicht stehen bei einem Wesen oder bei einer Eigenschaft Gottes, die als Heiligkeit zu bestimmen, zu beschreiben, zu entfalten ist; vielmehr ist hier Gottes Gottsein so sehr eins mit Gottes Heiligsein, daß man „das Heilige“ an Gott überhaupt nicht mehr gesondert sehen kann.

Dieses Verständnis der Heiligkeit Gottes zeigt sich in eindrücklicher Klarheit an der wohl bekanntesten Stelle im Alten Testament, die von Gottes Heiligkeit spricht: der Berufung des Propheten Jesaja. In der Vision Jesajas erheben die den Thron Jahwes umgebenden Sarafen den Preisruf:

„Heilig, heilig, heilig
ist Jahwe Zebaoth,

voll sind alle Lande
von seiner Herrlichkeit!"

Unmittelbar aus dieser Heiligkeit Gottes aber, vor der der Mensch Jesaja zu vergehen droht, ergeht der Auftrag, der Jesaja als Propheten zu seinem Volk schickt, seine Botschaft an dieses Volk auszurichten. Nicht anders als in diesem Wort, das Gericht und Heil ankündigt, und im geschichtlichen Vollzug dieses Wortes begegnet dem Volk Gottes Heiligkeit. Das ist die Heiligkeit Gottes im Alten Testament: heilig ist Gott, wie er Israel begegnet in seinem Reden und in seinem Wirken. Es gibt für Israel nicht die Heiligkeit Gottes an sich. Man kann es auch so sagen: Gottes Wirken und Reden in der Geschichte und Gottes Heiligkeit sind nicht zweierlei. Es gibt Gottes Heiligkeit nicht anders als in seinem geschichtlichen Wirken und Reden. Eben dieses Verständnis der Heiligkeit Gottes bekommt bei Jesaja einen erstaunlich prägnanten und erstaunlich einfachen sprachlichen Ausdruck: Jesaja kann Gott den Heiligen Israels nennen:

„Sie haben verschmäht die Weisung des Herrn der Heerscharen
und verworfen das Wort des Heiligen Israels" (5, 24).

Dieselbe Polarität, die Jes. 6 zum Ausdruck bringt, bestimmt diesen Begriff „der Heilige Israels": in der Begegnung mit diesem Gott müßte Israel vergehen, und der Heilige müßte das rebellische Israel vernichten. Wie aber Gott in der Berufungsszene eben den vor Gottes Heiligkeit Zurückschreckenden in seinen Dienst nimmt, ebenso hält der Heilige zu dem rebellischen Israel, bleibt er „der Heilige Israels". Darum kann, so merkwürdig uns das klingt, im Alten Testament die Heiligkeit Gottes gerade in seinem Erbarmen sich erweisen:

„Nicht vollstrecke ich meinen glühenden Zorn,
nicht will ich wiederum Ephraim verderben.
Denn Gott bin ich und nicht ein Mensch,
ein Heiliger in deiner Mitte" (Hos. 11, 9).

Der letzte Satz: „Ein Heiliger (bin ich) in deiner Mitte" läßt dieselbe Polarität spüren, die in Jesajas Begriff „der Heilige Israels" gemeint ist. Außerdem macht dieser Satz Hoseas deutlich, wie sehr „Gott" und „ein Heiliger" gleichbedeutend gebraucht werden können. Noch weiter geht in der Gleichsetzung des heiligen Gottes mit dem erbarmenden Gott Deuterojesaja. Er spricht wie Jesaja vom Heiligen Israels, aber bei ihm ist der Heilige wesentlich und eigentlich der Erlöser:

„Denn ich, der Herr, bin dein Gott,
Ich, der Heilige Israels, dein Retter" (Jes. 43, 3).

Alle bisher angeführten Stellen gehören der Prophetie vor dem und im Exil an. In ihr hat die Geschichte des Begriffes heilig im Alten Testament historisch und sachlich ihre Mitte. Für alle diese Stellen treffen die Hauptmerkmale zu: 1. Jahwe ist der Heilige; alles Heiligsein ist hier streng und unbedingt auf Gott bezogen. 2. Diese Heiligkeit Gottes ist personal verstanden, die Beziehung zum heiligen Gott ist rein personal. 3. Die Heiligkeit Gottes ist ganz und gar drinnen in seinem Reden und Handeln; nur in ihm begegnet Israel dem heiligen Gott, Gottes Wirken und Reden in der Geschichte und seine Heiligkeit sind identisch. Deswegen kann sich seine Heiligkeit einmal in seinem Gerichtshandeln, zu einer anderen Stunde in seinem Heilshandeln erweisen.

In diesen Merkmalen erweist sich die ganz eigene Prägung des Heiligkeitsbegriffes im Alten Testament. Eben darum geht er nicht auf in dem religionsgeschichtlich bestimmten Begriff der Heiligkeit.

Diese Bindung des Heiligkeitsbegriffes an die Geschichte hat aber noch eine andere Seite. Der Begriff selber hat im Alten Testament eine Geschichte, er ist der geschichtlichen Wandlung unterworfen. Am Anfang zeigt die Lade-Erzählung (1. Sam. 4–6; 2. Sam. 6) einen Heiligkeitsbegriff, dem noch ein starkes Element des Impersonalen eignet. Die Lade birgt Jahwes Heiligkeit, aus der Tod und Leben kommen kann. Auch hier ist das personale Element schon beherrschend geworden: „Und es sagten die Leute von Bēt-shemesh: Wer kann stehen vor Jahwe, dem heiligen Gott?" (1. Sam. 6, 20). Aber immer wieder bricht die Heiligkeit Jahwes als die des heiligen Gegenstandes, der Lade, durch. Diese Linie kommt zu einer neuen, gewaltigen und für alle weitere Geschichte Israels bestimmenden Prägung in der Theophanie am Gottesberg, dem Sinai oder Horeb. In Ex. 3, 5 beginnt das Neue: der Ort, an dem Jahwe dem Mose erscheint, ist „heiliges Land". Und diese neue Erfahrung des heiligen Ortes bestimmt die monumentale Theophanie auf dem Gottesberg, bei der alle Elemente des heiligen Geschehens, wie sie von dorther den Kult bestimmen, erstmalig begegnen: die Erscheinung Gottes in seiner Heiligkeit schafft und begründet den heiligen Ort, die heilige Zeit, die heilige Handlung und den Mittler des Heiligen. Die Gotteserscheinung am Sinai ist grundlegend für die gesamte Entwicklung der kultischen Institutionen, in denen die Heiligkeit Gottes in der heiligen Handlung sich spiegelt. Bei den Propheten tritt diese Linie der institutionellen Heiligkeit ganz stark zurück.

In der nachexilischen Zeit tritt sie dann um so mächtiger wieder hervor und bekommt hier erst ihre beherrschende Bedeutung. In der nachexilischen Geschichte des Begriffes „heilig" lassen sich deutlich zwei Ströme unterscheiden (Procksch, WNT). Der eine, von der Prophetie bestimmte, zeigt sich insbesondere in den Psalmen, in denen streng personal und geschichtlich alle Heiligkeit im heiligen Gott beschlossen ist:

„Und immer wieder versuchten sie Gott,
betrübten sie den Heiligen Israels" (78, 41).

„Ich will dir spielen auf der Laute,
du Heiliger Israels ...“ (71, 22).

Die andere Linie zeigt sich in einer immer weiter gehenden Institutionalisierung des Heiligen, bei der in steigendem Maß der neutrale Begriff *das* Heilige den personalen Begriff *der* Heilige überwuchert. Ein untrügliches Zeichen dafür ist, daß jetzt das Schwergewicht des Sprachgebrauches von „heilig“ sich auf die heiligen Handlungen, den heiligen Ort, die heiligen Instrumente und die heiligen Personen verlegt. Besonders bezeichnend für diese Verlagerung ist die Unterscheidung verschiedener Grade von Heiligkeit, die mit der Stufung der Hierarchie zusammenhängt. Wenn etwa in Lev. (3. Mose) 21, 22 beim Fleisch von Opfertieren zwischen Heiligem und Hochheiligem unterschieden wird, kann man nicht umhin, hier eine Verdinglichung des Heiligkeitsbegriffes zu finden, die weit entfernt ist von dem Gebrauch des Wortes bei den Propheten, bei denen heilig allein das Gottsein Gottes ist. Ein anderer bedenklicher Zug in diesem institutionellen Gebrauch ist auch die Häufung der Vokabel; immerfort und überall ist hier von heilig und heiligen die Rede. Wo aber der Begriff heilig in starker Häufung und ständiger Wiederholung auftritt, kann er kaum die Kraft und die Ehrfurcht bewahren, die ihm ursprünglich eignet.

Eine eigentümliche und eigenständige Ausprägung hat der Heiligkeitsbegriff in dem sogenannten Heiligkeitsgesetz, Lev. 17–26, bekommen, das wie von einem Leitmotiv von dem Satz durchzogen wird:

Ihr sollt heilig sein, denn ich, Jahwe, euer Gott, bin heilig! (19, 2; 20, 7.8.26; 21, 6.8.15.23; 22, 9.16.32.) In Kap. 19 ist dieser Satz einer Reihe von Geboten vorangestellt, die dem Dekalog nahestehen. Hier wird mit der Verkündigung der Heiligkeit Gottes eine Forderung an die Gemeinde begründet, die das gesamte Sein der Gemeinde vor Gott in diese Entsprechung zur Heiligkeit Gottes faßt. Entfaltet wird diese hohe Forderung in Geboten, die sowohl das Miteinanderleben der Menschen im Alltag wie auch den ganzen kultischen Bereich umfassen. Hier aber ist von der späteren Institutionalisierung des Heiligkeitsbegriffes noch nichts zu spüren, vielmehr geht es dem Heiligkeitsgesetz um die Integrität und Ganzheit des Menschen in seinem Stehen vor Gott. Bei dieser Hineinnahme des Menschen in den Kreis des Heiligen ist nicht zu denken an eine moralische oder eine sakrale Qualität, die ihn über das gewöhnliche Menschsein erhöhte, es ist vielmehr so etwas wie ein Bejahen des heiligen Gottes in der eigenen Existenz gemeint. Die Forderung des Heiligkeitsgesetzes ist aus einer Zeit zu verstehen, in der die einfache Identität des Gehörens zum Volk mit dem Gehören zum Gott dieses Volkes im Schwinden war und die Scheidung zwischen Frommen und Gottlosen begann. Das Bejahen des heiligen Gottes bedeutete ein Eintreten für ihn, das schwer war und etwas kostete. Was in dieser neuen Situation der Gemeinde Gottes zugetraut wurde, erhielt die neue sprachliche Prägung: „Ihr sollt heilig sein, denn ich bin heilig, der Herr, euer Gott!“ In einer ähnlichen Situation entstand in der christlichen Urgemeinde die ähnliche Prägung von der Gemeinde Christi als den „berufenen Heiligen“.

Der ursprüngliche Sinn, nach dem das Wort heilig nichts will als auf die Gottheit Gottes hinweisen, hat am stärksten über das Alte Testament hinaus gewirkt, er ist auch im Neuen Testament wieder anzutreffen. Er soll am Schluß noch einmal zu Wort kommen in einem merkwürdigen Satz der Rede Josuas auf dem Bundesschlußtag in Sichem:

> „Da sprach Josua zum Volke:
> Ihr könnt dem Herrn nicht dienen,
> denn er ist ein heiliger Gott.“

In diesem Satz kommt es beinahe erschreckend zum Ausdruck, daß es dem heiligen Gott gegenüber eine volle, eine ausreichende, eine genügende Entsprechung von den Menschen her nicht geben kann, auch in keinem Gottesdienst. Es klingt von ferne, sehr von ferne an, daß nur er selber, der heilige Gott, den „Dienst“ vollbringen kann, der ihm wirklich entspricht. Es ist diese Heiligkeit Gottes, von der Deuterojesaja (43,23 ff.) sagt, daß aller Gottesdienst in der Vergangenheit ihm nur Mühe gemacht habe. Es ist diese Heiligkeit Gottes, die am Ende der Geschichte des Alten Bundes zur Menschwerdung des Heiligen führte.

Sünde und Vergebung I/8

Wenn im Neuen Testament von Sünde und Vergebung geredet wird, so steht dieses Reden auf dem Grunde einer langen Geschichte, die in diesem Reden mitspricht. Sünde und daher auch Vergebung sind im Alten Testament gleich gewichtig und gleich bedeutsam wie im Neuen Testament, – an diesem Punkt besteht kein Unterschied. Wohl aber bestehen wesentliche Unterschiede darin, wie von Sünde und Vergebung hier und dort geredet wird.

1. Im Alten Testament ist das verbale Reden von Sünde absolut überwiegend. Auch da, wo vom Sündig-*Sein*, vom „sündigen Volk", von „sündigen Söhnen" gesprochen wird, zeigt die Entfaltung immer, daß ein Sündigsein *in den Akten* des Sündigens gemeint ist. Wäre Sünde von diesen Akten losgelöst, wäre es ein von den Akten ablösbarer Zustand, so wäre nach alttestamentlichem Denken die Sünde nicht mehr wirklich ernst genommen. Man kann es sich so klarmachen: Ein Mensch kann zu einer Sünde, die er begangen hat, nur stehen, indem er sie bekennt. Dieses Bekennen aber kann sich nur auf einen Akt beziehen; auf ein davon gelöstes Sein bezogen, wäre es sinnlos und wertlos. Sogar noch die so starken Ausdrücke in Ps. 51 (V. 7 ist von V. 6 her zu verstehen, nicht umgekehrt!) meinen faktische Sünden, nicht einen habitus. Man kann dieses verbale Verständnis der Sünde auch daran erkennen, daß niemals im Alten Testament die Erzählung von der Vertreibung aus dem Paradies Gen. 2 und 3 so verstanden wird, als seien die Menschen von da ab gefallene Menschen. Gerade Gen. 2f. zeigt in einzigartiger Weise, wie Sünde etwas zwischen Gott und Menschen *Geschehendes*, etwas unablösbar zur Geschichte zwischen Gott und Menschen Gehörendes ist.

2. Zu dieser Geschichte zwischen Gott und Mensch gehört die Sünde in einem wirklich umfassenden Sinn. Weil in der christlichen Kirche die Verbrechen und ihre Bestrafung ganz dem Staat und seiner Gerichtsbarkeit vorbehalten blieben, ergab sich hier ganz von selbst eine Einschränkung: Das Reden von Sünde und Vergebung in der Kirche beschränkte sich praktisch auf Vorgänge, die außerhalb der staatlichen Gerichtsbarkeit lagen, also im wesentlichen auf religiösem und moralischem Gebiet. Die Be-

gnadigung eines Verbrechers durch einen gerichtlichen Akt hat für uns praktisch nichts mehr zu tun mit der Begnadigung des Sünders durch Gott. Das ist im Alten Testament grundlegend anders. Der Mord Kains (Gen. 4) wird in engstem Zusammenhang mit dem Übertreten des Verbotes Gottes in Gen. 3 gesehen. Die Sünde wird im Alten Testament deshalb so todernst genommen, weil sie noch wirklich das ganze Menschsein umfaßt und den Bereich der Verbrechen und Frevel noch nicht stillschweigend ausgeklammert hat. Begnadigung, also Vergebung der Sünde, ist daher hier in erster Linie, daß dem Frevler das Leben gelassen, das Leben geschenkt wird.

3. Wenn bisher so allgemein von „der Sünde“ im Alten Testament gesprochen wurde, so entspricht das dem Tatbestand nicht eigentlich genau. Denn es gibt im Alten Testament einen so allgemeinen Begriff für Sünde gar nicht. Oder, genauer gesagt, erst in den jüngeren Schichten des Alten Testaments bekommen einige Begriffe für Sünde eine so allgemeine und weite Bedeutung, daß sie damit dem allgemeinen und umfassenden Begriff für Sünde im Neuen Testament (hamartia) einigermaßen nahekommen. In den frühen Schichten des Alten Testaments gibt es eine ganze Reihe von Worten, die etwas Konkretes und jeweils exakt auf die Wirklichkeit Bezogenes sagen, wie Verfehlung, Empörung, Verkrümmung, Schuld, Frevel und so weiter. Wir dürfen das nicht von unserem Sündenbegriff her so verstehen, als seien damit eben eine Reihe verschiedener Unterarten von Sünde gemeint. Einen solchen Oberbegriff gibt es hier nicht. Wer einen dieser Akte begangen hat, kann nur davon frei werden, wenn er ihn in dieser Konkretheit zugibt und ihm die Vergebung genau daraufhin zugesagt wird. Mit einem allgemeinen Sündenbekenntnis und einer allgemeinen Vergebung ist es hier gerade nicht getan, weil sie an dem, was wirklich geschah, vorbeigehen könnte.

Auf einen Unterschied ist dabei besonders zu achten. Die Begriffe rein und unrein haben ursprünglich mit Sünde und Vergebung überhaupt nichts zu tun. Es konnte einer unrein werden und sich von dieser Unreinheit befreien lassen, ohne daß er in irgendeinem Sinn gefrevelt oder gesündigt hätte oder schuldig geworden wäre. In einem über viele Jahrhunderte sich erstreckenden Prozeß ist beides so miteinander verschmolzen, daß es völlig ineinander überging. Und zwar geschah dies durch eine Kultpraxis, in der die gleichen Riten der Reinigung und der Sühnung dienten. Einige Schritte auf dem Weg dieser Verschmelzung lassen sich im Alten Testament noch erkennen. Dadurch, daß alle Sünden und Frevel uneigentlich als Unreinheit bezeichnet werden konnten, entstand eine Unklarheit, deren Gefahr sich im Alten Testament vor allem bei den Propheten zeigt, die die echte Geschichtlichkeit des Sündenverständnisses erst wieder erwecken müssen. Es ist zu beachten, daß in der Verkündigung Jesu Christi diese Vermengung von Sünde und Unreinheit wieder abgewiesen wird.

4. Mit alledem ist aber das Wichtigste für das Verständnis von Sünde und Vergebung im Alten Testament noch nicht gesagt. Dies liegt in der Linie des letzten Satzes im ersten Teil: Sünde ist im Alten Testament etwas unlösbar zur Geschichte zwischen Gott und Mensch Gehörendes. Was das Alte Testament zur Sünde zu sagen hat, sagt es nicht in allgemeinen, zeitlos gültigen Sätzen, sondern indem es erzählt, was zwischen Gott und Menschen, was zwischen Gott und seinem Volk vor sich ging. Wie die Sünde zu dieser Geschichte gehört, ist dem Alten Testament wichtiger, als was sich im Absehen von ihr in eine Lehre von der Sünde fassen ließe.

Da ist grundlegend für die ganze Bibel zunächst der Satz, daß Gott die Sünden eindämmt, daß er die Frevler straft. Die Bibel beginnt mit einer Gruppe von Erzählungen (Gen. 1—11), die alle von Schuld und Strafe handeln, und sie endet in den Apokalypsen mit dem Endgericht des Weltenrichters (Matth. 25 steht Gen. 1—11 nahe!). Nur auf diesem Hintergrund kann die sündenvergebende Gnade Gottes ernst genommen werden. Sie ist nicht auf sein Volk begrenzt, sondern richtet sich von Anfang an auf die ganze Menschheit. In allen Erzählungen der Urgeschichte (Gen. 1—11) ist die auf den Frevel erfolgende Strafe nicht das Letzte, sie alle enthalten schon Spuren der Begnadigung. Dem entspricht es, daß im Neuen Testament Christus für die Sünden *der Welt* in seinem Tod die Strafe auf sich nimmt.

In den Epochen der Geschichte des Gottesvolkes zeichnet sich eine dramatische Geschichte der Sünden und der Strafen und der Vergebung ab. In der Epoche der Rettung aus Ägypten und der Wanderung durch die Wüste kommt schlechthin alles auf die Nachfolge an. *Die* Sünde ist die Verweigerung des Mitgehens. Sogar das Murren in den elementaren Nöten des Hungers, des Durstes, der Müdigkeit vergibt Gott einmal über das andere, — sofern die Murrenden nur weiter mitgehen, sofern sie nur dabei bleiben. — In der Zeit der Seßhaftigkeit wird das ganz anders. An die Stelle der direkten Nachfolge tritt das erste Gebot, Jahwe allein zu dienen; die entscheidende Sünde wird die Verletzung des ersten Gebotes. Damit zugleich tritt nun aber mit der Verzweigung des Daseins der Seßhaften auch die Verzweigung der Möglichkeiten des Ungehorsams; das erste Gebot tritt von Anfang an in der Reihe des Zehngebots auf, und an dieses schließt sich die Geschichte der Gebote und Gesetze. Die entscheidenden inneren Gefährdungen des Gottesvolkes und der einzelnen aber wandelten sich mit den Geschichtsepochen. Das zeigen am deutlichsten die Anklagen der Propheten. Sie wandeln sich mit den Gefährdungen, auch wenn gewisse Grundzüge durchgehend sind. Am erstaunlichsten ist die Wandlung durch das Exil: Deuterojesaja erhebt keine der Anklagen mehr, die die Propheten vor ihm durch Jahrhunderte erhoben hatten; die *eine* entscheidende Gefährdung der nun Geschlagenen ist, daß sie an Gottes Macht und an Gottes Willen, seinem Volk zu helfen, verzweifeln. *Allein* gegen dieses Ermüden und Verzweifeln wendet sich Deuterojesaja. Von Ezechiel kann sogar das immer gleichbleibende, dumpfe Festhalten am Bekenntnis der Sünden der Väter angegriffen werden, weil es von Gott nichts mehr erwartet.

5. Auch der Blick auf die Vergebung hat sich im Verlauf dieser Geschichte eigentümlich gewandelt. Es müßte hierzu wie auch zur Geschichte der Sünde das Verhältnis des einzelnen zur – und sein allmähliches Heraustreten aus der Gemeinschaft gezeigt werden; hier kann nur eine Linie herausgestellt werden. Gottes Begnadigung, seine Vergebung wurde erfahren, wenn Gott den Sündern das Leben schenkte, wenn er sein abtrünniges Volk dennoch am Leben erhielt. Mit dem Anwachsen der Sünde aber und dem Anwachsen der Gerichte Gottes wurde auf eine neue Vergebungstat Gottes gewartet, die im Vergeben die Wandlung brachte. Das im Gottesdienst zugesprochene Vergebungswort und die in den Opfern erwirkte Sühne – die Sühnefunktion des Opfers bekam in der Spätzeit eine alles beherrschende Bedeutung – hielten der Wirklichkeit der Gerichte Gottes nicht mehr stand, und die Propheten kündigten einen *neuen* Bund an, in dem die den Bund begründende rettende Tat Gottes die Vergebung war (Jer. 31, 31–34). Und an *einer* Stelle, in den Gottesknechtliedern des Deuterojesaja, deutete sich an, wie diese Vergebungstat Gottes die Geschichte treffen konnte: in dem stellvertretenden Leiden des einen für die vielen.

Gott der Herr I/9

Schöpfung und Geschichte

Daß Gott als Herr verstanden, daß er als Herr verehrt und anerkannt wird, ist nicht selbstverständlich; die Beziehung Gottes zum Menschen kann auch ganz anders verstanden werden. Nicht nur in Israel, sondern in allen semitischen Religionen wird Gott zuerst und eigentlich als Herr verstanden. Daraus folgt zunächst, daß Gott den Menschen immer als der Wirkende begegnet. Als man in der christlich-abendländischen Tradition Gott von seinem Sein her und in Seinsbegriffen zu verstehen begann, war man von diesem grundlegenden Gottesverständnis schon abgewichen. Ich kann meinen Herrn nicht von seinem Sein her verstehen. Dann ist er nicht mehr mein Herr.

Es reicht eine ununterbrochene Linie von den Anfängen, in denen Jahwe im ersten Gebot seinem Volk als Herr gegenübertritt, bis zur Bezeichnung Jesu als des Kyrios im Neuen Testament und etwa der Formulierung Luthers im Kleinen Katechismus: „Ich glaube, daß Jesus Christus sei mein Herr…" Und die damit bezeichnete Beziehung läßt sich über diese ganze Zeit hin in die Worte der alten Bundesformel fassen: „Ich will euer Gott sein – und ihr sollt mein Volk sein." Das Herrsein Gottes verbindet den Alten mit dem Neuen Bund, von ihm redet das älteste Dokument des Alten wie das jüngste des Neuen Testaments, es verbindet auch alle christlichen Kirchen.

Von Anfang an aber reicht das Herrsein Gottes über die Beziehung zu seinem Volk hinaus. Nur so kann er Führer, Gebieter, König seines Volkes sein, daß dies sein Herrsein seine Majestät und Herrlichkeit in einem den Existenzraum des Volkes unendlich überragenden Horizont hat.

Gott ist seinem Volk zuerst als der Errettende begegnet, das sagt das „Urbekenntnis" von der Errettung aus Ägypten am Anfang. Aber eben in dieser Rettungstat begegnete er als der Mächtige, den Feinden Israels unendlich überlegen, dazu über alle Kräfte des Kosmos verfügend, wo er seinem Volk zu Hilfe kommt. Das ist die theologische Bedeutung der Zusammenfügung der Exodus- und Sinaitradition. Der sich im Herausführen aus Ägypten als Erretter und Helfer seines Volkes erweist, offenbart sich in seiner Erscheinung auf dem Berg in der Wüste als der majestätische Herr. – Die Vorstellung von Gott als dem Herrn hat sich im Laufe einer tausendjährigen Geschichte gewandelt; die wichtigste dieser Wandlungen ist, daß Jahwe in der Frühzeit des Volkes der Führende war und damit sein Herrsein ein Vorgang in der Bewegung, daß später das Herrsein als Thronen in Majestät, also von der Königsherrschaft her verstanden wurde. Über diese Wandlungen hin aber blieb von den ersten Anfängen durch die ganze Bibel hindurch gleich, daß Gottes Herrsein über das eigene Volk hinaus das Beherrschen der beiden Bereiche bedeutet: des kosmischen und des geschichtlichen.

Es ist für das Verständnis des biblischen Redens von Gott als dem Herrn von entscheidender Bedeutung, daß die Grundform dieses Redens nicht die konstatierende Aussage, sondern der Gottespreis, das Gott in seinem Herrsein anerkennende, ihn als Herrn bejahende Reden ist. In unausgleichbarem Gegensatz zu einer Auffassung, die es unternehmen will, das Herrsein Gottes über die Welt und die Menschheit zu beweisen, setzt die Bibel hier von vornherein und für immer gültig eine Grenze: von Gott als dem Herrn *kann* nicht anders geredet werden als im Anerkennen dieses Herrn; die Gebärde des Sich-Neigens, Sich-Beugens oder Niederfallens vor diesem Herrn, wie sie etwa in Jes. 6 geschildert wird, muß in allem Reden von Gott dem Herrn irgendwie drinnen sein; man kann nicht außerhalb dieser Haltung von Gott dem Herrn reden.

Im Alten Testament kommt das darin zum Ausdruck, daß der ursprüngliche und eigentliche Ort des Redens von Gottes Herrsein das Gotteslob ist. In den beschreibenden Lobpsalmen bewegt sich alles Gotteslob um die beiden Aussagen, die in der Mitte des 113. Psalmes so gefaßt sind:

„Wer ist wie der Herr unser Gott
im Himmel und auf Erden,
der hoch in der Höhe thront –
der tief in die Tiefe sieht!"

Die eine dieser beiden Seiten, das Herrsein oder die Majestät Gottes, wird in den meisten dieser Psalmen nach zwei Seiten hin entfaltet: Gott ist Herr der Schöpfung und Herr der Geschichte. So ist es zum Beispiel in Ps. 33, wo der Ruf zum Lob im Eingang (V. 1–3) zunächst allgemein mit seinem Wort und seinem Walten, mit seiner Gerechtigkeit und seiner Güte begründet wird (V. 4–5) und darauf das Lob des Schöpfers (V. 6–9) und des Herrn der Geschichte (V. 10 ff.) folgt. Wenn im Alten Testament von Gott dem Schöpfer die Rede ist, dann ist immer zunächst dies gemeint: die Entfaltung des Preises der Majestät Gottes. Daß Gottes Herrsein, der Bereich seines mächtigen und gütigen Wirkens sich bis in die Natur, bis in den

Kosmos erstreckt, daß aller Segen, aber auch aller Schrecken des Himmels und der Erde von ihm kommen und daß wir selber, so wie wir sind, seine Geschöpfe sind, das ist der eigentliche und primäre Sinn des Redens vom Schöpfer in der Bibel: „Ich glaube, daß mich Gott geschaffen hat samt allen Kreaturen." Die Darstellung, *wie* Gott die Welt und *wie* er den Menschen geschaffen hat, ist demgegenüber durchaus sekundär. Darum finden wir im Alten Testament verschiedene Darstellungen des Schöpfungsvorgangs; die jüngste, in der Gott die Welt durch sein gebietendes Wort erschafft, hat die älteren, deren es wiederum verschiedene gibt, nicht gestrichen, sondern stehenlassen. Darin kommt zum Ausdruck, daß die Vorstellungen von der Entstehung der Welt und des Menschen sich wandeln können, daß aber durch diese verschiedenen Vorstellungen, durch diese verschiedenen Darstellungen hindurch das Eigentliche und Wesentliche das staunende und ehrfürchtige Lob des Schöpfers bleibt, wie wir es unmittelbar ausgesprochen finden in den Psalmen, die den Schöpfer der Welt (Ps. 104; Ps. 19) und den Schöpfer des Menschen (Ps. 8; 139) loben oder alle Kreatur im Himmel wie auf Erden zum Lob des Schöpfers rufen (Ps. 148).

Während das Lob des Schöpfers in den eben genannten Psalmen Ausdruck der einfältigen, unmittelbaren Freude an der Schöpfung und Freude am Geschaffenen ist, kennt das Alte Testament auch die andere Seite sehr wohl, daß der Blick auf den Schöpfer in schwerste Anfechtung führt. Die qualvolle und verzweifelte Frage an Gott den Schöpfer bekommt ihren gewaltigsten Ausdruck im Hiobbuch, wo das Lob des Schöpfers der Welt (9,5—13) und des Menschen (10,8—12) wie auch des Herrn der Geschichte (12,14—25) in Hiobs Munde sich in die verzweifelte Frage nach dem Sinn wandelt. Gerade hier zeigt es sich, daß das Reden von Schöpfer und Schöpfung nicht isoliert, nicht gelöst werden kann vom Anerkennen des Herrseins Gottes (Hiob 42) und dieses wiederum nicht von seiner gütigen Zuwendung (Ps. 113).

In den frühesten Ereignissen seiner Geschichte erfuhr Israel das Hineinreichen der Macht seines Gottes in die Geschichte der Völker. Er schlägt das Heer des Pharao und bereitet seinem Volk den Weg in das neue Land. Zu großartigem Ausdruck kommt dies Herrsein Gottes über die anderen Völker bei den Propheten, wenn etwa Jesaja das große und mächtige Assur als Rute des Zornes Jahwes bezeichnen kann oder wenn in den vielen Völkersprüchen das Handeln Gottes an all diesen vielen Völkern in souveräner Majestät wie selbstverständlich vorausgesetzt wird. Doch in alledem trat der naive Glaube, die Geschichtsmacht Gottes, sein Herrsein in der Geschichte müsse sich in der Größe und Macht des von ihm erwählten Volkes zeigen, immer mehr zurück. Gerade als Herr der Geschichte wird er zum Richter seines ungehorsamen Volkes und lenkt die Schläge seiner Feinde, die es zu Tode treffen. Und dann bekam der Preis des Herrn der Geschichte seinen großartigsten und tiefsten Ausdruck, nachdem der Vernichtungsschlag das Volk getroffen hatte, bei Deuterojesaja. Er begründet seine Trostbotschaft, die Ankündigung der Befreiung des Volkes aus dem babylonischen Exil, mit dem Beschluß Gottes, daß die Leidenszeit seines Volkes nun zu Ende sein soll. In seinem Auftrag wird der Perserkönig Kyros Israel die Heimkehr ermöglichen. So unmittelbar ist der Gott Israels hier der Herr des Weltgeschehens!

Nirgend im Alten Testament ist so wie hier die Einheit des Erlösers mit dem Schöpfer und Herrn der Geschichte gesehen. Dem müden und verzweifelten Volk weist der Prophet die Majestät des Schöpfers am Sternenhimmel (40,25 ff.) und erinnert es an den Herrn der Geschichte, vor dem „die Völker sind wie ein Tropfen am Eimer", um ihm zu sagen: *das* ist der Herr, der „dich bei deinem Namen gerufen" hat! Hier dient das Erhöhen Gottes als des Herrn der Schöpfung und des Herrn der Geschichte dazu, den in ihre Müdigkeit und Verzagtheit Eingeengten den unendlich weiten Horizont der Möglichkeiten ihres Erlösers aufzuschließen.

Es liegt in dieser Linie, der noch nie gedachten und ungeahnten Möglichkeiten der „Verherrlichung" dieses Herrn, wenn in den Gottesknechtliedern sein Herrsein darin zur Anerkennung kommt, daß einer im Leiden für viele zum Knecht wird und dieses Knechtsein des einen auch den Völkern zum Licht wird.

Gebot und Gesetz I/10

Wir sind es vom Neuen Testament her gewohnt, die Gebote und Gesetze des Alten Testaments zusammenfassend als „das Gesetz" zu verstehen und es dem Gnadenwirken Gottes in Christus gegenüberzustellen: „denn das Gesetz ist durch Mose gegeben, die Gnade und Wahrheit ist durch Jesus Christus gekommen" (Joh. 1, 17), und aus der Theologie der Reformatoren kennen wir den Gegensatz von Gesetz und Evangelium in seiner gesamttheologischen Bedeutung. Daß das Gesetz als Ganzes durch Mose gegeben wurde, wie es Joh. 1, 17 sagt, kann heute geschichtlich nicht mehr gehalten werden; die Gesetzgebung Israels ist ein Prozeß, der sich über eine lange Zeit hin erstreckt. Wesentlicher aber ist, daß der zusammenfassende Begriff „Gesetz" nicht mehr aufrechterhalten werden kann. Im Alten Testament wurde erst in spätester Zeit ein Sammelbegriff gebildet, der alle Formen von Geboten und Gesetzen umfaßte. Im Deuteronomium ist noch deutlich, daß die einzelnen Begriffe ihre Eigenbedeutung haben, wie Gebote, Satzungen und Rechte. Dem entspricht es, daß die hebräischen Vokabeln in der gleichen Weise differenziert sind und auf ganz verschiedene Vorgänge weisen.

Erst von dem Sammelbegriff „Gesetz" her wurde die Gegenüberstellung von Gesetz und Gnade oder Gesetz und Evangelium unter dem Gesichtspunkt des Heilsweges möglich. So erst konnte gesagt werden, das Gesetz als ein Weg des Menschen, das Heil zu erlangen, sei durch den neuen, ganz anderen Heilsweg aus dem Glauben an Christus abgelöst worden. Dies wurde möglich nur auf Grund eines Allgemeinbegriffes „Gesetz", der aber dem Tatbestand des Alten Testaments nicht entspricht.

Bei den verschiedenen Vorgängen, die nachträglich und verallgemeinernd unter dem „Gesetz" zusammengefaßt wurden, ist der wichtigste Unterschied der zwischen Gebot und Gesetz. Wir sprechen von den zehn Geboten, könnten aber nicht sagen: die zehn Gesetze. Hier ist also ein Empfinden dafür geblieben, daß Gebot etwas anderes ist als Gesetz. Man pflegt die beiden Begriffe dann so miteinander in Beziehung zu bringen, daß man sagt: Die einzelnen Gebote bilden zusammen das Gesetz oder ein Gesetz. Dies zu sagen, ist aber unmöglich. Das Gebot ist ein mündlicher

Vorgang, zu dem ein Redender und ein Hörender gehören. Ein Gebot gibt es also nicht als ein Festgesetztes, als ein Gesetz, sondern nur als lebendiges Wort des Gebietenden. Darin ist es begründet, daß das Gebot im alten Israel seinen Ort im Gottesdienst hatte; das Gebot konnte gar nicht anders tradiert werden als so, daß es immer wieder neu geboten wurde, und dies geschah darin, daß diese zehn Worte als Gottes Gebote im Gottesdienst immer wieder an die Gemeinde ergingen. Das persönliche Gegenüber des Gebietenden und dessen, dem geboten wird, ist die Sphäre, in der ein Gebot ergeht und in der es gehört wird.

Die Gebote wurden im alten Israel in kurzen Reihen tradiert, in Dekalogen, Dodekalogen, aber auch in ganz kurzen Reihen von drei Geboten. Die Kürze der Gebotsreihen spricht für die mündliche Tradition. Im Sprechen und Hören der Gebote im Gottesdienst hat Israel ein Grundelement seines Gottesverhältnisses erfahren: Gott ist der Herr, zu seinem Herr-Sein gehört das Gebieten, in seinen Geboten ist er Israels Herr, ohne sie wäre er es nicht. Genau das gleiche Verständnis von Gebot finden wir auch im Neuen Testament, wenn etwa Jesus zu seinen Jüngern sagt: „Ein neues Gebot gebe ich euch, daß ihr euch untereinander liebt, wie ich euch geliebt habe“ (Joh. 13,34). In diesem Gebot bleibt der von den Jüngern scheidende Herr ihr Gebieter, auch wenn sie ihn selbst nicht mehr hören.

Ein Gesetz ist ein Vorgang, der mit dem Gebot nichts zu tun hat. Der einfachste Unterschied ist sprachlich einmal damit gegeben, daß das Gebot notwendig und ausnahmslos in persönlicher Anrede, das heißt in der zweiten Person ergeht, das Gesetz dagegen ist eine Festsetzung, die in der dritten Person erfolgt. Dazu kommt ein zweiter, ebenso eindeutiger Unterschied: Das Gebot ist ein eingliedriger Satz: „Du sollst nicht töten“; das Gesetz ist ein zweigliedriger Satz: „Wer seinen Vater oder seine Mutter schlägt, muß getötet werden“ (Ex. 21,15). Daß beides, Gebot und Gesetz, von Anfang an zum Menschsein hinzugehört, zeigt die Urgeschichte: Ein Gebot begegnet in Gen. 2,17: „Von dem Baum in der Mitte des Gartens darfst du nicht essen“ (oder Gen. 9,4). Ein Gesetz findet sich in Gen. 9,6: „Wer Menschenblut vergießt, dessen Blut soll auch durch Menschen vergossen werden.“ Wenn ich hier von einem Gesetz rede, so ist das eine Vereinfachung. Auch dabei geht es eigentlich um verschiedene Vorgänge (im Deutschen etwa Satzung, Rechtssatz, Bestimmung, Verordnung, Vorschrift, Gesetz). Im Unterschied zum Gebot aber läßt sich eine solche Zusammenfassung unter dem Begriff Gesetz verantworten, weil die beiden eben genannten Unterschiede durchweg zutreffen. Für die Fülle verschiedener Möglichkeiten von Gesetzen im Alten Testament ist es entscheidend, aus welcher geschichtlichen Situation und aus welcher Gemeinschaftsform sie erwachsen sind. Für unseren Sprachgebrauch gehört der Begriff Gesetz zunächst einmal zum Bereich des Staatlichen, von daher verstehen wir ihn.

Das gilt ganz genauso von dem griechischen Begriff nomos, wie er zur Zeit der griechischen Stadtstaaten gebraucht wurde, oder dem Begriff lex im römischen Staat. Für das Verständnis von Gesetz im Alten Testament ist es nun wichtig, daß sich in Israel ein eigentliches Staatsgesetz niemals entwickelt hat, dafür ist die Zeit der Eigenstaatlichkeit Israels zur kurz gewesen. Wenn im Neuen Testament der zusammenfassende Begriff für die alttestamentlichen Gesetze „nomos" geworden ist, dann muß schon von dieser Übersetzung gesagt werden, daß sie keiner der verschiedenen Vokabeln für Gesetz im Alten Testament entspricht. Schon von da aus muß die Wiedergabe mit nomos falsche Assoziationen und Vorstellungen erwecken.

Wenn Luther in dem bekannten Wort erklärt, daß uns die Gesetze des Alten Testamentes nichts mehr angehen, weil sie „der Juden Sachsenspiegel" seien, so ist an diesem Satz ganz richtig, daß die alttestamentlichen Gesetze mit bestimmten Gemeinschaftsformen verbunden sind und nicht einfach auf andere Gemeinschaften, in diesem Fall die der christlichen Kirche, zu übertragen sind. Luther selbst hat dann aber – ob bewußt oder unbewußt – die Gebote vom Gesetz unterschieden, denn im Kleinen Katechismus gab er dem Dekalog eine grundlegende Bedeutung auch für die Kirche. Nimmt man diese Unterscheidung, die auch die anderen Reformatoren vorgenommen haben, ernst, so bedeutet sie, daß eine Überordnung des Begriffes „Gesetz" auch in ihren theologischen Konsequenzen über Gesetze *und Gebote* nicht mehr möglich ist. Diese Unterscheidung der Reformatoren entspricht der neueren wissenschaftlichen Arbeit an den Geboten und Gesetzen im Alten Testament, die es nicht mehr zuläßt, daß das gebietende Reden Gottes zu seinem Volk unter einen wie auch immer gearteten Gesetzesbegriff subsumiert wird. Wo Gott als Herr angeredet und anerkannt wird, muß es ein Gebieten Gottes geben, sonst wäre das Reden vom Herrn leere Phrase.

Als Heilsweg ist das Gebot oder das Tun des Gebots im Alten Testament niemals verstanden worden. Vom Gesetz als Heilsweg kann man vielleicht in der allerletzten Phase des alttestamentlichen Gottesvolkes reden, aber auch nur in dieser. Das Heil ist für das Alte wie für das Neue Testament im rettenden Handeln Gottes begründet, in nichts anderem. Weil aber der, den Israel als Retter bekennt, sein Herr ist, ist er auch sein Gebieter, hört Israel auch auf seine Gebote. Der Ort der Gebote ist im Alten wie im Neuen Testament *nach* der Rettungstat; das zeigt sich im Aufbau des Buches Exodus: Auf den Bericht von der Rettungstat (Ex. 1–14) und dem Lob der Geretteten (Ex. 15) folgt auf dem Weg des Gottesvolkes durch die Wüste (Ex. 16–18) die Offenbarung der Gebote Gottes im Zusammenhang des Sinaigeschehens (Ex. 19–20). Wenn an diese Gottesoffenbarung am Sinai nicht nur der Dekalog, sondern auch alle großen Gesetzessammlungen (Ex. 21–23 Bundesbuch, Ex. 25-Num. 10 Priestergesetz, Lev. 17–26 Heiligkeitsgesetz, Dtn. 12–26 das deuteronomische Gesetz) angeschlossen wurden, so wird damit zum Ausdruck gebracht, daß sowohl den Geboten wie auch den Gesetzen die Rettungstat Gottes zugrunde liegt.

Wenn es in später Zeit zu der Bildung des alle Gebote und Gesetze umgreifenden Begriffes tora kam, der im Neuen Testament mit nomos wiedergegeben wird, so ist das unter anderem in der frühen Bedeutung des Wortes tora = Weisung begründet. Das weisende Wort Gottes im konkreten Sinn als Weisung des Weges, als Ruf zum Aufbruch oder zum Bleiben gehört den frühen Phasen der wandernden Gruppe an. Daß Gott der den Weg seines Volkes Weisende ist, wurde in Israels Geschichte niemals vergessen. Von dieser frühen Bedeutung her wird es verständlich, daß Tora in der späten Bedeutung, als es zu dem alles Gebieten, Festsetzen und Bestimmen Gottes zusammenfassenden Begriff geworden war, einen so ganz und gar positiven Klang bekommen hat. In allen Geboten und Gesetzen wurde die fürsorgende, bewahrende Wegweisung Gottes gesehen.

Von da aus wird auch verständlich, daß das Wort tora schließlich eine noch weitere Bedeutung bekam; es wurde nicht nur Sammelbegriff für alle Gebote und Gesetze, sondern darüber hinaus bezeichnete es nun das Buch, das diese Gebote und Gesetze enthielt, den Pentateuch (die fünf Bücher Mose), es wurde zur „Schrift", zum „Wort Gottes". Nur so ist es zu verstehen, wenn in Ps. 119, dem Preis des Gesetzes, dieses als ein Trost erfahren wird: „Wäre dein Gesetz nicht mein Trost gewesen, so wäre ich vergangen in meinem Elend" (119, 92). Damit zugleich trat dann aber auch die Gefahr ein, daß das Gesetz in seiner Bedeutung überhöht und verabsolutiert wurde, daß andere Arten des Gotteswortes, vor allem die Verheißung, dem Gesetz untergeordnet wurden oder ganz hinter ihm zurücktraten. Hier setzte die neutestamentliche Kritik am Gesetz ein.

Gnade und Bund I/11

Die Gnade ist im Alten Testament das Wichtigste, was überhaupt von Gott zu sagen ist. Wenn gesagt worden ist, das Alte Testament verkündige den zornigen, das Neue den gnädigen Gott, so ist das barer Unsinn. Das Alte Testament ist entstanden aus den Zeugnissen derer, die Gottes Gnade erfahren haben. Der Kern der alttestamentlichen Traditionsbildung ist der Pentateuch und der Kern des Pentateuch wiederum der Bericht von der Errettung aus Ägypten. Der fängt damit an, daß Gott zu Mose sagt: „Ich habe das Elend meines Volkes gesehen..." Mit dem erbarmenden Blick Gottes auf die Not der unterdrückten Gruppe in Ägypten fängt Israels Geschichte und das diese Geschichte darstellende Buch an. Und das Buch Deuterojesaja, das am Ende dieser Geschichte steht, ist eine einzige Verkündigung der Güte Gottes, der sein Volk zu trösten gebietet, weil er sich ihm wieder in Erbarmen zugewandt hat.

Um diesen engeren Kreis, der von Gottes gnädigen Taten an seinem Volk berichtet, zieht sich im Alten Testament ein weiterer Kreis, in dem Gottes Güte und Erbarmen der Welt zugewandt ist. Er setzt in der Urgeschichte ein, in den seltsamen ersten elf Kapiteln der Bibel, die von Gottes Handeln an der Welt und an der Menschheit sprechen. Das Grundmotiv aller Erzählungen in Gen. 1–11 ist das von Schuld und Strafe. Das Eigenartige aber besteht darin, daß in jeder einzelnen dieser Erzählungen irgend etwas über die Bestrafung des Schuldigen oder der Schuldigen hinausweist, daß jede einzelne dieser Erzählungen eine Spur der Gnade Gottes enthält: angefangen von der „gnädigen" Strafe an den aus dem Garten Eden Vertriebenen bis hin zu dem aus der Weltkatastrophe bewahrten Noah. Die Erzählungen der Urgeschichte schon sind von dem tiefen Wissen bestimmt, daß Welt und Menschheit als ganze – ganz abgesehen von Glaube und Unglaube – ohne Gottes Gnade nicht existieren können und nicht existieren würden.

Von der Urgeschichte am Anfang mag man dann hinübersehen zu den späten Büchern Jona und Hiob am Ende des Alten Testaments: Gott erbarmt sich der großen Stadt Ninive, einer heidnischen Stadt, mit den vielen Kindern und den Tieren darin; und Gott sagt ja zu Hiob, dem Nichtisraeliten, der ihm die ganze Qual und die ganze Verzweiflung menschlichen Leides entgegengeschrien hatte. Er sagt es sehr verborgen, indem er sich Hiob als der Schöpfer offenbart, der seinen Geschöpfen in liebender Fürsorge zugewandt ist – so allerdings, daß im Handeln an seinen Geschöpfen auch alles Leid eingeschlossen ist, das es in der Welt gibt, und Hiobs Leid auch. Aber Hiob erfährt hier: jede Kreatur, die ihrem Schöpfer gegenüber bleibt, bleibt seiner Güte gegenüber.

Ich brauche hier nicht den Weg nachzuzeichnen, den uns die Bibel Alten Testaments von den ersten bis zu den letzten Seiten führt, indem sie von der tausendfachen, immer neuen, überwältigenden Erweisung der Güte Gottes erzählt: an den Vätern, den Müttern und den Kindern, an seinem Volk in allen seinen Gliedern und Ständen, aber auch an den Völkern, an der Welt, an allen Kreaturen.

Aber auf einen wesentlichen Unterschied im Reden von der Güte Gottes zwischen dem Alten und dem Neuen Testament muß aufmerksam gemacht werden: im Neuen Testament ist die Gnade schlechthin konzentriert in *einem* Tun: der Sendung des Sohnes, der Gabe des Christus: „Also hat Gott die Welt geliebt, daß er..." (Joh. 3,16). Damit hängt zusammen, daß die in der Gabe des Christus zusammengefaßte Güte Gottes den Charakter des Verborgenen hat: es ist die im Kreuzestod und durch den Kreuzestod Christi paradox offenbarte Gnade. Das aber hat wiederum zur Folge, daß der Widerhall auf die Erfahrung der Güte Gottes an dieser Paradoxie oder Indirektheit teilhat. Die Antwort der Gemeinde ist primär die des Glaubens, nicht aber die des unmittelbaren Ausdrucks der Freude an Gottes Taten der Güte. Hierin ist es begründet, daß das Neue Testament im Unterschied zum Alten die unmittelbare Antwort der zu Wort kommenden Freude an Gottes Taten als einen Teil ihrer Tradition nicht enthält: es hat keine Entsprechung zum Psalter. Das Alte Testament ist von den ersten bis zu den letzten Seiten voll von der unmittelbaren Freude an Gottes gütigem Tun, wie sie sich im Gotteslob ausspricht, das nicht nur im Psalter, sondern durch das ganze Alte Testament hindurch entfaltet wird.

Es ist die Frage, ob die in dem *einen* Tun, der Sendung des Christus, sich erfüllende Gnade Gottes überhaupt verstanden und recht angenommen werden kann, wenn man bloß auf das Neue Testament hört. Jedenfalls ist sie im Neuen Testament selbst, das sich von der ersten bis zur letzten Seite als Erfüllung versteht, auf dem Hintergrund *der* Gnade Gottes gesehen, die sich *vielfältig* und auf vielerlei Weise erweist und die sich *direkt* erweist, so daß sie in der eigenen Existenz unmittelbar erfahren wird.

Im Alten wie im Neuen Testament hat die Gnade Gottes ihre Mitte oder ihr Eigentlichstes in der Sündenvergebung. Das ist in der Erzählung von der Vertreibung aus dem Garten Eden genauso wie etwa in der Verheißung vom Neuen Bund Jer. 31,31–34 oder in der Verkündigung Deuterojesajas: wie dort das Weiterleben der Ungehorsamen allein auf der vergebenden Gnade Gottes beruht, so ist das neue Heilshandeln Gottes an seinem Volk in der Vergebung begründet (Jer. 31,34 und Jes. 40,2). Und dafür könnte man eine Fülle weiterer Beispiele aus allen Büchern des Alten Testaments anführen. Aber niemals ist im Alten Testament die Gnade Gottes auf die Sündenvergebung beschränkt; sie erstreckt sich von dieser Mitte auf die ganze Weite und Tiefe des Daseins, sowohl des einzelnen wie auch der Gemeinschaften.

Das bedeutet einmal: Wo Gott einen Menschen oder eine Menschengemeinschaft begnadigt, indem er die Sünde vergibt, da schenkt er gleichzeitig damit auch neues Leben. Wenn Gott in der Erzählung am Anfang der Bibel die Menschen, die gegen ihn gefrevelt und sein Gebot gebrochen haben, begnadigt, so bekleidet er sie gleichzeitig, so daß sie nun weiterleben können, ohne sich immerfort voreinander und vor ihm schämen zu müssen. Und wenn er sein Volk, an dem er wegen seiner Sünden das Gericht vollzogen hatte, in seinem Elend begnadigt (Jes. 40,2), so eröffnet er ihm gleichzeitig damit den Weg in die Freiheit und die Heimat (Jes. 40, 3–11). Es gibt im Alten Testament nicht den Zuspruch der Vergebung ohne die gleichzeitige Eröffnung einer neuen Möglichkeit des Lebens, die nun auch konkret gezeigt wird. Eine bloß abstrakte, vom wirklichen Leben abgelöste oder eine nur geistige Vergebung kennt das Alte Testament nicht. Zur Vergebung als Mitte der Begnadigung gehört der weite Kreis der Gnadenerweisung, die sich über das ganze Dasein erstreckt.

Und das andere: Gottes Gnade ist nicht an die Vergebung gebunden. Am Beginn der Geschichte Israels steht das Erbarmen Gottes mit dem Leid der Geknechteten (Ex. 6,8); bei dieser gnädigen Zuwendung ist von Sünde und Vergebung nicht die Rede. Hier ist das Erbarmen Gottes genauso verstanden wie in der Erzählung von Hagar und ihrem Kind, Gen. 16: es ist einfach das Erbarmen Gottes mit seiner leidenden Kreatur. Und das Erzählen von diesem Erbarmen Gottes, das nichts ist als gütige Zuwendung zum Leiden der Leidenden, zieht sich durch das ganze Alte Testament. Diese Gnade kennt keine Grenzen; sie reicht zu allen Menschen, auch den Kindern und allen Kreaturen:

> „Der Herr ist gütig gegen alle,
> und sein Erbarmen waltet über allen seinen Werken“ (Ps. 145,9).

Dem entspricht die unerschöpfliche Fülle des Gotteslobes, die der unerschöpflichen Fülle der Gnade Gottes antwortet. Sie reicht von dem aufatmenden Jubel dessen, der Gottes Vergebung erfuhr:

> „Lobe den Herrn, meine Seele...
> der dir alle deine Sünde vergibt und heilet alle deine Gebrechen“ (Ps. 103)

bis hin zur Freude an Gottes gütigem Walten im weitesten Bereich:

„der den Tieren ihre Speise gibt,
den jungen Raben, die zu ihm schreien“ (Ps. 147).

Wer Gottes Gnade erfährt, tritt damit in eine Geschichte ein. Wo von Gottes Gnade erzählt, wo sie bekannt wird, da muß eine Geschichte erzählt werden. Es bleibt nicht bei einzelnen, isolierten Akten der Gnadenerweisung; die Gnade wirkt sich nicht nur in der ganzen Breite des menschlichen Daseins aus, sie ergreift auch die Tiefendimension der Geschichte des einzelnen Menschen oder der Menschengemeinschaft, die von ihr getroffen wird. Und zwar keineswegs nur so, daß dieses Dasein durch die Erfahrung der Gnade Gottes nur in ein Vorher und ein Nachher zweigeteilt wird; vielmehr bekommt das Dasein durch die Erfahrung der Gnade einen Sinn und mit dem Sinn Kontinuität, in der die Einzelerfahrungen, Erfahrungen in allen Bereichen des Dasein, ihren Ort als Glieder eines sinnvollen Ganzen bekommen. Aus der Erfahrung der Gnade Gottes ist Israels Geschichte erwachsen mit aller Dramatik, mit allen Höhen und Abgründen darin. Und ebenso ist es mit dem Einzeldasein, das in der Erfahrung der Gnade Gottes den festen Punkt gewinnt, von dem aus ein Menschenleben mit allem darin eine wirkliche, eine wesentliche Ganzheit werden kann. Das muß jeder spüren, der mit dem Sänger des 103. Psalms den strahlenden Jubel der Erfahrung der Gnade Gottes miterlebt und dann dem Ernst des 90. Psalms standhält, der angesichts des Todes sagen kann:

„Fülle uns frühe mit deiner Gnade,
so wollen wir rühmen und fröhlich sein unser Leben lang.“

Die Institution der Gnade Gottes ist der Bund. In ihm gibt Gott seinem Volk die bindende Zusage, daß er ihr Gott sein und bleiben will: „Ich will euer Gott sein, und ihr sollt mein Volk sein.“ Daß Gott aus seiner Höhe in die Tiefe sieht und die in der Tiefe Leidenden errettet, bleibt nicht ein Augenblick, der dann Vergangenheit ist; an dieses sein Erbarmen mit seinem Volk bindet sich Gott im Bund. Der Bund begründet das Gemeinschaftsverhältnis, innerhalb dessen sich die Geschichte des Gottesvolkes abspielt. Er charakterisiert es als ein wechselseitiges, ein dialogisches Geschehen, zu dem wechselseitige Treue, zu dem Wort und Antwort, zu dem wunderbares Tun und freudiges, diesem Tun antwortendes Lob gehören.

Weil der Bund ein wechselseitiges Geschehen im Zusammenhang begründet, gibt es die Möglichkeit des Bundesbruches. Die Propheten klagen Israel an, daß es den Bund gebrochen habe. Leidenschaftlich wird diese Anklage vor allem von Hosea und Jeremia erhoben. Sie bedeutet nicht einfach, daß Israel eine Sünde oder eine Reihe von Sünden getan habe; vielmehr hat sie ihr Pathos gerade darin, daß von Israel ein Gemeinschaftsverhältnis zerbrochen wurde, in dem es geborgen war, aus dem heraus es sein Leben hatte. Dieser Bundesbruch zerstört ein Kontinuum, einen Zusammenhang, der dadurch entstanden war, daß Gott sich an sein Erbarmen mit seinem Volk gebunden hatte.

Diesem Bruch des Bundes mußte das Gericht folgen, das die Propheten ankündigten. Aber nun geschah etwas der „Inkonsequenz" Gottes in den Gerichten der Urgeschichte Entsprechendes: Gott neigt sich denen, die seinen Bund gebrochen haben, noch einmal zu, er läßt durch seine Boten einen neuen Bund ankündigen (Jer. 31,31–34), der nicht wieder an der Unfähigkeit seines Volkes zum Gehorsam scheitern kann. In dieser Ankündigung eines neuen, ganz anderen Bundes weist das Alte Testament über sich hinaus; und an diesen Punkt knüpft die Urgemeinde der Christenheit an, wenn sie vom „Neuen Bund" spricht, in dem die Geschichte des „Alten Bundes", die auf dem Erbarmen Gottes mit seinem Volk gründete, zu ihrem Ziel kam.

Frieden I/12

Wenn über das lateinische pax und das griechische eirene, die je ihre eigene Bedeutungsgeschichte haben, zum hebräischen shālōm zurückgefragt wird, so bekommt die Frage dadurch einen besonderen Impuls, daß die alttestamentliche Vokabel shālōm heute in Israel wieder lebendiges Wort ist, ja eines der am häufigsten gebrauchten Worte des neuen Hebräisch überhaupt, das jeder Besucher dort als erstes Wort versteht, weil es der alltägliche Gruß ist.

Grußwort war shālōm auch im Gottesvolk des Alten Testaments, und so begegnet es uns an einer Fülle von Stellen: Es wird erzählt, wie ein Wanderer abends einen Ort erreicht und nicht weiß, wo er unterkommen soll. Da sieht ihn ein alter Mann, fragt ihn nach dem Wohin und dem Woher und lädt ihn freundlich in sein Haus ein mit den Worten:

„Da sprach der alte Mann: Friede dir! (shālōm lekā)"

Um zu verstehen, was mit diesem Wort gemeint ist, muß man wissen, daß im Alten Testament niemals ein Gruß bloße Form oder bloße Höflichkeit ist; in jedem Gruß vollzieht sich vielmehr etwas zwischen dem Grüßenden und dem, den er grüßt. Das wird noch deutlicher, wenn etwa in der Joseph-Erzählung der Hausmeister des ägyptischen Ministers die Brüder Josephs, die um Getreide kommen, so empfängt:

„Friede euch! Fürchtet euch nicht!" (Gen. 43, 23.)

Oder wenn Jonathan dem in Ungnade gefallenen David sagt: „(Wenn ich dir dieses bestimmte Zeichen gebe, dann) komm: denn ‚Friede dir', es hat keine Gefahr" (1. Sam. 20, 21).

Wenn also zu jemandem gesagt wird: Friede dir!, dann tritt gewissermaßen mit diesem Wort der Friede an ihn heran und umgibt ihn. Im Friedensgruß wird der so Gegrüßte in den Kreis des Friedens hineingenommen. Dem entspricht es, daß dort, wo ein die Gemeinschaft gefährdender Riß entsteht, dieser Gruß wegfallen kann. Am Anfang der Joseph-Geschichte heißt es dort, wo die Brüder wahrnehmen, daß Joseph vom Vater vorgezogen wurde: sie entboten ihm den Friedensgruß nicht mehr (Gen. 37, 4).

Man muß sich etwa vorstellen, daß sich im Gruß der Friede vollzieht, daß er in ihm lebendig ist, sich von einem zum anderen bewegt. Dazu gehört vor allem die besondere Weise der Begrüßung, die die Erkundigung darstellt. Für unser Sprachempfinden ist die Erkundigung etwas zum Gruß Hinzukommendes oder ihn Ergänzendes; doch zeigt die Funktion des englischen „How do you do?", daß die Erkundigung der Gruß selber sein kann. Im Hebräischen des Alten Testaments ist beides möglich. An der Stelle der eben genannten englischen und an der Stelle der deutschen Erkundigung „Wie geht es dir?" steht hier das Fragen nach dem Frieden (shāal leshālōm). Dieses Fragen nach dem Frieden (= nach dem Ergehen) hat nicht nur den Sinn einer Erkundigung, so wie wir es verstehen würden; vielmehr vollzieht sich in jeder Erkundigung Überbrückung von Trennung. Das Getrenntsein wird hier noch als das Unnormale empfunden; jede Trennung, eine sehr kurze wie eine sehr lange, muß wieder in das Zusammensein integriert werden, und das geschieht in der Erkundigung. Ein besonders schönes Beispiel ist die Begrüßung der Brüder durch (den noch unerkannten) Joseph in Ägypten (Gen. 43,27):

> „Er aber begrüßte sie (fragte sie nach dem Frieden) und fragte sie: Wie geht es eurem alten Vater (ist eurem alten Vater Frieden), von dem ihr gesprochen habt, lebt er noch?"

Die Grußworte im Alten Testament wachsen aus dem Geschehen heraus und sind dem jeweiligen Geschehen gemäß. Wo nach dem Ergehen (= Frieden) gefragt wird, da ist jeweils der Geschehenskreis gemeint, der für den Fragenden und den Gefragten im Blick steht. So kann nach dem Frieden (dem Ergehen) der Herde gefragt werden (Gen. 37,14), ja sogar nach dem Frieden des Kampfes (also danach, wie der Kampf steht, 2. Sam. 11,7). Wird in der Begegnung ein einzelner nach seinem Ergehen gefragt, so ist niemals nur das Individuum gemeint, sondern immer der Mensch in seinem Lebenskreis.

Das allgemeinste fördernde Wirken Gottes an den Menschen im Alten Testament ist das Segnen. Es ist das Weiterwirken Gottes an seinen Geschöpfen, Gen. 1,27f.: „Gott schuf den Menschen ... und Gott segnete sie ..." Es wirkt sich aus in der vertikalen Richtung der Geschlechterfolge, im Weiterwirken der dem Menschen gegebenen Lebenskraft („seid fruchtbar und mehret euch ..."). Damit aber, daß die Segenskraft die Mehrung, also das Nebeneinander der vielen bewirkt, muß zu der in vertikaler Richtung wirkenden Segenskraft ergänzend eine andere treten, die das Nebeneinander der vielen in horizontaler Richtung ermöglicht und intakt hält: das ist der Friede. Friede ist also in seiner eigentlichen Bedeutung Heilsein, vornehmlich Heilsein der Gemeinschaft. Friede ist also ein ausgesprochen statischer Begriff, ebenso wie der Segen. Wie der Segen

die Stetigkeit der Geschlechterfolge bewirkt und bedeutet, so bewirkt und bedeutet der Friede die Intaktheit, das Heilsein des Nebeneinander oder Miteinander der Menschen.
Diesen Sinn hat es also, wenn im gottesdienstlichen Segen des alten Gottesvolkes (Num. 6, 24–26), der über Jahrtausende und viele Kirchentrennungen hinweg noch in unseren Gottesdiensten gesprochen wird, die beiden bestimmenden Worte Segen und Frieden sind:

„Der Herr segne dich ...
... und gebe dir Frieden!"

Wenn Frieden, wie gezeigt, im Alten Testament Heilsein, Ganzsein und Intaktheit bedeutet, kann jetzt der Unterschied zu unserem Verständnis deutlicher werden. In mancherlei Gebrauch deckt sich das alttestamentliche Wort shālōm mit unserem Wort Frieden, aber durchaus nicht in allem. Für uns ist das Wort ganz besonders deutlich und eindeutig geprägt als Gegenbegriff zu Krieg. Auch im Alten Testament kann shālōm dem Krieg gegenübergestellt werden, wie etwa Jer. 4, 10, doch bleibt hier ein Unterschied. Einerseits kann vom shālōm des Krieges gesprochen werden (s. o.), andererseits kann Frieden nicht geschlossen werden; oder, mit anderen Worten, die am Abschluß des Krieges getroffene Vereinbarung schafft nicht in jedem Fall Frieden. Das bloße Schweigen der Waffen könnte in der Sprache des Alten Testaments nicht Frieden heißen, wenn das Volk, mit dem der Friede geschlossen wurde, innenpolitisch oder außenpolitisch unterdrückt wird. In diesem Fall fehlt gerade, was das Eigentliche des shālōm ausmacht: das Heilsein, Intaktsein der Gemeinschaft.
Man versteht das besser, wenn man weiß, daß die Gemeinschaft, in der das Wort shālōm entstand und in der es seine Prägung bekam, nicht das Volk ist (also nicht der politische Bereich), sondern die Familie oder Sippe. Das sieht man am besten an der Joseph-Erzählung, die berichtet, wie der Frieden einer Gemeinschaft, der Familie Jakobs, zerbricht und wie er dann schließlich auf wunderbare Weise wieder heil wird.
Die Joseph-Erzählung kann einen weiteren Unterschied im Verständnis von Frieden im Alten Testament und bei uns deutlich machen. Für unser Reden ist Frieden auch ein Gegenbegriff zu Streit. Friede, meinen wir, sei da, wo jeglicher Streit vermieden wird und es daher ganz friedlich zugehe. Im Alten Testament wird nüchtern gesehen, daß zum Leben jeder normalen Gemeinschaft Auseinandersetzungen gehören, daß es also in ihr auch zum Streit kommen kann. Auch da, wo Brüder „einträchtig beieinander leben", kann es durchaus Auseinandersetzungen geben, die die Eintracht nicht zerstören. Das Entstehen und Austragen von Gegensätzen gehört zum Leben menschlicher Gemeinschaften. Sofern es in Grenzen bleibt, kann es durchaus innerhalb des Heilseins der Gemeinschaft bleiben.

Zucht und Sachlichkeit der Auseinandersetzung wahren das Heilbleiben der Gemeinschaft auch im Streit. Frieden ist nicht sentimentale oder weichliche Friedlichkeit.
Am wenigsten entspricht dem alttestamentlichen Wort unser Begriff Seelenfriede oder innerer Friede. Wenn der Idealismus sagt: „Zwischen Sinnenglück und Seelenfrieden bleibt dem Menschen nur die bange Wahl“, so könnte dieser Seelenfriede niemals shālōm genannt werden. Einmal, weil überhaupt so individualistisch vom Frieden nicht geredet werden könnte. Das Heilsein eines Menschen – selbst eines einsamen Menschen! – gibt es nur im Blick auf die Gemeinschaft und in irgendeiner Bezogenheit auf die Gemeinschaft. Dann aber, weil dieser unter Verzicht auf „Sinnenglück“ erkaufte Seelenfriede ja doch nicht Heilsein des ganzen Menschen wäre. Aber auch das Reden vom „inneren Frieden“ stimmt mit dem Sinn des alttestamentlichen shālōm nicht überein, wenn es eine grundsätzliche Scheidung von Innerem und Äußerem, von Leib und Seele voraussetzt und den Frieden auf einen Teil des Menschen beschränken will. Shālōm ist immer Heilsein des ganzen Menschen.
Wohl aber wird im Alten Testament nachdrücklich und leidenschaftlich unterschieden zwischen einem echten und einem unechten Frieden: Die Propheten sind gezwungen, ihre Botschaft zu verteidigen gegen die sogenannten Heilspropheten,

> „die da rufen Frieden! Frieden! – und ist kein Frieden!“

Man könnte auch übersetzen: „Heil, Heil, – und ist kein Heil!“ Sie sagen, daß im Gemeinwesen alles intakt, alles in Ordnung und daher auch in Zukunft nur Heil zu erwarten sei. Demgegenüber müssen die Gerichtspropheten aufdecken, daß das Gemeinwesen nicht intakt ist, wenn zum Beispiel der Opfergottesdienst nicht mehr wirklich Gott, sondern nur das eigene Wohl meint oder wenn neben dem Gottesdienst schwere soziale Ungerechtigkeit ungestraft einhergeht. Es kann also alles friedlich zugehen, Wohlstand herrschen und nach außen hin alles in Ordnung sein, und dieser Zustand ist dennoch nicht shālōm. Vielmehr kann in dieser Situation – so merkwürdig das klingt – der Frieden nur dadurch gewahrt werden, daß diesem Gemeinwesen das Gericht angekündigt wird.
Von dem schroffen Gegensatz gegen einen unecht gewordenen, nur scheinbaren „Frieden“ her ist auch das Reden vom Frieden im Neuen Testament zu verstehen. Darauf weist schon das letzte Gottesknechtlied bei Deuterojesjaja (53, 5):

> „Strafe, die unser Heil (shālōm) gewann, lag auf ihm,
> und uns ward Heilung durch seine Striemen.“

So ist es gemeint, wenn dann im Neuen Testament lapidar gesagt werden kann: „Er ist unser Friede“ (Eph. 2, 14). Hier und an einer ganzen Reihe anderer Stellen ist ausgesprochen, daß durch die Erlösungstat Gottes in Christus Frieden geschaffen ist, dem eben angeführten Deuterojesajawort entsprechend. So ist es besonders deutlich im Römerbrief, wenn Paulus nach der Darstellung des Erlösungswerkes in den ersten Kapiteln abschließend in 5,1 sagt.

„Da wir nun aus Glauben gerechtgesprochen worden sind,
haben wir Frieden mit Gott durch unseren Herrn Jesus Christus."

Nun kann aber das neutestamentliche Reden von dem durch die Erlösung in Christus geschaffenen Frieden nicht verstanden werden, wenn man es von seiner alttestamentlichen Vorgeschichte ablöst. Shālōm im Alten Testament ist ein reiner Zustandsbegriff (wie übrigens auch eirene im vor- und außerbiblischen Griechisch). Er entsteht nicht durch einen Akt, sondern ist da oder nicht da. Mit Rettung, Erlösung, also mit den Heilstaten Gottes im eigentlichen Sinn hat das Wort ursprünglich nichts zu tun, es gehört vielmehr in den Zusammenhang des stetigen Handelns Gottes wie das Segnen. Wenn nun im Neuen Testament das Wort Frieden so eng und so betont mit der Rettungstat Gottes in Christus verbunden worden ist (durch Tod und Auferstehung Christi ist Frieden ermöglicht), so sind damit Klang und Sinn des Wortes wesentlich verändert. Man könnte sagen: diese Anwendung ist ein paradoxes Wagnis. Das wird deutlicher, wenn man es sich von den sogenannten „messianischen Weissagungen" her klarmacht, in denen im Alten Testament ein Friedensreich verheißen wird (so Jes. 11), das durch den König der Endzeit, den Messias, heraufgeführt wird. Auch hier ist Friede reiner Zustandsbegriff; „des Friedens wird kein Ende sein auf dem Thron Davids und über seinem Königreich" (Jes. 9,7), dieser stetige, ewige Friede aber ist ermöglicht durch eine völlige Umwandlung nicht nur der Menschen (wie in Röm. 5,1), sondern der ganzen Welt und der ganzen Schöpfung (11,6: der Tierfriede).
In der Verbindung von Erlösung und Frieden in der Sprache des Neuen Testaments, also in der Verkündigung des durch Christus geschaffenen Friedens, gehört deshalb im Reden vom Frieden immer etwas noch Ausstehendes hinzu. Für das Verständnis des neutestamentlichen Wortes hat das eingreifende Folgen. Wo von dem „Frieden" gesprochen wird, der durch das Erlösungswerk Gottes in Christus geschaffen ist, muß dieses noch Ausstehende immer mitklingen. Dieser Friede kann dann nicht gefunden werden in der Beschränkung auf die eigene individuelle Existenz, in der er zum individuellen Besitz werden könnte. Er kann aber auch nicht gefunden werden in der Beschränkung auf eine sich absondernde christliche Gemeinschaft, die diesen Frieden ganz für sich allein haben will. Das noch Ausstehende, „Eschatologische" an diesem Friedensbegriff hat es vielmehr in sich, daß es in ihm immer um das Ganze gehen muß; um den ganzen

Menschen einerseits in allen seinen – nicht nur den religiösen – Bezügen, um die Gemeinschaft im Ganzen andererseits, in der die Christen jeweils leben; es geht in diesem Frieden um das Heilsein der Gemeinschaft in allen ihren Bezügen, nicht nur den religiösen.

Eine besonders schöne und tiefsinnige Verbindung zwischen dem alttestamentlichen shālōm und dem neutestamentlichen eirene stellen die Worte Jesu vom Frieden in den Abschiedsreden dar. Hier hat es den gleichen Ort wie dort: im Gruß, und zwar im Abschiedsgruß, in dem Jesus seinen Jüngern als ein von ihnen Scheidender den Frieden auf ihren Weg mitgibt (Joh. 14,27):

> „Den Frieden lasse ich euch (zurück),
> meinen Frieden gebe ich euch.
> Nicht gebe ich euch, wie die Welt gibt.
> Euer Herz erschrecke nicht und fürchte sich nicht."

Ich erinnere an die zu Anfang zitierten Grüße, in denen auch das Entbieten des Friedens mit dem „Fürchte dich nicht!" verbunden war. Jesus gibt seinen Jüngern, die ihren Weg nun allein zu gehen haben, nicht nur die Botschaft vom Heil, er gibt ihnen auch seinen Frieden mit. Neben der Botschaft, die das je sich Ereignende, Entscheidung Fordernde und Scheidungen Erzwingende ist, soll als das Bleibende, als das Stetige der Friede mit ihnen gehen. In ihm werden sie Geborgenheit haben allem zum Trotz, was auf sie wartet.

Er gibt den Jüngern diesen Frieden nicht mit, damit sie ihn für sich allein behalten, sondern damit sie ihn weitergeben. Das sagen die Abschiedsreden deutlich genug. Es ist das einfache, alle Daseinsbereiche umfassende Heilsein, das durch die Jünger in die Welt hineingehen soll, in alle Weite der Welt, in alle Zukunft der Welt und in alle Tiefen der Welt.

II NEUES TESTAMENT

Eduard Schweizer

1. *Gottessohn und Christus*
2. *Menschensohn*
3. *Kreuz und Nachfolge*
4. *Auferstehung*
5. *Gottes Reich und Gerechtigkeit*
6. *Wunder der Sündenvergebung*
7. *Geist*
8. *Fleisch und Seele*
9. *Leib*
10. *Gemeinde*
11. *Gottesdienst*
12. *Taufe und Abendmahl*

Gottessohn und Christus II/1

Das Wort des Propheten Nathan an David über seinen Nachwuchs „Ich will seinen Königsthron für immer bestätigen; ich will ihm Vater und er soll mir Sohn sein“ (2. Sam. 7,13f.) hat Israels Hoffnung weithin geprägt (vgl. Ps. 2,7–9; 89,4ff.; Jes. 55,3f.; Sir. 47,11f.). Wurde es zunächst so verstanden, daß immer wieder ein Davidide auf dem Königsthron Israels sitzen werde, von Gott als „Sohn“ anerkannt, so änderte sich dies, als die davidische Linie abbrach, ja die staatliche Selbständigkeit Israels zerschlagen und das Volk nach Babylon weggeführt wurde. Eben in dieser Lage wuchs aber ein neues Verständnis: Gott wird einst dem Volk wieder einen Davididen schenken, der dann endgültig und in weit wunderbarerer Weise als von Gott anerkannter „Sohn“ den Thron Israels besteigen und die Heilszeit heraufführen wird (so im 2./1. Jahrhundert vor Christus Ps. Sal. 17, in der Sekte vom Toten Meer 4Qflor. 1, 10ff.). Immerhin wird das Wort vom „Sohn“ nur an der letzten Stelle aufgeführt, und nie ist „Sohn Gottes“ zum Titel des Messias geworden; ja auch dort, wo die biblischen Aussagen über ihn durchaus auf den Messias bezogen werden, wird oft nicht er, sondern das ganze Israel der Endzeit als „Sohn“ Gottes bezeichnet (Ps. Sal. 17,27; 18,4; Jub. 1,24f.; vgl. 2. Mose 4,22f.; Jer. 3,19).
Die Tatsache, daß Jesus aus davidischer Familie stammte, mußte früh schon solche Hoffnungen aufleben lassen (Mark. 10,48; 11,10; 12,35–37). Am Anfang des Römerbriefs hat Paulus, wie man anhand sprachlicher und sachlicher Indizien beweisen kann, ein kurzes Bekenntnis aufgenommen, das wahrscheinlich der römischen Gemeinde geläufig war: „(Jesus Christus), geboren aus der Nachkommenschaft Davids dem Fleische nach, eingesetzt als Sohn Gottes in Macht dem heiligen Geiste nach kraft der Auferstehung der Toten“. Die erste Zeile bezeichnet also Jesus aufgrund seiner natürlichen Abstammung als den verheißenen Davididen. Freilich hat er den Thron Davids nicht bestiegen, indem er die Römer vertrieben hätte; im Gegenteil, sie haben ihn gekreuzigt. Aber seit Ostern weiß die Gemeinde, daß die Verheißung erfüllt ist. Sein Thron ist nicht ein irdisch-nationaler; er ist der zur Rechten Gottes, von dem der Erhöhte über sein Volk, die Gemeinde, regiert. Sein irdisches Leben war so etwas wie eine

erste Stufe, auf der der Davidssohn zum König, zum Gottessohn erst bestimmt war; die zweite Stufe ist die der Erhöhung, die ihn zum Gottessohn machte, weil sie ihn in seine Regentschaft einsetzte. Ebenso läßt Apg. 13, 33 f. die Gottessohnschaft Jesu mit der Auferstehung beginnen.

Gottessohn bedeutet also für diese Gemeinde, was es im Alten Testament und daher selbstverständlich im ganzen Denken Israels bedeutete: der, der im Auftrag Gottes, ihn repräsentierend, über sein Volk regiert. Der Israelit fragt nicht, was einer ist, sondern als was einer handelt. Ein bloßes Sein, das sich nicht in Handlungen äußert, interessiert ihn nicht. Unsere Frage, ob Jesus denn nicht schon vor Ostern Gottessohn gewesen sei, könnte er zunächst gar nicht verstehen, da doch seine Regentschaft erst mit Ostern beginnt. Er könnte nach einigem Nachdenken freilich zugeben, daß Jesus dieses Königtum schon auf Erden ausübte, freilich nicht offenkundig, sondern in einer eher verborgenen Weise, indem er Jünger in die Nachfolge, sein Volk zur Umkehr und zum Gehorsam rief, Dämonen austrieb und Kranke heilte. Wenn die Gemeinde die Erzählung von der Taufe Jesu weitererzählte, stellte sie ja den Satz aus Ps. 2, 7 „Du bist mein Sohn“ schon in dieser Weise an den Anfang seines Lebens. Aber immer noch ist Gottessohn Funktionsbezeichnung wie „König, Herr, Regent“. Man könnte das, wie es spätere Gruppen in der Kirche taten, eine Adoption nennen: in der Auferstehung oder in der Taufe habe Gott Jesus zu seinem Sohn adoptiert. Nur muß man sich darüber klar sein, daß dies im Neuen Testament nicht im Gegensatz zu anderen Auffassungen formuliert ist, also nicht ausdrücklich verwerfen will, daß er von Ewigkeit zu Ewigkeit Gottessohn sei. Vielmehr hat die von Israels Hoffnungen und Erwartungen herkommende Gemeinde gar nicht anders gekonnt, als das, was Jesus für sie bedeutete, in den ihr geläufigen Sprachformen und Vorstellungen auszudrücken. Sie hat darum gar nicht gefragt, was Jesus etwa von Ewigkeit zu Ewigkeit sein könnte, sondern was er jetzt für sie, ihr Leben und Sterben bestimmend, sei. Und sie antwortete mit dem Gottessohntitel: er ist der Verheißene, den Gott seinem Volk zum Herrn gegeben, indem er ihn als seinen Sohn für alle Ewigkeit auf den Thron Davids eingesetzt hat, so daß er über uns regiert, uns Tag für Tag in den Gehorsam ruft und darin erhält.

Ein völlig anderes Verständnis finden wir bei Paulus und Johannes. Die Botschaft von Jesus blieb nicht in Palästina; sie drang in die griechische Welt hinaus, und zwar dort zuerst zu Menschen jüdischen Glaubens oder zu solchen, die damit sympathisierten, ohne sich doch beschneiden zu lassen. In diesen Kreisen spielte die Erwartung des davidischen Gottessohnes kaum mehr eine Rolle. An einem nationalen Königtum in Palästina waren sie, die im Schutze des Römischen Reiches lebten, nicht interessiert. Die Aussage von einem davidischen Gottessohn war daher für sie keine brauchbare Form, um Jesu Bedeutung für sie auszusagen. Sie wäre nichtssagend geblieben oder hätte abgestoßen. Hingegen hatten ihre Philosophen schon längst über den Logos, das Wort oder auch die Weisheit Gottes, nachgedacht und ihn als seinen Sohn bezeichnet, der schon bei der Weltschöpfung mitwirkte und den Gott dann in die Welt gesandt habe, um sie zu retten. Dabei wurde dieser Logos oft ganz personhaft vorgestellt, obwohl er eigentlich nur das dauernde Hineinwirken der Weisheit und des Wortes Gottes in die Welt darstellte. Es läßt sich nun zeigen, daß Paulus wie Johannes einen Satz gekannt haben, den die Gemeinde schon vor ihnen verwendet haben muß: „Gott sandte seinen Sohn, um (die Welt zu retten)", wobei sie den ersten Teil immer gleich formulierte, die eingeklammerten Worte variierte. So etwa haben griechisch sprechende und griechisch denkende Juden schon längst vom Logos gesprochen. Wenn die Gemeinde diesen Satz aufnahm und ihn auf Jesus bezog, dann beschrieb der Ausdruck „seinen Sohn" also seine Zugehörigkeit zu Gott, die von Ewigkeit zu Ewigkeit dauerte, so daß sein irdisches Leben eher eine Art von Intervall, eben eine „Sendung" zu einer bestimmten Aufgabe innerhalb seiner ewigen Gottessohnschaft darstellte.

Vergleicht man die beiden Aussagen miteinander, dann scheint man vor einem völligen Widerspruch zu stehen. In Palästina sprach man von dem Mann Jesus von Nazareth, der von Gott an Ostern oder vielleicht schon bei seiner Taufe zum Gottessohn, das heißt zum endzeitlichen Regenten über Gottes Volk eingesetzt wurde. Im Judenchristentum des Auslands sprach man vom ewigen Gottessohn, der vom Himmel her gesandt war, um einen bestimmten Auftrag auf Erden zu erfüllen, und wiederum dahin zurückkehrte. Nun ist zunächst festzuhalten, daß jede Gruppe sich in den Vorstellungen ausdrücken mußte, die ihr möglich waren und die überhaupt etwas bedeuteten für sie. Beide haben sich aber ihre Vorstellungen auch von Anfang an zurechtrücken und zerschlagen lassen müssen. Die Palästiner mußten lernen, daß der davidische Gottessohn nicht ein nationales Reich auf Erden aufrichtete, sondern zur Rechten Gottes thronte, daß er keineswegs nur Israel, sondern allen Völkern gehören und über sie regieren wollte und daß das Leben unter seiner Herrschaft nicht einfach Sieg über alle Gegner, das Ende aller Leiden und den Triumph des eigenen Volkes brachte, sondern Niederlage und Leiden und Dienst für andere. Sie lernten daher allmählich, das königliche Walten des Gottessohnes nicht bloß in der Herrlichkeit nach Ostern, sondern auch, sogar in erster Linie, in seinem irdischen Dienst der Niedrigkeit zu sehen. Sie lernten also, daß er schon seit der Taufe, ja eigentlich seit seiner Geburt schon diesen Dienst erfüllte. So kamen sie der Aussage, Jesus sei von Ewigkeit her Gottes Sohn, immer näher. Aber auch die griechisch sprechenden Judenchristen mußten völlig umlernen, wenn sie Jesus als den von Gott gesandten Sohn bekannten. Sie sagten dies ja von einem Manne aus, der in der Geschichte der ersten drei Jahrzehnte unserer Zeitrechnung an einem ganz bestimmten Orte, in Palästina, gewirkt hatte, nicht mehr von einer allezeit erfolgenden Einwirkung göttlichen Geistes auf den Verstand des Menschen. Aber noch mehr läßt sich beobachten. Alle vier Sätze, in denen das Schema „Gott sandte seinen Sohn, um ..." vorkommt, reden ausgerechnet von der Kreuzigung Jesu (Gal. 4, 4f., durch 3, 13 erklärt; Röm. 8, 3f. mit dem Zusatz „als Sündopfer"; Joh. 3, 16f. als Erklärung des völlig parallel gebauten Satzes 3, 14f.; 1. Joh. 4, 9 durch Vers 10 näher bestimmt). Nicht nur im allgemeinen hat also die Gemeinde gelernt, daß der von Gott gesandte Sohn ein wirklicher, irdischer Mensch war, nicht bloß eine immer und überall gültige Idee; sie hat sogar den Satz von der Sendung des Gottessohnes zur Beschreibung des alleranstößigsten Ereignisses verwendet, in dem die volle Menschlichkeit des Gottessohnes am erschreckendsten zum Vorschein kam. Man muß sogar noch schärfer formulieren: Die Aussage vom Gottessohn, der zur Rettung der Welt gesandt wurde, ist bei Paulus und Johannes nicht mehr für sich allein wichtig; sie soll ausdrücken, in welche Tiefen hinein das reicht, was am Kreuz geschehen ist; sie besagt, daß im Sterben Jesu am Kreuz Gott selbst an der Welt handelt. Einzig in einem von Paulus zitierten Lied (Phil. 2, 6–11) wird noch eine christliche Gruppe sichtbar, für die die Menschwerdung selbst die Mitte des Bekenntnisses bildet, die ihrerseits durch die Bemerkung, daß der Gottgleiche in seiner Erniedrigung „bis zum Tode" gegangen sei, in ihrer ganzen Tiefe erfaßt wird. Vermutlich hat Paulus selbst noch hinzugefügt: „ja zum Tode am Kreuz" (Vers 8), weil für ihn eigentlich umgekehrt die Menschwerdung nur beschreiben kann, was das Kreuz wirklich bedeutet. Auch auf dieser Linie ist die Gemeinde also nicht der Versuchung erlegen, über die Herrlichkeit des Gottessohnes in der Ewigkeit zu spekulieren oder – abgesehen von Philipper 2, 6–8 – auch nur die Menschwerdung als solche zum zentralen Thema werden zu lassen. Ihre Denkvorstellungen von einem ewigen Gottessohn haben im Gegenteil dazu gedient, das Geschehen am Kreuz adäquat zu beschreiben.

Auf beiden Seiten waren die Denkvoraussetzungen so, daß „Gottessohn" die Herrlichkeit und Sieghaftigkeit des so Bezeichneten umschrieb, ob man stärker in national-irdischen oder in himmlisch-transzendenten Kategorien dachte. Das blieb natürlich immer auch eingeschlossen in diesem Titel; aber die Tatsache, daß die Gemeinde dies von einem Menschen aussagte, der in Armut und Erfolglosigkeit lebte und am Kreuze endete, prägte ihr Denken so um, daß sie einerseits schon in seinem irdischen Leben und Sterben, ja gerade dort sein Regiment als Gottessohn erblickte und daß sie andererseits ausgerechnet sein Sterben am Kreuz dadurch in seiner Tiefe erfassen lernte, daß sie erklärte, der Hingerichtete sei der Sohn, den Gott zum

Heil der Welt gesandt habe. Die Denkformen, in denen die Gemeinde je von ihren Voraussetzungen her die geschichtlichen Ereignisse um Jesus von Nazareth zu deuten versuchte, sind also umgekehrt von diesen Ereignissen her neugeprägt worden.
Damit hängt zusammen, daß das Neue Testament, völlig anders als die jüdische Gemeinde, gegenüber der Anwendung des Gottessohntitels auf die Gemeinde äußerst zurückhaltend ist. Nach der Offenbarung ist nur Jesus jetzt der Gottessohn; erst nach dem Jüngsten Tag wird die Gemeinde daran teilbekommen (2, 18.26–28; 21, 7). Nach Paulus macht uns nur Jesus, *der* Sohn Gottes, zu Adoptivsöhnen (Gal. 4, 4–7; Röm. 8, 14–17). Johannes unterscheidet streng zwischen dem „Sohn" Gottes und uns, den „Kindern" Gottes. Einzig Matth. 5, 45 und 2. Kor. 6, 18, eine spätere Einfügung in den paulinischen Text, sprechen direkter von einer gegenwärtigen Sohnschaft der Glaubenden, Luk. 6, 35; 20, 36 und Matth. 5, 9 von einer künftigen. Von einer natürlichen Gottessohnschaft aller Menschen spricht kein neutestamentlicher Text (vgl. höchstens Luk. 3, 38; Apg. 17, 28).

Erst von hier aus läßt sich ermessen, was die Bezeichnung *Christus* für die Gemeinde bedeutet. An sich ist es ja nur die griechische Übersetzung des hebräischen Titels „Messias", der dem davidischen König der Endzeit zukommt. Daß Jesus, soweit wir sehen, überall in der neutestamentlichen Gemeinde als Christus angerufen wurde, hängt wahrscheinlich damit zusammen, daß Pilatus diese oder die ganz nah verwandte Bezeichnung „König" am Kreuz verwendet hat, freilich im Spott. Sagte man aber von einem Gekreuzigten aus „Jesus Christus", dann beschrieb nicht nur „Christus", wer Jesus war, sondern umgekehrt auch „Jesus", was Christus wirklich hieß. Es spielte sich also dasselbe ab, was wir beim Begriff „Gottessohn" sahen: die Wirklichkeit Jesu prägte den Titel neu.
Jesus selbst hat weit mehr getan und für sich in Anspruch genommen in Wort und Tat, als man je vom Messias erwartete. Das zeigt sich zum Beispiel in seinem vollmächtigen Ruf in die Nachfolge (Mark. 1, 17; 2, 15), aber auch Mark. 3, 4 f.; Matth. 5, 22; 11, 12.21; 12, 28.41 f.; Luk. 15 usw. Dennoch hat er den Titel „Christus" nie selbst für sich verwendet, wie noch die drei ersten Evangelien erkennen lassen. Als Petrus ihn aufnahm, hat Jesus ihn nach dem ältesten Evangelium (Mark. 8, 27–33) weder angenommen noch abgelehnt, ihn aber mit dem Hinweis auf sein Leiden korrigiert. Ganz Ähnliches ist vom Titel „Gottessohn" zu sagen. Jesus hat seinen Vater mit „Abba" angerufen, was kein Jude vor ihm so gewagt hätte. Er hat von „meinem" und von „eurem Vater" gesprochen, nie aber sich mit den Jüngern zusammenschließend von „unserem Vater" (zu Matth. 6, 9 vgl. das „ihr" in Vers 8.9a und Luk. 11, 2). Jesus war sich

also einer Verbundenheit mit seinem Vater im Himmel bewußt, die anders war als die der übrigen. Dennoch hat er wahrscheinlich nie den Titel „Sohn" verwendet, wenn das auch bei Matth. 11, 27 und Mark. 13, 32 umstritten und nicht ganz sicher zu entscheiden ist.

Warum? Jesus wußte, daß bloße Übernahme eines noch so korrekten Titels nicht Glaube ist, ja daß gerade sie dazu verführen kann, die wirkliche Begegnung des Glaubens mit ihm zu überspringen, weil man schon zu wissen meint, wer er ist. Erst der, der ihm wirklich begegnet ist – und dies schließt Kreuz und Auferstehung ein –, kann und muß dann versuchen, stammelnd die richtigen Worte zu finden, die das andeuten, was Jesus ist: Christus, Gottes Sohn.

Menschensohn II/2

Kein Titel Jesu ist so umstritten wie dieser. Es ist auch ein merkwürdiger „Titel", heißt doch das Wort im Hebräischen des Alten Testaments oder in der aramäischen Volkssprache der Zeit Jesu nichts anderes als „Mensch", und man konnte es sehr wahrscheinlich sogar als etwas ungewohnte, feierliche Umschreibung für „ich" verwenden. Vielleicht wirkt sich dieser Gebrauch sogar noch auf den griechisch schreibenden Paulus aus, der 2. Kor. 12, 2, sobald er auf ein ihm zuteil gewordenes Gotteserlebnis zu reden kommt, den Ichstil verläßt und formuliert: „Ich kenne einen Menschen..." (aramäisch müßte er sagen „Menschensohn"), um zu betonen, daß es nicht eigentlich er selbst, sondern der durch Gottes Gnade neugeschaffene Mensch war, dem solches widerfuhr.

Im Alten Testament kann Menschensohn ganz einfach den einzelnen Menschen bezeichnen (z. B. Ps. 8, 5). Hervorgehoben ist der Ausdruck aber, wenn der Prophet Ezechiel etwa 87mal so von Gott angesprochen wird, wo es um den göttlichen Auftrag an ihn geht. Vom Geiste Gottes erfüllt (2, 1 ff.; 3, 24 f.; 11, 4 f.), soll er als Wächter Israels (3, 17; 33, 7) sich Gottes Wort einverleiben und es dem Volk ausrichten (2, 3 ff.). Er muß Israels Sünde schauen (8, 5 ff.) und bei denen leben, die Augen haben zu sehen und doch nicht sehen, Ohren zu hören und doch nicht hören (12, 2 f.), die über ihn reden, ihm nachlaufen und doch seinen Worten nicht gehorchen (33, 30 ff.), weil sie meinen, das Gericht sei noch fern (12, 27). Darum wird seine Verkündigung zu Rätselspruch und Gleichnisrede (17, 2; vgl. 21, 5). So muß er Unheil verkünden (6, 1 ff.), den Sündern das Urteil sprechen (20, 3 f.; 22, 2; 23, 36), ja sie geradezu töten (11, 4—13; 21, 19 ff.). Er muß Leiden und Entbehrung auf sich nehmen als Wahrzeichen für Israels Not (4, 9 ff.; 5, 1 ff.; 12, 6.11.17 ff.; 24, 16 ff. 27). Aber er darf auch den kommenden guten Hirten (34, 23 ff.), die endzeitliche Reinigung durch den Geist (36, 17 ff.), die Totenauferstehung (37, 1 ff., von Ezechiel bildlich, später wörtlich verstanden) und die künftige Herrlichkeit (40, 4; 43, 7.10; 47, 6) ankünden, ja Auferstehung und Weltgericht in Bewegung setzen (37, 9 f.; vgl. 15 ff.; 39, 17 ff.). Endlich berichtet Dan. 7 in apokalyptischen Visionen von vier Weltreichen, die aufeinander folgen werden und unter dem Bilde von vier Tieren auftreten. Nach diesen wird die Zeit Israels, das nach langen Leiden endlich von Gott sein Recht erhalten und erhöht werden wird, kommen. Es tritt unter dem Bild des Menschen(sohns) auf: „Und siehe, mit den Wolken des Himmels kam einer, der einem Menschen(sohne) glich, und gelangte bis zu dem Hochbetagten (= Gott) und wurde vor ihn gebracht, und es wurde ihm gegeben Macht und Ehre und Reich ..." (7,13 f.). Daß damit „das Volk der Heiligen des Höchsten", Israel, gemeint sei, ist 7,18.22.27 ausdrücklich gesagt. Dem entspricht auch, daß der Mensch(ensohn) zu Gottes Thron gebracht und dort belohnt wird, nicht etwa von dort zur Erde kommt. In einer jüdisch-apokalyptischen Schrift vom Ende des 1. Jahrhunderts nach Christus wird vom Menschen(sohn) gesprochen, der aus dem Meere auftaucht und die Feinde Gottes besiegen wird (4. Esra 13, 1–13). Eine andere, die nicht sicher datiert werden kann, spricht vom Menschen(sohn) als dem Richter und Regenten der Heilszeit (äth. Henoch 46; 62,7 ff.; 69,26 ff.). Beide haben offenbar eine Idee, die damals „in der Luft lag", aufgenommen. Da die christlichen Apokalyptiker bis 70 nach Christus, bis zur Zerstörung Jerusalems, weithin noch mit ihren jüdischen Gesinnungsgenossen im Synagogenverband zusammenlebten, ist nicht ausgeschlossen, daß diese die Vorstellung vom Menschensohn der Endzeit von ihnen übernommen und auf den jüdischen Messias übertragen haben.

Was wird im Neuen Testament vom Menschensohn gesagt? Das Wort kommt mit Ausnahme von Apg. 7,56 nur in Jesusworten, also in den vier Evangelien, vor. Offb. 1,13 und 14,14 wird nur das alttestamentliche Bild „wie ein Menschensohn" verwendet, um den Erhöhten zu beschreiben. Um die Erhöhung des Irdischen kreisen auch die meisten Jesusworte im vierten Evangelium, die vom Menschensohn reden. Die Menschensohnworte der ersten drei Evangelien, wo wir am ehesten Jesu eigene Verkündigung finden, sind in drei Gruppen einzuteilen: (a) Armselig und niedrig, verachtet und abgelehnt lebt er auf Erden: „Die Füchse haben Gruben und die Vögel des Himmels Nester, der Mensch(ensohn) aber hat nicht, wo er sein Haupt hinlege" (Matth. 8,20); „Der Mensch(ensohn) ist gekommen, aß und trank, und ihr sagt: ‚Sieh da, ein Fresser und Säufer, Freund von Zöllnern und Sündern'" (Luk. 7,34). (b) Er wird verworfen und getötet: „Der Mensch(ensohn) wird den Händen der Menschen ausgeliefert, und sie werden ihn töten" (Mark. 9,31). (c) Im letzten Gericht wird er seinen Widersachern entgegentreten: „Wer sich zu mir bekennt vor den Menschen, zu dem wird sich der Mensch(ensohn) bekennen vor den Engeln Gottes; wer mich verleugnet vor den Menschen, der wird verleugnet werden vor den Engeln Gottes" (Luk. 12,8 f.); „Dann wird man den Menschen(sohn) kommen sehen in den Wolken mit viel Macht und Herrlichkeit" (Mark. 13,26).

Vier verschiedene Möglichkeiten, diese Tatbestände zu erklären, sind vorgeschlagen worden.

1. Die Aussagen in allen drei Bereichen gehen auf Jesus selbst zurück. Die Schwierigkeit besteht aber darin, daß Jesus doch nicht vom Menschen(sohn), der mit den Wolken kommen wird, reden konnte, solange er vor seinen Hörern auf Erden stand, ohne gleichzeitig seinen Tod und seine Auferstehung vorauszusagen. Seltsamerweise fehlt aber in allen Worten vom Wiederkommen des Menschen(sohns) ein Hinweis auf Tod und Auferstehung und umgekehrt. Außerdem ist die Aussage vom kommenden Menschen(sohn) kaum je mit der vom Reiche Gottes verknüpft, die ja sicher auf Jesus selbst zurückgeht.

2. Man hat darum gemeint, Jesus habe einen andern als Menschen(sohn) erwartet und sich selbst nur als dessen Propheten verstanden, wofür die Unterscheidung zwischen „ich" und „Mensch(ensohn)" Luk. 12, 8 zu sprechen scheint. Erst die Gemeinde hätte dann diesen kommenden Menschensohn mit Jesus gleichgesetzt. Echt wären also die Worte der Gruppe (c). Aber nach dem, was wir bei Paulus (2. Kor. 12, 2) finden, ist solcher Stilunterschied durchaus natürlich, wo vom geheimnisvollen Handeln Gottes gesprochen wird. Daß Jesus noch einen anderen, Höheren erwartet, ist neben Aussagen wie Matth. 5, 21 ff.; 11, 11; Luk. 11, 20; 17, 20 f. usw. höchst unwahrscheinlich. Daß er, der sonst mit apokalyptischen Bildern und Vorstellungen äußerst zurückhaltend ist, ausgerechnet eine Hoffnung und einen Titel verwendet hätte, wie sie höchstens in kleinen geheimen Zirkeln bekannt waren, ist noch unwahrscheinlicher. Und daß seine Jünger nach seinem Tode ihn von sich aus mit dem von ihm erwarteten Anderen, eben dem Menschen(sohn), gleichgesetzt hätten, statt in den Erscheinungen des Auferstandenen die Bestätigung für die Wahrheit seiner Prophetie zu sehen und also um so treuer auf den von ihm angezeigten Menschen(sohn) zu warten, ist noch einmal ganz unwahrscheinlich, um so mehr, als der Glaube an die Auferstehung eines Menschen nichts so Außergewöhnliches war (Mark. 6, 16).

3. Möglich ist, daß erst die Gemeinde den Titel eingeführt hat, wie das auch bei andern Benennungen der Fall ist (vgl. Gottessohn und Christus). Die größte Schwierigkeit dieser Lösung besteht darin, daß mit einer Ausnahme alle 83 Stellen, an denen das Wort vorkommt, in Worten stehen, die Jesus sagt oder die ihm in den Mund gelegt werden, während etwa „Christus" mehr als 500mal im Neuen Testament vorkommt, aber sozusagen ausschließlich in Sätzen, die die Gemeinde über ihn sagt, nicht in Jesu eigenen Aussagen. Denkbar wäre, daß urchristliche Propheten, die im Namen Jesu sprachen (Offb. 2–3), den Titel eingeführt hätten, während andere Bezeichnungen auf andere Kreise der frühen Gemeinde zurückzuführen wären. Daß die Offenbarung wenigstens das alttestament-

liche Bild vom Menschen(sohn)gleichen enthält, freilich nicht in einem Ich-Wort Jesu, könnte auf dieses Milieu hinweisen.

4. Leichter läßt sich diese Tatsache erklären, wenn Jesus selbst den Ausdruck von sich gebraucht hat. Das wäre allerdings in erster Linie dort geschehen, wo er von seinem irdischen Dienst und seiner Verwerfung durch die Menschen gesprochen hätte. Doch ließe sich auch eine Reihe von Worten über seine zukünftige Rolle so erklären. Denn die Erwartung, daß der Gerechte, der sich als Gottesknecht und Gottessohn in unschuldigem Leiden bewährt, von den Menschen verworfen, ja getötet, dann aber zu Gott erhöht wird und seinen Feinden im Gericht erscheint, war schon vor Jesus im Judentum verbreitet (Weish. Sal. 2,12–20; 4,10–17; 5,1–5). Natürlich hat Jesus sich nie als einen unter vielen andern angesehen, sondern als den, in dem alles Leiden Israels endgültig ein für allemal für alle durchlitten wird. Eben darum ist er der „Mensch(ensohn)", an dem die Blindheit der Menschen für Gottes Wirklichkeit, ja ihr Kampf gegen Gott ihren Höhepunkt erreichen wird und dem sie im Gericht wieder begegnen werden. Das Reich bleibt Gottes Reich und wird von ihm gebracht; der Mensch(ensohn) aber wird der sein, der für die Seinen eintreten und wider die Leugner Gottes zeugen, damit aber tatsächlich das Gericht entscheiden wird. Daß aus ihm in der weiteren Überlieferung schließlich der Richter selbst wurde, der mit den Wolken kommt, ist leicht verständlich; die gleiche Entwicklung läßt sich noch im Vergleich von Röm. 14,10; 1. Kor. 4,4f. und 2. Kor. 5,10 beobachten. Auch diese Lösung hat ihre Schwierigkeiten, vor allem die Verbindung der Vorstellung vom Menschensohn mit der vom leidenden Gerechten. Beides findet sich sonst nirgends verknüpft. Dazu kommt, daß Jesu Gebrauch dann am ehesten bei Ezechiel sein Vorbild hätte, daß dort aber „Mensch(ensohn)" Anrede, nicht Titel ist. Immerhin ist ernsthaft mit dieser letzten Möglichkeit zu rechnen, wenn auch eine sichere Entscheidung vorläufig noch unmöglich ist.

Wenn das stimmt, wenn also eine Reihe von Menschen(sohn)aussagen auf Jesus zurückgeht, dann lockt dieser Begriff, der noch in keiner Weise dogmatisch verfestigt, andererseits aber doch ungewöhnlich ist, den Hörer zur Begegnung mit dem, der so von sich spricht, und bewahrt ihn doch zugleich davor, bloß ein Etikett zu übernehmen und zu meinen, damit Jesus schon erfaßt zu haben. Er wird eingeladen, sich zu fragen, wer der ist, der als „Mensch(ensohn)" seinen Dienst in Niedrigkeit tut, verworfen und getötet wird und an dem sich doch Gottes Gericht einmal entscheiden wird, weil das Ja oder Nein zu seinem Tun und seiner Verkündigung heute einst vor Gottes Thron gegenwärtig sein wird, wenn das letzte Wort über das Leben des Menschen gesprochen werden wird.

Wie immer dieser Titel seinen Weg ins Neue Testament gefunden haben mag, so viel ist eindeutig, daß die Gemeinde damit aussagen will, daß der, in dem Gott am Jüngsten Tag den Menschen begegnen wird, eben derselbe ist, der in der Niedrigkeit unscheinbaren irdischen Liebesdienstes gewirkt hat und deswegen von den Menschen abgelehnt und hingerichtet wurde. Es wird daher gerade der Mensch(ensohn) in seiner Herrlichkeit sein, der alle Völker der Erde daran erinnern wird, daß er ihnen in den Geringsten seiner Brüder, in den Verstoßenen, zur Seite Geschobenen, zu kurz Gekommenen, Leidenden, Mißhandelten begegnet ist und auf ihre Liebe gewartet hat (Matth. 25,31–46). Damit sagt die Gemeinde aber, daß – seinen Jüngern zum Trost, seinen Widersachern zum Schreck – Gottes Angesicht, wenn sie es einst wirklich schauen werden, das Gesicht des Menschen(sohnes), das Gesicht Jesu Christi sein wird, daß also das letzte Wort über ihr Leben und Sterben das gleiche sein wird, das der irdische Dienst und die Verkündigung etwa der Gleichnisse des Menschen(sohns) Jesus schon über sie spricht.

Kreuz und Nachfolge II/3

Jesus hat Menschen vollmächtig in die Nachfolge gerufen. Das war etwas völlig Neues. Zwar sprachen auch Griechen von der „Nachfolge Gottes", doch war damit ein ethisches Ähnlich-Werden gemeint, während das Neue Testament, mit Ausnahme von Apk. 14, 4, das Wort nur für die anwendet, die dem irdischen Jesus konkret „nachgefolgt" sind. Näher liegt daher die Nachfolge der Schüler eines Rabbi. Auch sie pflegten buchstäblich hinter ihrem Lehrer herzugehen. Jedoch ruft nie der Rabbi den Schüler, sondern dieser fragt jenen um die Erlaubnis, in seine Nachfolge treten zu dürfen, während es nach dem Neuen Testament gerade dort gewöhnlich nicht zur Nachfolge kommt, wo der Jünger sich dazu anbietet (Mark. 5, 18 f.; 10, 17–22; wohl auch Matth. 8, 19 f.). Vor allem wäre auch ein Ruf in der Radikalität, wie sie bei Jesus zu finden ist, beim Rabbi undenkbar; denn Jesus gebietet so, daß der Jünger merkt, daß hier etwas an ihn herantritt, was wichtiger ist als alle Gebote Gottes (Mark. 10, 21; aber auch schon 1, 16–20 und 2, 14). Daher kommt es auch, daß kein Jünger Jesu je daran denken konnte, selbst einmal ein Menschensohn oder Christus zu werden, während der Rabbischüler natürlich selber einmal Rabbi werden will. Auch führt Jesus seine Jünger weder zum Gesetzesstudium noch zu Diskussionsübungen. Einzig beim Propheten Elia gibt es eine Handlung, die dem Tun Jesu in vielem ähnelt (1. Kön. 19, 19 ff.); aber dort geht es um die einmalige Bestellung eines Nachfolgers (Vers 16). So gibt es tatsächlich zum Gebrauch des Wortes „nachfolgen" bei Jesus nur eine Parallele, nämlich die Art, wie das Alte Testament davon spricht, daß Israel nur hinter den Götzen oder eben hinter Gott hergehen kann (1. Kön. 18, 21).

Im einzelnen ist schwer zu sagen, was die Nachfolge schon bei Jesus selbst in sich beschlossen hat und was in den uns überlieferten Berichten die Erfahrung der Gemeinde widerspiegelt. Eindeutig dürfte sein, daß das grundsätzlich neue Verständnis der Nachfolge auf Jesus zurückgeht. Ebenso deutlich ist, daß Jesus nicht alle, die sich ihm anschlossen, dazu aufrief, ihm im buchstäblichen Sinn nachzufolgen. Den geheilten Besessenen, der bei ihm bleiben wollte, schickte er in seine Familie zurück (Mark. 5, 19), und viele Worte Jesu mahnen gerade zur Bewährung in Ehe und Beruf oder im alltäglichen Zusammenleben mit dem Nächsten (etwa Luk. 6, 20–49; Mark. 10, 1–9). Nachfolge ist also nicht einfach eine neue Heilsmethode, mit der man sich den Himmel verdienen kann, wenn man nur bereit ist, den Einsatz zu leisten. Der eine ist in diese Form des Gehorsams gerufen, der andere in eine ganz andere, und beides ist Dienst nach Jesu Willen. Was solche Nachfolge inhaltlich bedeutete, ist gar nicht leicht festzustellen. Wahrscheinlich hat Jesus seine Jünger wenigstens einmal ausgesandt, um die Königsherrschaft Gottes auszurufen. Mark. 6, 7–13 und Luk. 10, 1–12 (wo die Zahl 72 wohl erst von Lukas zugefügt wurde) sind zwei verschiedene Berichte von diesem Ereignis, die Matthäus (10, 1 ff.) zu *einer* Rede zusammenarbeitet. Aber das Entscheidende scheint gewesen zu sein, „daß sie bei ihm seien" (Mark. 3, 14). So ist die Schar der Nachfolger Jesu wie ein Modell für das, was dem Menschen überhaupt durch Jesus angeboten wird. Sie dürfen und sollen teilhaben an dem, was Jesus tut und was ihm widerfährt auf seinem Weg des gehorsamen „Sohns".

Schon bei Markus steht der erste, an alle ergehende Ruf Jesu zur Nachfolge direkt hinter der ersten Ankündigung Jesu von seiner Passion, gleich nach dem Petrusbekenntnis in Caesarea Philippi. Diese Verbindung wird noch unterstrichen durch die die Nachfolge deutende Wendung vom „Aufnehmen des Kreuzes", die den Augenblick beschreibt, in dem ein Mensch sein Leben endgültig aufgeben muß und ins Sterben geht (Mark. 8, 34 = Matth. 16, 24 = Luk. 9, 23, wo freilich schon an ein tägliches „Sterben" gedacht ist). Ob diese Wendung und die enge Verknüpfung des Rufs in die Nachfolge mit der Ankündigung des Todes Jesu schon auf ihn zurückgeht, bleibt fraglich; aber jedenfalls hat die Gemeinde die innere Zusammengehörigkeit verstanden. Denn in einer völlig anderen Form findet sie sich auch Joh. 12, 24–27. Hier spricht Jesus in Jerusalem kurz vor seinem Tode vom „Weizenkorn", das sterben muß, um Leben zu zeugen, weil nur, wer sein Leben verschenken kann, es wirklich findet, und schließt daran den Aufruf zur Nachfolge an. An beiden Stellen ist also die Nachfolge Jesu mit seinem Kreuz eng verbunden.

So ist das Kreuz von allem Anfang an ein Ereignis, in das hinein die Jünger mitgenommen werden; freilich so, daß zunächst nur Jesus den Weg gehorsam geht, während seine Jünger versagen und fliehen, äußerlich also nicht dabei sind. Doch hat gerade dies bewirkt, daß sie, nach Ostern, zu wahrhaft Beteiligten wurden, die sich nicht mehr von diesem Geschehen distanzieren konnten, als gehe es sie nichts an (wie es die bloßen Zuschauer bei der Hinrichtung konnten). Gerade weil sie, angesichts ihres Versagens, verstanden, daß Jesus in gewisser Weise auch für sie diesen Weg bis ins Letzte ging, durften sie selbst lernen, hinter Jesus her den Weg ins Leiden, und wenn es sein mußte, in den Tod zu gehen, ohne diesen doch zu suchen oder gar zu verherrlichen, aber auch ohne darin das unter allen Umständen zu meidende Ende von allem zu sehen. Wenn Paulus davon spricht, daß er Tag für Tag, in Verfolgung, Leiden, Lebensgefahr, das „Sterben Jesu" gewissermaßen „am eigenen Leib herumtrage", damit seine Botschaft von Christus wirklich glaubhaft werde und so in den Gemeinden „das Leben Jesu" aufblühe (2. Kor. 4, 10—12), dann betont er in einer ganz anderen Sprache diesen gleichen Zusammenhang. Noch enger ist das Schwachsein des Zeugen, der doch „aus der Kraft Gottes" leben kann, mit der Kreuzigung Jesu „in Schwachheit" und seinem nachösterlichen Leben „aus der Kraft Gottes" 2. Kor. 13, 4 verknüpft. Auch Wendungen wie Gal. 5, 24 oder 6, 14 vom „Kreuzigen" des „Fleisches" oder der „Welt", die mit asketischen Vorbehalten gegenüber allem Körperlichen oder Irdischen gar nichts zu tun haben, können nur von diesen Zusammenhängen her verstanden werden. Der, den Jesus teilhaben läßt an und den er mitnimmt auf seinem Weg, der am Kreuze endet, kennt außer Gott keinen andern Herrn im „Fleisch" (vgl. den Beitrag über „Fleisch und Seele") oder in der „Welt", der noch mit ihm konkurrieren könnte. Obwohl Paulus also das Wort „Nachfolge" nicht verwendet, hat sich die Sache selbst – gerade darin, daß sie zentral das Ende Jesu, sein „Scheitern" am Kreuz einschloß – vielleicht am deutlichsten erhalten (vgl. auch noch Röm. 6, 3—8; 8, 17.31—39; Phil. 3, 10 f.).

Betrachten wir die eigentlichen Nachfolgeworte, dann wird sichtbar, was der Gemeinde am Ruf Jesu am wichtigsten blieb. Berichte wie Mark. 1, 16—20 und 2, 14 sind offenkundig immer und immer wieder erzählt worden, bis sie mehr oder weniger nur noch das enthielten, was auch für die spätere Gemeinde entscheidend war. Sogar Jahrzehnte oder Jahrhunderte nach Abschluß des Markusevangeliums zeigt sich die gleiche Tendenz noch bei den Abschreibern, die in 1, 16—20 „sie verließen alles" schrieben statt „sie verließen die Netze" oder, durch Änderung der griechischen Zeitform: „sie folgten ihm (ihr Leben lang) nach" statt „sie folgten ihm (damals gerade, am See Genezareth) nach".

Daß die Gemeinde fast ausnahmslos das Wort nur auf die Begleitung des irdischen Jesus bezieht, zeigt, daß sie darum weiß, daß er allein Grund und Kraft aller Nachfolge sein kann; daß sie die Worte aber weiterüberliefert, ja an die neuen Verhältnisse der nachösterlichen Zeit anpaßt, zeigt zugleich, daß sie auch weiß, daß solche Nachfolge nach Ostern weitergeht. Drei Dinge sind es, die der Gemeinde, wie sie uns in den ersten drei Evangelien sichtbar wird, wichtig blieben: 1. Die Initiative bei der Nachfolge geht ganz von Jesus aus. Alles beginnt mit seinem erwählenden Blick (Mark. 1, 16.19; 2, 14; 10, 21; Luk. 19, 5; Joh. 1, 48; vgl. Gottes erwählenden Blick 1. Sam. 16, 1; Esr. 5, 5; Sach. 12, 4) und Ruf. 2. Die Gerufenen sind in keiner Weise darauf vorbereitet; sie bieten sich nicht selbst an, ja sie zeigen keinerlei Verlangen nach Gemeinschaft mit Jesus und gehören nicht einmal zu seinen Predigthörern (Mark.1,16–20 [neben 1,14 f.]; 2,14). 3. Unter dem Ruf Jesu, der vollmächtig ertönt wie das Schöpfungswort Gottes (Ps. 33,9; Jes. 55,10 f.), geschieht Nachfolge wie selbstverständlich, ohne daß das geringste über die Schwierigkeiten, Überlegungen, Entschlüsse der Gerufenen laut würde, und selbst was sie in der Nachfolge dann sein werden, ist noch einmal Jesu Tat (Mark. 1,18). Die Gemeinde versteht also das, was sich in Jesu Nachfolgeruf abgespielt hat und immer wieder abspielt, als die konkrete Darstellung dessen, was „Gnade“ bedeutet.

Darum hat nicht nur Paulus, sondern in ihrer Art auch diese Gemeinde erkannt, daß es Nachfolge nur gibt, weil Jesus seinen Weg bis ans Ende gegangen ist, das heißt selbst Gott so völlig und ausschließlich Herr sein ließ, daß nichts anderes, nicht einmal das eigene Leben oder der Erfolg (auch nicht für Gottes Sache!) neben ihm zum Götzen werden durfte. Der Satz, daß nur der, der sein Leben im Verschenken, im Hingeben lebt, das wirkliche Leben findet, ist in vier ganz verschiedenen Formen immer mit dem Aufruf zur Nachfolge verknüpft (Mark. 8,34 f. = Matth. 16,24 f. = Luk. 9,23 f.; Matth. 10,38 f.; Luk. 14,26 f.; Joh. 12,25 f.). Diese Verbindung wird also auf Jesus selbst zurückgehen. Dabei ist interessant, wie Markus ausdrücklich diese Worte an alle gerichtet sein läßt – solche Nachfolge kommt nicht nur einem engeren Teil der Gemeinde zu –, während Matthäus nur die Jünger als Adressaten nennt, weil nach ihm nur sie dazu fähig sind. Wichtiger ist, daß diese Worte Mark. 8,34 f. (Matth. 16,24 f.; Luk. 9,23 f.) und Joh. 12,25 f. außerdem ausdrücklich mit der gerade vorangehenden Ankündigung des Leidens und Sterbens Jesu zusammengeschlossen erscheinen. Vom Kreuz kann die Gemeinde also nur so recht reden, daß sie bereit ist, daran teilzuhaben. Dabei kann sie gewiß nie vergessen, daß Jesu Kreuz eindeutig voransteht, weil nur sein Gang ans Kreuz sie fähig und bereit macht, selbst ein Stück weit hinter ihm her auf Ansehen und Erfolg, Bequemlichkeit und Reichtum zu verzichten, ja selbst Leiden und Sterben auf sich zu nehmen, wenn er sie dorthin führt.

Endlich zeigt Joh. 1,35 ff. an vier verschiedenen Punkten, was der Ruf Jesu in die Nachfolge für die spätere Gemeinde, aus der Johannes kommt, bedeutete: 1. Entgegen der historischen Wirklichkeit, wie sie Mark. 1, 16–20; 2,14 geschildert ist, ist es hier nicht mehr Jesus, der direkt in die Nachfolge ruft, sondern der Zeuge Jesu, zuerst der Täufer, dann je der vorher gewonnene Jünger (ursprünglich wohl auch Joh. 1,43a). Das ist das Spiegelbild der Zeit nach Ostern, wo ja Jesus nur durch seine Zeugen den Menschen begegnen kann. 2. Der Zeuge diskutiert nicht über die Zweifel und Einwände des Angeredeten, sondern führt ihn stets zu Jesus selbst (1, 42.43.46). Dabei könnte er ja gegen den skeptischen Einwand, aus Nazareth könne doch nichts Gutes kommen, auf Amos hinweisen, der aus dem völlig unbedeutenden Hirtendorf Thekoa stammte, oder auf David aus Bethlehem, das vor ihm auch nichts als ein kleines Dorf war. Darin zeigt sich die von der Gemeinde bewahrte Erkenntnis, daß nur Jesus selbst für die Nachfolge gewinnen und fähig machen kann. 3. Der Nachfolger verläßt nicht Schiff oder Zolltisch, sondern andere Meister, denen er bisher nachgefolgt ist (1, 35–37), oder Vorurteile dogmatischer Art, die ihn hindern konnten, Jesus zu folgen (1, 46). In der Gemeinde des Johannes stand in den meisten Fällen ja nicht die Aufgabe von Haus, Familie und Beruf in Frage, wohl aber die Lösung von der jüdischen oder heidnischen Religionsgemeinschaft und ihren Anschauungen. 4. Dem entspricht, daß der Zeuge, obwohl er gerade erst gewonnen wurde, bzw. Jesus kurz vorher zum ersten Mal gesehen hatte, ein im dogmatischen Sinn volles Christusbekenntnis ablegt (1, 36.41.45.49). Wieder spiegelt sich darin die Situation der Gemeinde, die sich nach Ostern besinnen mußte, warum sie nach Tod und Auferstehung Jesu ihn verkündete und was das hieß. Wenn gerade beim ersten Zeugnis auf das „Lamm Gottes" („das die Sünde der Welt trägt", Vers 29) hingewiesen wird, dann ist damit betont, was 13, 36–14, 7 entfaltet: Von sich aus kann niemand Jesus nachfolgen, auch der begeistertste Anhänger Jesu nicht. Erst Jesus, der selbst den Weg bis zum Kreuzestod zu Ende gegangen ist, kann in seinem „Wiederkommen" Menschen dazu fähig und für die himmlischen Wohnungen bereit machen. In dieser Weise also trägt das „Lamm Gottes" die „Sünden der Welt", daß Jesus den Weg geht, den die fromme wie die unfromme Welt gerade nicht geht: den Weg, auf dem das erste Gebot bis zum Untergang des eigenen Lebens, ja anscheinend selbst der Sache Gottes, für die man sich einsetzt, gehalten wird. Der, der diesen Weg gegangen ist, aber befreit als der Auferstandene und Lebendige den Nachfolger zum Dienst, in dem Gott und nicht mehr das eigene Leben und seine weltliche oder fromme Größe höchstes Ziel und unangefochtener Meister werden darf.

Auferstehung II/4

Von der *Auferstehung* Jesu berichtet das Neue Testament nie. Es erzählt aber, wie der Auferstandene seinen Jüngern *erschienen* ist. Der älteste Bericht findet sich 1. Kor. 15, 5–8. In diesen Versen liegen wohl zum Teil sehr alte Erscheinungsberichte vor, die Paulus verwendet hat. Danach ist der Auferstandene zuerst Petrus und den Zwölfen, dann „über 500 Brüdern", Jakobus und „allen Aposteln" erschienen, zuletzt dem Paulus. An diesem Bericht ist nicht zu zweifeln. Die Erscheinung vor Paulus muß innerhalb von ein bis drei Jahren nach Ostern stattgefunden haben. Paulus hat mit Petrus und anderen Auferstehungszeugen persönlich verkehrt. Ferner kann er darauf hinweisen, daß manche von den „über 500" noch leben, ihm also bekannt sind. *Wo* diese Erscheinungen geschehen sind, wissen wir freilich nicht mehr: nach Matth. 28, 16–20, wo sicher die Ersterscheinung erzählt ist, da ja noch „einige zweifeln", Mark 16, 7 und Joh. 21 in Galiläa, nach Lukas und Joh. 20 in Jerusalem. Jedenfalls sind die Berichte über die Erscheinungen Jesu, die wir in den Evangelien haben, nicht miteinander in Übereinstimmung zu bringen.

Daneben finden wir im Neuen Testament kurze, bekenntnisartige Glaubensformeln: Wir glauben, daß Gott Jesus von den Toten auferweckt hat (vgl. Röm. 10, 9; 1. Kor. 15, 3 ff.). Die Auferweckungsaussage ist hier allerdings immer im Zentrum, wird aber nie ausgemalt. Als dritte Gruppe von Texten kommen die Berichte über die Auffindung des leeren Grabes in Betracht, die uns alle vier Evangelien überliefern.

Wichtiger ist die Frage, was denn diese Erscheinungen *bedeuten.* Paulus sieht 1. Kor. 15, 5 ff. keinen Unterschied zwischen den Erscheinungen vor Petrus und den Zwölfen und der ihm selbst widerfahrenen. Wenn man weiß, daß Matthäus die Wendung „trat hinzu und sprach" (28, 18) sehr oft in den ihm vorliegenden Text einfügt, dann erkennt man, daß auch 28, 16–20 ursprünglich eine Erscheinung des himmlischen Herrn, dem „alle Gewalt im Himmel und auf Erden gegeben" ist, darstellen will, nicht eine Begegnung auf Erden. Lukas und Johannes hingegen scheiden klar zwischen der Zeit, wo der Auferstandene auf Erden weilt, und derjenigen nach der Himmelfahrt (Luk. 24, 51; Apg. 1, 9; Joh. 20, 17).

Könnten dann aber diese Erscheinungen nicht einfach Visionen gewesen sein, wie sie auch anderswo erlebt worden sind, und die man heute erst noch psychologisch erklären könnte? Kommt es also nur darauf an, daß Jesus auch nach seinem Tod lebendig bleibt? Genügte es dann, zu erklären, Jesus sei „ins Wort hinein auferstanden", das heißt, er wirke weiterhin als Lebendiger in der Verkündigung der Gemeinde, wobei ja festgehalten bliebe, daß diese Verkündigung ihre Kraft nur davon her bekäme, daß er immer wieder sich zu ihr bekennt und sie zum wirklichen, lebenschaffenden Wort werden ließe? Oder könnte man noch weiter gehen und sagen, er bleibe nur in *dem* Sinn lebendig, wie auch Goethe oder Sokrates nach ihrem Tod lebendig blieben, nämlich so, daß seine Worte und sein ganzes Wirken ihre Kraft weiterhin, ja jetzt erst recht ausüben?

Alle Evangelien stimmen darin überein, daß *die Entdeckung des leeren Grabes* (vielleicht mit der Ausnahme von Joh. 20, 8–9) *nicht* zum Glauben geführt hat. Das kann sie auch gar nicht. Es hätte ja sein können, daß man Jesus unterdessen in ein anderes Grab gelegt hätte, weil ein als Verbrecher Hingerichteter nicht in einem ordentlichen Grab liegen sollte oder weil man den provisorisch Bestatteten anderswo endgültig zur Ruhe betten wollte. Man hätte das leere Grab sogar damit erklären können, daß die Jünger den Leichnam gestohlen hätten (Matth. 28, 13–15). Aber selbst wenn das Wunder absolut gesichert wäre, hülfe es noch nicht wirklich. Es wäre zwar unerklärlich; aber der moderne Wissenschaftler würde feststellen, daß hier vermutlich ein bisher noch unbekannter Prozeß einer sehr raschen chemischen Auflösung stattgefunden habe. Zum Glauben kommt es also auch nach dem Neuen Testament nicht dadurch, daß der Mensch ein Wunder unzweifelhaft konstatieren und dann glauben kann, sondern nur so, *daß der auferstandene Jesus uns als der Lebendige begegnet.*

Das ist eigentlich selbstverständlich; sonst wäre es eine bloße Feststellung, nicht Glaube. Wenn ein Mann seine Frau durch Privatdetektive überwachen läßt und nach einem Jahr in Hunderten von Rapporten den Beweis für die eheliche Treue seiner Frau schwarz auf weiß besitzt, ist dies nicht der Anfang, sondern das Ende seiner Liebe. Ebenso wäre ein Glaube, der auf Beweise hin glauben will, nicht mehr Glaube. Wohl gibt es Zeichen der Wirklichkeit und Lebendigkeit Gottes, wie es Zeichen der Liebe gibt, aber nie Beweise. So wächst auch der Glaube an den Auferstandenen erst dort, wo dieser lebendig in unser Leben hineintritt. Am klarsten ist das Joh. 11, 23–27 gesagt. *Martha* ist rechtgläubig, völlig überzeugt davon, daß ihr Bruder „in der Auferstehung am Jüngsten Tag auferstehen wird". Aber Jesus genügt solcher Glaube noch nicht. Woher weiß die das eigentlich? Weil ihre Mutter oder ihr Religionslehrer es ihr so gesagt hat? Aber wenn sie jetzt eine Mutter und einen Lehrer gehabt hätte, die, zum Beispiel als Sadduzäer, nicht an die Auferstehung geglaubt hätten? Jesus sagt ihr: „*Ich* bin die Auferstehung und das Leben." Daß die Auferstehung eine Wirklichkeit ist und nicht nur ein Satz, den man im Unterricht so auswendig lernt und eben auch wieder verlieren kann, wenn man mit anderen Autoritäten zusammentrifft, das entdeckt man erst *im Zusammensein mit Jesus.* „Wer da lebt und an mich glaubt, der wird in Ewigkeit nicht sterben; glaubst du das?" Das ist in der Tat die entscheidende Frage: Ist Jesus für uns so lebendig, daß uns Gott Wirklichkeit geworden ist? Das kann schlicht und gar nicht wunderhaft zugehen. Es kann sein, daß uns ein Bibelwort nicht losläßt und unser Leben an irgendeinem Punkt umzugestalten beginnt. Es kann sein, daß wir mitten in Zweifeln und Unsicherheit doch nicht mehr ganz loskommen von Gott. So oder auf hundert andere Weisen kann Gott lebendig, wirklich werden. Und wo das geschieht, auch ganz bruchstückhaft, da wissen wir, *daß die Wirklichkeit Gottes stärker ist als der Tod.* Nicht daß wir den Tod vergleichgültigen könnten, als wäre er nur noch ein schmerzloses Verlassen der körperlichen Hüllen. Gerade im Neuen Testament behält er seinen ganzen Ernst als der „letzte Feind" Gottes (1. Kor. 15, 26). Aber wir wissen, daß der, der durch all unsere Zweifel und unser Rebellieren und unser Beschäftigtsein hindurch uns nicht losläßt, uns auch durch den Tod hindurch nicht loslassen wird. So wird denn auch Joh. 11, 25 f. nicht nur gesagt, daß der wirklich Lebende, nämlich der an Jesus Glaubende, nicht sterben wird, weil hier eine Gottesgemeinschaft Wirklichkeit geworden ist, die nie abbrechen kann; sondern auch, daß er, auch wenn er (physisch) stirbt, doch leben werde. Der Satz der Martha (Vers 24) wird also nicht aufgehoben; er bekommt nur durch Jesus erst seine Gewißheit, seinen „Grund".

Nur ist all das erst *die eine Seite* der Wahrheit. Es gibt Zeiten, in denen wir Gottes Wirklichkeit eindeutig erfahren, und es gibt andere Zeiten, in denen wir das nicht tun. Luther soll einmal gesagt haben, er habe als junger Mensch Gott viel intensiver erfahren als später, und das sei nicht ein Rück-, sondern ein Fortschritt seines Glaubens gewesen. Er habe nämlich immer besser gelernt, nicht auf seine eigene Erfahrung, sondern auf *das Wort der Schrift* zu trauen. Natürlich bleibt uns das Wort der biblischen Zeugen verschlossen und bedeutet uns nichts, wenn uns nicht der auferstandene Christus begegnet, das heißt, wenn es nicht sich in unserem Leben als wirklich und kräftig erweist. Aber wo das geschieht, da wissen wir auch umgekehrt, daß dieses Wort des Zeugen weit über das hinausreicht, was wir schon erfahren haben. Wir lernen immer mehr, den Zeugen zu trauen, deren Wort sich da oder dort schon als stark und hilfreich erwiesen hat. Sie sagen uns, daß in jenen Tagen, etwa des Jahres 30, in Palästina etwas geschehen ist, was noch weit darüber hinausgeht, daß sich Jesus in unserem Leben heute wirksam erzeigt. Für Lukas sind die Erfahrungen nach der Himmelfahrt Jesu so verschieden von den Osterereignissen, daß er Paulus, dem der Auferstandene ja erst nachher erschien, (außer Apg. 14, 4 und 14) nie zu den (zwölf) Aposteln zählt. Für Paulus ist seine Berufungserscheinung (Gal. 1, 15; vgl. Jer. 1, 5) etwas völlig anderes als spätere Erfahrungen des lebendigen Christus (2. Kor. 12, 1 ff.). Die erste bildet das Fundament seiner ganzen Verkündigung an die Völkerwelt; von späteren Erlebnissen berichtet er nur gezwungen, weil sie eigentlich eine nur für ihn bestimmte Erfahrung darstellen, die nicht in die Verkündigung gehört. Paulus und Lukas unterscheiden also sehr klar zwischen dem *einmaligen Geschehen*, für das nur eine bestimmte Zahl von Menschen innerhalb der ersten Monate nach Ostern Zeugen sind, und allen *späteren Erfahrungen* des lebendigen Christus. Sie tun das sicher mit Recht; schon weil die Jünger Jesu, soweit wir sehen, keinesfalls „visionäre" Typen gewesen sind und alle Berichte darin übereinstimmen, daß die Erscheinung des Auferstandenen gegen ihre Zweifel ankämpfen mußte, also keineswegs einem Wunschtraum entsprochen hat. Ebenso wichtig ist, daß die ersten Christen Ostern als den Anfang der allgemeinen Totenauferstehung erlebt und diese in naher Zukunft erwartet haben (1. Kor. 15, 20–23; Kol. 1, 18; Apg. 26, 23; aber auch Matth. 27, 51–53). Es war für sie alle klar, daß hier „Apokalyptisches" geschehen war, das heißt ein Handeln Gottes, wie es eigentlich erst in der Endzeit zu erwarten ist, ein Eingreifen in den gewohnten Gang der Dinge hinein. Wie immer wir dazu stehen mögen, jedenfalls wollen alle neutestamentlichen Zeugen *ein Ereignis* beschreiben, das *mit nichts anderem* verglichen werden kann.

Und nun gibt es noch ein Zeichen für dieses eine, ganz besondere Geschehen: die Geschichte von der Auffindung des leeren Grabes. Zwar wird behauptet, dies sei eine erst später entstandene Legende, da Paulus 1. Kor. 15, 5–8 noch nichts davon wisse. Aber gerade wenn man sie kritisch untersucht, zeigt sich, daß der einzige Name, der bei allen übereinstimmt, der der *Maria Magdalena* ist. Sie ist nach Joh. 20, 1 allein an das Grab gekommen und hat entdeckt, daß es leer war. Ist das die älteste Form der Erzählung, dann ist sie nicht erst später erfunden worden; sonst hätte man gleich möglichst viele Zeugen genannt. Ich meine also, daß in der Tat Maria Magdalena das leere Grab gesehen hat. Das ist „am dritten Tag" geschehen; darum wird die Auferstehung überall auf diesen Tag datiert (schon 1. Kor. 15, 4). Da die Jünger wahrscheinlich zu dieser Zeit unterwegs nach Galiläa waren und erst durch die dortigen Erscheinungen des Auferstandenen nach Jerusalem zurückgewiesen wurden (wofür nicht nur Mark. 16,7 und Matth. 28, 16–20 sprechen, sondern auch die Tatsache, daß sie nachher mit ihren Familien in Jerusalem leben), ist diese Tradition nicht mit der von den Erscheinungen verbunden in der Überlieferung (außer durch nachträgliche Verknüpfung wie Mark. 16,7). Daher ist auch in den alten Schichten nicht von einer Nachprüfung durch die Jünger die

Rede. Doch wären Texte wie Apg. 2, 29–31 oder Matth. 28, 13–15 gar nicht möglich, wenn man diese Tatsache angezweifelt hätte.

Können wir uns mit weniger zufrieden geben? Daß Jesus in seinem Wort und seinem vorbildlichen Handeln auch heute noch lebendig ist, ist selbstverständlich, und man kann höchstens diskutieren, ob dies gut, gleichgültig oder ungut ist. Einer solchen Aussage gegenüber hat *Dürrenmatt* völlig recht, wenn er erklärt, die Auferstehung sei ja in der heutigen Christenheit gar kein Ärgernis mehr. Wenn wir darüber lachten oder schimpften, dann lachten oder schimpften wir über uns selbst. Am Sterbebett eines Krebskranken, am Sarg unseres Kindes aber reicht dies nicht aus. Da sind wir gefragt: Lebt dieser Mensch, dieses Ich, auch jenseits des Todes und lebt er in einer völlig neuen Weise, die erst wirkliches Leben, nicht mehr ständig vom Tod bedrohtes Leben ist? Ich sehe keine andere mögliche Antwort als den *Hinweis auf die Zeugen* Paulus, Matthäus, Lukas, Johannes und all die andern. Sie stehen dafür ein, daß dort an Ostern die Wirklichkeit Gottes so durchgebrochen ist, daß der Tod nicht mehr das Letzte war, sondern Gott und seine Macht. Und ich *traue* ihnen, weil ihr Wort sich immer wieder stark und wahr erwiesen hat, wo immer ich versuchte, damit zu leben. Einen andern Grund für unsere Offenbarung kann ich nicht sehen.

Nur etwas noch zum Schluß. Noch einmal, die Auferstehung ist nicht beschrieben im Neuen Testament. Das heißt, daß wir uns hüten müssen vor allem Ausmalen. Paulus betont, daß es leibliche Auferstehung sei; aber ebenso, daß es *ein völlig anderer „Leib"* sei als der aus Fleisch und Knochen bestehende (1. Kor. 15, 35–44). Selbst in den spätesten und krassesten Schilderungen der Erscheinungen des Auferstandenen ist immer festgehalten, daß es ein ganz anderer, nicht mehr vorstellbarer „Leib" war, der zum Beispiel durch verschlossene Türen dringen kann (Joh. 20, 19–20). Wir werden uns also damit begnügen müssen, daß all diese Zeugen uns sagen: Was weiterlebt, ist wirklich unser „Ich" (das will das biblische Wort „Leib" sagen, das gar nicht die Bedeutung des Materiellen haben muß), das sind wir selbst, nicht irgendein „Geist" oder gar nur der Erfolg unseres Lebens. Das ist bei weitem moderner gedacht als die Vorstellung von einer unsterblichen Seele. Denn das haben wir doch allmählich gelernt, daß Leib und Seele nicht mehr auseinandergerissen werden können und daß wir ebensowenig hoffen, daß unser Körper mit seinen Bresten und Schmerzen wie daß unsere Seele mit ihren Komplexen und Nöten ewig weiterlebe. Was uns aber in der Auferstehung von den Toten verheißen ist, ist dies, daß wir selbst leben, erst dann *wirklich leben* werden, weil das, was hier immer nur bruchstückhaft erfahren wird, die Gemeinschaft mit Gott, sich dann erfüllen wird; dort, wo keine Sünde, kein Klein- und kein Aberglaube, aber auch keine Krankheit und kein Schmerz mehr sich dazwischen einschieben können (vgl. den Beitrag über „Fleisch und Seele").

Gottes Reich und Gerechtigkeit II/5

Das Wort, das wir meist mit „Reich Gottes" übersetzen, heißt eigentlich „(Königs-)Herrschaft Gottes". Im Alten Testament bezeichnet es Gottes Herrschen in seiner Schöpfung (Ps. 103, 19; 145, 11 ff.), vor allem aber seine von niemandem mehr angefochtene Regentschaft in der Endzeit (Jes. 52, 7). Es kann also eine gegenwärtige oder eine erst zukünftige Wirklichkeit beschreiben. Das gleiche gilt vom Judentum zur Zeit Jesu. Hier kann man, wie vor allem die Pharisäer, von der „Herrschaft Gottes" reden, die der Gesetzesgehorsame auf sich nimmt, wenn er sich allen Geboten Gottes unterstellt, oder dann, wie vor allem die Apokalyptiker, von der zukünftigen „Herrschaft Gottes" nach der Vernichtung aller Gottlosen außer- oder auch innerhalb Israels.

Es ist deutlich, daß Jesus die „Herrschaft Gottes" weder im einen noch im andern Sinn verstanden hat. Schon das ist auffällig, daß er kaum oder höchstens bildhaft im Gleichnis von Gott als einem „König" spricht, nie vom Aufrichten seiner Herrschaft über Israel oder die Welt, dafür öfters vom Eingehen der Menschen in sie. Selbst wenn diese Wendung erst auf die Gemeinde zurückginge, stellen doch auch Bilder wie die vom Essen oder Trinken „in der Herrschaft Gottes" diese wie einen „Raum" vor, in dem Gott regiert und daher Gerechtigkeit, Friede, Sinn, Sättigung zu finden sind, also als eine Art von „Machtsphäre", in die der Mensch aufgenommen wird. So ist die Übersetzung „Reich Gottes" nicht schlecht, wenn man nur immer mitbedenkt, daß das, was dieses Reich von andern unterscheidet, einzig die Herrschaft Gottes ist.

Freilich ist es gerade hier besonders schwer, zwischen dem, was auf Jesus zurückgeht, und dem Verständnis der nachösterlichen Gemeinde zu unterscheiden. Klar ist, daß Jesu Wirken mit seiner Taufe durch Johannes beginnt. Nun hat zweifellos Johannes Gottes letztes Gericht, die „Feuertaufe", in der die fruchtlosen Bäume, denen die Axt schon an die Wurzel gelegt ist, verbrannt werden sollten, in durchaus apokalyptischer Art in nächster Nähe erwartet und auch in apokalyptischen Bildern angekündigt (Matth. 3, 7–12). Er hat also eindeutig die große Wende von Gottes wunderbarem Eingreifen erwartet. Ganz Ähnliches gilt von der glühenden

Hoffnung in der Gruppe von Qumran am Toten Meer und von den mancherlei Gestalten, die als Propheten der Endzeit oder gar als Messiasse auftraten und Gottes unmittelbar bevorstehendes Kommen ankündigten. Allerdings erwarteten sie diesen Umschwung und die dafür folgende Herrschaft Gottes in einem erneuerten Palästina oder auf einer erneuerten Erde, nicht im Himmel; es war jedenfalls nicht menschliches Bemühen, das dieses Reich schuf, sondern allein Gottes Wundermacht, bei der höchstens an ein Mitkämpfen seiner Getreuen gedacht werden konnte.

Jesus hat sich vom Täufer gelöst und hat weder seine Taufpraxis noch seine asketischen Übungen weitergeführt (Mark. 2,18; vgl. auch den Beitrag über „Taufe und Abendmahl"). Hat er sich auch von seiner Zukunftserwartung abgesetzt? Anders als bei der Fastenfrage gibt es kein direktes Wort dazu. Zunächst wird sogar klar, daß das, was der Täufer und was die meisten Zeitgenossen Jesu mit der Erwartung des Reiches Gottes verbanden, bei Jesus durchaus auch eingeschlossen war. Die Gleichnisse vom Wachsen des Senfkorns und vom Heranreifen der Ernte (Mark. 4,1–9. 26–32) erwarten das Reich in einer Zukunft, die sich entscheidend von der Gegenwart mit ihrer Unscheinbarkeit und Armseligkeit unterscheidet, wie immer man diese in ihrem Verhältnis zum kommenden Reich beschreiben will. Die Bilder vom Festmahl, vom Trunk des Festweins, vom Zu-Tische-Liegen mit Abraham, Isaak und Jakob (Luk. 14,16–24; Mark. 14,25; Matth. 8,11) schildern kommende, von allem jetzt Bestehenden unterschiedene Herrlichkeit. Sicher ist also das Reich auch für Jesus etwas in der Zukunft Liegendes, das eine Gemeinschaft Gottes mit den Menschen in sich birgt, die nur in Bildern andeutbar, eine Fülle von Herrlichkeit, die menschlichen Vorstellungen nicht zugänglich ist. So weit könnte Jesus sich den Apokalyptikern anschließen.

Nie aber berechnet er wie sie die Zeit des Kommens und nie malt er über bildhafte Hinweise hinaus die Wonne der Seligen oder gar die Qual der Verdammten aus. Viel wichtiger aber ist, daß Jesus gerade das Bild von der Fest- und Freudenzeit auch von der Gegenwart verwendet (Mark. 2, 19) und daß auch die Gleichnisse von Saat und Ernte das Jetzt und das Dann eng zusammenbinden. Ja es gibt eine Reihe von Worten, die ausdrücklich erklären, das Gottesreich sei schon über die Menschen gekommen, denen Jesus mit seiner Verkündigung und seinem Wirken begegnet sei (Matth. 12,28; Luk. 17,21). Schon ist der „Stärkere" da, der den Feind bindet (Luk. 11,22), der mehr ist als Salomo und Jona, Tempel und Täufer (Matth. 12,41 f.; 12,6; 11,11), der selbst dem Gesetz Gottes gegenüber sprechen kann: „Ich aber sage euch ..." (Matth. 5,21 ff.). Schon fahren Dämonen aus (Mark. 1,26; Luk. 11,20) und werden Menschen in die Nachfolge gerufen (Mark. 1,16 ff.). Gerade das hebt die Zeit Jesu von der des Täufers ab, daß Gottes Reich nicht mehr nur erwartet wird, sondern da ist, in einer völlig anderen Weise, als man erwartet hätte, so nämlich, daß es von den Mächtigen bekämpft wird (Matth. 11, 12).

Damit sind wir am entscheidenden Punkt angelangt. In Jesu Wort und Werk kommt das künftige Reich schon so auf den Menschen zu, daß es jetzt, hier schon über ihn Meister werden will. Im Gleichnis, das Jesus erzählt, in der Tischgemeinschaft, die er mit seinen Jüngern, aber auch mit Zöllnern und Dirnen hält, im Erfahren der Macht Jesu, im Bewegtwerden durch sein Wort wirkt sich schon die Macht des kommenden Reiches aus. So sind in Jesus Gegenwart und Zukunft zusammengebunden. Dieses Über-uns-Kommen des Gottesreiches ist Geschenk, wie die Erfahrung echter Liebe Geschenk ist. Aber wie diese nur erfahren werden kann im Antworten darauf, im Leben in ihr, so das Gottesreich. Sowenig Liebe einfach zur Kenntnis genommen werden kann, ohne daß der Empfänger sich dadurch bewegen läßt, sowenig die Ansage Jesu vom Dasein und Kommen des Reiches. Erstaunlicherweise sieht aber Jesus die Gegenwart des Reiches, im Unterschied von seiner Zukunft, vor allem auch in der Tatsache seines Bekämpftwerdens. Der Mensch, der von diesem Reich in Beschlag genommen wird, wird also damit auch hineingestellt in diesen Kampf, und was sich später dann gezeigt hat im Ende Jesu am Kreuz wie in der Feindschaft, die die Gemeinde erfahren hat, gehört zu diesem seltsamen Kommen des Reiches, wie die Mühe und der Mißerfolg des Sämanns vor der überreichen Ernte steht (Mark. 4, 3–9; vgl. den Beitrag über „Kreuz und Nachfolge"). Im Unscheinbaren, ja oft unter gegenteiligem Schein lebt das kommende Reich also jetzt schon in der Welt, in die hinein Jesus seine Jünger schickt. Darum wird diese Welt auch weder verklärt noch wird sie dem vernichtenden Gerichtsfeuer überlassen. Sie ist der Ort, an dem Gottes Reich sich schon jetzt, mitten unter Widerstand, Bahn bricht und an dem es einst in Herrlichkeit seine Vollendung finden wird, wenn Gott in seiner Schöpfung unangefochten Herr sein wird.

Die eigentümliche und für Jesus charakteristische Doppelheit eines zukünftigen und doch schon gegenwärtigen, herrlichen und doch von den Mächtigen bekämpften Gottesreiches wird in der Gemeinde nicht mehr überall bewahrt. Einerseits wird „Reich Gottes" zum reinen Zukunftsgut, von dem das Gericht die Gottlosen ausschließt und in das es die Gerechten einläßt. Hier ist es dann auch eine rein himmlische Größe ohne jede Verbindung mit dieser Welt (etwa Matth. 13, 40–43; 18, 1; 20, 21). Andererseits gibt es Sätze, in denen „Reich Gottes" kaum mehr als das gegenwärtige Leben im Glauben umschreibt, ohne daß die Dimension des Zukünftigen noch wesentlich einwirkt (Joh. 3, 3; vgl. 18, 36; auch Röm. 14, 17). Bei Johannes ist also das Eschatologische schon so gegenwärtig geworden, daß die Schar der von Gott Geborenen, unter denen es keine Sünde mehr gibt (1. Joh. 3, 6 ff.), schon jenseits des Gerichtes lebt und vom Tod ins Leben hinübergeschritten ist (Joh. 3, 18; 5, 24). Es ist daher leicht verständlich, daß Johannes den Ausdruck „Reich Gottes“, den er selbst nicht verwendet, gelegentlich einmal aus der Tradition (3, 5) aufnehmen und auf die Gemeinde der Glaubenden beziehen kann, die nach ihm jetzt schon „das Reich Gottes sehen“ (3, 3). Umgekehrt ist in den matthäischen Sätzen die Gemeinde als aus Bösen und Guten gemischte Gruppe gesehen (so 22, 10), der in Wort und Wirken Jesu erst die Möglichkeit gegeben ist, mit ihrer Gerechtigkeit einmal im letzten Gericht (Verse 11–14) zu bestehen und dann in das Reich Gottes einzugehen. Die andern beiden Evangelien stehen zwischen diesen Extremen. Bei Markus werden zwar die Blindheit und das Versagen der Jünger unterstrichen; aber sie sind doch schon Zeichen für die kommende Gemeinde, die Schar der Nachfolger, die gerade in ihrem Versagen und in ihrer Erfahrung der immer neuen Zuwendung Jesu auf das kommende Reich hin schon unterwegs sind. Lukas betont, besonders in der Apostelgeschichte, noch stärker die Scheidung dieser dem zeitlich schon ziemlich in die Ferne gerückten Gottesreich entgegengehenden Schar von der Welt durch ihre Umkehr, ihre Taufe und ihren täglich vollzogenen Gehorsam. Bei ihm ist das geschichtliche Wachsen der Gemeinde, vor allem ihr Hineindringen in die Völkerwelt, das nach Paulus geradezu ins Glaubensbekenntnis aufgenommen wird (1. Tim. 3, 16). Es prägt die Zeit bis zum Kommen des Gottesreiches.

Paulus braucht den Ausdruck „Reich Gottes“ fast nur noch in traditionellen Wendungen, vor allem in ethischen Mahnungen, und zwar so, daß er damit die noch ausstehende, allen Ungerechten verschlossene Endherrlichkeit (1. Kor. 6, 9 f.), wie so, daß er die gegenwärtig sich erweisende Macht Gottes (1. Kor. 4, 20) beschreiben kann. Hingegen spricht er von der „*Gerechtigkeit Gottes*“ und trifft damit weithin die bei Jesus und in den ersten drei Evangelien gemeinte Sache. Damit ist nämlich die endzeitliche Durchsetzung der Herrschaft Gottes gemeint, in der zunächst Gott selbst sein Recht bekommt, wenn der schon im Alten Testament oft geschilderte Rechtsstreit der Welt gegen Gott zu seinem Ende kommt und alle Welt Gott als Herrn anerkennt (Röm. 3, 4). Dabei ist diese Gerechtigkeit Gottes nicht so sehr seine Eigenschaft wie seine „Kraft“ (Röm. 1, 16), sein machtvolles Handeln. Nun ist schon im Alten Testament dieses Gerechtigkeitshandeln Gottes als das die Bundestreue haltende, für Israel eintretende, damit freilich auch die Feinde strafende Verhalten Gottes beschrieben. So ist Röm. 1, 16 f. tatsächlich eine Umschreibung dessen, was schon Ps. 98, 2 f. von der Endzeit erwartet: „Kundgetan hat Jahwe sein Heil (oder: seine Rettung) vor den Augen der Völker, hat seine Gerechtigkeit offenbart; er gedenkt seiner Gnade und Treue gegenüber dem Haus Israel, alle Enden der Erde sehen das Heil unseres Gottes“ (vgl. Vers 9!).

Diese endgültige, alle Völker der Erde umfassende Aufrichtung der Gerechtigkeit Gottes erfolgt aber so, daß Gott gerade darin „gerecht ist", daß er für den Ungerechten eintritt und ihn „gerecht spricht" (Röm. 3, 26). Die Macht Gottes geht also in den Menschen ein und wird so gewissermaßen zur „Gabe" an ihn (wie es Phil. 3, 9 am deutlichsten erscheint), freilich so, daß sie nie loslösbar ist vom Geber und von seinem dauernden Machthandeln am Menschen. Entscheidend ist dabei, daß dies nach Paulus „aus Gnade", „ohne das Gesetz ... durch den Glauben an Christus" (Röm. 3, 21–26) geschieht. Was heißt das?

Was wir vorhin vom Gottesreich sagten, gilt hier genau gleich. Das Geschehen der Gerechtigkeit Gottes kann nicht einfach zur Kenntnis genommen, es kann nur gelebt werden. So kann Paulus sagen, daß Gottes Gerechtigkeit ein für allemal aufgerichtet worden ist, ähnlich wie man auch die Aufrichtung einer neuen Herrschaft über ein Volk genau datieren kann. Das ist erfolgt in Kreuz und Auferstehung Jesu (Röm. 3, 25; 4, 25; 1. Kor. 1, 30), weil dort eindeutig alle Herrschaft des Menschen, auch und gerade des frommen, sich vor Gott behaupten wollenden Menschen endgültig erledigt wurde und Gott allein als der Gerechte dastand. Andererseits aber kann Paulus auch sagen, daß sich die Gerechtigkeit Gottes durchsetzen muß, so wie sich auch die einmal errichtete Herrschaft über ein Volk durchsetzen, den Gehorsam, die Mitarbeit und Dankbarkeit der Untertanen gewinnen muß. Das geschieht in der zum Glaubensgehorsam führenden Verkündigung (Röm. 1, 5; 10, 16 f.; 2. Kor. 10, 5 f.), die die Menschen Gott recht geben, seine Gerechtigkeit anerkennen läßt (Röm. 4, 3–5; 10, 3–8; Phil. 3, 3–11). Dabei ist aber nicht zu übersehen, daß der Glaube ebenfalls wie eine Macht über die Welt kommt (Gal. 3, 23.25), also nicht einfach vom Menschen zu leistende Bedingung ist, sondern noch einmal Gabe Gottes, im Menschen wirksam werdende Macht Gottes (Gal. 2, 20). Daher rechnet Paulus auch damit, daß jeder Glaubende, jeder, dem das grundsätzliche Ja zu Christus und damit das Nein zur eigenen Gerechtigkeit geschenkt worden ist, einst gerettet werden wird (1. Kor. 3, 14 f.; 5, 5). Schließlich kann Paulus von eben dieser Rettung als von der noch ausstehenden Vollendung des Gerechtigkeitshandelns Gottes reden, so wie die endgültige Konsolidierung einer Herrschaft die Periode ihrer Durchsetzung abschließt (Gal. 5, 5). So hat Paulus in völlig veränderter Sprache mit seiner Betonung der „Gerechtigkeit Gottes" merkwürdig gut das bewahrt, was Jesus mit seiner, Paulus wahrscheinlich unbekannt gebliebenen, Verkündigung des „Reiches Gottes" meinte. Auch dieses kommt ja als zukünftige Gabe schon jetzt über den Menschen, weil es seit Jesu Kommen endgültig in die Welt eingebrochen ist. Und was für Paulus die Gerechtigkeit Gottes, das ist für Jesus das Reich Gottes: die sich durchsetzende Herrschaft Gottes, die, im Kommen Jesu grundsätzlich aufgerichtet, nun die Welt durchdringt und einst endgültig vollendet sein wird.

Wunder und Sündenvergebung II/6

Alle vier Evangelien berichten von Wundertaten Jesu bis hin zu Totenerweckungen und Sturmstillungen, die Apostelgeschichte von solchen der Apostel, durch deren Schatten (5, 15) oder Schweißtuch (19, 12) sogar Heilungen vollbracht wurden. Aber auch die Paulusbriefe rechnen mit Krankenheilungen und Wundertaten in der Gemeinde (1. Kor. 12, 9), und Paulus selbst hat nicht nur mit dem Wort, sondern mit „der Macht von Zeichen und Wundern, der Macht des Heiligen Geistes“ gewirkt und „apostolische Wunderzeichen“, „Zeichen und Wunder und Krafttaten“ vollbracht (1. Kor. 4, 20; Röm. 15, 19; 2. Kor. 12, 12).

Zweifellos sind während einem sich über Jahrzehnte erstreckenden Weitererzählen die Wundererzählungen ausgeschmückt worden, wie es in mündlicher Tradition nicht anders denkbar ist. In der Geschichte vom Seewandel Jesu berichtet beispielsweise Mark. 6, 47, das Schiff sei „mitten im Meer“ gewesen; Matth. 14, 24 weiß schon, daß es sich „viele Stadien vom Land weg“ befunden hat, und Joh. 6, 19 präzisiert sogar „25 bis 30 Stadien“. Vor allem aber fügt Matth. 14, 28–33 noch hinzu, auch Petrus sei auf dem Wasser gegangen, bis der Kleinglaube über ihn gekommen sei und Jesus ihm habe helfen müssen, worauf die Jünger im vom Sturm geschüttelten Boot niedergefallen und Jesus als „Sohn Gottes“ angebetet hätten (was freilich den Lobpreis Jesu über das Petrusbekenntnis 16, 16 f. eigentlich unmöglich macht). Johannes hingegen erzählt als weiteres Wunder, daß das Schiff plötzlich am Land gewesen sei, sobald Jesus ihm nahe gekommen sei (6, 21), und bringt außerdem einen richtigen Tatsachenbeweis für das Wunder (6, 22–25); dabei wird deutlich, wie selbstverständlich ihm dieses schon ist; denn 6, 17 erzählt er, die Jünger seien mitten im Sturm gewesen und „Jesus noch nicht zu ihnen gekommen“. Vergleicht man endlich die überaus krassen, außerhalb des Neuen Testaments erzählten und in apokryphen Schriften berichteten Wunder, dann erkennt man, wie die volkstümliche Erzählung dazu neigt, sie immer mehr ins Unermeßliche zu steigern. Natürlich hat dieser Prozeß schon lange vor der Niederschrift des ersten Evangeliums begonnen. Dazu kommt, daß man beispielsweise auch von Xerxes erzählte, er „könnte zu Fuß über das Meer gehen“, von einem

Wundertäter, man habe ihn „fliegen und auf dem Wasser gehen sehen", von christlichen Mönchen und buddhistischen Jüngern, sie seien auf dem Wasser gewandelt, wobei es dem Buddhisten wie Petrus erging, nur daß ihn die Konzentration auf seine Meditation rettete, nicht Jesus. So ist nicht daran zu zweifeln angesichts der vielen Berichte über Jesu Wunder und besonders der Paulusbriefe, daß sich bei Jesus und seinen Jüngern Außergewöhnliches ereignet hat; es läßt sich aber auch nicht mehr feststellen, wie weit dies Heilungen und Machttaten waren, die wir heute mit der Vollmacht eines starken persönlichen Einwirkens oder mit psychischen Gegebenheiten beim Geheilten (mehr oder weniger!) erklären können, wie weit sie darüber hinausgingen.

Jedoch ist noch ein weiterer, wesentlicher Unterschied zwischen unserer Situation und der der ersten Leser der Evangelien zu bedenken. Für die Zeitgenossen Jesu und der Apostel gehört das Wunder selbstverständlich zu ihrer Welt. Nicht nur Gott, auch allerlei Wundertäter, aber auch Zauberer und Geisterbeschwörer vollbrachten nach ihrer Meinung viele Wunder, und es war einzig zu fragen, ob göttliche oder dämonische Kräfte dahinter steckten. Gerade die Selbstverständlichkeit, mit der man Wunder akzeptierte, half dem damaligen Menschen, nicht beim Wunder selbst stehen zu bleiben, sondern danach zu fragen, was damit eigentlich gesagt war. Bis zu einem gewissen Grad nähern wir uns von ganz anderen Voraussetzungen her wieder diesem Standpunkt. Einerseits zeigt die historisch-kritische Forschung, daß die von Jesus und den Aposteln berichteten Wunder nicht einfach als Tatsachenbeweise verwertet werden können, weil gläubiges Weitererzählen sie ausgeschmückt, gelegentlich sogar kreiert haben kann. Andererseits können wir vieles psychologisch verstehen, was damals als unbegreiflich angestaunt wurde, und selbst völlig unerklärliche Ereignisse werden vom modernen Wissenschaftler nicht grundsätzlich in Abrede gestellt, weil es immer Dinge gibt, die zwar nur mit äußerst geringer Wahrscheinlichkeit geschehen, aber immerhin nicht einfach unmöglich sind. Wird so die Grenze zwischen „Wunder" und „Nichtwunder" fließend, so spitzt sich die Fragestellung um so schärfer darauf zu, was denn hinter dem mehr oder weniger wunderhaften Geschehen stehe und was es wirklich besage.

Eindeutig wird im Neuen Testament die *Forderung* nach einem „Wunderzeichen" abgelehnt (Mark. 8,11–13; 15,29–32; Matth. 12,38 f.; Luk. 11, 16; 23,8 f.; Joh. 6,30–33 usw.). Das geht sogar so weit, daß die ersten drei Evangelien das Wort nie für die Machttaten Jesu verwenden. Johannes (und Paulus) verwenden umgekehrt dieses Wort gerade darum für die Machttaten Jesu (oder des Apostels), weil damit ihr Zeichencharakter, das heißt ihr Hinweis auf den hinter dem Wunder stehenden Gott, betont ist; gerade daß das Volk nur das Brot genoß, ohne die Speisung als ein „Zeichen" für die Macht und Forderung Gottes zu verstehen, ist daher nach Joh. 6,26 das Verkehrte. Auf beiderlei Weise wird also das Wunder als Beweis, der Glauben entbehrlich machen könnte, verworfen. Glaube, der Beweise fordert, zerstört sich selbst mit dieser Forderung.

Was ist dann aber der Sinn des Wunders? In Korinth, aber auch in der vor Markus liegenden Tradition sind Wunder als entscheidende Zeichen der Epiphanie, des In-Erscheinung-Tretens der Gottheit bewertet worden. Paulus und Markus halten fest, daß Gott in der Tat praktisch und konkret in unser Leben hineinwirkt, auch in ungewöhnlicher, erstaunlicher Art, sich also in seinen Machttaten äußert. Aber für beide wird Gott völlig verkannt in seinem Handeln, wenn man vergäße, daß derselbe Gott Jesus am Kreuz sterben ließ, ohne ein seine Macht beweisendes Wunder zu tun. Darum wehrt Paulus sich gegen eine Beurteilung seines Apostolats auf Grund menschlicher Kriterien, etwa einer wunderbaren Rednerkunst oder wunderhafter religiöser Fähigkeiten (z. B. 2. Kor. 10–12. Markus betont die Verständnislosigkeit und Blindheit aller, selbst der Jünger, gegenüber den Wundern und die Gebote Jesu, von seinen Wundern zu schweigen, während er die Ankündigung des Leidens und Sterbens des Menschensohnes als die erste volle Offenbarung Jesu bezeichnet und wirkliche Erkenntnis erst nach dem Kreuz möglich ist (5,43; 8,14–21.31 f.; 15,39 usw.). Matthäus läßt fast alle Schweigegebote Jesu weg; hingegen beginnt er beispielsweise 8,18 die Wundergeschichte des Markus (4,35–41) nachzuerzählen, fügt aber zum Stichwort „weggehen" den Bericht von zwei Menschen ein, die Jesus nachfolgen wollten und von ihm auf den Charakter der Nachfolge aufmerksam gemacht wurden, und fährt dann mit der Bemerkung fort, darauf seien die Jünger (im Gegensatz zu den beiden andern?) Jesus ins Schiff hinein „nachgefolgt". So wird die nun erzählte Wundergeschichte „transparent" als eine Schilderung der Nachfolge. Wichtig bleibt darin also nur das, was die Leser immer wieder in der Nachfolge Jesu so erfahren dürfen, wie es die Jünger damals durften: Sturm und Not, aber auch die in ihre Verzagtheit hineingreifende Hilfe Jesu. Bei Lukas ist das Verhältnis zum Wunder ungebrochener; doch betont gerade er, wie das Wunder nur dann sein Ziel erreicht, wenn es den Menschen zu Buße und Dankbarkeit gegen Gott bewegt (etwa 5,8–11; 17,15–19; Apg. 14,14 f.). Bei Johannes laufen die meisten Wunder in eine Rede Jesu aus, in der erst das gesagt wird, worauf das Wunder nur hinweisen wollte (so 6,26–71).

Nach der Meinung der neutestamentlichen Zeugen will das Wunder also zum Wort an den Menschen werden; ja es wird erst dadurch zum „Zeichen" im johanneischen Sinn, zum eigentlichen Wunder, daß es zum Wort Gottes an den Menschen wird, das Glauben schafft oder den schon vorher hervorgelockten Glauben erstarken läßt. So finden sich häufig Sätze wie „Dein Glaube hat dich gerettet (oder: geheilt)" (Mark. 5,34; 10,52; vgl.

Matth. 8,10–13; 9,29; 15,28; 17,20; Mark. 2,5; 11,22), und Matthäus hat die ihm überlieferten Wundergeschichten geradezu zu Gesprächen über den Glauben umgestaltet. Am schärfsten tritt dies vielleicht Luk. 17,19 und 7,50 hervor, wo der traditionelle Satz „Dein Glaube hat dich gerettet" nicht einfach dem Geheilten zugesprochen wird, sondern dem einen der zehn Aussätzigen, der nach der Heilung dankbar zu Jesus zurückkehrt, und der großen Sünderin, die nicht körperliche Heilung, wohl aber Sündenvergebung empfangen hat. Ihr ist das eigentliche Wunder widerfahren, daß Jesu bloßes Dasein für sie zum Wort Gottes wurde, das ihr Leben in seinem tiefsten Grunde heilte. Doch hat schon die Geschichte vom Gelähmten Mark. 2,1–12 (ursprünglich wohl ohne die Diskussion mit den Pharisäern, Verse 6 bis 10, erzählt) die Sündenvergebung, in der Gott sich dem Menschen zuspricht und ihn damit zuinnerst heilt, als das eigentliche Wunder verkündet. Darum ist es auch nicht zufällig, daß der Widerspruch, der Jesus ans Kreuz brachte, nicht gegen seine Heilungen, wohl aber gegen die von Jesus, mit ausgesprochenen Worten oder ohne sie, tatsächlich geübte Sündenvergebung aufbrach; es war die Rebellion gegen „den Freund von Zöllnern und Sündern" (Matth.11,19; vgl. Mark. 2,16; Luk. 7,39; 15,2).
Die entscheidende Frage ist also nicht die, ob wir eine Wundergeschichte für historisch oder unhistorisch halten. In beiden Fällen bleiben wir beim Wunder stehen, statt uns von ihm bewegen zu lassen. Wer vom modernen Menschen das Für-wahr-Halten eines Wunders fordert, der fordert etwas, was höchstens als Frucht des Glaubens möglich ist und was gerade dann vom geschehenen Wunder weg zu dem hinweist, der darin gehandelt hat. Ebenso unsinnig wäre das entgegengesetzte Vorurteil, daß Gott nur tun könne, was sich menschlichen Erklärungsmöglichkeiten einfügt. Die entscheidende Frage ist aber die, ob der Mensch in Gottes Handeln sein Wort an ihn vernimmt; ob dieses Handeln „gewöhnlich" oder „ungewöhnlich" ist, spielt höchstens dann eine Rolle, wenn Gott einen für ihn tauben Menschen durch eine außerordentliche Erfahrung aus seiner Gleichgültigkeit oder Verschlossenheit aufschrecken muß. Darin aber sind Evangelien und Paulusbriefe einig, daß *das* Wunder Gottes Kreuz und Auferstehung ist (vgl. die Beiträge über „Kreuz und Nachfolge" und „Auferstehung"), in denen Gott „sich aller, die ihm im Ungehorsam verschlossen waren, erbarmt hat". Darüber bricht Paulus in einen Lobpreis aus, der nur noch in hymnischer Sprache angemessen ausgedrückt werden kann (Röm.11,32–36).

Geist II/7

Das Erstaunliche am Neuen Testament ist zunächst dies, daß alle, die darin zu uns reden, der einen Tatsache gewiß sind – so grundverschieden sie oft davon sprechen –: Der Geist Gottes ist wieder Gegenwart. Weil dies der Fall ist, darum sind wir das neue Israel, das Volk einer neuen, andern Zeit, die Gemeinde des neuen Äon, in dem Gottes Zusagen sich erfüllt haben, in dem Gott wieder eins geworden ist mit den Menschen.

Markus und größtenteils auch noch *Matthäus* leben äußerlich ganz in alttestamentlichen Vorstellungen. Sie sehen den Geist Gottes zunächst einmal dort, wo ihn die alttestamentlichen Menschen auch gesehen haben: in den außergewöhnlichen Ereignissen. Hier muß für sie zuerst der Einbruch des Gottesgeistes sichtbar geworden sein. Wo aber waren die außergewöhnlichen Ereignisse, in denen der neue Geist Gottes sichtbar geworden war? Das erste, was die Gemeinde verstand, war dies: er war zu finden in Jesus Christus, und zwar vor allem in seinen erstaunlichen, alles Gewohnte überragenden Taten. Wer angesichts der Dämonenaustreibung Jesu nicht den in ihm waltenden Geist erkennt, der begeht die unvergebbare Sünde der Lästerung (Mark. 3, 28–30). Denn in diesen Dämonenaustreibungen ist Gottes Endherrschaft herbeigekommen, in der alle Teufel unterworfen werden (Matth. 12, 28). Und doch halten die Evangelisten hier merkwürdig zurück. Sie erzählen alle diese Heilungen und sonstigen Wundertaten. Aber sie nennen selten den Heiligen Geist in diesem Zusammenhang. Natürlich; denn solche Taten geschahen ja auch in der Gemeinde später, und sie waren auch schon geschehen in den Zeiten der Propheten. Sie aber wollten doch Jesus nicht einfach als einen Wundertäter schildern, wie es sie schon öfters gegeben hat und wieder und wieder gibt. Gewiß begegnete ihnen Gottes lebendiger Geist zuerst in den erstaunlichen Taten Jesu. Aber was sie jetzt doch sagen wollten, war mehr als dies. Sie betonten jetzt: hier bei Jesus kam der Geist Gottes so wie nirgends sonst. Als der Gottesgeist auf Jesus niederstieg bei der Taufe, da hat zugleich die Gottesstimme ihn als Gottessohn bezeichnet. Es war mehr als eine Prophetenberufung. Und als der gleiche Geist ihn anschließend in die Wüste trieb, wie er Elia oder andere Propheten einst entführte, da geschah es zum Zwecke einer Versuchung, wie sie höchstens bei Adam am Anfang aller Zeit einmal geschah, nur daß jener fiel, während Jesus gehorsam blieb (Mark. 1, 10–12). Darum wird Jesus auch diesen Gottesgeist weiterschenken und wird eben darin sich als der Einzigartige unterscheiden von allen Früheren, selbst dem Täufer (Mark. 1, 8). So wird er denn auch seiner Jüngerschar den Geist schenken, wenn sie durch die schweren Verfolgungen gehen muß, die die Propheten schon längst für die Endzeit vorausgesagt haben (Mark. 13, 11). Das sind alle Aussagen bei Markus. Es ist ganz deutlich: Neues über den Geist will Markus nicht lehren. Es gibt Bücher im Alten Testament, die häufiger und in noch wunderbarerer Weise davon sprechen. Das Neue, das er verkündet, heißt: Der Geist Gottes ist wieder da! Und das war angesichts all der jüdischen Stimmen, die nur über sein Verschwinden klagten, allerdings erregend neu. Freilich weiß schon er etwas davon, daß dieser Geist auch bei den Jüngern Jesu ist. Aber das sagt er höchstens ganz am Rand. Ihm ist etwas anderes aufgetragen zur Verkündigung: In Jesus ist der Gottesgeist wieder da, in Jesus ist Gott gegenwärtig geworden – nicht mehr der Gott einer fernen Heilszeit, von der nur die Bibel etwas erzählt, sondern der Gott hier und heute. Zugespitzt: Mit allem, was Markus über den Geist sagt, will er gar nichts über den Geist, sondern nur etwas über Jesus aussagen. Im Geschehen des Heiligen Geistes hat Markus also vor allem das eine erkannt: Jesus ist der, der alle Zusagen Gottes erfüllt, der als Retter am Ende der Zeit erscheint; in Jesus ist Gott da.

Schon bei *Lukas* ist die Erkenntnis ein Stück weiter fortgeschritten. Die Gemeinde mußte ja darüber nachdenken, was es bedeute, daß nicht nur Jesus selbst, sondern auch sie, die Gemeinde, den Geist Gottes empfangen hatte. Die erste Antwort war die, die wir etwa Apg. 2, 17–21 noch finden: Im Heiligen Geist ist der Anfang des Gottesreiches da, das dann auf der neuen Erde unter dem neuen Himmel sein wird, wenn Jesus wiedergekommen ist. Auch Hebr. 6, 4–5 versteht den Geist so, und wenn Paulus ihn das „Angeld" oder den „Anbruch" der kommenden Herrlichkeit nennt, meint er dasselbe (Röm. 8, 23; 2. Kor. 1, 22; 5, 5). Auch bei dieser Antwort erkennt die Gemeinde den Geist vor allem in den außerordentlichen Ereignissen, in Krankenheilungen und prophetischen Reden.

Auch dies war eine richtige und notwendige Einsicht. Eine Gemeinde, die die Zukunft nicht mehr vor sich hätte, die nicht mehr wüßte, daß die Geschichte, die Gott mit ihr angefangen hat, weitergeht, daß Gott ihr noch entgegenkommen wird, wäre keine gute Gemeinde. Aber freilich, das konnte noch nicht das Letzte sein. Heiliger Geist ist doch mehr als nur ein Vorzeichen für etwas, was erst kommen soll. In ihm ist doch auch Erfüllung da.

Die Gemeinde, aus der Lukas kommt, hat das verstanden. Daß sie den Heiligen Geist besitzt, das unterscheidet sie von der Gemeinde des Alten

Bundes, das zeigt, daß Gott hier ein Ende seiner Wege erreicht hat. Darum ist es für sie selbstverständliche Voraussetzung, daß jedes Glied dieser Gemeinde den Geist Gottes empfangen hat (Luk. 11,13 neben Matth. 7,11; Apg. 2,38; 15,8–9; 19,2 usw.). Über „alles Fleisch“ soll ja nach den Weissagungen der Propheten in der Endzeit der Heilige Geist ausgegossen werden (wobei Lukas freilich nur an die Gemeinde Gottes denkt und darum den Text Joels ein klein wenig ändert: statt „über Knechte und Mägde“ schreibt er jetzt „über meine Knechte und meine Mägde“ Apg. 2, 17–18). Aber gerade hier zeigt sich noch die Gebundenheit des Lukas und der Gemeinde, aus der er kommt. Sie können sich den Gottesgeist nur vorstellen als die Kraft, die Außerordentliches schafft. Gewiß denken sie nicht mehr nur an Wundertaten im engeren Sinn. Sie erleben das Wirken des Gottesgeistes am deutlichsten in der Verkündigung des Evangeliums. Eben diese ist für sie das große Wunder Gottes. Sie ist es vor allem, wo sie als wundersame Zungenrede auftritt (Apg. 2,4; 10,46; 19,6), wo ein Prophet das Kommende weissagt (11,28; 20,23; 21,4.11), wo ein Bote Jesu die Gedanken des andern bis auf den Grund durchschaut (13,9; wohl auch 5,3.9) oder den sonst verborgenen Willen Gottes erkennen und sich von ihm leiten lassen kann (8,29; 10,19; 11,12; 13,2.4; 16,6–7; 20,22). Aber auch die „normale Verkündigung“ angesichts einer feindlichen, den Jünger bedrohenden Welt ist ja Gottes Wundertat (1,8; 4,8.31; 5,32; 6,10; 18,25). Apg. 2,18 fügt Lukas in das Zitat aus dem Propheten Joel selbst noch ein: „und sie werden Propheten sein“. Darin also liegt für ihn die entscheidende Gabe des Heiligen Geistes, daß er die Gemeinde zu einer Gemeinde der Propheten macht, wie es schon Mose als Hoffnung für die Endzeit in den Mund gelegt wird (Num. 11,29). Dabei muß man sich erinnern, daß für die Bibel der Prophet nicht vorab der ist, der die Zukunft voraussagt; sondern überhaupt der, der im Auftrag und in der Kraft Gottes das notwendige Wort sagt.

Das alles waren wesentliche Schritte, die die Gemeinde in der Erkenntnis des Heiligen Geistes tat. Und doch waren es noch nicht die letzten Schritte. Immer noch ist der Geist verstanden als eine „zusätzliche“ Gabe. Wie im Judentum ist auch hier noch sein Besitz nicht eigentlich heilsnotwendig. Es ist zwar nicht normal; aber in Ausnahmefällen können doch Tage, Wochen oder Jahre verfließen, bis ein Getaufter auch noch den Geist erhält, ohne daß er deswegen aus einem Glaubenden wieder zu einem Nichtglaubenden würde (Apg. 8,16; 9,17; 19,2). So wird denn auch der Glaube nie auf den Geist zurückgeführt. Auch wo Lukas betonen will, daß das Zum-Glauben-Kommen ein von Gott geschenktes wunderhaftes Ereignis ist, spricht er vom Herrn, der das Herz auftut, oder von Jesus, der Glauben wirkt; aber nicht vom Geist 3,16; 16,14). Immer erhalten schon Glaubende, schon Gehorsame auch noch den Geist zu ihrem Glauben und Gehorsam hinzu

(2, 38; 5, 32 usw.). Auch das Beten ist Voraussetzung, nicht Wirkung des Geistempfangs (4, 31; 9, 9.11; 13, 1–3). Der Geist ist also nicht die Gotteskraft, die den Menschen mit Gott verbindet und ihn in den Heilsstand versetzt; sondern eine zusätzliche Kraft, die ihn befähigt, seinen Glauben zu konkretem Handeln zu gestalten, vor allem in der Verkündigung der Botschaft von Jesus. Der Unterschied zur alttestamentlichen und jüdischen Auffassung beruht nur darin, daß diese Kraft nicht mehr bloß einzelnen, sondern der Gesamtgemeinde verliehen ist. Lukas erinnert uns so eindringlich wie keiner sonst im Neuen Testament daran, daß eine Gemeinde, die sich nicht ausrüsten läßt zur praktischen, konkreten Ausübung ihres missionarischen Auftrags, eine geistlose Gemeinde ist.

Eine große Frage blieb noch offen: Wie hing denn eigentlich die Gabe des Geistes zusammen mit dem Kommen, Leben, Sterben und Auferstehen Jesu? Warum mußte man eigentlich an Jesus glauben, um den Geist zu erhalten? Wieso mußte Jesus kommen, sterben und auferstehen, um seiner Gemeinde den Geist zu schenken? Nur weil er als Erhöhter die Macht hatte, ihn auszuteilen? Oder nur weil er seit seiner Auferstehung fähig war, als Richter wiederzukommen? Aber wozu mußte er denn überhaupt auf Erden kommen und sterben, wenn es doch nur auf seine Herrenstellung im Himmel ankam?

Sobald das Evangelium in die griechische Welt kam, wurden alle diese Fragen in sehr radikaler Weise beantwortet. Der Hellenist mußte die Botschaft vom Geist Gottes anders verstehen als der Jude, weil er sich Kraft nur in der Form von Substanz denken konnte. Längst schon denkt sich der Hellenist den Gegensatz zwischen Himmel und Erde als den zwischen einer oberen Welt aus dünner Geistsubstanz, aus der übrigens auch der menschliche Geist besteht, und einer unteren materiellen Welt, die eben deswegen eine böse, ungöttliche Welt ist, weil sie aus Materie besteht. Hört der Hellenist, daß Jesus den Geist Gottes bringt, dann versteht er das sofort: Jesus kommt aus der himmlischen Welt und bringt etwas von jener göttlichen Substanz mit sich. Damit scheinen alle Fragen, die sich in der jüdischen Gemeinde noch stellten, erledigt zu sein: der ganze Sinn der Sendung Jesu besteht also darin, daß er eben die Himmelssubstanz „Geist" den Menschen brachte. Wer sie bekam, der hatte ja damit alles, der hatte ein Stück Himmel. Der Geistbesitz war also das Heil schlechthin, nicht mehr nur ein Vorzeichen oder eine Kraft zur Verkündigung des Heils.

Ein Stück weit hat *Paulus* solche hellenistischen Vorstellungen aufgenommen. Richtig daran war ja, daß diese Gemeinden versuchten, den Geist zu erkennen als etwas, in dem schon die ganze Gabe Gottes da war und nicht nur ein Vorzeichen, und zugleich als etwas, das in unlösbarem Zusammenhang stand mit dem Kommen Jesu. Aber er hat zugleich in entscheidender Weise die Vorstellungen der jüdischen Gemeinden aufgenommen. Richtig daran war ja, daß diese versuchten, unmißverständlich festzuhalten, daß der Geist immer Geist Gottes blieb und auf gar keinen Fall in eins gesehen werden durfte mit dem dem Menschen eigenen, in des Menschen eigener Verfügung stehenden Geiste. Wie aber verbinden sich beide Anliegen bei Paulus?

Vielleicht ist Paulus die tiefste Einsicht in das Ereignis des Heiligen Geistes geschenkt worden, weil ihm das Kreuz Jesu zunächst in seiner Pharisäerzeit ein derart großes Ärgernis war, daß er sich nicht mit Phrasen drum herum drücken konnte, daß also auch sein späteres Ja zum Kreuz kein billiges Ja wurde. Mit dem Hellenisten sagt er: Ja, im Geist ist uns schon das Ganze gegeben, sind wir schon versetzt in eine ganz neue Welt, in die Gotteswelt. Aber wieso? Nicht dadurch, daß wir eine neue Stofflichkeit bekommen oder an sie erinnert werden; sondern dadurch, daß der Geist uns in die neue Welt stellt, die durch Gottes Handeln am Kreuz Jesu geschaffen ist. Mit der Urgemeinde sagt Paulus: Ja, der Geist ist etwas dem Menschen ganz und gar nicht Eigenes, etwas ihm Gegenüberstehendes. Aber wieso? Nicht weil er eine zusätzliche Kraft wäre, die nur für besondere Aufgaben ihm vorübergehend verliehen würde, oder ein nur flackerndes, bald aufflammendes, bald erlöschendes Zeichen des Kommenden; sondern weil er den Menschen unter die Macht und Herrschaft des Kreuzes Jesu stellt. Über dieses Handeln Gottes am Kreuz Jesu kann der Mensch nie verfügen; das ist nie sein eigenes Tun, sein eigenes Können. Eben darum führt der Geist den Menschen nie nur zu sich selbst, sondern befreit ihn für Gott und seinen Mitmenschen. Eben darum ist auch nie zu vergessen, daß die Zeit jetzt noch die durch das Kreuz Jesu bestimmte Zeit ist, also auch Zeit der Anfechtung und Versuchung, Zeit des Glaubens, nicht des Schauens, des Unterwegsseins in der Liebe, nicht der Auferstehung, daß daher der Geist auch „Erstlingsgabe“ (Röm. 8, 23) und „Angeld“ (2. Kor. 1, 22; 5, 5) auf noch Kommendes ist.

Damit aber ist die Frage gelöst, die noch den Lukas umtreibt. Paulus hat erkannt, daß der Geist sich nicht nur äußert als eine Kraft zur Durchführung des der Gemeinde gegebenen Auftrags; sondern daß er sich schon als Gotteskraft erweist, wenn der Mensch überhaupt glauben darf. Dann aber ist klar, daß er nicht nur eine „zusätzliche“ Gottesgabe war, sondern die Gabe des Heils schlechthin. Wenn es der Geist war, der dem Menschen schon das Glauben, schon die Einsicht in das für ihn am Kreuz Geschehene schenkt, dann ist mit ihm dem Menschen alles geschenkt. So kann Paulus vom „Geist des Glaubens“ sprechen, oder davon, daß das „Angeld des Geistes“ darin bestehe, daß der Mensch nun „im Glauben wandeln“ dürfe (2. Kor. 4, 13; 5, 5.7).

So erweist sich der Geist in dem Bekenntnis des Glaubenden zu Jesus dem Herrn (1. Kor. 12, 3). Von diesem Satz her wird das ganze hellenistische

Geistverständnis der Korinther zurechtgerückt. Wenn das wahr ist, daß Geist Gottes, Heiliger Geist nur das ist, was wirklich Jesus als den Herrn bezeugt, dann können doch die Merkwürdigkeiten und Sonderlichkeiten der Geistphänomene nicht mehr wesentlich sein. Dann gibt es nur ein Kriterium: Wird hier Jesus als der Herr verkündet oder nicht? Oder in anderer Formulierung: Wird hier die Gemeinde Jesu wirklich gebaut oder nicht? Genau dies ist die Frage, die Paulus den Korinthern stellt. Und nun wird freilich von hier aus alles neu. Gerade das Zungenreden, das für die Korinther das Höchste war, rückt bei Paulus ostentativ ans Ende der Geistesgaben, weil es nicht Gemeinde baut. Darum kann Paulus ganz unscheinbare Gaben wie die Fürsorge für Arme oder das Organisationstalent eines Gemeindeleiters noch vor die Zungenrede stellen. Wer für einen Armen sorgt, wer eine Gemeinde leitet, in einer Weise, die Jesus wirklich lebendig werden läßt und die die Gemeinde fördert, der tut es im Heiligen Geist. Und wer die absonderlichsten und wunderbarsten Dinge fertig brächte und damit bewundert werden möchte, der täte es nicht im Heiligen Geist, weil er nicht wirklich den Herrn Jesus groß werden und die Gemeinde gebaut werden ließe.

Darum steht mitten drin zwischen diesen Erörterungen über die Geistesgaben in der Gemeinde der Lobpreis der Liebe (1. Kor. 13). Liebe ist ja für Paulus überhaupt nichts anderes als „tätiger Glaube" (Gal. 5, 6). Ob Heiliger Geist also wirkt oder nicht, das erweist sich je nachdem, ob ein Mensch seinen Glauben an Jesus in der Liebe zu den andern lebt oder nicht. So bleibt der Geist bei Paulus durchweg die Kraft des Glaubens an Jesus; die Kraft, die ihm Jesus offenbart und die ihm dann ermöglicht, seinen Glauben in der Liebe zu leben. Negativ gesprochen ist er die Kraft, die den Menschen vom „Fleisch" erlöst, das heißt aber für Paulus: von allem Trauen auf sich selbst, von aller Gebundenheit an die eigene Größe, von allen Sicherungen, die ihn daran hindern, sich Jesus als seinem Herrn auszuliefern (vgl. den Beitrag über „Fleisch").

Ist der Geist die Kraft solchen Lebens im Glauben, dann ist er auch die Norm, nach der der Mensch sich dabei richtet. Paradox faßt Paulus beides zusammen: „Leben wir im Geist, so laßt uns auch im Geiste wandeln" (Gal. 5, 25). Die Kraft, die uns an Jesus glauben, die uns in solchem Glauben leben läßt – das heißt negativ: die uns von unserer Gebundenheit an uns selbst befreit, und positiv: die uns der Liebe zum andern öffnet –, sie wird nun der Maßstab, nach dem wir allein entscheiden können.

Paulus hat verstanden, wieso im Heiligen Geist das ganze Heil schon dem Menschen geschenkt ist; eben deswegen, weil er vor allem der ist, der uns in Gottes Heilshandeln am Kreuze Jesu hineinstellt und uns davon leben läßt. Sosehr der Heilige Geist also die Kraft ist, die uns auch hilft, unseren Auftrag vor Gott zu erfüllen, sowenig ist er nur eine außergewöhnliche, eine „zusätzliche" Kraft. Er ist diese Kraft ja gerade, weil er nichts anderes ist als die Kraft, die uns das Glauben überhaupt schenkt, die also von allem Anfang an über uns steht und alles umfaßt, was überhaupt Leben im Glauben ist, mag es nun nach außen sichtbar oder unsichtbar, absonderlich oder unauffällig sein.

Für *Johannes* ist Geist – wie für den Hellenisten – die Welt Gottes. „Gott ist Geist" heißt zunächst: Gott gehört zur oberen, zur himmlischen Sphäre. Aber diese Aussage wird ganz neu dadurch, daß Johannes nun nicht etwa wie der Hellenist meint, Gott sei einfach die himmlische Substanz, die die ganze Welt durchdringe oder die im menschlichen Geiste wiederzufinden wäre. Daß er „im Geiste und in der Wahrheit angebetet werden" muß, heißt nicht etwa: im menschlichen Geiste (im Unterschied beispielsweise zu kultischen Äußerlichkeiten). Die „Wahrheit" ist ja nur an einem einzigen Ort zu finden, bei dem, der von sich selbst erklärt: „Ich bin die Wahrheit" (14,6). Im Geist anbeten heißt also nicht: anbeten im Bewußtsein der eigenen Geistsubstanz oder gar in einer Geistigkeit, die sich vor allem äußeren Bekenntnis flüchten will. Es heißt: ihn nicht mehr anbeten in der Sphäre des „Fleisches", das heißt in all den menschlichen Möglichkeiten und Denkkategorien (wozu gerade die „Geistigkeit" des Menschen gehört!), sondern in seiner eigenen Sphäre, so wie er selbst sich uns zeigt – nämlich in seinem Sohn. Dort und dort allein ist ja die Welt des „Geistes" hereingebrochen in unsere Welt. Weil Jesus „von oben" kommt, weil in ihm Gott selbst zu finden ist, darum ist in ihm auch die Welt des Geistes da, und nicht etwa bloß, weil er außergewöhnliche Taten getan hatte.

Darum ist der Geist derjenige, der „Leben" spendet (6,63; vgl. 2. Kor. 3,6); deswegen nämlich, weil er mit Jesus verbindet, in dem Gott dem Menschen begegnet. Johannes sagt dasselbe wie Paulus, nur unbekümmerter in naturhaften Ausdrücken (der Geist „zeugt"), während Paulus dasselbe eher in rechtlicher Terminologie aussagt (der Geist „rechtfertigt").

Wie aber kann Johannes dann behaupten, daß der Geist erst nach Jesu Tod zur Gemeinde kommen werde (7,38f.; 14,16ff.; 26; 15,26; 16,7ff.): Nun, darin prägt sich nur die Erkenntnis aus, daß der irdische Jesus dem Menschen nicht das Heil schenkt, sondern erst der Jesus des Glaubens, das heißt, nicht Jesus als Lehrer, als Vorbild, als irdischer Freund der Seinen („Jesu, Seelenfreund der Deinen" heißt es in der schlimmen Umdichtung des alten Liedes!), sondern Jesus als der Gekreuzigte und Erhöhte, von dem der Glaube bekennen darf: „für mich gekreuzigt und erhöht". Darum kann erst der Geist als „Beistand" (Luther übersetzt „Tröster") in die ganze Wahrheit führen, weil man Jesus noch gar nicht voll als die Gegenwart des Vaters erkannt hat, solange man noch in menschlichen, irdischen Kategorien ihn betrachten kann als Freund und Lehrer. So heißt auch für Johannes „aus dem Geist, von oben, aus Gott geboren sein" nichts anderes als: „glauben, daß Jesus der Christus ist" (1. Joh. 5,1).

Fleisch und Seele II/8

Nicht Leib (siehe den Beitrag über „Leib") und Seele, sondern Fleisch und Seele stehen im Alten Testament nebeneinander. Sie sind nicht zwei verschiedene Teile, die der Mensch „hat"; der Mensch „ist", je nachdem, von welchem Standpunkt aus man ihn betrachtet, Fleisch und Seele. Er ist Fleisch, das heißt begrenzt, vergänglich, Krankheit und Tod ausgesetzt, und er ist gleichzeitig Seele, das heißt lebendig, für alle Möglichkeiten offen, in die Verantwortung gerufen.

Das *„Fleisch"* ist nicht böse; böse ist das Herz des Menschen, wenn es sich auf Fleisch verläßt statt auf den Herrn (Jer. 17, 5), wenn es sich ausrichtet auf das, was höchstens auf eine gewisse Zeit hin stark, schön, gut ist, statt auf den, der allein wahrhaft zuverlässig ist und alles Starke, Schöne, Gute geschaffen hat. Umschreibt schon im Alten Testament „alles Fleisch" die ganze menschliche und tierische Schöpfung, so wird „Fleisch" im Judentum mehr und mehr zur Bezeichnung der ganzen irdischen Sphäre, „Geist" hingegen die für die Welt Gottes. So werden nach Jub. 2, 2.11 f. (2. Jahrhundert vor Christus?) die „Geister" am ersten, die ersten „Fleischwesen" am fünften Tag erschaffen. Das gilt noch für Röm. 1, 3 f.; 1. Tim. 3, 16, vor allem auch für Joh. 3, 6, wo die Ausdrücke fast identisch mit „Erde" und „Himmel" sind. So umschließt „Fleisch" alles Irdische, das als Schöpfung gut ist. Paulus kann daher auch von „Christus dem Fleische nach", das heißt von seiner irdischen Abstammung aus jüdischer Familie, reden (Röm. 9, 5), und Johannes sagt ausdrücklich, daß erst die Ablehnung Jesu die Welt wirklich zur sündigen mache (15, 22–24).

Freilich, in seiner eigenen Welt findet der Mensch das Heil nicht (Joh. 3, 6), und wer Gott oder Gottes Sohn nur nach ihren Maßstäben beurteilen will, wird ihn verfehlen (8, 15; vgl. 7, 24.27). Ähnlich steht es bei Paulus, wo der Mensch zwar selbstverständlich „im Fleisch" lebt, wo aber das Denken, Wandeln, Streiten, Leben „nach dem Fleisch", also in der alleinigen Ausrichtung auf die Schöpfung statt auf den Schöpfer, böse ist: „Im Fleische wandernd, streiten wir doch nicht nach dem Fleisch" (2. Kor. 10, 3). Freilich, wo sich einer so auf das „Fleisch" hin ausrichtet, da bekommt dieses Macht über ihn, etwa so wie einer, der das Geld als einziges Lebensziel ansieht, schließlich von ihm völlig beherrscht wird. Dabei kann die gesteigerte Frömmigkeit des Pharisäers, die in Selbstgerechtigkeit führt und Gott tatsächlich zur Seite schiebt, genauso „Fleisch" sein wie zum Beispiel sexuelle Zügellosigkeit (Phil. 3, 3 ff.; Gal. 5, 19 ff.).

Hier ist aber eine wichtige Beobachtung zu machen. Fleisch und Geist können zwar so wie zwei auf gleicher Ebene stehende und miteinander kämpfende Mächte erscheinen, wobei „Geist" natürlich nicht den menschlichen, sondern den göttlichen Geist meint (Gal. 5, 17); doch zeigen schon Gal. 5, 19.22, daß der Schein trügt. Das „Fleisch" führt zu „Werken", also zu einer Mehrzahl von menschlichen Taten, die „offenbar" sind, das heißt vorgezeigt, gemessen, beurteilt werden können; der „Geist" schafft „Frucht", also ein ungeteiltes, einheitliches Leben, das nicht so einfach aufweisbar, demonstrierbar, meßbar ist, sondern, so sehr es sich in konkreten Handlungen äußert, letztlich doch ein verborgenes bleibt. Noch deutlicher zeigen das Stellen wie Phil. 3, 3; Röm. 8, 13 f.; Gal. 4, 23 (5, 18). Hier ist nämlich nur vom Geist Gottes gesagt, daß er den Dienst für Gott, das Töten der falschen Werke, ja das Werden des verheißenen Sohnes wirklich bewirke, während das Fleisch nur die Norm ist, nach der und im Blick auf die der Mensch lebt, Vertrauen faßt, ein Kind erzeugt. Strenggenommen ist also auf der einen Seite Gottes Geist selbst das Subjekt im menschlichen Tun, auf der andern der Mensch mit dem Blick auf das Fleisch. Nur Gottes Geist ist also Macht im strengen Sinn des Wortes, von außen kommende, nicht in uns liegende Macht; das Fleisch wird erst zur Macht, wo wir ihm diese geben, indem wir unser Tun daraufhin ausrichten. Daß es dann schließlich mächtiger werden kann als unser Wollen, hebt diesen Unterschied nicht auf.

Von hier aus läßt sich verstehen, daß Paulus sagen kann, der Glaubende habe das Fleisch ein für allemal „gekreuzigt" (Gal. 5, 24) und lebe daher nicht mehr „im Fleisch", oder genauer und schärfer ausgedrückt, er „wandle nicht mehr nach dem Fleisch" (Röm. 7, 5; 8, 4.8 f.). Grundsätzlich ist entschieden, sobald ein Mensch zu Jesus ja sagt, daß er in ihm und nicht mehr im „Fleisch", auch nicht im besten, schönsten, geistigsten „Fleisch" sein letztes Ziel sieht. Das Heil liegt also in keiner Weise in einem Rückzug aus der Körperlichkeit ins Geistige, weder im Gesetzesstudium noch in der Askese, sondern in der ganzen Ausrichtung alles körperlichen oder geistigen Lebens auf Gott, der ihm im Kreuze und in der Auferweckung Jesu begegnet.

Ähnlich radikal, wenn auch inhaltlich anders, kann Johannes „Geist" mit „Oben" und „Gott", „Fleisch" mit „Unten", „Welt" und „Teufel" gleichsetzen (1, 13; 3, 3.6; 8, 23.42–47; 15, 19; 17, 14.16). Damit ist gesagt, daß der Mensch Gott nicht finden kann, wenn es ihm nicht von „oben", das heißt von „Gott" oder seinem „Geiste" geschenkt wird, und daß er sein

Leben verfehlt, wenn er es nur von der „Welt“ her, von „unten“ baut; damit wäre er allerdings dem „Teufel“ verfallen.

Sowenig „*Seele*“ im Alten Testament Gegensatz zum „Fleisch“ ist, sowenig im Neuen Testament. Sie bezeichnet einfach das physische Leben, so daß der Mensch, alttestamentlich gesprochen, immer „seelisches (= lebendiges) Fleisch“ und „fleischliche (= sterbliche) Seele (= Leben)“ ist, solange er lebt. „Seele“ wird ihm von Gott eingehaucht, und wenn Gott seinen Atem wieder einzieht, ist der Mensch tot (Ps. 104,29; Hiob 27, 3; 34, 14 f.). An vielen Stellen des Neuen Testaments bedeutet „Seele“ nichts anderes als die natürliche Lebenskraft des einzelnen. Freilich sind schon im Alten Testament, erst recht nachher bis ins Neue Testament hinein neue Erkenntnisse dazugekommen. Alles natürliche Leben ist ja immer gefüllt durch Freude und Trauer, gute und schlechte Empfindungen und Erfahrungen, vor allem durch das Loben Gottes und die Liebe zu ihm. All das ist Ausdruck des Lebens, oder also der Seele. Leben kann demnach wahrhaftes, echtes, erfülltes Leben sein oder das Gegenteil davon. Das bekommt seine schärfste Ausprägung in dem wichtigen Wort Jesu, daß der, der sein Leben suche, es verliere, und der, der es verlieren, wegschenken, hingeben könne, es wirklich finde (Mark. 8, 35; Matth. 10, 39; Luk. 17, 33; Joh. 12, 25), das heißt, daß nur, wer aus dem Verschenken, in der Hingabe lebe, wahrhaft, wirklich lebe.

Wird unser natürliches Leben aber erst dort zum wahren Leben, wo es in der Gemeinschaft mit Gott geführt wird, so kann es auch nicht abbrechen mit dem physischen Tod. Denn wer Gottes Wirken wahrhaft erfahren hat als ihm von außen zukommendes Geschenk, der weiß, daß es stärker ist als alles eigene Versagen und Zusammenbrechen, auch als der Tod, und daß es zugleich vorwärts weist auf die Erfüllung in einem Leben, das nicht mehr beschattet ist von Unglaube und Kleinglaube, Schmerz und Tod, in dem daher Gottes Gemeinschaft mit ihm erst zu ihrer Fülle kommt. So entstehen, gewiß in der Formulierung mitbeeinflußt durch griechisches Denken, Worte wie Matth. 10, 28 (wo freilich auch zu bemerken ist, daß „Seele“ und „Leib“ in die Hölle geworfen werden können): „Fürchtet euch nicht vor denen, die den Leib töten, die Seele aber nicht töten können; fürchtet vielmehr den, der Seele und Leib in der Hölle vernichten kann (Gott)!“ „Seele“ ist aber selbst hier noch nicht ein den Tod überlebender Teil des Menschen, sondern das mit Gott verbundene Leben, das nicht abbricht, weil Gott Herr ist über den Tod.

Daß Leben anders als in einem „Leibe“ gelebt werden könnte, ist undenkbar, auch wenn der Leib nach der Auferstehung etwas ganz anderes sein wird als ein materieller Körper nach den uns zugänglichen und vorstellbaren Modellen. Paulus verwendet „Seele“ nie für das den Tod überdauernde Leben, weil er das Mißverständnis seiner griechischen Leser vermeiden will, als meinte er so etwas wie einen unsterblichen Teil des Menschen. Wohl kann also „Seele" nicht nur das von Gott geschaffene, sondern auch das von ihm im Glauben neugeschaffene Leben des Menschen bezeichnen, also auch jenes Leben, das mit dem Tode nicht zu Ende geht. Ist aber schon gegenüber dieser Aussage eine große Zurückhaltung beim Gebrauch des Wortes „Seele" zu beobachten, so ist jedenfalls „Seele" nie ein den Tod überlebender Teil des Menschen.

Daß „Fleisch" (in unserer Sprache also der sterbliche Körper des Menschen) und „Seele" viel einheitlicher sind, als es die uns aus der griechisch-römischen Kultur vererbten Vorstellungen uns einreden, so daß also Physisches und Psychisches fugenlos ineinander übergeht, ohne daß eine scharfe Grenze gezogen werden kann, darin ist das biblische Denken weit moderner als die Unterscheidung von sterblichem Leib und unsterblicher Seele, die auf Plato zurückgeht. Körperliche Krankheiten sind ja, wie wir heute wissen, häufig psychisch bedingt und umgekehrt. Was nach neutestamentlichem Glauben den Tod von Leib und Seele überdauert, ist nur jenes „Leben", das uns von Gott geschenkt und in der Gemeinschaft mit ihm gelebt wird. Aber weil dies ganz und gar Gottes Geschenk ist, kann man, wo man ganz klar denken will, nicht einmal von Überdauern reden, sondern nur von der Treue Gottes, die wieder und neu schenken wird, was sie schon geschenkt hat. Daher spricht das Neue Testament von der Auferstehung (siehe den Beitrag über „Auferstehung"), der Neuschöpfung durch Gott, in der er den Menschen, wie er ihn zum ersten Mal ins Leben gerufen hat, noch einmal in jenes Leben ruft, das erst die Vollendung des Seins bei Gott darstellt. Über den Zwischenzustand zwischen Tod und Auferstehung denkt Paulus nicht nach, weil er die Auferstehung aller Toten noch zu seinen Lebzeiten erwartet und den Tod vor diesem Tag als Ausnahme ansieht (1. Thess. 4, 15; 1. Kor. 15, 51 f.; auch 2. Kor. 5, 1 ff. nicht anders, da die von Paulus abgelehnte Vorstellung einer „nackten" Seele bei den Korinthern, nicht aber bei Paulus vorherrscht. Nur Phil. 1, 23 muß Paulus mit seiner Hinrichtung rechnen, weiß aber, daß auch dann für ihn gilt, was für die Auferstandenen gelten wird, daß er auf alle Fälle „mit Christus" sein wird. Die Zwischenzeit wird also gewissermaßen übersprungen, so daß auch in dieser Lage die Erwartung des Kommens Christi und der Auferstehung das einzig Wichtige bleibt (3, 20 f.). Einzig in Offb. 6, 9 findet sich einmal die Vorstellung von den „Seelen" der Märtyrer, die auf die endgültige Auferstehung warten; doch dürfte auch hier „Seele" wie öfters einfach die „lebendige Person" bezeichnen, ohne daß diese leiblos gedacht wäre. So steht die Hoffnung auf das endgültige „Sein mit Christus" über jedem Sterben im Glauben, ohne daß über die Zeit zwischen Tod und Erfüllung nachgedacht werden muß. Größeres und Tröstlicheres kann nicht gesagt werden.

Leib II/9

Das *Neue Testament* ist ein von Israeliten geschriebenes Buch. So haben wir uns zunächst den *alttestamentlichen* Aussagen über den Leib kurz zuzuwenden.

Der Hebräer besitzt überhaupt kein Wort für Körper oder für Leib. *An einer Trennung zwischen Leib und Seele ist er nicht interessiert.* Die Vorstellung von einer den Tod überlebenden Seele, wie etwa bei *Plato,* ist völlig ausgeschlossen (vgl. den Beitrag über „Fleisch und Seele"). Ja es macht die Einzigartigkeit Israels gegenüber allen umliegenden Religionen aus, daß es seinen Glauben und seinen Gehorsam durchgehalten hat ohne die Vorstellung eines Lebens nach dem Tode. Und wenn in späten Stellen am Rande des Alten Testamentes die Gewißheit wächst, daß Gott selbst über den Tod hinaus Herr bleibt und den Menschen zu einem Leben mit Gott erwecken wird, dann gründet solche Hoffnung einzig auf der Erfahrung des lebendigen Gottes und seiner Treue, die sich stärker als alles erweist, auch als der Tod, niemals aber auf irgend etwas im Menschen selbst Liegendes. Der Tod ist also überaus modern als wirkliches Ende von Leib und Seele verstanden. Er ist radikal gesehen und kann nicht mehr umgangen werden. Einzig die Treue Gottes, die immer wieder schon in diesem Leben erfahren wird, dort, wo der Mensch am Ende ist, ist noch radikaler ernst genommen.

Der Hebräer hat kein Wort für Leib oder Körper gebildet, weil er *an einer Scheidung zwischen Individuum und Gesellschaft nicht interessiert ist.* Daß die Vervollkommnung des Individuums, ähnlich der eines Kunstwerks, höchstes Ziel des Lebens sein könnte, wie es unter dem Einfluß des Aristoteles in der *Stoa* nahe lag, ist hier undenkbar. Israelitisches Denken sieht auch in den Menschen, die unter einem besonderen Ruf und Auftrag Gottes stehen, immer die Repräsentanten der Gesamtheit, so daß man oft, bis in die Zeit des Neuen Testamentes hinein, in jüdischen Schriften gar nicht unterscheiden kann, ob vom einzelnen oder von dem durch ihn repräsentierten Volk die Rede ist. Ganz Israel gerät an den Rand des Abgrunds, weil Achan gefrevelt, verfällt der Pest, weil sein König gesündigt, und wird gerettet, weil er sich bekehrt hat. Im ersten Jahrhundert vor

Christus kann etwa davon die Rede sein, daß Gott seine segnenden Hände auf den Scheitel Jakobs lege, wobei aber die Zeitbestimmung „durch Jahrhunderte hindurch“ deutlich macht, daß Jakob gar nicht der individuelle Erzvater, sondern sein Volk ist, obwohl von einem „Scheitel“ die Rede ist. So kann hier auch der Tod nicht als höchste Stufe der Selbstvervollkommnung eines individuellen Lebens (zum Beispiel als Heldentod oder gar als sinnvoller Selbstmord) verherrlicht werden.

Der Hebräer hat kein Wort für Leib oder Körper gebildet, weil er *an der Unterscheidung von Materie und Form gänzlich desinteressiert* ist, also auch sich selbst nicht als ein zu vervollkommnendes Kunstwerk sehen kann, das in sich selbst betrachtet Sinn hätte. So ist ihm auch der dritte Ausweg verbaut. Der Gedanke *Demokrits* von einem in sich abgerundeten, schönen, sinnvollen Organismus, einem kleinen Kosmos (Kosmos heißt ja ursprünglich „Schmuck“ auf griechisch), liegt ihm völlig fern. Abgesehen von Gott ist der Mensch nichts als ein Häuflein Ton. Zwar gibt es auch im 104. Psalm herrliche Naturschilderungen; aber nicht, weil diese in sich selbst interessant oder gar vollkommen wäre, sondern weil in der Natur das Walten Gottes sichtbar wird, der die Berge auftürmt, um den Gemsen Schutz zu geben, das Meer schafft, damit die Walfische in ihm spielen können, die Erde anschaut, daß sie bis ins Innerste erbebt. Wo der Mensch sich selbst überhaupt betrachtet, kann er sich daher nur als Geschöpf verstehen: „Ich danke dir dafür, daß ich wunderbar erschaffen bin, wunderbar sind deine Werke, das erkennt meine Seele wohl“ (Ps. 139, 14). So kann denn auch der Tod nicht einfach als ein natürliches Phänomen verharmlost werden.

Der Tod ist in Israel außerordentlich ernst genommen. Von des Todes Bitterkeit wird geredet (1. Sam. 15, 32). Abgrund und Tod stehen synonym zusammen (Hiob 28, 22). Als Schnitter erscheint der Tod wie auf mittelalterlichen Gemälden (Jer. 9, 21 f.). „Der Mensch muß dahin wie das Vieh“, heißt es einmal (Ps. 49, 13), und nur die Gottlosen meinen, mit dem Tod einen Bund und mit der Unterwelt einen Vertrag schließen zu können (Jes. 28, 15). Noch bedrängender ist die Sicht, daß die Welt der Toten im allgemeinen als außerhalb des Machtbereiches Gottes stehend angesehen wird: „Die Toten preisen Gott nicht“ (Ps. 115, 17). „Nicht dankt dir die Unterwelt, preist dich der Tod, nicht harrt, was zur Grube herabfuhr, auf deine Treue“ (Jes. 38, 18). „Von Gottes Hand abgesondert“ sind die Toten, weil er ihrer „nicht mehr gedenkt“ (Ps. 88, 6).

Zurück zum *Neuen Testament*. Hier ist die *volle Bejahung der Leiblichkeit* des Menschen eindeutig gegenüber aller Ankränkelung, die in den Ideen, Gedanken oder seelischen Empfindungen das einzig Wahre und Wirkliche sieht. „Das Wort ward Fleisch“, steht über dem vierten Evangelium (Joh. 1, 14), und daß überhaupt vier Evangelien, die das zunächst außerordentlich nüchtern-irdische Leben eines Menschen schildern, im Neuen Testament voranstehen, ist ein erstaunliches Faktum. Noch erstaunlicher ist, daß diese Evangelien mit der Schilderung der gar nicht imponierenden Hinrichtung Jesu enden und daß gerade die frühesten Schichten der Passionsgeschichte diese Tatsache ohne jede Abschwächung durchgehalten haben. Jesus wird nicht als Stoiker oder als Held geschildert, er zagt in Gethsemane, ringt um ein Ja zu seinem Weg und stirbt mit lautem Schrei; das einzige Wort, das im ältesten Evangelium von Jesus am Kreuz überliefert ist, ist ein Gebetssatz: „Mein Gott, mein Gott, warum hast Du mich verlassen!" (Mark. 15, 34). So wird der Gott, der ihn verlassen hat, dennoch von Jesus als *sein* Gott festgehalten. Die Antwort *Platos,* der Tod sei nur das Wegfallen körperlicher Fesseln, die Befreiung der Seele aus einem Gefängnis, ist so weit vom Neuen Testament entfernt als nur möglich. Der Tod wird hier aber auch nicht als heroische Tat oder als Naturereignis verharmlost, er ist und bleibt der letzte Feind Gottes, wie Paulus formuliert (1. Kor. 15, 26). Aber gerade in diesem durch nichts verharmlosten Tode Jesu sieht das Neue Testament Gottes den Tod überwindendes Handeln.

Am interessantesten ist aber die sprachliche Entwicklung, die das Wort *sōma,* „Leib", durchmacht. Es kommt im Neuen Testament nur bei Paulus häufig vor, und dort fast nur in den beiden Korintherbriefen und dem in Korinth geschriebenen Römerbrief. Korinth ist also der Tiegel, in dem sich das neue Verständnis der Leiblichkeit des Menschen, das für Jahrhunderte bis heute entscheidend wurde, geformt hat. Hier traf Paulus nämlich auf eine enthusiastische Frömmigkeit, die die Leiblichkeit des Menschen verachtete. Wichtig war für sie nur seine wiedergeborene Seele, die im platonischen Sinne als ein göttlicher Kern angesehen wurde; alles Irdische wurde damit unwichtig, der Tod war bloß das Wegfallen hindernder Hüllen, der Mitmensch wurde gleichgültig oder war höchstens als schon vollkommener zur Stärkung der eigenen Religiosität zu benützen. Solcher Sicht entgegen formuliert Paulus, der rechte Gottesdienst geschehe nirgends anders als im Alltag, dort, wo man den Leib Gott zur Verfügung stelle zum Dienst am Nächsten (Röm. 12, 1 f.), daß es der Leib sei, der Tempel des Geistes Gottes sei und mit dem man Gott preisen müsse (1. Kor. 6, 19 f.). Der Leib ist hier also auch nicht im Sinne des *Aristoteles* und der Stoa Chiffre für die in sich gerundete Persönlichkeit, sondern bezeichnet den Menschen in seiner *Offenheit zu Gott und den Mitmenschen hin,* in seiner Kommunikationsmöglichkeit. Dieses neue Verständnis geht weithin auf die Geschichte der Tradition der Abendmahlsworte zurück, wo „Leib" immer mehr in die Parallele zum „Blut, für euch vergossen", rückte (vgl. den Beitrag über „Taufe und Abendmahl").

Von hier aus ist endlich das dritte zu sagen. An Jesu Beispiel ist den Zeugen des Neuen Testamentes klar geworden, daß *Leiden und Sterben im Dienste Gottes für andere* durchlitten werden können. So können sie auf keinen Fall mehr als bloßes Naturphänomen verharmlost werden, wie das seit *Heraklit* im Griechentum versucht wurde. Am Anfang des zweiten Korintherbriefes schreibt Paulus der Gemeinde von einer eben durchstandenen schweren Lebensbedrängung und -gefahr und erklärt ihnen, er habe so nahe an den Tod herankommen müssen, um fähig zu werden, als einer, der selber Trost erfahren hat, auch andere zu trösten, um mit ihnen, zweitens, in eine viel engere Gemeinschaft der Fürbitte und des Dankens zu kommen, und um, drittens, wiederum ihnen zugut, sehr konkret zu lernen, was es heißt, auf Gott zu trauen dort, wo nichts anderes mehr zum Trauen da ist. Im gleichen Briefe schreibt er (4, 10 ff.), daß er das Sterben Jesu an seinem Leib herumtrage, nämlich sehr konkret, Geißelstriemen, Wunden von Verfolgung und Gebrechen eines durch lange Kerkerhaft geschwächten Körpers; aber er wisse, daß dadurch das Leben Jesu in ihnen, den Gemeinden, aufblühe, weil seine Verkündigung so für sie glaubhaft werde.

So wird die Dialektik neutestamentlichen Verstehens der Leiblichkeit sichtbar. Es kann Leiden und Sterben geradezu in den Dienst Gottes treten und notwendig werden, nicht zur eigenen Vervollkommnung, wohl aber für die anderen. Aber auf keinen Fall kann Leiden und Sterben gewünscht werden. Paulus schreibt zwar einmal nach langer Kerkerhaft: „Ich habe Lust, abzuscheiden und bei Christus zu sein“ (Phil. 1, 23). Aber er korrigiert das sofort, indem er zufügt: „doch ist das Bleiben im Fleische um euretwillen notwendiger.“ So ist nicht einfach die Natur, in der es auch Lebensmüdigkeit und, im normalen Altersprozeß, Sehnsucht nach dem Sterben gibt, sondern der uns von Gott gegebene Mitmensch mit seiner Not das eigentliche Kriterium. Und wie es Gott ist, dem unser Leib gehört und dem unser Leib dienen soll bis zur Hingabe für den anderen, so ist es Gott, der allein darüber bestimmt, ob solcher Dienst im Bleiben im Fleische geschehe oder im Abscheiden. Wo der Mensch so vor Gott steht und mit ihm rechnet, da ist dann allerdings der Tod nicht mehr das Letzte, sondern noch einmal Gott, der stärker sein wird als der Tod. Nicht deswegen, weil der Tod verharmlost, umgangen würde, vom Menschen bewältigt werden könnte, wohl aber darum, weil Gott in seiner Treue auch über diesen seinen letzten Feind Herr sein wird.

Gemeinde II/10

Das griechische Alte Testament spricht an über 80 Stellen von der *ekklēsiā* (hebräisch meist = *k*āhāl), der „Gemeinde“ oder besser der „Versammlung“, dem „Aufgebot“. Damit ist, mit verschwindenden Ausnahmen, die konkret versammelte Schar oder das Sich-Versammeln beschrieben. Meist wird vom „Aufgebot“ Gottes, das heißt dem Volk Israel, gesprochen, gelegentlich von einem solchen der Propheten, der Heiligen, der Frommen, ja der Bösen oder des Pöbels. In und nach dem babylonischen Exil wurde die Religionsgemeinschaft wichtiger als der Volksverband. Beide waren nicht mehr identisch; es gab eine jüdische Religionsgemeinschaft in Ägypten und Babylon, und es gab innerhalb des später wieder in Palästina angesiedelten Israel Gruppen, die sich religiös abgesondert hatten oder gleichgültig waren. So rückte ein anderer Begriff, nämlich ʿēdā (griechisch meist *synagōgē)*, der eher die Kult- und Rechtsgemeinde umschreibt, sowohl das Gesamtvolk (wie meist) als auch eine besonders herausgehobene Gruppe, in den Vordergrund. Mit diesem Ausdruck bezeichnet sich auch die Gruppe von Qumran am Toten Meer als die Schar derer, die sich vom gottlos gewordenen Tempelbetrieb gelöst haben und dem Herrn Israels die Treue halten. Sie unterscheiden sich damit von dem gleichgültig gewordenen Gesamtvolk.

Das Neue Testament zieht durchwegs (mit Ausnahme von Jak. 2, 2) das Wort *ekklēsiā* vor, das einerseits ganz weltlich jede Art von Versammlung umschreibt (Apg. 19, 32.39.41!), andererseits in der Verbindung „Aufgebot Gottes“ Bezeichnung für Gesamtisrael war und daher die Verbindung mit ihm festhielt. Das hängt damit zusammen, daß Jesus, völlig anders als die Pharisäer oder die Qumrangruppe, gerade nicht eine Sondergemeinde gründen, sondern ganz Israel zu seinem Gott zurückrufen wollte. Er gab daher seinen Jüngern (vgl. den Beitrag über „Kreuz und Nachfolge“) nichts, was sie äußerlich von anderen Israeliten abgegrenzt hätte, weder Bekenntnis noch Ritus, weder Gruppennamen noch Erkennenszeichen, weder Versammlungsort noch Gottesdienstform. Er hat darum auch das Wort *ekklēsiā* nicht gebraucht (Matth. 18, 17 steht in einer später entstandenen Kirchenzuchtsordnung; Matth. 16, 18 verrät der Zusatz

„meine Gemeinde“ schon die spätere Entstehung dieses Worts, weil hier an eine neben Israel lebende „Gemeinde Jesu“ gedacht ist, während Jesus die eine unteilbare „Gemeinde Gottes“ zu Gott zurückrufen wollte).

Nach Ostern blieb die Gemeinde in Jerusalem darin Jesus treu, daß sie innerhalb des Judentums verblieb. Ihre Glieder gingen zum Tempel wie alle frommen Juden und beobachteten Sabbat und Beschneidung. Taufe und Herrenmahl trennten sie sowenig wie die Johannestaufe oder jüdische religiöse Mahlgemeinschaften von ihren Volksgenossen. Selbst die Messiasfrage tat das nicht; Rabbi Akiba blieb anerkannter jüdischer Lehrer, obwohl er (etwa 132 n. Chr.) in Barkochba den Messias begrüßt und damit die ganze Nation ins Elend gestürzt hatte. Die Trennung vollzog sich im Martyrium, und dieses brach, ähnlich wie bei Jesus selbst (Mark. 3, 6), an der Gesetzesfrage auf. Die erste Gruppe mußte in der Verfolgung, die dem Tod des Stephanus folgte, aus dem Judentum ausscheiden (Apg. 8, 1 ff.). Die Zwölf mußten Jerusalem verlassen, als der Zebedaide Jakobus hingerichtet und Petrus gefangengenommen wurde (Apg. 12, 1 ff.). Der letzte Schritt wurde vollzogen, als Jakobus, der Bruder Jesu, trotz seiner Gesetzestreue der Gesetzlosigkeit angeklagt und getötet wurde. Immer wieder harrte eine stets kleiner werdende Gruppe aus als Zeugen dafür, daß Gott die ganze Nation rief, und noch Jahre nach der Zerstörung hält Matthäus mit der Aufnahme von Sätzen wie 10, 5 f.23; 17, 24–27 daran fest, daß Gott Israel wolle und daß die Gemeinde Israel nicht aufgeben dürfe. So wird beides deutlich: einerseits will und darf sich die Gemeinde nicht in ihre eigenen Mauern zurückziehen und sich damit von den andern sondern; andererseits wird in ihrem Leben unfehlbar sichtbar, daß sie aus der Freiheit der Gnade lebt und – selbst bei äußerer Gesetzesbeobachtung – nicht mehr von der gesetzlich meßbaren Gerechtigkeit ihres Wandels.

Die Treue zur Geschichte Gottes mit Israel zeigt sich vor allem in den Selbstbezeichnungen der Gemeinde als „Aufgebot Gottes“, „auserwähltes Volk“, „Volk Gottes“, „Israel Gottes“, „Nachkommenschaft Abrahams“, „zwölf Stämme“, „Fremdlinge in der Zerstreuung“, am häufigsten einfach als „die Heiligen“ oder „die in Christus Jesus Geheiligten“. Ja selbst bei Johannes, wo die Scheidung von Israel vielleicht am schärfsten in Erscheinung tritt, ist die Jüngerschar im Bild des Weinstocks gesehen, der seit Jahrhunderten Israel darstellt. Auf der andern Seite ist freilich auch die durch Jesus geschenkte Neuheit unübersehbar. Zum ersten Mal lebt hier eine religiöse Gemeinde ohne Kult, was freilich im Judentum schon weithin vorgebildet war, weil der Opferkult im Tempel schon längst zugunsten des Wortgottesdienstes in der Synagoge zurückgetreten war. Aber die nachösterliche Gemeinde kennt weder heilige Personen noch heilige Stätten, weder heilige Tage noch heilige Riten (vgl. etwa Gal. 4, 8–10). Jeder ist zum Gottesdienst gerufen, der vor allem im Alltag erfolgt (Röm. 12, 1 f.), und überall kann die Gemeinde sich sammeln. Das geht so weit, daß, obwohl es vier verschiedene griechische Wörter für „Amt" gegeben hätte, von denen eins häufig im Alten Testament erscheint, diese bei sämtlichen Zeugen des Neuen Testamentes zwar unbefangen für Juden und Griechen, für Christus und die Gesamtgemeinde verwendet werden, nie aber für einen Sonderdienst in der Gemeinde. Dafür wird ein Wort gewählt, das oft niedrigen Sklavendienst bezeichnet und noch in keiner Weise ein biblisch-religiöser Ausdruck ist: *diakonia.* Sie kommt jedem Gemeindeglied zu, wenn auch in verschiedener Weise, so doch nie in der Art, daß zwischen Amtsträgern und Laien unterschieden werden könnte.

Die Gewichte sind in den verschiedenen Gemeinden des Neuen Testaments sehr verschieden verteilt worden. Liegt der Ton stärker auf dem Gedanken des Gottesvolkes, dann wird die Tradition wichtig. Die Urgemeinde in Jerusalem und die Gemeinde (in Syrien?), in der Matthäus lebt, besucht daher den Tempel bis zu seiner Zerstörung im Jahre 70 n. Chr. (Apg. 3, 1; Matth. 17, 24–27), bringt Opfer dar (Matth. 5, 23), nimmt Gelübde auf sich (Apg. 21, 23 ff.), beobachtet die gesetzlichen Reinheitsvorschriften (Gal. 2, 12; Apg. 10, 14; 11, 3), hält den Sabbat (Matth. 24, 20, wo Mark. 13, 18 bewußt geändert wird) und will das Gesetz, wenn auch in neuer, strengerer Auslegung, bis aufs Letzte halten (Matth. 5, 17–20). Diese Haltung kann sich freilich auch darin auswirken, daß ausgesprochen heilsgeschichtlich gedacht und die aufeinander folgenden verschiedenen Stufen des Gottesvolkes voneinander abgehoben werden. So sieht es vor allem Lukas. Auf die Zeit Israels folgt als „Mitte der Zeit" das Wirken Jesu, im Tempel von Jerusalem und im Bethlehem der Propheten beginnend (Luk. 1 f.; vgl. 4, 21) und mit der Sendung der Jünger nach Judäa – Samaria – bis ans Ende der Welt endend (Apg. 1, 8), die dann überleitet zur Zeit der Gemeinde, bei der wiederum die Zeit der Anfänge von der Völkermission und der nachapostolischen Periode abzuheben ist. Man kann dabei die Reinheit der Gemeinde stärker betonen (Apg. 5, 1 ff.) oder in ihr eine Mischung von Bösen und Guten (Matth. 22, 10) sehen, die erst beim Endgericht geschieden werden (22,11–14; 13, 40–42.49 f.). Jedenfalls muß die geschichtliche Kontinuität, als reines Bewahren der Tradition oder als Fortführung in neue Verhältnisse hinein, besonders unterstrichen werden. Zeichen dafür ist die Einführung der schon im Judentum bekannten Ordination und die Sorge für Nachfolger (vgl. Apg. 6, 6; 13, 1–3; Matth. 16, 18 f.), wie es sich hauptsächlich in den Pastoralbriefen herausbildet (1. Tim. 4, 14; 2. Tim. 1, 6; 2, 2; Tit. 1,5).

Umgekehrt kann man die Neuschöpfung betonen, die Gott in Jesus Christus vollzogen hat. Dann wird die Gemeinde als „Leib Christi" verstanden, der ganz von ihrem erhöhten Herrn lebt und durch seinen Geist geleitet wird, oder auch als „Weinstock", an dem die Zweige nur von ihrer

Einwurzelung in den Stamm, Christus, leben können (1. Kor. 12, 12 ff.; Joh. 15, 1 ff.). Schon die starke Betonung von Nachfolge und Jüngerschaft bei Markus, vor allem aber Evangelium und Briefe des Johannes, wo nur noch die Neugeburt des einzelnen durch Gott entscheidend ist, weisen in diese Richtung. Von geordnetem Amt ist höchstens auf der Seite der Feinde Gottes die Rede. Denn „ihr habt nicht nötig, daß irgend jemand euch lehre; sondern wie euch seine Salbung (der Heilige Geist) über alles belehrt, so ist es wahr und ohne Lüge" (1. Joh. 2, 27). So finden wir die Struktur der angehenden Institutionskirche wie die des vom freien Wirken des Geistes getriebenen Konventikels im Neuen Testament. Beide Extreme stehen aber noch innerhalb des Neuen Testaments, weil auf der einen Seite selbst die Pastoralbriefe das freie Wirken der Propheten vor jeder Ordination und das freie Wort aller Gemeindeglieder im Gottesdienst, mindestens beim Gebet (1. Tim. 1, 18; 2, 1.8), andererseits selbst die Johannesbriefe die Bindung des Geistes an die „von Anfang an" erfolgte apostolische Verkündigung (1. Joh. 1, 1–3; 2,24 neben 27) voraussetzen. Dort ist gegen die drohende Auflösung in die Gnosis, in der jeder sein eigener Prophet war und keine Gemeindebindung mehr bestand (1. Tim. 6, 20), die Bindung an Tradition und verantwortliche Leitung, hier gegen die Gefahr der werdenden Amtskirche (3. Joh. 9 f.) die Freiheit des Geistes hervorgehoben.

Paulus bildet die Mitte. Bei ihm verbinden sich Gottesvolk und Leib Christi. Bleibt die Freiheit des Geistes völlig unangetastet, ja wird betont, daß jedes Gemeindeglied im Dienst stehen muß (1. Kor. 12, 4 ff.; Röm. 12, 3 ff.), so wird doch auch die Notwendigkeit einer Ordnung nicht übersehen, weil sie erst das freie Wirken des Geistes ermöglicht (1. Kor. 14, 26 ff.). Wird die Neuheit des Lebens unter der Gerechtigkeit Gottes, die Jesus gebracht hat, mit Vehemenz gegen alle Rückkehr in die Gesetzlichkeit verteidigt (Gal. 3–4), so wird doch im gleichen Brief die Gemeinde als das „Israel Gottes" angesprochen (6, 16) und wird die Treue Gottes selbst gegenüber dem Israel, das sich Jesus verschlossen hat, stark unterstrichen (Röm. 11, 11 ff.).

Sosehr also die Bindung an das Israel des Alten Testaments wie die Neuheit einer Gemeinde ohne Kult, Amt und Priester alle Schichten des Neuen Testaments durchdringt, weil alle Zeugen wissen, daß sie allein von dem leben, was in Jesus Christus in Erfüllung der Geschichte Israels geschehen ist, sowenig gibt es einfach die eine, uniforme Gemeinde. Man kann sagen, Paulus bilde die Mitte mit seiner Sicht der Gemeinde, so wie man in einer mittelalterlichen Stadt den Marktplatz als ihre Mitte erklären kann. Wenn aber der Feind von Osten angreift, wird plötzlich das Osttor, wenn er von Westen her stürmt, der Westwall zur Mitte, und wenn die Bürger das nicht merkten, wären sie verloren mitsamt dem Marktplatz, den sie für alle Zeiten zur Mitte hatten erklären wollen. So muß die neutestamentliche Gemeinde gegen die andringende Auflösung in der Gnosis Tradition und Leitung, gegen die drohende Amtskirche das freie Walten des Geistes betonen und immer wieder von neuem versuchen, in ihrem ganzen Leben das zu sein, wozu Jesus sie bestimmt hat, nämlich die Schar der Jünger, die nur in seiner Nachfolge sich von ihm immer wieder Weisung, Kraft und Gestalt schenken lassen können für ihr Unterwegssein auf das Reich Gottes hin.

Gottesdienst II/11

Welche Begriffe verwendet das Neue Testament zur Bezeichnung des Gottesdienstes? Die religiös bestimmten, biblischen Begriffe „leiturgia“ (Liturgie, Kult), „thysia“ (Opfer), „latreia“ (Gottesdienst) bezeichnen hier gerade nicht mehr den Gottesdienst im genannten Sinn, sondern die Gesamthaltung eines Lebens, das Gott gehorsam sein will, im besonderen das brüderliche Verhalten in den Alltagsfragen. Weit wichtiger wurde ein völlig unbiblisches Wort, das keinerlei religiösen Beigeschmack hatte: „diakonia“ (Diakonie, Dienst). Auch dieses ist keineswegs eingeschränkt auf den Gottesdienst, sondern umschreibt alles Dienen überhaupt. Schon dieser Sprachgebrauch zeigt, wie bewußt und ausgesprochen die neutestamentliche Gemeinde ihren Gottesdienst abgegrenzt hat von allem kultischen Handeln, wie es in jüdischen oder heidnischen Tempeln vollzogen wurde, und wie wenig sie umgekehrt zwischen dem Gottesdienst des Sonntags und des Werktags abgrenzen wollte. Alles, was den Gottesdienst also feierlich gestaltet, ihn vom Werktag abhebt, ist demnach gerade zu vermeiden.

Fragen wir nach den Ausdrücken, die sie nun speziell für den Gottesdienst gewählt hat, dann finden wir nur solche, die das Moment des Zusammenkommens betonen und zugleich auch ganz weltlich verwendet werden. Was den Gottesdienst unterscheidet vom Alltagsdienst, ist ganz schlicht die Tatsache, daß hier die Gemeinde sich versammelt. Genau dasselbe gilt nun aber vom Wort „ekklēsiā“ (vgl. den Beitrag über „Gemeinde“). Nur dadurch, daß die Gemeinde im Namen *Jesu* zusammenkommt, unterscheidet sie sich von anderen Versammlungen. Davon ist im nächsten Abschnitt zu reden. Hier ist festzuhalten: Ein Gottesdienst, bei dem die Gemeinde nicht wirklich und bis ins Konkrete hinein beieinander ist, ist kein Gottesdienst im Sinne des Neuen Testaments.

Dieser Gemeinschaftscharakter des Gottesdienstes ist auch dadurch unterstrichen, daß, so weit wir sehen, überall die Gemeinde an *einem* Ort zusammenkommt. Das zeigt nicht nur das häufig vorkommende Wort „beisammen“, das den Gottesdienst der Gemeinde charakterisiert (Apg. 1,15; 2,1.44; 1. Kor. 11,20; 14,23), sondern auch die selbstverständliche Erwartung der neutestamentlichen Briefschreiber, daß ihr Brief der ganzen Gemeinde vorgelesen wird. Was im einzelnen bei dieser Versammlung geschehen ist, wissen wir einfach nicht mehr. Die Verhältnisse sind wohl auch sehr verschieden gewesen. Immerhin läßt sich mit aller Vorsicht einiges sagen.

Genauer wissen wir über Korinth Bescheid. Hier erscheint eine Fülle von Geistesgaben, die ihren Raum im Gottesdienst haben: Prophetie und Zungenrede mit ihrer Auslegung, Psalmen, Offenbarungen und Mahnungen (1. Kor. 14, 26–31). Das Beieinandersein der Gemeinde ist hier ein gegenseitiges Gespräch, in dem einer den andern „baut". Dieses „Bauen" der Gemeinde, der „Nutzen" für die andern, bildet den Maßstab, an dem der Gottesdienst allein gemessen werden kann (1. Kor. 12, 7; 14, 3–5.12.17.26). Ähnlich war es in Thessalonich (1. Thess. 5, 19–21), der nicht von Paulus gegründeten Gemeinde Rom (Röm. 12, 3–11), in den Gemeinden von Kol. 3, 16; Eph. 5, 18 f.; 1. Joh. 2, 27; 4. 1. Es ist vermutlich in Jerusalem nicht viel anders gewesen (Apg. 4, 31; 11, 27).

Erst in der Spätzeit, in den Briefen an Timotheus und Titus, kommt vielleicht ein Gottesdienst auf, in dem wenigstens Bibellese (die vorher nie auftaucht), Mahnung und Lehre einem einzelnen zukommen (1. Tim. 4, 11 f.), obwohl selbst dort noch alle Männer das freie Wort nicht nur zum Beten, sondern auch zum Lehren zu haben scheinen (2, 8–12).

Gebete sind vermutlich früh schon im Gottesdienst gesprochen worden. Man denke an Eph. 3, 14–21, aber auch schon 1. Kor. 14, 14–16, wo vorausgesetzt ist, daß die Gemeinde zum Gebet oder Lobgesang des Beters ihr Amen spricht. Nicht ganz deutlich ist, wo kurze Bekenntnisformeln wie 1. Kor. 15, 3–8; Röm. 4, 25; 10, 9 ihren Platz hatten. Sie gehören wohl in den Taufunterricht und den Taufgottesdienst. Daraufhin mag auch weisen, daß Lukas sie regelmäßig in die Missionsrede aufnimmt. Andererseits zeigt 1. Kor. 12, 3, daß Rufe wie „Jesus ist Herr" auch als Augenblicksäußerung des Geistes im Gottesdienst vorkamen. Noch wichtiger sind wohl die Hymnen, wie wir sie etwa Phil. 2, 6–11 oder 1. Tim. 3, 16 vor uns haben. Endlich ist der Gottesdienst die Gelegenheit zum Zusammenlegen der Kollekte (1. Kor. 16, 2, wo wahrscheinlich Versammlung am ersten Tag der Woche vorausgesetzt ist; Apg. 5, 1–11).

Überblicken wir das bisher Gesagte, dann ist deutlich, daß das Gemeinschaftsmoment in der Gottesdienstversammlung stark betont ist im Neuen Testament. Es ist dadurch unterstrichen, daß im Gottesdienst ein wechselseitiges Dienen stattfindet, bei dem jeder nach den Gaben des Geistes beiträgt. Im Neuen Testament finden wir fast nur bei der Missionsrede die Situation, daß ein einzelner spricht, weil hier nur die *eine* Gnadengabe der missionarischen Verkündigung notwendig ist. So ist es nicht verwunderlich, daß der für Paulus so überaus wichtige Begriff des „Leibes Christi" nur gerade im Zusammenhang mit der gottesdienstlichen Gemeindeversammlung, wozu natürlich auch das Herrenmahl gehört, auftritt. Im Beten und Singen realisiert sich die Herrschaft des Erhöhten. Umgekehrt zeigt die kleine Bemerkung 1. Kor. 11, 18, daß die Spaltungen sich gerade beim gottesdienstlichen Zusammentreten der Gemeinde offenbaren. Das heißt aber: der Gottesdienst muß so gestaltet sein, daß das Zueinander-Gehören, das Einssein der Gemeinde in ihm offenbar wird und daß auch eventuelle Spaltungen sich dort nicht mehr verstecken können. Gottesdienst ist in erster Linie Gestaltwerdung des Leibes Christi. Aber eben deswegen wäre mit einer bloßen Förderung des Gemeinschaftlichen, wie sie auch in einem Kegelklub betrieben werden kann, noch nichts geholfen. Es ist darum von der Rolle des *Wortes* im Gottesdienst zu sprechen.

Fast alle genannten Geistesgaben sind ja Gaben des Wortes. Und in allen Aufzählungen bei Paulus, die in sich sehr verschieden sind, steht immer die Gabe des Wortes voran. Freilich kann es sich sehr differenziert ausprägen als Prophetie, Apostolat, Lehre, Wort der Erkenntnis und der Weisheit. Aber an erster Stelle steht immer ein Dienst, der in einer eigentlichen Rede besteht. Nach Apg. 6, 1–6 behalten sich die Apostel den Dienst des Wortes vor. Auch wenn das nicht historisch sein wird, zeigt es, wie hoch Lukas diese Seite des Dienstes schätzt. In den johanneischen Abschiedsreden ist es das Wort der Verkündigung, in dem der Erhöhte wiederkommen wird.

Aber wie sieht diese Verkündigung im Gottesdienst aus, die doch eine so große Rolle spielt? Wieder ist zu sagen, daß wir wenig darüber wissen und fast alles rückerschließen müssen. Auf alle Fälle finden wir auch nicht die geringste Spur davon, daß im Gottesdienst so etwas wie eine Wiederholung des Heilsdramas mit Gesetzesverkündigung, Sündenbekenntnis, Gnadenzuspruch und Absolution stattfand. Sündenbekenntnis und Zuspruch der Sündenvergebung sind nicht typisch für den urchristlichen Gottesdienst, sondern nur der Aufruf, fröhlich neu aus der schon geschenkten Gnade Gottes zu leben. Was wird dann aber verkündet?

Für Paulus bildet die *Prophetie* die eigentliche Verkündigung des Gemeindegottesdienstes. Die Sätze heiligen Rechtes, die sich noch im Neuen Testament finden (zum Beispiel 1. Kor. 3, 17a; 14, 38), die schon angeführte Stelle 1. Kor. 14, 24 f., die Sendschreiben der Offenbarung (Kap. 2 f.) zeigen alle in dieselbe Richtung: der Prophet spricht sein Vollmachtswort im Namen Gottes selbst in die konkreten Fragen der Gemeinde hinein. Er rügt und lobt, droht und verheißt. Im Namen des Erhöhten tritt er der Gemeinde entgegen. In ihm spricht der Herr selbst, der mit dem Geist identisch ist, und zwar so, daß er ganz konkrete Weisung gibt (Sendschreiben). Es ist nicht Belehrung, sonders Anrede in praktische Situationen hinein. Es ist dabei offenbar so, daß der Imperativ immer im Indikativ, die Aufforderung in der Heilsaussage begründet ist, so daß die

Erinnerung an das Heilsgeschehen unbedingt mit zu dieser Verkündigung gehört. Alle Verkündigung ist Gnadenzuspruch, ja Geschehen der Gnade. In ihr schenkt Gott der Gemeinde immer neu wieder die Möglichkeit, konkret aus seiner Gnade zu leben.

Wie völlig anders die Situation hier gegenüber dem Judentum geworden ist, zeigt sich daran, daß das Gesetzesstudium, die Bibellese und -auslegung, die im Rabbinat und im Synagogengottesdienst, aber auch in der Sekte vom Toten Meer das unbestrittene Zentrum des Gottesdienstes ausgemacht haben, verschwunden ist. Man darf auch nicht vergessen, wie überaus selten und kostbar damals ein Altes Testament war.

Die Briefe an Timotheus und Titus zeigen aber, daß die Gemeinde sich rückerinnern muß an die Verkündigung der Apostel; Apostelbriefe sind vorgelesen und gesammelt worden; das Apostelwort ist immer wieder der Maßstab, an dem die Geister geprüft werden müssen. Aber bei all dem ist die Verkündigung im Gottesdienst zur Zeit des Neuen Testaments doch niemals das, was wir etwa reine Lehre nennen. Es ist immer – am Apostelwort zu messende – prophetische Rede, immer ein Bezeugen, in dem die Person des Zeugen voll beteiligt ist, ein Reden also, das aus der Vollmacht des Geistes heraus die Gegenwart zu deuten wagen muß. Damit hängt zusammen, daß jegliche Überordnung des Theologen, des Schriftgelehrten oder gar des Priesters völlig geschwunden ist, weil die Vollmacht des Geistes jedem geschenkt werden kann. Auch dies zeigt den absoluten Unterschied zu all den genannten jüdischen Gruppen bis hin zur Sekte vom Toten Meer, wo eine streng geregelte Hierarchie herrscht (vgl. den Beitrag über „Gemeinde").

Freilich ist nun gleich auch das andere zu sagen. Paulus hat scharf gegen die Vorstellung gekämpft, als ob die Außerordentlichkeit einer Erscheinung die Intensität des Geistes manifestiere. Den Korinthern, die die wunderhafte Zungenrede am höchsten schätzten, hat er erklärt, daß so nüchterne Geistesgaben wie die Barmherzigkeit oder die Gemeindeleitung mindestens ebenso groß und wichtig seien und daß darum Friede herrschen solle im Gottesdienst und nicht Unordnung. So sind auch im Neuen Testament mehr oder weniger gefestigte liturgische Formeln festzustellen, die wohl von Anfang an neben den freien Äußerungen des Geistes ihren Platz im Gottesdienst hatten. Wo die Freiheit des Redens die Mündigkeit der Gemeinde bezeugt, da zeigt die liturgisch feste Formel zugleich die Zucht der Unterordnung unter die Botschaft. Keines darf ohne das andere sein. Von hier aus läßt sich vieles sagen dafür, daß der Theologe seinen wichtigen Platz einnimmt im Gottesdienst als derjenige, der die Geister zu prüfen hat, der jene Erinnerung an die apostolische Verkündigung hochhält und der gerade aus profunder Kenntnis des Apostelwortes heraus es erst recht in die Lage der Gegenwart hinein zu sagen hat. Aber dies alles gilt freilich nur, wenn er die prophetische Verkündigung nicht hemmt, sondern fördert, wenn er den Geistesgaben der andern zum Durchbruch verhilft und sie nicht verschüchtert. Im gegenseitigen Reden und Hören vollzieht sich im Gottesdienst die Leibwerdung der Gemeinde (vgl. den Beitrag über „Geist").

Natürlich gehören auch Taufe und Herrenmahl zum neutestamentlichen Gottesdienst, wenn auch die These, dieses sei Höhepunkt jeden Gottesdienstes gewesen, sehr fraglich bleibt. Von beiden ist aber gesondert zu sprechen (vgl. den Beitrag „Taufe und Abendmahl").

Blicken wir von hier aus auf unsere Gottesdienste, dann werden die Unterschiede sichtbar. Unwesentlich ist die Frage, ob der Geist sich mehr oder weniger spontan in gewohnten oder absonderlichen Formen ausprägt. Das hängt weithin am Klima und Volkscharakter. Richtig ist, daß die Verkündigung Mitte des Gottesdienstes ist. Wir haben dabei vom Neuen Testament her nur zu lernen, daß sie nicht einfach lehrhafte Unterweisung zu sein hat, sondern prophetische Bezeugung. So wesentlich der Rückbezug auf das apostolische Zeugnis bleibt, so sehr muß dieses doch im Wagnis der Prophetie in die jeweilige Lage der Gemeinde hinein gesagt werden. Weit stärker betont werden muß die Gemeinschaft im Gottesdienst. Die Gemeinde müßte wieder lernen, daß sie im Beten und Singen teilnimmt an der Herrschaft des Erhöhten. Dem Herrenmahl muß wieder der Charakter einer frohen gemeinsamen Mahlzeit zukommen. Aber auch im übrigen Gottesdienst müßte aus einem Vortragspublikum Leib Christi werden. Völlig unneutestamentlich ist die Aufspaltung der Gemeinde in *einen* Redner und eine schweigende Zuhörerschaft. Den verschiedenen Gaben aller Gemeindeglieder müßte die Möglichkeit gegenseitigen Dienens offenstehen. Das alles sind Illusionen, solange unsere Mammutgemeinden in ganz unbiblischen Kirchengebäuden zusammenkommen. Es fragt sich aber, ob man nicht vom Neuen Testament her unsere gewohnten Gottesdienste noch bewußter als Missionsverkündigung ausgestalten, dafür aber immer entschiedener *daneben* für kleinere Gemeindeversammlungen in wohnlicheren Stuben Raum schaffen müßte, in denen ein gemeinsames Essen und Trinken ebenso möglich ist wie ein wechselseitiges Gespräch. Daß dabei für äußere und innere Zucht gesorgt werden müßte, damit dies nicht zum Geschwätz absinkt, ist freilich deutlich.

Taufe und Abendmahl II/12

Der Ursprung der *Taufe* liegt völlig im Dunkeln. Im Neuen Testament wird noch sichtbar, daß Jesus selbst nie getauft hat (Joh. 3, 22 wird durch 4, 2 richtiggestellt, ist freilich auch in dieser Form noch Vorwegnahme der Situation nach Ostern). Hingegen wird in der nachösterlichen Gemeinde die Taufe als selbstverständlich vorausgesetzt. Das läßt sich wohl nur so erklären, daß mit dem Einströmen von Johannesjüngern in die Gemeinde Jesu auch deren Taufe mitübernommen wurde. Bei Johannes war sie eindeutig auf das kommende Gericht ausgerichtet, ja wahrscheinlich als eine Art Vorwegnahme dieses Gerichtes verstanden: wer sich als Zeichen seiner Umkehr mit Wasser taufen ließ, hoffte, damit der „Taufe mit dem Feuer (des Gerichts)" zu entgehen.

Diese eschatologische Ausrichtung prägt auch die neutestamentliche Taufe, obwohl ihr Bekenntnischarakter wie die bewußte ethische Unterstellung unter Gott als den das ganze Leben bestimmenden und prägenden Herrn nicht vergessen ist (etwa Apg. 2, 38; Röm. 6, 11 ff.; 1. Petr. 3, 21; vielleicht 1. Tim. 6, 12). Johannes, der sonst nie vom Reich Gottes spricht, nimmt 3, 5 offenkundig einen älteren Satz aus der Gemeindetradition auf: „Wenn einer nicht geboren wird aus Wasser und Geist, kann er nicht in das Reich Gottes eingehen." Der Nachsatz entspricht Mark. 10, 15: „Wer das Reich Gottes nicht aufnimmt wie ein Kind, wird nicht in dieses eingehen." Der Vordersatz aber weist jetzt auf die Neugeburt in der Taufe. Beides ist also typisch für die Taufauffassung dieser Gemeinde: die Verknüpfung mit dem kommenden Gottesreich und die Vorstellung von einer Neugeburt. Das gilt ebenso für die liturgische Formel vom „Bad der Neugeburt" (Tit. 3, 5), weil das letzte Wort sonst die apokalyptische „Neugeburt" des ganzen Kosmos am Jüngsten Tag bezeichnet (vgl. Matth. 19, 28). Johannes selbst, der am Ritus der Taufe kaum interessiert war, wohl aber an der „Geburt von oben", hat den Satz 3, 5 schon in 3, 3 in seiner eigenen Sprache vorweggenommen, jetzt aber vom „Sehen" des Gottesreiches gesprochen, weil dieses für ihn schon gegenwärtig ist. Eine ähnliche Entwicklung muß schon früher in Korinth stattgefunden haben; denn die Auseinandersetzung des Paulus mit der Gemeinde zeigt, daß sie die Taufe schon als Eingang ins ewige Leben (der Seele) verstanden haben und daher meinten, die Auferstehung schon hinter sich zu haben, ähnlich wie es spätere Irrlehrer auch verkündeten (2. Tim. 2, 18). Demgegenüber greift Paulus entschlossen auf den verpflichtenden Charakter der Taufe zurück und betont, daß sie wohl ein Absterben gegenüber der Sünde sei, nicht aber schon Auferstehung zum neuen, ewigen Leben; im Gegenteil, sie stelle auf den Weg, in einen neuen Wandel hinein, in dem sich das Auferstehen durch ein ganzes Leben hindurch immer wieder vollziehe, bis es endgültig in der Auferstehung zum Leben jenseits des physischen Todes erfüllt werde (Röm. 6, 3–9). Erst in späteren Briefen wird dann auch von der „im Glauben(!)" erfolgten Auferstehung bei der Taufe gesprochen (Kol. 2, 12), dies aber gleich im Sinne von Röm. 6 gesichert (Kol. 3, 1–4, vermutlich von einem Schüler des Paulus geschrieben). So wird Taufe als das Hineinstellen in die durch Jesu Tod und Auferstehung geschaffene neue Welt verstanden, das ein altes Leben beendet und in ein neues hineinführt, welches unter der Herrschaft Jesu Christi steht.

Etwas klarer sehen wir das Werden des urchristlichen *Herrenmahles.* Es sind uns ganz wenige Worte Jesu überliefert, in denen er einem Menschen die Sündenvergebung zusprach oder ihm sagte, es sei jetzt wieder in Ordnung zwischen Gott und ihm. Es wird uns aber häufig berichtet, er habe Menschen zu sich gerufen und habe dann mit ihnen zusammen gelebt, gewohnt, gegessen und getrunken. Zum Entsetzen seiner Zeitgenossen hat er vor allem die völlig Unkirchlichen, die, die wirklich nicht mehr so lebten, daß es Gott gefallen hätte, an seinen Tisch geladen. Nicht in einer Predigt, aber in diesen Tischgemeinschaften geschah es, daß Menschen den Weg zu Gott fanden, daß sie nicht nur hörten, sondern erfuhren, daß Gott sich um sie kümmere und sie nicht abgeschrieben habe.

Der Abend vor Jesu Hinrichtung war nach den ersten drei Evangelien der Abend des jüdischen Passahfestes, nach Johannes der Vorabend. Im Passahmahl sprach Gott seinem Volke Jahr um Jahr wieder seine Gnade neu zu, die er ihm in der Errettung aus Ägypten erwiesen hatte; er versicherte zugleich sein Volk der endgültigen Hilfe am Ende aller Zeit. Ob es nun der Festabend selbst oder – historisch wahrscheinlicher – der Vorabend war, jedenfalls waren diese Gedanken an die Geschichte Gottes mit seinem Volk lebendig, als Jesus mit seinen Jüngern noch einmal aß und trank und ihnen damit für alle Zeiten diese Tischgemeinschaft mitgab, in der es während Jesu Leben so vielen Unkirchlichen und Atheisten wohl geworden war.

Was Jesus damals gesagt hat, ist nicht mehr ganz sicher festzustellen, obwohl alle Berichte in den drei wichtigsten Punkten übereinstimmen, von denen wir nachher sprechen werden. Von Anfang an ist wohl in der Gemeinde bei jedem Abendmahl ein Kurzbericht über dieses letzte Mahl samt den Worten Jesu wiederholt worden. Jeder von uns weiß, daß bei solch mündlicher Weitergabe in der Regel zwar der Sinn, nicht aber der buchstäbliche Wortlaut bewahrt wird.

Die früheste Niederschrift, die wir besitzen, ist das 11. Kapitel des 1. Korintherbriefs, etwa zwanzig Jahre nach Jesu Tod geschrieben. Danach hat Jesus am Anfang der Mahlzeit seinen Jüngern das Brot gegeben mit dem Wort: „Dies ist mein Leib für euch." Jesus und die ersten Gemeinden in Palästina haben aramäisch gesprochen, nicht griechisch wie Paulus. Aramäisch lautete das Wort wahrscheinlich nur „Dies mein Leib", wobei das Wort für „Leib" auch das Ich, die Person bezeichnen kann. Erst nach dem Essen hat er ihnen den Becher gereicht. Das dazu gesagte Wort lautet nicht parallel zum ersten: „Das ist mein Blut", sondern: „Dieser Kelch ist der neue Bund in meinem Blute." Das ist verständlich, weil, wie auch sämtliche Berichte von jüdischen Mahlzeiten bestätigen, zwischen dem ersten und zweiten Wort die ganze Mahlzeit lag.

Aber schon zur Zeit des Paulus hat die Gemeinde aus praktischen Überlegungen heraus die Austeilung von Brot und Wein auf den Schluß des Mahles verlegt. Das führte wohl dazu, daß die beiden Worte Jesu noch stärker parallelisiert wurden. In der bei Markus vorliegenden Tradition, die nochmals etwa fünfzehn Jahre später schriftlich fixiert wurde, lauten die Worte nämlich: „Dies ist mein Leib – Dies ist mein Blut des Bundes, vergossen für viele." Matthäus folgt in seinem Bericht fast wörtlich dem Markus, Lukas kombiniert beide Traditionen. Obwohl das umstritten ist, meine ich doch, daß die ältere Form der Tradition bei Paulus vorliegt, wo jedenfalls der Wein nicht einfach mit dem Blut Jesu, sondern mit dem Zeichen des neuen Bundes im Blute Jesu gleichgesetzt wird, und wo das Brotwort ursprünglich wohl aussagte, daß Jesus selbst immer wieder bei ihnen sein werde, wenn sie dieses Brot zusammen äßen.

Man kann sogar fragen, ob nicht bei Lukas ein noch älterer Sonderbericht erhalten ist. Vor und nach der eigentlichen Einsetzung finden sich dort nämlich Jesusworte, die dem Stil nach zusammengehören und eine Einheit zu bilden scheinen, die jetzt zerrissen wird durch die nach Paulus und Markus referierten Einsetzungsworte. Danach hat Jesus zunächst betont, wie herzlich ihn nach dieser letzten Tischgemeinschaft verlangt habe, in der er unter ihnen sei als derjenige, der ihnen diene, und hat ihnen dann die Vollendung dieses Zusammengehörens im Reiche Gottes verheißen. Es ist nicht ausgeschlossen, daß sich hier der älteste Bericht vom letzten Mahl erhalten hätte. Doch geht diese Schilderung eher auf eine judenchristliche Gruppe zurück, der es wichtig war, daß Jesus das Passah hielt.

So verschieden der Ton war, den die Gemeinde bald auf diesen, bald auf jenen Punkt legte, stimmen doch alle Berichte in drei wichtigen Punkten überein. Sie dürften historisch sicher sein. Wir beginnen mit den Punkten, die unsere heutigen Abendmahlsfeiern stark in den Hintergrund schieben. Abendmahl hat, erstens, mit unserer Gegenwart zu tun. Es ist echte, lebendige Tischgemeinschaft. Die Korinther haben das schon damals vergessen. Wenn sie sich abends zum Gottesdienst trafen, brachte jeder etwas zum gemeinsamen Essen mit. Freilich, es gab solche, die erst sehr spät kommen konnten, zum Beispiel die Sklaven. So war es schwierig, hungrig vor vollen Tischen zu warten. Also verschob man die Austeilung von Brot und Wein ans Ende und begann mit dem Essen, bevor alle da waren. Für den Bissen Brot und den Schluck Wein am Schluß kamen ja auch die Spätesten noch zurecht. Paulus aber erklärt ihnen, sie hätten das ganze Abendmahl zerstört, wenn sie die Tischgemeinschaft, wo auch der ärmste Sklave sich einmal an einen gedeckten Tisch setzen durfte, nicht mehr ernst nähmen. Ja der bekannte Satz, daß, wer unwürdig esse und trinke, an Leib und Blut Christi schuldig werde, ist nach einer andern Stelle des gleichen Briefes (8,11 f.) so zu erklären, daß wir an Christus schuldig werden, der seinen Leib und sein Blut für den Bruder hingab, sobald wir den Bruder und das rein menschliche Zusammensein mit ihm nicht ganz ernst nehmen und nur eine sakramentale Sicherung unserer eigenen Seligkeit begehren. Die Korinther haben nämlich nach allem, was wir sonst von ihnen hören, das Sakrament eher zu wichtig als zu wenig wichtig genommen, und Paulus wirft ihnen denn auch am Anfang und am Ende dieses Abschnitts über das Abendmahl nur das eine vor: daß sie nicht aufeinander warteten beim Essen (11,17 ff. 33 f.).

Aber auch nach dem lukanischen Sonderbericht ist die Tischgemeinschaft mit den Jüngern Jesus so überaus wichtig gewesen, und wenn er nach Markus und Matthäus wie nach Paulus vom Bunde Gottes sprach, dann ist die Zusammengehörigkeit der Tischrunde darin eingeschlossen. Vielleicht müßten moderne Menschen ein Wochenende oder eine Ferienwoche gemeinsam verleben, um wieder zu begreifen, was Tischgemeinschaft beim Abendmahl meint. Vielleicht hülfe auch die gelegentliche Rückkehr zur urchristlichen Form, bei der eine ganze Mahlzeit mit einem wirklichen Beisammensein zwischen Brot und Wein lag.

Eines aber unterscheidet diese Tischgemeinschaft von der irgendeines Vereins. Abendmahl hat, zweitens, mit unserer Zukunft zu tun. Auch das fröhlichste Vereinsessen macht den am nächsten Morgen wieder beginnenden Alltag nicht vergessen. Das Abendmahl ist in der Urchristenheit in einer für uns fast unvorstellbaren Fröhlichkeit gefeiert worden, weil die Gemeinde wußte, daß die Gemeinschaft, die sie hier erfuhr, nicht abbrechen werde, auch nicht im Tod. Sie hat sich das Kommende kaum ausgemalt. Aber sie lernte verstehen, daß die ihnen geschenkte Gemeinschaft darin wurzelte, daß Gott selbst sie wieder in die Gemeinschaft mit ihm hineingenommen hatte. Eben darum wußte sie auch, daß sie nie enden, sondern nur sich vollenden werde.

Diese Freude, in der die Gemeinde voraus-, in die Zukunft hineinschaut, übertönt im lukanischen Sonderbericht und in der Apostelgeschichte alles andere. „Sie brachen das Brot von Haus zu Haus und genossen die Speise in Festjubel und Einfalt des Herzens" (Apg. 2, 46). Aber auch Markus und Matthäus berichten von der Verheißung Jesu, er werde den Kelch mit seinen Jüngern neu trinken im Reiche Gottes, und Paulus sagt den Korinthern, sie sollten das Abendmahl Jesu so feiern, bis daß er selber komme.

Damit sind wir beim dritten Punkt. Er ist bei unseren Abendmahlsfeiern fast allein ins Zentrum gerückt und kann doch erst wirklich verstanden werden, wenn man etwas von der Freude dieser Tischgemeinschaft und von der Gewißheit der Hoffnung in der Gemeinde erlebt hat. Er besteht einfach darin, daß die Gemeinde wußte, daß solche Gemeinschaft und solche Hoffnung immer Geschenk Gottes war, nie etwas in eigener Regie Organisiertes. Markus und Matthäus haben das mit ihrer Form der Abendmahlsworte wohl am stärksten betont. „Mein Leib – mein Blut", damit war am unmißverständlichsten auf das Geheimnis des Sterbens Jesu hingewiesen. Wie immer sie das verstanden, jedenfalls haben sie damit ausgedrückt: So weit ist Gott gegangen, um es uns nicht nur zu sagen, sondern greifbar mit-zu-teilen, daß er bei uns, mitten unter uns, sein will.

Aber auch Paulus schreibt geradezu, das ganze Abendmahl sei eine Verkündigung des Todes Jesu. In ihm werde der Tod Jesu dem Essenden und Trinkenden mitgeteilt: es ist ausgerechnet für dich geschehen. Und wenn Jesus nach dem lukanischen Sonderbericht sagte, er sei als ihr Diener unter ihnen, und dann sich aufmachte seinen Häschern entgegen, so ist auch hier auf diesen einen Dienst hingewiesen, der die Grundlage dieses Mahles ist.

So gibt nach den Texten des Neuen Testaments jedes Abendmahl der Jüngerschar die Gegenwart einer echten Tischgemeinschaft. So ist jedes Abendmahl voll von Hoffnung und Erwartung auf die Vollendung hin. So gründet aber auch jedes Abendmahl in jenem Sterben vor bald zweitausend Jahren, in dem Gott seine Liebe nicht nur aussprach, sondern tat.

Wie aber konnte es von diesen neutestamentlichen Tatbeständen her zu den Auseinandersetzungen zwischen Reformierten und Lutheranern und auch zwischen evangelischen und römisch-katholischen Christen kommen? Sie sind weithin dadurch bedingt, daß sich im Mittelalter ein ganz anderes Verständnis von Substanz herausbildete, als es im Neuen Testament vorlag. Da wurde plötzlich die Frage wichtig, die die neutestamentliche Gemeinde von ihren Voraussetzungen aus gar nicht verstanden hätte, nämlich wie sich denn die Substanz von Brot und Wein zu der von Leib und Blut Christi verhalte. Stellt man jedoch einmal diese falsche Frage, dann muß es fast notgedrungen zu den verschiedenen Irrwegen kommen.

Wenn Zwingli oder theologisch noch klarer Calvin im Gegensatz zur römisch-katholischen Kirche betonte, man dürfe ja nicht an eine zauberhafte Verwandlung der Substanz von Brot und Wein glauben, dann lag die Gefahr nahe, daß man das Abendmahl als bloßes Gleichnis verstünde. Dagegen mußte sich Luther wehren. Zwar wollte er keine eigentliche Umwandlung, Transsubstantiation, lehren wie die römisch-katholische Kirche, wollte aber ihren Sinn so festhalten, daß er lehrte, Christus nehme leibhaft in Brot und Wein Wohnung, also die Konsubstantiation. Damit hat er, wie die römisch-katholische Kirche, mit Recht festgehalten, daß, wie wir nicht ohne menschliche Worte Gott in der Verkündigung begegnen können, wir ihm auch im Abendmahl nicht ohne die menschlichen Zeichen von Brot und Wein begegnen. Umgekehrt mußten aber Zwingli und Calvin ihrerseits daran festhalten, daß diese Begegnung immer neu Gottes eigene Tat sei, nicht eine Substanz, die der Priester oder Pfarrer verwalten könnte.

Wahrscheinlich sind sich römisch-katholische, lutherische und reformierte Christen weit näher, als sie es jetzt noch erkennen können. Denn im Neuen Testament ist es doch so, daß in der Tat von der realen, wirklichen Gegenwart Gottes und des auferstandenen Christus die Rede ist, aber doch nicht von der Gegenwart eines physischen Objektes, das man photographieren, in die Hände nehmen, chemisch analysieren könnte. Seine Gegenwart ist die Gegenwart einer Begegnung, nicht eines Naturphänomens, ist Handeln Christi mit und an uns, nicht die Bildung einer neuen Substanz, derer man habhaft werden könnte.

Vielleicht verstehen wir das besser, wenn wir es einmal mit dem vergleichen, was das Neue Testament über die Wortverkündigung sagt. Jesus sagt: „Wer euch hört, hört mich: wer euch verwirft, verwirft mich; wer aber mich verwirft, verwirft den, der mich gesandt hat" (Luk. 10, 16; vgl. Matth. 10, 40). Ein Haus oder Dorf, das Jesu Boten abgelehnt hat, ist nach Jesu Wort nicht mehr das gleiche wie vorher. Aus unbestimmter Gottferne ist es in die Gottesfeindschaft getreten (Matth. 10, 12—15). Von den Worten der Verkündigung sagt Paulus, sie seien ein Geruch zum Leben oder zum Tod (2. Kor. 2, 16). Sie zeugen geradezu die Gemeinde, geben ihr das wirkliche Leben (1. Kor. 4, 15; Jak. 1, 18; 1. Petr. 1, 23). Also auch die Worte der Verkündigung sind nicht nur brüchige Menschenworte. In ihnen kommt nach dem Neuen Testament Gott selber zum Menschen. Wer sie aufnimmt oder ablehnt, ist dadurch zu einem andern Menschen geworden, als er vorher war.

Genau das gilt auch von den Zeichen des Abendmahls. Es hängt also nicht erst an unserem Glauben, ob Christus kommt oder nicht. Er kommt so oder so, zum Segen oder zum Gericht. Aber er kommt als Person, nicht als Substanz.

Vielleicht hilft das Bild der Banknote, obwohl es in mancher Hinsicht unzureichend ist, wenigstens für diesen einen Punkt. Eine Banknote ist sicher nicht nur ein Bild für hundert Mark; sie ist hundert Mark. Aber ebenso sicher hat sich das Papier nicht in eine andere Substanz verwandelt. Es ist die garantierende Zusage der Bundesbank, die diesem Papier seinen Wert gibt. Ohne sie wäre das Papier kaum einen Pfennig wert; aber ohne das Papier können wir auch die hundert Mark nicht erhalten. So ist das Handeln Christi an uns im Abendmahl allerdings an Brot und Wein gebunden, wie es bei der Verkündigung an menschliche Worte, an grammatisch verständliche Sätze, an hörbare Stimmen gebunden ist. Aber so wenig sich die Worte in etwas anderes als Menschenworte verwandeln und doch Gott selber mit sich bringen, so wenig ist das bei Brot und Wein der Fall.

Fassen wir zusammen: In den Tischgemeinschaften Jesu haben Unkirchliche und Atheisten wieder verstanden, daß Gott da ist und bei ihnen sein will. Gott gab ihnen nicht nur Worte. Er nahm sie in die leibhafte Gemeinschaft einer Mahlzeit an Jesu Tisch hinein, damit es ihnen wohl werde bei ihm, nachdem es ihnen bei seinen Priestern und Gläubigen so lange unwohl geworden war. Jesus hat diese Tischgemeinschaft, in der Menschen wieder mit Gott zusammenkamen, seinen Jüngern für alle Zeiten mitgegeben.

So müßte jedes Abendmahl den Stempel wirklicher Bruderschaft tragen, weil es offen ist – nach rückwärts zu jenem Abend hin, an dem Jesus selbst diese Tischgemeinschaft geprägt und am folgenden Morgen mit seinem Tod besiegelt hat, und eben darum auch offen nach vorwärts in die ganze und volle Gemeinschaft mit Gott hinein, die hier erst bruchstückhaft erfahren, einst aber Wahrheit werden wird.

III KIRCHENGESCHICHTE

Bernhard Lohse

1. *Tradition*
2. *Kirchenväter*
3. *Staat und Kirche*
4. *Konstantinisches Zeitalter*
5. *Scholastik*
6. *Papsttum und Kirchenregiment*
7. *Konzile, Konzilsbewegung*
8. *Reformation*
9. *Gegenreformation*
10. *Pietismus*
11. *Konfession / Konfessionalismus*
12. *Kirchenkampf*

Einleitung

Über den spezifisch theologischen Charakter der Disziplin „Kirchengeschichte" hat es immer wieder Auseinandersetzungen gegeben. Tatsächlich weist die Kirchengeschichte besonders enge Beziehungen zur philosophischen Fakultät auf. Während die Dogmatik vielfach in einer gewissen Antithetik zur Philosophie verstanden wird, teilt die Kirchengeschichte mit der allgemeinen Geschichtswissenschaft nicht nur die wissenschaftliche Methodik, sondern auch weitgehend den Gegenstand, um den es geht. Im Grunde läßt sich die Kirchengeschichte von der allgemeinen Geschichtswissenschaft nicht trennen. Weltgeschichte und Kirchengeschichte sind zu allen Epochen unlöslich miteinander verbunden gewesen. Dabei ist die Kirchengeschichte nur ein Teil der einen, universalen Geschichte. In jeder Epoche ist die innere und äußere Geschichte der Kirche untrennbar mit der allgemeinen politischen, geistesgeschichtlichen, wirtschaftlichen und sozialen Geschichte verbunden. Ohne die Berücksichtigung dieser vielfältigen Verbindungen läßt sich die Entwicklung der Kirche überhaupt nicht erfassen. Eine Trennung der Kirchengeschichte von der allgemeinen Geschichte kann lediglich insofern gerechtfertigt werden, als es für das Studium der Kirchengeschichte bestimmter theologischer Kenntnisse bedarf, die in der Regel nur der Fachtheologe besitzt. Aber auch Nicht-Theologen haben entscheidende Beiträge zur Kirchengeschichtsforschung geliefert.

Wenn man die Kirchengeschichte im Grunde als Teil der allgemeinen Geschichte versteht, so heißt das doch nicht, daß man den christlichen Glauben lediglich als eine Erscheinung der allgemeinen Geistesgeschichte betrachtet. Freilich ist die eigentliche Thematik der Kirchengeschichte, also die Frage nach dem Wesen der Kirchengeschichte, nicht ganz leicht zu bestimmen; jedenfalls werden hier verschiedene Antworten gegeben. Für römisch-katholisches Empfinden hat die Kirchengeschichte die Aufgabe, die Geschichte der von Christus gestifteten sichtbaren Heilsanstalt zu schildern; christlicher Glaube und römisch-katholisches Kirchentum werden dabei fast völlig gleichgesetzt. Evangelischerseits kann eine solche Auffassung nicht in Betracht kommen. Freilich wird die Frage nach dem Wesen der Kirchengeschichte dadurch nicht leichter. Walther v. Löwenich hat als den Gegenstand der Kirchengeschichte die Geschichte der Kirche des Wortes verstehen wollen. Auch Kurt Dietrich Schmidt hat in seinem „Grundriß der Kirchengeschichte" stark das theologische Moment betont, sofern er die Kirchengeschichte als die Geschichte des in der Welt fortwirkenden Christus ansieht. Gerhard Ebeling schließlich hat die Kirchengeschichte als Geschichte der Auslegung der Heiligen Schrift bezeichnet.

Jede dieser Auffassungen weist zweifellos auf ein wichtiges Moment hin. Kirchengeschichtliche Arbeit muß schon um das besondere Wesen der Kirche wissen. Aber die genannten Ansichten haben doch auch ihre Problematik. Von der römisch-katholischen Auffassung her lassen sich die anderen Kirchen nur als Abfall verstehen; sie können daher in der Kirchengeschichte höchstens am Rande erscheinen. Umgekehrt ist es von Ebelings Auffassung her im Grunde unmöglich, die römische Kirche voll und ganz einzubeziehen, da sie sich nicht nur von der Schrift, sondern auch von der Tradition her versteht. So gewiß das theologische Moment bei dem Selbstverständnis der Kirche nicht außer acht gelassen werden darf, so problematisch ist es, von hier aus eine Definition der Kirchengeschichte zu geben: die Kirchengeschichte teilt das Schicksal der allgemeinen Geschichte auch insofern, als sie sich immer wieder jeder gegebenen Definition entzieht. Man kann der Kirchengeschichte schwerlich die Aufgabe zuschreiben, schon ein Urteil über rechte oder falsche Kirche zu fällen. Es mag deshalb geraten erscheinen, eine weite Auffassung über den Gegenstand der Kirchengeschichte zu vertreten und diese daher als die Geschichte der von Christus gestifteten Kirche in Raum und Zeit zu verstehen, ohne diese Kirche einfach mit einer der vorhandenen Konfessionen gleichzusetzen. Zur Kirchengeschichte gehört dabei ganz umfassend das äußere und innere Leben und Wachstum der Kirche.

Wie auch immer man die Aufgabe der Kirchengeschichte bestimmen mag, so ist in den letzten Jahrzehnten eine erstaunliche Forschungs- und Editionsarbeit auf allen ihren Gebieten geleistet worden, die auch der einzelne Forscher nicht mehr allein zu überblicken vermag. Ende des 19. Jahrhunderts lag noch der Schwerpunkt der kirchengeschichtlichen Arbeit in Deutschland; hier hat sich Adolf v. Harnack (gest. 1930) große Verdienste um diese Disziplin erworben, speziell um die Dogmengeschichte. Etwa seit dem Ersten Weltkrieg hat sich jedoch die kirchengeschichtliche Arbeit immer mehr auf die verschiedensten Länder verteilt. Es mag willkürlich sein, angesichts der heutigen Forschungslage gewisse Schwerpunkte zu nennen. Trotzdem hat einmal die Erforschung der alten Kirchengeschichte nach wie vor und in den letzten Jahrzehnten wieder in steigendem Maße besondere Bedeutung. Hier ist auch die Erforschung der Dogmengeschichte zu ganz neuen Erkenntnissen gelangt.

Daneben schält sich als ein zweiter wichtiger Bereich die Reformations-

geschichte heraus. Die Lutherforschung ist eigentlich erst durch Karl Holl (gest. 1926) in Gang gekommen. Sie wird in den letzten Jahrzehnten in vielen Ländern intensiv betrieben. Dabei gibt es noch immer zahlreiche Probleme, die einer Lösung harren, nicht nur innerhalb von Luthers Theologie selbst, sondern vor allem auch bei Luthers theologischen Quellen und seiner Verbindung zum Mittelalter. Neben der Lutherforschung hat aber in der Reformationsgeschichte die Erforschung der früher so genannten Schwärmer in den letzten Jahrzehnten immer größere Bedeutung gewonnen; heute spricht man gern von dem linken Flügel der Reformation, um zwischen einem Mann wie Thomas Müntzer einerseits und den Täufern andererseits möglichst deutlich zu unterscheiden.

Aber es gibt gegenwärtig eigentlich kein Gebiet, auf dem nicht mindestens von einzelnen intensive Forschung betrieben wird; selbst die lange vernachlässigte Geschichte der griechischen Kirche sowie der orientalischen Kirchen ist uns heute nähergerückt. Es versteht sich von selbst, daß durch die Ergebnisse der wissenschaftlichen Untersuchungen nicht selten bestimmte Meinungen als unberechtigt oder einseitig hingestellt werden, so daß die kirchengeschichtliche Arbeit immer wieder zu Korrekturen landläufiger Urteile führt. Hier ist nur zu hoffen, daß diese Korrekturen nicht nur von einem kleinen Kreis von Fachleuten zur Kenntnis genommen werden, sondern auch einem breiteren Kreis von Interessierten bekannt werden. Nur dann kann man hoffen, daß die Kirche die mannigfaltigen Aufgaben, die ihr in der heutigen Zeit gestellt sind, mit der nötigen Kenntnis und Verantwortung in Angriff nimmt.

Tradition III/1

Der Begriff der Tradition ist ungemein komplex und kann die verschiedensten Dinge bezeichnen. Das gilt auch für Theologie und Kirche. Hinzu kommt, daß das, was man unter Tradition versteht, im Laufe der Kirchengeschichte bestimmte Wandlungen durchgemacht hat. Der heutige Traditionsbegriff, vor allem in dem interkonfessionellen Gespräch, ist ein anderer als derjenige der alten und der mittelalterlichen Kirche. Die Reformation bezeichnet den entscheidenden Einschnitt in der Geschichte des Traditionsverständnisses. Durch Luther ist zum ersten Mal in der Geistesgeschichte des Abendlandes in einem ganz radikalen Sinne die Frage nach der Bedeutung der Tradition gestellt worden. Wohl haben schon manche früheren Bewegungen, hauptsächlich im Spätmittelalter, manche Traditionen kritisiert. Darüber hinaus hat der Humanismus teilweise die Tradition der Kirche in Frage gestellt, doch war er zugleich selbst von einem gewissen Traditionalismus geleitet, sofern er nämlich der Tradition der Scholastik die Tradition der Kirchenväter entgegenstellte und in ihr die klassische Zeit der Kirche erblickte, die als kritischer Maßstab für alle späteren Epochen dienen sollte. Hingegen hat erst Luther nicht nur diese oder jene bestimmte Tradition, sondern die Tradition als solche in ihrer Problematik gesehen und damit auch geistesgeschichtlich ein ganz neues Verhältnis zu ihr ermöglicht. In der Theologie ist erst durch Luther die scharfe Unterscheidung zwischen Schrift und Tradition aufgekommen. Die katholische Kirche hat sich diesem Problem nicht zu entziehen vermocht, sondern hat ihrerseits eine Bestimmung dieses Verhältnisses gegeben, die über ältere Anschauungen sowohl der alten Kirche als auch des Mittelalters hinausging.

Will man erfassen, was in der Kirche ursprünglich als Tradition verstanden wurde, so darf man die katholisch-evangelische Kontroverse über das Verhältnis von Schrift und Tradition nicht an die Zeit vor der Reformation herantragen. Unter Tradition verstand man in der Kirche anfangs keineswegs nur die mündliche Überlieferung im Unterschied von der schriftlichen, sondern ganz umfassend die Überlieferung von Jesus Christus. Dabei ist es wichtig, daß man Jesus Christus nicht als eine isolierte Gestalt der Vergangenheit betrachtete, sondern ihn in dem umfassenden Zusammenhang der auf ihn zulaufenden Heilsgeschichte sowie der von ihm ausgehenden Bewegung, also der Kirche, sah. Das war an sich natürlich noch nichts Besonderes; denn jeder Mensch kann im Grunde nur in seinem geschichtlichen Zusammenhang gesehen werden. Das Eigentümliche des christlichen Traditionsverständnisses war es freilich, daß Jesus Christus von Anfang an als der Herr der ganzen Tradition angesehen wurde, sowohl derjenigen, die in ihm ihren Höhepunkt erreichte, als auch derjenigen, die von ihm ausging. Nicht zufällig bewahrt das älteste christliche Traditionsgut das Zeugnis von Jesu Kreuzigung und seiner Auferstehung auf (1. Kor. 15, 3 ff.). Von hier aus ist aber auch weiter eine umfangreiche Überlieferung über das irdische Leben des Herrn gesammelt und gesichtet worden, wie sie sich dann in den Evangelien niedergeschlagen hat. Die Vielschichtigkeit dieser Tradition und auch die mancherlei Spannungen, die zwischen einzelnen Überlieferungen mindestens für unser heutiges Empfinden vorhanden sind, dürfen nicht darüber hinwegtäuschen, daß Christi Kreuz und Auferstehung das Grunddatum aller christlichen Tradition ist. Die Tradition wurde also wesentlich auf den Glauben hin verstanden. Wenn Papias im 2. Jahrhundert sagte, daß die Christus-Überlieferung „vom Herrn dem Glauben gegeben“ sei, so brachte er nur das allgemeine frühchristliche Traditionsverständnis zum Ausdruck.

Man hat dabei anfangs überhaupt nicht zwischen schriftlicher und mündlicher Tradition unterschieden. Hier liegt sogar ein wesentlicher Unterschied des frühen Christentums gegenüber dem Spätjudentum vor, das scharf zwischen dem schriftlich fixierten Text der Tora und der mündlichen Überlieferung der Gesetzesauslegung differenzierte. Noch für Irenäus von Lyon im späteren 2. Jahrhundert ist die Tradition von der schriftlichen Überlieferung der Evangelien überhaupt nicht zu scheiden, obwohl er in den Evangelien selbstverständlich die autoritativen Quellen christlicher Lehre und Verkündigung erblickte. Irenäus verstand vielmehr unter Tradition ganz umfassend die apostolische Hinterlassenschaft oder die apostolische Verkündigung oder auch die apostolische Lehre, wie sie von dem Herrn selbst ausgeht, von den Aposteln dann weitergereicht worden ist und in der Kirche bewahrt wird. Tradition war im Grunde für Irenäus einfach das, was wir heute den christlichen Glauben nennen.

Freilich, je weiter die Zeit fortschritt, um so mehr mußten hier doch gewisse Probleme aufkommen. Die mündliche Überlieferung konnte noch so treu bewahrt werden, eines Tages mußte die Frage laut werden, welche Kriterien es für ihre Echtheit und Zuverlässigkeit gebe. Wenn man diese Frage stellte, mußte aber zugleich auch eine gewisse Differenzierung zwischen schriftlicher und mündlicher oder doch zumindest zwischen echter und falscher Überlieferung unausweichlich werden. Es ist bezeichnend, daß

die Frage nach der Zuverlässigkeit der mündlichen Überlieferung zuerst nicht in der Kirche, sondern in den häretischen Kreisen der Gnosis gestellt wurde. Hier erhielt der Traditionsbegriff auch zuerst einen engeren, begrenzten Sinn. Manche Gnostiker gingen so weit, daß sie die Evangelien selbst für ein Gemisch von echter und falscher Überlieferung ansahen und sie darum in Bausch und Bogen verwarfen. Von daher kam es in der christlichen Gnosis zur Abfassung zahlreicher neuer Evangelien. Dabei berief man sich in der Gnosis auf geheime Tradition vom Herrn.
Die Kirche hat sich den Fragen, die ihr durch diese gnostischen Ansprüche gestellt wurden, nicht zu entziehen vermocht. Sie antwortete auf die gnostische Lösung einmal damit, daß sie den kirchlichen Kanon des Neuen Testamentes schuf. Dabei war für die Auswahl der im Kanon vereinigten neutestamentlichen Schriften die apostolische Verfasserschaft derselben maßgebend. Wenn auch heute die apostolische Verfasserschaft mancher neutestamentlichen Schriften von der kritischen Forschung anders beurteilt wird, so kann doch kein Zweifel bestehen, daß im Neuen Testament tatsächlich überwiegend die ältesten und ganz sicher die wertvollsten und zuverlässigsten Überlieferungen der frühesten Christenheit bewahrt worden sind. Durch die Schaffung des Kanons wurde somit eine Grenze gezogen hinsichtlich der ursprünglichen und echten Tradition. Neben dem Kanon hat die Kirche freilich schon im späteren 2. Jahrhundert noch zwei andere Kriterien für die rechte Lehre sowie für die Unterscheidung zwischen wahrer und falscher Tradition ausgebildet, nämlich die apostolische Sukzession der Bischöfe und die Glaubensregel als eine knappe Zusammenfassung der wichtigsten christlichen Wahrheiten. Beide wurden aber anfangs durchaus nicht im Sinne einer Ergänzung der in der Schrift überlieferten Wahrheit verstanden, sondern sollten nur deren rechte Tradierung und Bewahrung in der Kirche sicherstellen.
Selbstverständlich gab es auch in der Kirche schon früh manche Tradition, die nicht in der Schrift enthalten war und gleichwohl große Bedeutung besaß. Aber zu einer autoritativen Größe neben der Schrift ist diese mündliche Tradition doch in den ersten drei Jahrhunderten der Kirchengeschichte eigentlich nirgends geworden. Erst in der späten alten Kirche wurde vereinzelt das Gewicht der Tradition stärker betont. Insbesondere hatten die von den Kirchenvätern entfalteten Lehranschauungen große Autorität. Dabei ist es aber noch nicht dazu gekommen, daß man „Schrift und Tradition" zu einer festen Formel bildete, die zwei Größen nebeneinanderstellte. Es ist bezeichnend, daß auch noch die Dogmatik des Mittelalters über das Verhältnis von Schrift und Tradition nicht reflektierte. Selbstverständlich maß man in der Scholastik der Tradition faktisch große Bedeutung zu. Die Konzilsentscheidungen hatten eine Autorität, die hinter derjenigen der Schrift nicht zurückstand. Aber man berief sich sowohl in

der dogmatischen Arbeit als auch bei Lehrentscheiden nicht einfach auf die Autorität der Kirche, sondern meinte sich auf die Schrift stützen zu können. Das hindert aber nicht, daß faktisch die Tradition ein immer größeres Gewicht gewann. Hiergegen wandten sich dann einzelne spätmittelalterliche Reformtheologen wie vor allem John Wyclif im 14. und Johannes Huß im 15. Jahrhundert.

Wenn Luther scharf zwischen Schrift und Tradition unterschied und für den Grundsatz „sola scriptura“ eintrat, so darf das freilich nicht mißverstanden werden. Luther hat auf der einen Seite durchaus Schriftkritik treiben können, wie er auch von einer Verbalinspiration der Schrift nichts wußte. Andererseits hat Luther die Tradition keineswegs ausnahmslos und schlechthin abgewertet. Luther hat trotz seiner scharfen Kritik an zahlreichen Traditionen doch etwa an der Autorität der altkirchlichen Konzile festgehalten, weil er in deren Entscheidungen eine rechte Zusammenfassung des von der Schrift Bezeugten erblickte. Ja er konnte sogar sagen, daß die Reformation „alles christliche Gut“ aus dem Papsttum überkommen habe: er hat an der Kontinuität der Kirche voll und ganz festgehalten; diese Kontinuität war ihm aber nicht durch äußere Fakten wie die apostolische Sukzession garantiert. Worauf Luther mit seinem Schriftprinzip zielte, war vielmehr, daß es in der Kirche letztlich nur um die Verkündigung des Wortes Gottes, nicht aber um menschliche Überlieferungen zu gehen hat. Deshalb war der Begriff „apostolisch“ für ihn auch nicht mehr nur ein historisches Kriterium; vielmehr erklärte er: „Was Christum nicht lehrt, das ist noch nicht apostolisch, wenn's gleich St. Petrus oder Paulus lehrte. Wiederum: was Christum predigt, das wäre apostolisch, wenn's gleich Judas, Hannas, Pilatus und Herodes tät.“

Die römisch-katholische Kirche hat aus Luthers Auffassung vor allem das Nein gegen die Tradition herausgehört und ihrerseits in stärkerem Maße, als das je zuvor geschehen war, das Nebeneinander von Schrift und Tradition betont. Das Trienter Konzil erklärte, daß die Heilswahrheit und die Sittenvorschriften, die Christus verkündigt hat und die nach seinem Willen von den Aposteln gepredigt worden sind, in den Büchern der Bibel und in den ungeschriebenen Überlieferungen, die von Anfang an durch die Apostel weitergereicht worden sind, enthalten seien. Für beide, Schrift wie Tradition, wird die gleiche göttliche Inspiration behauptet. Beide haben darum in der Kirche Autorität. Eine nähere Bestimmung dessen, was unter apostolischer Tradition zu verstehen sei, und wie sie von der kirchlichen Überlieferung abgegrenzt werden könne, hat das Trienter Konzil nicht gegeben.

Die Neuzeit hat einerseits eine Verschärfung der katholischen Position gebracht, sofern die neuen katholischen Mariendogmen sich nicht mehr auf irgendwelche Schriftaussagen, sondern nur noch auf die Tradition stützen;

auch das Dogma von der Unfehlbarkeit des Papstes bei Lehrentscheidungen ex cathedra ist beträchtlich über die Trienter Entscheidungen hinausgegangen. Andererseits ist im interkonfessionellen Gespräch eine erhebliche Auflockerung eingetreten. Katholischerseits hat man in gewissem Umfang dem reformatorischen Schriftprinzip Verständnis entgegengebracht. Evangelischerseits hat man erkannt, daß eine Ablehnung jeglicher Tradition ein Ding der Unmöglichkeit ist. Für das Leben der Kirche gilt nicht minder als für alle anderen Bereiche, daß es immer von Tradition herkommt, auf Tradition angewiesen ist und nur in der selbständigen Aufnahme oder auch Umbildung des Überlieferten überhaupt möglich ist. Aber diese Feststellung entbindet doch niemals von der kritischen Frage nach dem sachlichen Recht von Tradition. Trotz der veränderten Situation bestehen darum die tiefen Gegensätze, die in der Reformationszeit aufgebrochen sind, nach wie vor.

Kirchenväter III/2

Unter den „Kirchenvätern“ versteht man die rechtgläubigen Schriftsteller der alten Kirche. Eine genaue Abgrenzung über die zeitliche Epoche der Kirchenväter ist nicht leicht zu treffen. Seit dem Verfall des Römischen Reiches haben die einzelnen Reichsteile, die nun mehr oder weniger selbständig wurden, teilweise eine sehr unterschiedliche Entwicklung durchgemacht. Während etwa im Frankenreich das Zeitalter der Kirchenväter im frühen 6. Jahrhundert sicher ein Ende fand, ist in anderen Gebieten die Epoche der Kirchenväter noch weitergegangen. Im Osten vollends bestand das Römische Reich noch Jahrhunderte hindurch. Trotz dieser Phasenverschiebung kann man die Zeit etwa bis zum 5. Jahrhundert einschließlich als die klassische Epoche der Kirchenväter bezeichnen. Danach setzte auch in den Gebieten, die von den Wirren der Völkerwanderung weniger hart betroffen waren, eine geistige Entwicklung ein, die durchaus eigene Konturen aufweist. Ebenso wie die zeitliche Abgrenzung ist in manchen Fällen auch die Entscheidung schwierig, wer noch zu den Kirchenvätern gerechnet werden kann. Für die große Zahl der Kirchenväter stand und steht dies Urteil fest. Aber Männer wie Clemens von Alexandrien oder Origenes waren schon zu ihrer Zeit in ihrer Rechtgläubigkeit umstritten, freilich dieser in sehr viel höherem Maße als jener. Später ist Origenes sogar verketzert worden. Auch bei manchen anderen Kirchenvätern hat das Urteil über ihre Rechtgläubigkeit oder ihre Irrlehre zuweilen geschwankt.

Entstanden ist die Redeweise von den „Kirchenvätern“ weder nach literaturgeschichtlichen noch nach allgemein kirchengeschichtlichen Kriterien. Vielmehr ist der Begriff der Kirchenväter in der Dogmatik aufgekommen. Mit Kirchenvätern bezeichnete man diejenigen Theologen der ersten Jahrhunderte der Kirchengeschichte, deren Schriften man als besonders wichtig und in gewissem Sinne sogar als autoritativ für die Lehre der Kirche ansah. Die Schriften dieser Väter traten also neben den neutestamentlichen Kanon. Freilich kann man nicht sagen, daß die Autorität der Kirchenväter einfach neben derjenigen der Schrift stand. Letzte Autorität hatte selbstverständlich nur die Heilige Schrift. Aber man nahm die Schrift doch in dem Sinne an, in dem sie schon die Kirchenväter verstanden hatten und der sich in den zahlreichen Auseinandersetzungen mit verschiedenen Richtungen und Irrlehren als der richtige herausgestellt hatte.

Diese Autorität der Kirchenväter zeigt sich auf den verschiedensten Gebieten. So bildeten sich etwa bestimmte Auslegungstraditionen. Das heißt, daß man bei schwierigen oder auch bei besonders wichtigen Schriftstellen gern der Exegese eines bewährten Kirchenvaters folgte. So kam es in der alten Kirche trotz mancher Unterschiede im einzelnen doch zu einer weithin geschlossenen Schriftinterpretation oder doch zumindest zu bestimmten Auslegungstraditionen, die lange Zeit maßgebend waren, im wesentlichen sogar noch für das Mittelalter.

Nicht minder wichtig war selbstverständlich die Gestalt der Kirchenlehre bei den einzelnen Vätern. Um die Bedeutung der Kirchenväter für die kirchliche Theologie und Lehrbildung zu verstehen, muß man sich freilich vor Augen halten, daß die Kirchenväter durchaus nicht den Ehrgeiz hatten, je einen originellen theologischen Ansatz oder auch nur ein eigenes Profil zu haben. Der in der Neuzeit für alle Literaturgattungen typische Wunsch, etwas Neues zu bringen, fehlte ihnen völlig. Das bedeutet freilich nicht, daß die Kirchenväter nicht je ihre Eigenart gehabt hätten. Wohl aber besagt das, daß sie mehr gemeinsam hatten, als es sonst bei Vertretern einer geistigen oder religiösen Bewegung über so lange Zeit hinweg der Fall zu sein pflegt. Nur von dieser großen Gemeinsamkeit her wird es auch verständlich, daß man Männer ganz verschiedener Herkunft unter dem einen Begriff der Kirchenväter als anerkannte Lehrer zusammenfassen konnte.

Jede Würdigung der Kirchenväter muß dieses Selbstverständnis berücksichtigen. Durch die neuere Forschung hat man teilweise sehr scharf auf Verschiedenheiten zwischen den Kirchenvätern hingewiesen. Tatsächlich lassen sich schon früh, nämlich gegen Ende des 2. Jahrhunderts, wichtige Unterschiede etwa zwischen der griechischen und der lateinischen Theologie beobachten. Bei den griechischen Kirchenvätern zeigte sich bereits damals in stärkerem Maße ein spekulativer Zug. Sie knüpften weithin an das griechische Geisteserbe an. Umgekehrt war es nur natürlich, daß man im lateinischen Westen von bestimmten römischen Traditionen geprägt war. Wie schon die vorchristliche westliche Kultur, so ist auch die lateinische Theologie weniger spekulativ gewesen; sie hat sich statt dessen stärker auf die Fragen der Sünde, der Schuld und der Gnade konzentriert. Obwohl der Einfluß der vorchristlichen Kultur oft genug klar am Tage liegt, wäre es doch falsch, die Kirchenväter von der antiken Geistesgeschichte her zu verstehen. Sie selbst haben jedenfalls ihre Aufgabe allein in der Bewahrung und der rechten Entfaltung der offenbarten göttlichen Wahrheit gesehen und nichts anderes als Schüler der Apostel sein wollen.

In der evangelischen Kirche läßt sich die Autorität der Kirchenväter nicht formal im Sinne des Traditionsbeweises der vorreformatorischen Dogmatik geltend machen. Die Reformatoren haben mit Recht auf manche verhängnisvolle Lehrentwicklung schon bei den Kirchenvätern hingewiesen, etwa hinsichtlich der Opfervorstellung beim Abendmahl oder bei der Auffassung über Glaube und Werke. Eine unkritische Übernahme der Tradition der Kirchenväter ließe sich von daher nicht vertreten. Aber das hindert nicht, daß man auch in der evangelischen Kirche die besondere Bedeutung würdigt, die den Kirchenvätern zukommt, stehen sie doch zeitlich den Aposteln und den neutestamentlichen Schriften am nächsten. Vielfach zeigt sich bei ihnen aber auch im Sachlichen eine große Nähe zum Ursprung. Nicht zufällig haben sich schon die Humanisten mit besonderer Vorliebe den Kirchenvätern zugewandt. Trotz aller Kritik, die die Reformatoren an einzelnen Anschauungen der Kirchenväter geübt haben, haben sie doch im ganzen die Kirchenväter ebenfalls den Theologen der Scholastik vorgezogen. In der Zeit der Kirchentrennung, wie sie sich im 16. Jahrhundert ereignete, können die Kirchenväter zudem noch insofern besonders wertgeschätzt werden, als sie noch Vertreter der einen Kirche waren, zumal bei ihnen bestimmte Auffassungen, die die Reformation angriff, sehr viel maßvoller und auch in wesentlich geringerem Umfang als in der Scholastik begegnen.

In der langen Reihe der Kirchenväter findet man sehr verschiedene Gestalten. Da sind ehemalige heidnische Philosophen, die von der christlichen Botschaft ergriffen wurden und sich mit Eifer in die kirchlichen Lehranschauungen einarbeiteten. Es versteht sich, daß solche Männer ihre philosophische Herkunft nicht verleugnen konnten und daß das Christentum von ihnen gern als die wahre Philosophie verstanden wird, die der falschen Philosophie entgegengestellt wird. Da sind aber auch Männer, die hauptsächlich von dem Vorbild der christlichen Märtyrer angespornt waren und dem Geheimnis nachgespürt hatten, was denn den Christen die Kraft geben könne, auch im Leiden tapfer den Herrn zu bekennen und das Martyrium sogar als den „himmlischen Geburtstag“ anzusehen. Solche Männer haben später gern den Akzent auf die ethischen Ermahnungen der Kirche gelegt, insbesondere auf die freudige Nachfolge und das gehorsame Bekenntnis. Unter den Kirchenvätern begegnen aber auch Männer, die schon aus einem christlichen Elternhaus stammten und eine vorzügliche Bildung besaßen. Ein Theologe wie Origenes konnte es, was die Universalität seiner Gelehrsamkeit betrifft, ohne weiteres mit den besten Vertretern der heidnischen Philosophie aufnehmen. Dazu war er in der Lage, den christlichen Glauben in einer Weise zu entfalten, die ihn auch den gebildeten Heiden mindestens als diskutabel erscheinen lassen mußte. Es finden sich aber auch Männer, die aus härtestem Holz geschnitzt waren und wie

Athanasius unermüdlich für die reine Lehre gegen alle Entstellungen des christlichen Glaubens kämpften. Die Zeit nach Konstantins Bekehrung zum Christentum sah dann nicht selten besonders edle Gestalten unter den Kirchenvätern, die das geistige Erbe der Antike wie nur irgendein heidnischer Philosoph in sich aufgenommen hatten, die aber doch den christlichen Glauben als schlechthin überlegen ansahen. Sie stellten eine Verbindung von griechischem Geist und christlichem Glauben her, die gewiß weiter nichts als christlich sein wollte, die aber doch die edelsten Früchte der antiken Tradition für die Kirche beanspruchte. So haben vor allem die Kappadokier im 4. Jahrhundert viel für die Bewahrung des antiken Geisteserbes getan.

Der größte unter den Kirchenvätern ist sicher Augustin gewesen. Zumindest kann sich mit ihm kein anderer messen, was den Umfang und die Dauer des Einflusses auf spätere Epochen betrifft. Obwohl schon in der Zeit des christianisierten Reiches geboren, ist Augustin doch erst nach mancherlei Irrwegen aus innerer Entscheidung Christ geworden. In seinem ungemein regen Geist haben sich noch einmal die besten Traditionen der Antike, aber zugleich auch der alten Kirche gesammelt. Er hat ihnen in seinem fast alle Bereiche von Theologie und Philosophie umspannenden Denken eine Gestalt gegeben, die noch auf Jahrhunderte hinaus vorbildlich sein sollte. Kein anderer Kirchenvater hat im Mittelalter eine solche Autorität besessen wie Augustin. Darüber hinaus steht Augustin aber auch menschlich-persönlich an der Wende von der alten Welt zu derjenigen, die seit dem Frühmittelalter heraufzog. Augustin ist der erste, den man geradezu als einen modernen Menschen bezeichnen könnte. Wie kein anderer vor ihm hat er über sich selbst reflektiert, hat mit großem psychologischen Scharfsinn sein eigenes Innenleben beobachtet und über seinen Werdegang in einer Lebensbeichte, den „Bekenntnissen“, Rechenschaft abgelegt. Bis heute stellen seine autobiographischen Schriften eine Fundgrube für Psychologen dar.

Weiter hat Augustin aber vor allem als Theologe und Kirchenmann die größte Bedeutung. Er war es, der der abendländischen Lehre von Sünde und Gnade erst die nötige Tiefe gab, indem er die paulinische Theologie erneuerte. Dabei interpretierte er diese Lehre zugleich von seinen eigenen Irrungen und seiner eigenen Erfahrung des göttlichen Gnadenwirkens her. Augustins Theologie ist derart umfassend und tief, daß sie nicht nur die Scholastik und die katholische Dogmatik bis in die Gegenwart hinein immer wieder befruchtet, sondern auch auf die Reformatoren größten Einfluß ausgeübt hat, insbesondere auf Luther und Calvin. Es ist ein alter Streit zwischen den Konfessionen, ob Augustin letztlich mehr katholischer Theologe oder eher der Vater der Reformation ist. Im Grunde dürfte die katholische Kirche ihn mit größerem Recht für sich beanspruchen. Aber es

ist doch nicht zufällig, daß Augustin eben auch den Reformatoren entscheidende Impulse gegeben hat. Selbst innerhalb der katholischen Kirche hat Augustins Denken immer wieder ein Element heilsamer Unruhe dargestellt. Die katholische Kirche hat niemals die ganze Theologie Augustins rezipiert, sondern sich gegen manche seiner Gedanken, etwa in der Prädestinationslehre, gesperrt. Gerade deswegen sind Erneuerungsbewegungen in der katholischen Kirche wie der Jansenismus im 17. Jahrhundert immer wieder bei Augustin in die Schule gegangen.
An dem Beispiel Augustins zeigt sich, daß das Erbe der Kirchenväter größer ist, als daß es nur von einer einzigen Konfession beansprucht werden könnte, und daß es für die Theologie aller Konfessionen nur eine Bereicherung bedeutet, sich mit den Kirchenvätern zu befassen.

Staat und Kirche III/3

Die Aufgabe, das Verhältnis zwischen Staat und Kirche zu regeln, hat zu allen Zeiten eine Fülle von Schwierigkeiten bereitet. Unproblematisch sind die Beziehungen zwischen Staat und Kirche niemals gewesen. Das gilt nicht nur für diejenigen Fälle, in denen der Staat in geringerem oder stärkerem Maße die Kirche unterdrückte oder verfolgte. Vielmehr hat es auch bei den mancherlei Formen von Staatskirchentum oder auch dann, wenn die Kirche schlechterdings bestimmenden Einfluß im Staat hatte, besondere Probleme gegeben. Eine ideale, für alle Zeiten gültige Lösung kann es für die Beziehungen zwischen Staat und Kirche nicht geben. Daß dies nicht möglich ist, hat mannigfache Gründe. Zunächst unterliegen beide Größen, der Staat nicht minder als die Kirche, geschichtlichen Wandlungen. Es ist ein Unterschied, ob die Kirche eine kleine, aber in sich außerordentlich geschlossene Minderheit in einem Staat darstellt, der in der überwiegenden Mehrheit von Menschen anderer religiöser oder weltanschaulicher Bindung bewohnt wird, oder ob die Kirche so gut wie die gesamte Bevölkerung eines Staates repräsentiert oder ob sie, wie es heute vielfach der Fall ist, zwar eine sehr hohe nominelle Mitgliederzahl hat, aber nur verhältnismäßig wenige praktizierende Christen. Es ist ebenfalls für die Frage des Verhältnisses von Staat und Kirche von entscheidender Bedeutung, wie sich der Staat selbst versteht, ob er letzte nichtchristliche Bindungen hat, ob er sich vom christlichen Glauben her seinen Auftrag geben läßt, ob er weltanschaulich und religiös neutral oder totalitär ist oder ob er von Kräften im Sinne einer pluralistischen Gesellschaft getragen wird.

Neben den geschichtlichen Wandlungen, die Staat und Kirche immer wieder durchmachen, verhindert aber das Wesen des christlichen Glaubens selbst eine glatte, unproblematische Lösung des Verhältnisses zwischen Staat und Kirche. Der Glaube weiß sich an eine letzte Wahrheit gebunden. Er steht, wenn er rechter Glaube ist, in der Nachfolge seines Herrn und sucht den Gehorsam gegen ihn in den konkreten Entscheidungen des Lebens zu verwirklichen. Gleich, wie sich der Staat selbst versteht, so sind Konflikte grundsätzlich nicht auszuschließen. Das christliche Liebesgebot läßt sich in keinem Staat einfach zum Grundgesetz politischen Handelns machen. Wer als Christ im Staatsdienst steht, wird immer wieder vor Entscheidungen gestellt, bei denen es zum Konflikt zwischen christlichem Glauben und staatlicher Pflicht kommen kann. Die Frage des Kriegsdienstes verträgt keine pauschale Lösung; jedenfalls haben zu allen Zeiten Christen eine verschiedene Antwort auf diese Frage gegeben.

Kirche und Theologie haben nicht die Aufgabe, eine Lehre vom Staat zu entwickeln und die jeweilige Staatsform an ihr zu messen. Vielmehr kann es nur darum gehen, jeweils den konkreten Staat im Lichte des Glaubens zu erkennen und vom Glauben her verantwortliche Entscheidungen zu finden. Dem einzelnen Christen kann dabei zwar Rat und Hilfe gegeben werden; aber die Frage, wie er sich je und dann entscheiden soll, kann ihm letztlich nicht abgenommen werden. Wohl gibt es politische Entscheidungen, die von einem Christen unter keinen Umständen gefällt oder bejaht werden dürfen. Aber in vielen Fällen kann doch nicht mit Sicherheit gesagt werden, daß vom Glauben her nur eine einzige Haltung in Frage kommt. Das Neue Testament hat selbst keine eigentliche Lehre vom Staat entwickelt, auch Paulus nicht in dem oft mißverstandenen Kapitel Römer 13. Vielmehr haben auch die Verfasser der neutestamentlichen Schriften nur die konkrete Weisung im Sinne, wie sich der Christ angesichts bestimmter Fragen verhalten soll und kann. Sie haben damit nur Jesu eigene Haltung aufgenommen, der den Staat keineswegs grundsätzlich ablehnte, ihm aber doch gewisse Grenzen setzte. Die Kirche hat die gewissensmäßige Entscheidung ihrer Glieder zu respektieren und nicht den Versuch zu machen, den einzelnen zu reglementieren.

Schon in der alten Kirche begegnen in der Theologie ganz verschiedene Spielarten bei dem Verhältnis von Staat und Kirche. Die Tatsache, daß Jesus nicht nur von den Juden, sondern auch von den Römern hingerichtet worden war, mußte die Beziehungen zwischen Staat und Kirche präjudizieren. Jedenfalls stand bald schon endgültig fest, daß die Christen nicht die Toleranz genießen würden, die das Römische Reich den Juden als einer nationalen Religion gewährte. Ein eigentliches Verbot des Christentums ist freilich in den beiden ersten Jahrhunderten nicht ergangen. Vielmehr hat Rom erst im 3. Jahrhundert nach und nach immer schärfere gesetzliche Maßnahmen zunächst gegen den Übertritt und später gegen die gesamte Kirche ergriffen. Aber im Rahmen der Polizeigewalt ist es doch seit der Mitte des 1. Jahrhunderts immer wieder zu Verfolgungen einzelner Christen, ganzer Gemeinden oder auch großer Kirchen gekommen, die aber häufig von längeren Pausen stillschweigender Duldung unterbrochen waren.

Das Römische Reich hat die Auseinandersetzung mit dem Christentum nicht gesucht. Vergleichsweise war Rom gegenüber nationalen und religiösen Minderheiten sogar erstaunlich tolerant. Wenn es zu den harten

Christenverfolgungen kam, so lag das daran, daß man die Christen als einen Fremdkörper betrachtete und der Staat sich, je mehr er mit inneren und äußeren Schwierigkeiten zu kämpfen hatte, durch die ständig an Umfang und Einfluß zunehmende Kirche bedroht sah. Gesellschaftlich hielten sich die Christen meist von der heidnischen Bevölkerung getrennt. Die zahlreichen heidnischen Bräuche, die auch weithin das tägliche Leben bestimmten, aber auch die vielfach andersartigen sittlichen Anschauungen und Praktiken zwangen ernste Christen zu dieser Absonderung. Hinzu kommt, daß man heidnischerseits für den christlichen Monotheismus nicht das geringste Verständnis aufbrachte. Weil die Christen die Vielzahl der heidnischen Götter ablehnten, bezeichnete man sie sogar als Atheisten. Ein Theologe wie Tertullian hat ums Jahr 200 die Sonderstellung der Christen auf das nachdrücklichste zu rechtfertigen versucht. Nach ihm ist für den Christen der Wehrdienst ebenso unmöglich wie die Übernahme eines staatlichen Dienstes, da alles, was mit dem römischen Staat zu tun hat, immer auch irgendwie durch Götzenkult befleckt sei.

In letzter Konsequenz hätte eine solche Haltung, wie schon Paulus sagte (1. Kor. 5,10), dazu geführt, daß man, wenn man sich von allem Bösen sondern wollte, die Welt ganz und gar verlassen müßte. Der ethische Rigorismus Tertullians ist daher nur von wenigen geteilt worden. Andere haben recht und schlecht ihre christliche Haltung zu bewähren gesucht, in manchem Kompromisse geschlossen, im Entscheidenden aber kompromißlos zu ihrem Glauben gestanden. Schon im späteren 2. Jahrhundert hat Meliton von Sardes geäußert, daß es besser sei, wenn Staat und Kirche in Frieden miteinander lebten; davon würden beide Seiten nur Nutzen haben. Im 3. Jahrhundert hat Origenes schon theologisch die Voraussetzungen für die spätere Verbindung zwischen Staat und Kirche unter Konstantin dem Großen geschaffen. Es waren dann auch Origenisten, wie Euseb von Cäsarea, die in Konstantins Herrschaft ein Abbild der himmlischen Monarchie sowie die Erfüllung alttestamentlicher Verheißungen erblickten.

Freilich, im Grunde kam für einen Kaiser, der Christ wurde, in der Zeit der Spätantike gar nichts anderes in Frage als eine enge Verbindung zwischen Staat und Kirche. Einen weltanschaulich oder religiös neutralen Staat hat man sich in der Spätantike überhaupt noch nicht vorstellen können. Eine derartige Lösung lag so außerhalb jeder denkbaren Möglichkeit, daß es ein Anachronismus ist, wenn man nachträglich wünscht, die Geschichte hätte in diesem Punkt einen anderen Verlauf nehmen sollen. Das ganze Mittelalter hindurch und auch noch in der Reformationszeit hat man an der Vorstellung, daß Staat und Kirche auf das engste aneinander gebunden sind, festgehalten. Daß verschiedene Konfessionen oder Religionen in einem Staatswesen gleichberechtigt hätten nebeneinander existieren können, schien ebenso unmöglich, wie man sich heute ein friedliches Nebeneinander demokratischer und totalitärer Parteien in einem Staate denken kann.

Es bedurfte erst großer politischer Umwälzungen und neuer Denkansätze, um im Laufe des 16. und des 17. Jahrhunderts allmählich auch andere Lösungen herbeizuführen, die der durch die Reformation veränderten Situation im Abendland gerecht zu werden vermochten. Grundsätzlich hat Luther hier durch seine Unterscheidung zwischen geistlichem und weltlichem Regiment einen wichtigen Beitrag für neue Lösungen geliefert. Daneben haben sowohl Humanisten als auch Vertreter des „linken Flügels" der Reformation die Forderung der Trennung von Staat und Kirche erhoben. Aber ohne den mutigen Kampf zahlreicher protestantischer Minderheiten in den Niederlanden, in Frankreich und in England hätte sich in Europa schwerlich das Ideal religiöser Toleranz durchgesetzt. Erst in der Aufklärung und durch die Französische Revolution ist allmählich den verschiedenen Konfessionen die volle Gleichberechtigung gewährt worden. In manchen Staaten sind Toleranz und Gleichberechtigung freilich noch heute Ziele, die in weiter Ferne liegen.

Die Neuzeit hat vielfach an die Stelle der engen Bindung zwischen Staat und Kirche die Trennung von beiden gesetzt. Bahnbrechend ist hier die amerikanische Verfassung gewesen. Bald folgte die Französische Revolution, die vorübergehend zu einer scharfen Unterdrückung des Christentums führte. Im 20. Jahrhundert ist die Trennung von Staat und Kirche in zahlreichen Ländern durchgeführt worden. Aber auch diese neue Lösung des alten Problems schafft nicht alle Schwierigkeiten aus der Welt. Zunächst kann die Trennung in ganz verschiedener Weise und mit unterschiedlichen Konsequenzen vorgenommen werden. Obwohl in Frankreich im Jahre 1905 erneut die Trennung von Staat und Kirche durchgeführt wurde, ist es doch aus bestimmten Gründen in den letzten Jahrzehnten zu einer gewissen Zusammenarbeit zwischen beiden Größen gekommen, so daß man sogar fragen kann, ob das Trennungsgesetz faktisch noch ganz in Kraft ist. In den kommunistischen Ländern steht die Trennung von Staat und Kirche unter dem Vorzeichen einer vom Staat geförderten Propagierung des Atheismus, also nicht im Zeichen weltanschaulicher Neutralität des Staates. In der Bundesrepublik Deutschland ist zwar die von der Weimarer Reichsverfassung beschlossene Trennung von Staat und Kirche erneut anerkannt worden; aber noch immer gibt es hier zahlreiche Bande zwischen beiden aus früheren Zeiten.

Zudem kann auch die Respektierung andersdenkender Minderheiten sowie die Trennung von Staat und Kirche nicht alle möglichen Konflikte aus der Welt schaffen. Vor allem die großen politischen Grundsatzentscheidungen erfolgen aus letzten Bindungen oder im Blick auf bestimmte Ideale, die nicht immer mit dem christlichen Glauben vereinbar sein mögen oder zumindest von manchen Christen abgelehnt werden. Aber auch im einzelnen steht der Christ immer wieder vor der Frage, ob er bestimmte Dinge mitmachen kann oder sich zum Widerspruch oder gar Widerstand berufen fühlt.

Freilich bedeuten die Spannungen zwischen Staat und Kirche nicht nur eine Belastung, sondern auch eine ungeheure Bereicherung. Indem der Staat nicht als ein Letztes verstanden wird, sondern ihm in der Kirche eine eigene Größe gegenübersteht, die sich an eine jenseitige Wahrheit gebunden weiß, ist es zu einer Schärfung des ethischen Verantwortungsbewußtseins des einzelnen gekommen. Darüber hinaus hat das Ringen um die beste, vom Glauben her zu verantwortende Form politischen Lebens zu einem Maß an Freiheit und an Recht geführt, wie es vorchristlichen Staaten nicht bekannt war. Jeder Versuch, die Spannung in dem Verhältnis zwischen Staat und Kirche ein für allemal beseitigen zu wollen, bringt darum stets auch einen Verlust an Recht und an Freiheit mit sich. Darum kann weder der Staat noch die Kirche wünschen, daß die Probleme, die sich hier stellen, gewaltsam aus der Welt geschafft werden. Für den Christen jedenfalls stellt sich die Aufgabe, diese Spannungen im Glauben auszuhalten und immer wieder neu um den konkreten Gehorsam gegen seinen Herrn zu ringen.

Konstantinisches Zeitalter III/4

Seit Jahrzehnten wird das Schlagwort vom „Ende des konstantinischen Zeitalters“ laut. Man meint damit, daß die enge Verbindung von Staat und Kirche, die Konstantin der Große hergestellt hatte und die weit über ein Jahrtausend im Abendland, aber auch in Byzanz praktiziert wurde, in der Gegenwart nicht mehr als vorbildlich gelten kann, sondern durch andere Formen des Mit- und Nebeneinanders von Staat und Kirche abgelöst worden ist oder noch abgelöst werden muß. Häufig begegnet bei der Redeweise vom konstantinischen Zeitalter auch ein Unterton scharfer Kritik. Man meint dann, daß die Ehe zwischen Staat und Kirche im Grunde eine Verfälschung des christlichen Glaubens darstelle: die Kirche habe sich als tragende Säule in den Bau des Reiches einfügen lassen, sie habe unkritisch staatliche Privilegien in Anspruch genommen, dafür aber teilweise die Freiheit ihrer Verkündigung preisgegeben.

Wie es bei Schlagwörtern vielfach zu sein pflegt, so wird auch mit der Redeweise vom konstantinischen Zeitalter wohl etwas Richtiges ausgedrückt; zugleich aber werden hier bestimmte Tatbestände in unzulässiger Weise vereinfacht. Zunächst wird nämlich außer acht gelassen, daß es in dem Zeitalter, das man als konstantinisches bezeichnet, doch sehr verschiedene Gestaltungen im Verhältnis von Staat und Kirche gegeben hat. Man kann schon bezweifeln, ob man überhaupt von einem „konstantinischen“ Zeitalter in dem genannten Sinne sprechen darf. Gewiß war Konstantin der erste christliche Kaiser; aber er hat doch die Kirche noch nicht zur Staatskirche erhoben, obwohl er sie förderte und in vielfacher Weise mit ihr zusammenarbeitete. Staatskirche ist das Christentum vielmehr erst im Jahre 380 unter Theodosius dem Großen geworden. Zudem kann man darauf hinweisen, daß es schon vor Konstantin außerhalb der Grenzen des Römischen Reiches Formen von Staatskirchentum gegeben hat, nämlich sowohl in Edessa als auch in Armenien; Konstantin ist also nicht der erste gewesen, der den vermeintlich verhängnisvollen Schritt getan hat.

Ferner ist es aber auch wichtig, daß es in der langen Zeit von der Spätantike bis zur Moderne sehr verschiedene Formen des Staatskirchentums gegeben hat. So hat etwa ein Mann wie Karl der Große beinahe ein theokratisches System errichten können. Im 11. und 12. Jahrhundert kam es zwischen Kaiser und Papst zu dem folgenschweren Investiturstreit. Das Spätmittelalter brachte dann wieder andere Gestaltungen. Vereinzelt kann man schon für diese Zeit eher von einem Nationalkirchentum sprechen, das selbstverständlich ebenfalls eine enge Bindung an den Staat hat, aber doch gegenüber einem bloßen Staatskirchentum seine besonderen Züge aufweist. Schließlich kann man das Verhältnis zwischen Staat und Kirche, wie es etwa Philipp II. in seinem spanischen Weltreich herstellte und handhabte, kaum mit demselben Begriff bezeichnen, den man für Konstantins Lösung verwendet. Der Begriff des konstantinischen Zeitalters kann offenbar die verschiedensten Formen der Beziehungen zwischen Staat und Kirche beinhalten, wie man auch unter der Trennung von Staat und Kirche etwas ganz Verschiedenes meinen kann.

Vor allem ist es aber auch wichtig, sich zu vergegenwärtigen, wie es zu der engen Verbindung von Staat und Kirche überhaupt gekommen ist und was Konstantin dabei bezweckte. Da muß mit allem Nachdruck darauf hingewiesen werden, daß der Umschwung, zu dem es im frühen 4. Jahrhundert kam, einen ungeheuren Erfolg der christlichen Mission darstellt. Das Christentum wird damals kaum mehr als 10 Prozent der Bevölkerung des Römischen Reiches umfaßt haben, in manchen Teilen freilich mehr, in anderen aber dafür erheblich weniger. Die schweren Auseinandersetzungen zwischen den römischen Behörden und der Kirche hatten im späten 3. Jahrhundert dazu geführt, daß es eigentlich nur noch die Alternative gab, entweder die Kirche mit Stumpf und Stiel auszurotten oder sich mit ihr zu verbünden. Ein religionsloser Staat, wie er in der Neuzeit vielfach gefordert und auch verwirklicht wird, wäre damals ein Ding der Unmöglichkeit gewesen. Gelang es nicht, die Kirche zu vernichten, so blieb den Herrschern im Grunde nichts anderes übrig, als die Kirche irgendwie in das Reich einzubauen.

Zu der Wende unter Konstantin ist es nicht unvorbereitet gekommen. Vielmehr hat derjenige, der die letzte und schwerste Christenverfolgung der alten Kirche inauguriert hatte, selbst noch die harten Maßnahmen zurückgenommen und den Christen Toleranz gewährt, nämlich Galerius. Er war es, der unter Diokletian immer wieder zur Ausrottung des Christentums gedrängt hatte, um die religiöse Einheit des Reiches wiederherzustellen und damit die Voraussetzungen für dessen innere und äußere Erneuerung zu schaffen. Als Galerius Kaiser geworden war, hat er in seinem Reichsteil die Verfolgung jahrelang mit unnachsichtiger Härte fortgesetzt, während in anderen Teilen des Reiches schon eine gewisse Ruhe eingekehrt war. Im Jahre 311 hat Galerius sein Toleranzedikt erlassen.

Galerius hat die Verfolgung keineswegs darum aufgehoben, weil er selbst in seinem heidnischen Glauben wankend geworden wäre oder sich gar zum

Christentum bekehrt hätte. Im Gegenteil, dieses Toleranzedikt enthält eigenartigerweise noch einmal alle heidnischen Vorwürfe gegen das Christentum. Galerius betont etwa, daß er es stets als seine Aufgabe angesehen habe, im Einklang mit den alten Gesetzen und der staatlichen Verfassung der Römer alles zu ordnen und auch dafür Sorge zu tragen, daß die Christen, welche die Religion ihrer heidnischen Väter verlassen hätten, zu vernünftiger Gesinnung zurückkehrten. Den Christen wird noch einmal Eigenwille und Torheit vorgeworfen, weil sie nicht mehr den Einrichtungen der Alten folgten, sondern nach eigenem Gutdünken und Belieben neue Gesetze schüfen. Galerius stellt also wie die früheren Christenverfolger das verpflichtende Erbe der alten heidnischen Tradition gegen die Neuerung des Christentums. Dann aber sieht er sich zu dem Zugeständnis gezwungen, daß die scharfen Maßnahmen das gewünschte Ziel nicht erreichen konnten. Da nun die Christen einerseits nicht den heidnischen Göttern die gebührende Verehrung erwiesen, andererseits wegen der Verfolgungsgesetze ihren eigenen Gott nicht mehr öffentlich anbeten konnten, wird ihnen Duldung gewährt unter der Bedingung, daß sie nichts gegen die öffentliche Ordnung unternehmen. Dabei wird den Christen die Auflage gemacht, daß sie zu ihrem Gott beten für die Wohlfahrt von Kaiser und Reich sowie für ihre eigene, „daß nach jeder Richtung hin das Gemeinwesen vor Schaden bewahrt bleibe und sie sorglos auf ihren Wohnsitzen leben können".

Galerius lag schon auf dem Sterbebett, als er dieses Toleranzedikt herausgab. Es ist verständlich, daß man auf seiten der Kirche in dem baldigen Tod des Kaisers das göttliche Gericht erblickte. Teilweise hat man in dem Edikt sogar einen Ausdruck der Reue sehen wollen. Davon findet sich hier tatsächlich nichts. Wohl aber räumt dieses wichtige Dokument ein, daß die römische Politik gegenüber dem Christentum gescheitert ist. Zugleich aber zeigt sich in den Worten des Kaisers, der von seinem heidnischen Glauben zutiefst überzeugt war, ein Sinn für die Macht des Gebetes und für den Segen, der auf der rechten Gottesverehrung liegt. Gerade hier tritt zutage, daß für damaliges Empfinden eine Trennung von Religion und Politik undenkbar war. Vielmehr war man auf allen Seiten von der Vorstellung durchdrungen, daß das Gedeihen des Staatswesens letztlich von den Göttern oder der Gottheit abhänge und daß es darum entscheidend sei, den rechten Gottesdienst zu pflegen.

Wenn Konstantin sich bald darauf dem christlichen Glauben zuwandte, so hat er das gewiß auch aus eigener Entscheidung getan; aber er hat doch darüber hinaus die Konsequenzen weiter gezogen, die in dem Galeriusedikt schon angedeutet sind. Konstantin hat in seinen frühen Äußerungen, die er bald nach Erlangung der Alleinherrschaft im westlichen Reichsteil getan hat, die Notwendigkeit des rechten, vorgeschriebenen Gottesdienstes hervorgehoben. Der Gottheit müsse die schuldige Verehrung erwiesen werden. Die Vergangenheit habe zur Genüge gezeigt, wie es dem Reich und den Herrschern ergehe, wenn der schuldige Gottesdienst unterbleibe.

Auf den ersten Blick könnte es scheinen, daß Konstantins Einstellung der Religion gegenüber gar nicht so weit von der des heidnischen Galerius entfernt gewesen sei. Tatsächlich gleichen sich Konstantin und Galerius in ihrer Auffassung über die Staatsnotwendigkeit der Religion weithin. Auch ist zuzugeben, daß Konstantins Christentum, wenn man es an der Dogmatik der Kirche mißt, manche Mängel aufweist. Ihm sind nicht nur die eigentlichen Lehraussagen der Kirche fremd geblieben. Vielmehr hat er auch, jedenfalls nach seinen Selbstzeugnissen zu urteilen, für die Heilsbedeutung des Kreuzes kaum Verständnis besessen.

Andererseits ist doch für die Beurteilung der konstantinischen Wende wichtig, daß Konstantin einen Blick dafür gehabt hat, daß die Kirche eine eigene Größe ist, die dem Staat nicht einfach einverleibt werden kann. Schon in seinen frühen Äußerungen konnte Konstantin betonen, daß die Diener der Kirche, nämlich die Priester, nicht von der schuldigen Gottesverehrung abgehalten werden dürfen, sondern „dem eigenen Gesetz" zu folgen haben. Die Kirche muß also, wenn sie Gott in der gebührenden Weise verehren und dadurch dem Staat dienen soll, ihrem eigenen Gesetz gehorchen, nicht dem des Staates. Mit dieser Feststellung bekundet Konstantin eine beachtliche Selbstbeschränkung und zugleich ein Wissen darum, daß die Kirche für eine Sache steht, die jenseits des Staates liegt, und daß sich die höchste Macht nicht staatlicher Planung dienstbar machen läßt, sondern in Demut und Ehrfurcht angebetet sein will.

Gerade die besten Vertreter des heute so leicht gescholtenen konstantinischen Zeitalters haben hier genauso gedacht wie der erste christliche Kaiser. Gewiß hat diese tiefe Einsicht nicht immer auch das Handeln christlicher Herrscher bestimmt. Konstantin hat selbst in späteren Jahren wiederholt eigenmächtig und manchmal auch gewalttätig in die Kirche hineinregiert, freilich nicht ohne besondere Anlässe. Aber daß Einsicht und Handeln nicht immer übereinstimmen, kann nicht nur Konstantin angelastet werden, sondern gilt schlechthin für alle Menschen. Wenn man vom Ende des konstantinischen Zeitalters spricht, sollte man nicht vergessen, wie es zu dem Bündnis zwischen Staat und Kirche gekommen ist, wie der erste christliche Kaiser es verstanden hat und was sein eigentliches Ideal gewesen ist.

Scholastik III/5

Es ist das Schicksal mancher vergangenen geschichtlichen Bewegungen, später mit einem negativen Werturteil versehen zu werden und dann im allgemeinen Bewußtsein als abschreckendes Beispiel zu dienen.
In der Kirchengeschichte ist dieses Schicksal vor allem zwei Bewegungen zuteil geworden, die zwar durch mehrere Jahrhunderte voneinander getrennt sind, aber doch manche Gemeinsamkeiten aufweisen, nämlich der Scholastik des Mittelalters und der Orthodoxie des 17. und 18. Jahrhunderts. Beide Bewegungen haben zu ihrer Zeit allgemeine Anerkennung besessen und je einer ganzen Epoche das Gepräge gegeben. Beide sind dann aber später durch neue Richtungen bekämpft und abgelöst worden, die Scholastik zunächst durch den Humanismus und bald darauf durch die Reformation, die Orthodoxie durch Pietismus und Aufklärung. Die harten Auseinandersetzungen, zu denen es in beiden Fällen kam, haben dazu geführt, daß jeweils die Vertreter des Alten als überholt, knöchern, erstarrt erschienen. Die Werturteile, die damals in der Hitze des geistigen Kampfes gefällt wurden, haben sich merkwürdigerweise allgemein durchgesetzt. So kommt es, daß für das allgemeine Bewußtsein die Begriffe „scholastisch" und „orthodox", wenn sie nicht mit Bezug auf jene geschichtlichen Bewegungen verwendet werden, meist nicht gerade einen schmeichelhaften Sinn haben: man denkt dabei im ersten Falle an spitzfindige Gelehrsamkeit unter kirchlicher Bevormundung, im zweiten hingegen an erstarrte Rechtgläubigkeit. Dabei heißt „Scholastik" an und für sich nur „Schulwissenschaft" und „Orthodoxie" nur „Rechtgläubigkeit".
Die Werturteile, die über diese beiden Bewegungen gefällt worden sind, haben gewiß irgendwie schon eine Berechtigung. Zumindest ist soviel richtig, daß sowohl die Scholastik als auch die Orthodoxie sich eines Tages überlebt hatten und neuen Richtungen weichen mußten. Aber die Klassifizierung „alt" und „neu" ist in der Geschichte doch relativ. Jede Bewegung, die als neue anfing, ist irgendwann alt geworden. Selbst die radikalste Revolution hat bislang immer eine eigene Tradition geschaffen und ist irgendwann von einer neuen radikalen Richtung überholt worden. Will man eine geschichtliche Bewegung in ihrem Sinn und in ihrem Auf-

trag verstehen, dann darf man nicht bei dem Punkt einsetzen, wo sie sich selbst zu überleben droht, sondern muß sie bei ihrem Beginn und auf ihrem Höhepunkt betrachten. Das heißt freilich nicht, daß man deswegen vor ihren geschichtlichen Grenzen die Augen verschließen müßte.

Das Erstaunliche ist zunächst, daß es die Scholastik, von der hier die Rede sein soll, überhaupt gegeben hat, das heißt, daß das Abendland die Kraft zu dieser Wissenschaft, die mehrere Jahrhunderte lang vorherrschte, aufgebracht hat. Man setzt den Beginn der Scholastik meist im 11. Jahrhundert an. Anselm von Canterbury (gest. 1109) wird gern als der Vater der Scholastik bezeichnet. Die Jahrhunderte davor waren im Abendland gewiß nicht geistig unfruchtbar. Vor allem unter Karl dem Großen hatte es ein reges geistig-theologisches Leben gegeben, so daß man sogar von einer karolingischen Renaissance spricht. Aber mit dem Verfall des Karolingerreiches war es dann auch zu einer Stagnation des geistigen Lebens gekommen. Das 10. Jahrhundert ist das saeculum obscurum genannt worden. Aufs ganze gesehen, ist damals keine eigene theologische Arbeit geleistet worden. Die Ursache dafür liegt in dem politischen Schicksal Europas, das damals eine Zeit folgenschwerer Umwälzungen und Erschütterungen durchmachte.

Erst als die Länder Frankreich und Deutschland, die aus dem karolingischen Erbe entstanden waren, eine gewisse Festigkeit erlangt hatten und die Einfälle der Normannen wie der Ungarn abgewehrt worden waren, gab es neue Voraussetzungen für wissenschaftliche Arbeit. Aber es bedurfte noch der kirchlichen Reformbewegung, die unter dem Namen der kluniazensischen Reform bekannt ist, um die Kräfte des Geistes wirklich zu neuen Leistungen zu befreien. Im 11. Jahrhundert hat von daher eine neue theologische Entwicklung eingesetzt. Es versteht sich, daß bei diesem Neubeginn alles darauf ankam, das umfassende Geisteserbe der Antike, das weithin verschüttet war, wieder freizulegen und für die eigene Gegenwart zu retten. Es hätte nicht viel gefehlt, so wäre damals die geistige Tradition der heidnischen und christlichen Antike ganz verlorengegangen. Was das für das Abendland bedeutet hätte, ist gar nicht auszudenken.

Unter den damaligen Verhältnissen kam eigentlich gar nichts anderes in Frage, als daß die wissenschaftliche Arbeit in Form eines Schulbetriebes geleistet wurde. Es ist immer noch das beste, den viel umstrittenen Begriff „Scholastik" einfach in diesem Sinne der Schulwissenschaft zu verstehen. Man könnte freilich einwenden, daß ein gewisser Schulbetrieb zu allen Zeiten der Wissenschaft eigentümlich war; auch heute heißen die Universitäten ja noch „Hohe Schulen". Aber der Schulbetrieb der Scholastik war doch schon ein besonderer: er war wesentlich traditionalistisch.

Zunächst ging es einfach darum, daß man die geistigen Leistungen der Antike sich aneignete. Man verhielt sich also gegenüber dem überlieferten

Stoff wesentlich rezeptiv. Auch die altkirchlichen Lehranschauungen mußte man erst nachbuchstabieren. Die überkommene Tradition war so reich, daß es lange dauerte, bis man ganz in sie hineinwuchs. So ist es kein Wunder, daß man zuerst Schulen gründete.

Daneben war es aber auch wichtig, daß das gesamte geistige und theologische Erbe, das dem Mittelalter übergeben wurde, damals in der Hand der Kirche war. Die Kirche war die einzige Stätte der Wissenschaft und der Bildung. Dabei handelte es sich keineswegs um einen besonderen Anspruch, den die Kirche etwa auf ein Bildungsmonopol erhoben hätte, sondern einfach um eine Gegebenheit, in der man sich vorfand. Von daher versteht es sich aber von selbst, daß die Theologie weithin nur tradiertes Wissen war und sein konnte.

Hier zeigt sich freilich auch ein Unterschied gegenüber anderen Epochen, speziell gegenüber der alten Kirche. Der kirchliche Lehrbetrieb war damals grundsätzlich nicht viel anders gewesen. Aber die griechisch-römische Tradition war doch die selbstverständliche Atmosphäre, in der man lebte. Die Scholastik hingegen mußte sich sowohl das theologische als auch das philosophische Erbe der Antike erst aneignen. Diese Beobachtung führt aber schon zu einem Wesenszug der Scholastik: das Verhältnis von Theologie und Philosophie mußte ein anderes als in der alten Kirche werden. Ein In- und Miteinander von Theologie und Philosophie hatte es gewiß auch schon in der alten Kirche gegeben. Aber das Verhältnis von Theologie und Philosophie trat doch erst in der Scholastik als ein Problem ins Bewußtsein und wurde erst jetzt in den Bereich der Reflexion erhoben. Dieses Verhältnis von Theologie und Philosophie war also einerseits einfach ein Erbe aus der alten Kirche, andererseits mußte es unter den veränderten Umständen des Mittelalters ganz neu empfunden und bestimmt werden.

Sehr bald setzte in der Scholastik auch eine neue Methode des kritischen Fragens und Forschens ein. Auch diese neue Methode steht im Zusammenhang mit der Rezeption des geistigen Erbes der Antike. Man verglich die verschiedenen Autoritäten miteinander, stellte hier und da Widersprüche fest, suchte diese auszugleichen. So ist schon früh die dialektische Methode ausgebildet worden. Aber auch in der eigenen dogmatischen Arbeit ging man neue Wege. Schon bei Anselm von Canterbury zeigt sich eine erstaunliche Selbständigkeit des Denkens, teilweise sogar eine Kühnheit, die man sich später nicht mehr zutraute. „Vernunft", „Offenbarung", Konzilsentscheide sowie die bewährten Lehren der Kirchenväter wurden nebeneinandergestellt und ergaben zusammen die schlechterdings überzeugende Autorität für die eigene dogmatische Arbeit.

Man kann nur staunen, welch enorme Leistung die kirchliche Wissenschaft seit dem 11. Jahrhundert vollbracht hat. Die Aufgabe wurde bald dadurch noch größer, daß nach und nach die Werke des Aristoteles bekannt wurden. Nun galt es, sich mit dieser Philosophie eines Heiden auseinanderzusetzen. Vorübergehend drohte die Gefahr, daß Glaube und Wissen auseinanderfielen. Neben manchen anderen hat sich vor allem Thomas von Aquin große Verdienste um eine Synthese zwischen beiden erworben. Die Formel „Die Gnade hebt die Natur nicht auf, sondern vollendet sie" wurde von ihm auch auf das Verhältnis von Philosophie und Theologie angewendet und ermöglichte die harmonische Zuordnung beider in dem Schema von Unterbau und Überbau.

Allerdings hat die Scholastik im 13. Jahrhundert ihren Höhepunkt nicht nur erreicht, sondern schon überschritten. Nicht erst Humanismus und Reformation haben die thomistische Synthese kritisiert. Vielmehr zeigen sich schon bei manchen Scholastikern seit der Wende vom 13. zum 14. Jahrhundert neue Denkansätze. Bereits Duns Scotus konnte damals die thomistische Synthese nicht mehr nachvollziehen. Der Grund bestand im wesentlichen darin, daß die erkenntnistheoretischen Voraussetzungen, auf denen das thomistische System beruhte, sich als unzureichend erwiesen. Sowohl von der Seite der Theologie als auch von der Seite des philosophischen Wissenschaftsbegriffs her wurden die Pfeiler des thomistischen Gebäudes unterminiert. Formal hielt man freilich noch bis zum frühen 16. Jahrhundert und in katholischen Gebieten darüber hinaus an der scholastischen Methode fest. Aber je mehr die geistigen Fundamente der Scholastik ins Wanken gerieten, um so mehr mußte auch die Methode des Lehrbetriebs und der Stoffbewältigung veralten. Der Humanismus hat sich gegen die Scholastik gewandt und die Antike erneuern wollen. In der Reformation hingegen setzte die Kritik an der Scholastik von der neuen Schrifttheologie her ein. Luther, der selbst noch in der scholastischen Wissenschaft groß geworden war und sich in seiner Frühzeit auch teilweise scholastischer Methoden bedient hatte, hat Schritt um Schritt mit der Scholastik gebrochen und ist neue Wege der theologischen Arbeit gegangen.

Es kann kein Zweifel sein, daß die Scholastik im 16. Jahrhundert den neuen Fragen und Problemen nicht mehr genügen konnte. Aber darum darf man die große Leistung, die sie zu ihrer Zeit vollbracht hat, nicht übersehen. Wie alle großen geistigen Bewegungen, so hat auch die Scholastik Werte geschaffen, die die Epochen überdauern und zum unverlierbaren Besitz der Menschheit geworden sind. Wohl das Größte, was auf die Zeit der Scholastik zurückgeht, ist die Gründung von Universitäten. Aber auch die strenge Zucht des Denkens und die fast mönchische Entsagung bei der wissenschaftlichen Arbeit können allen späteren Generationen Ansporn sein. Schließlich darf man als Christ nicht vergessen, daß auch die Scholastik ein irdenes Gefäß war, in welchem der Schatz der Offenbarung bewahrt worden ist.

Papsttum und Kirchenregiment III/6

Zwischen der römisch-katholischen Kirche einerseits und allen anderen christlichen Kirchen andererseits steht als eine der wichtigsten Streitfragen die unterschiedliche Auffassung vom Papsttum und von der Leitung der Kirche. Nach katholischer Lehre gehören zum Papsttum verschiedene Momente. Gegenüber anderen Konfessionen wird manchmal in etwas äußerlicher Weise argumentiert, daß es eben ein leitendes Amt in der Kirche geben müsse; gerade die Vielzahl der protestantischen Denominationen zeige, wohin die Entwicklung führe, wenn es ein derartiges Amt nicht gebe. Aber die katholische Lehre vom Papsttum geht doch sehr viel weiter. Die wesentlichen Bestimmungen hat das Erste Vatikanische Konzil in seiner Entscheidung vom 18. Juli 1870 getroffen.

Darin heißt es über die Unfehlbarkeit des Papstes: „Indem wir daher an der von Anbeginn des christlichen Glaubens überlieferten Tradition treu festhalten, lehren wir zur Ehre Gottes, unseres Heilands, zur Erhöhung der katholischen Religion und zum Heil der christlichen Völker, mit Zustimmung des Heiligen Konzils, und erklären es als ein von Gott geoffenbartes Dogma: daß der römische Papst, wenn er von seinem Lehrstuhl aus spricht, das heißt, wenn er in Ausübung seines Amtes als Hirte und Lehrer aller Christen kraft seiner höchsten apostolischen Autorität eine von der gesamten Kirche festzuhaltende, den Glauben oder die Sitten betreffende Lehre entscheidet, auf Grund des göttlichen, in dem seligen Petrus ihm verheißenen Beistandes jene Unfehlbarkeit besitzt, mit welcher der göttliche Erlöser seine Kirche bei der Entscheidung einer den Glauben oder die Sitten betreffenden Lehre ausgestattet wissen wollte, und daß daher solche Entscheidungen des römischen Papstes aus sich selbst, nicht aber auf Grund der Zustimmung der Kirche, unveränderlich sind."

Neben der Unfehlbarkeit in dogmatischen Fragen hat das Erste Vatikanische Konzil aber auch die Lehre vom Universalepiskopat des Papstes dogmatisiert. Hier wird ausgeführt, daß der Papst auch in den Angelegenheiten, welche die Disziplin und die Regierung der über den ganzen Erdkreis verbreiteten Kirche betreffen, die volle und höchste Gewalt der Rechtsentscheidung (Jurisdiktion) besitze. Der Papst ist demnach „der wahre Stellvertreter Christi und das Haupt der ganzen Kirche sowie der Vater und Lehrer aller Christen".

Man hat von daher manchmal nicht zu Unrecht gesagt, daß der Papst der eigentliche Bischof jeder Diözese sei und von den Bischöfen nur gleichsam vertreten werde. In den letzten Jahrzehnten und besonders durch die Entscheidungen des Zweiten Vatikanischen Konzils hat das Bischofsamt allerdings wieder eine gewisse Aufwertung erfahren, aber es ist noch immer eine umstrittene Frage, ob die Bischöfe ihre Vollmacht unmittelbar vom Auftrag Christi oder nur mittelbar, abgeleitet von der Autorität des Papstes haben. Noch ist offen, welche Bedeutung der Bischofsrat, der auf dem letzten Konzil beschlossen worden ist, praktisch haben wird. Bisher ist nur immer wieder betont worden, daß dadurch in keiner Weise eine Minderung der Autorität des Papstes eintreten soll.

Es ist eine lange Geschichte, die zur Entstehung und Ausbildung des Papsttums führte. Hierbei muß man insbesondere zwischen einem Primat Roms und der im 19. Jahrhundert definierten Lehre von der Unfehlbarkeit des Papstes unterscheiden. Als Lehranschauung begegnet der Gedanke der Infallibilität des Papstes zuerst bei Thomas von Aquin im 13. Jahrhundert, obwohl bereits im Hochmittelalter manche Vorstellungen diesen Gedanken vorbereitet haben. Ein Primat Roms ist freilich sehr viel älter. In der späteren alten Kirche haben einzelne Päpste wie etwa Leo I. (440–461) tatsächlich schon eine die Gesamtkirche leitende Funktion innegehabt. Im 3. Jahrhundert haben zuerst römische Bischöfe Autorität über andere Kirchen etwa in Gallien oder Afrika beansprucht und teilweise auch ausgeübt. Aber schon am Ende des 1. Jahrhunderts wird ein gewisser Vorrang der römischen Gemeinde, nicht freilich des römischen Bischofs, sichtbar.

Wie bei manchen geschichtlichen Größen, die im Laufe der Zeit eine ungeheure Kraft entfaltet und gewaltigen Einfluß ausgeübt haben, so liegen auch hier die Anfänge im Dunkel. Zwar dürfte es wohl sicher sein, daß Petrus in Rom gestorben und begraben ist, aber ob er auch Bischof der römischen Kirche war, ist zweifelhaft. Auf jeden Fall hat es im 1. Jahrhundert noch keine straffe bischöfliche Leitung der römischen Gemeinde gegeben. Der berühmte Text Matth. 16,18f., der heute gern zur Begründung der Lehre vom Papsttum herangezogen wird, ist erst im 3. Jahrhundert von römischen Bischöfen auf sich bezogen worden. In der gesamten Geschichte der beiden ersten Jahrhunderte ist aus diesem Text kein Vorrang Roms abgeleitet oder behauptet worden. Mag es sich mit der besonderen Beauftragung des Petrus hier verhalten, wie immer es wolle, so ist hier von einer Unfehlbarkeit des Petrus oder gar seiner Nachfolger nicht die Rede. Zudem zeigt der Vorfall in Antiochien, von dem Paulus Gal. 2 berichtet, daß eine derartige Vorstellung in der Zeit der Apostel absolut ferngelegen hat.

Es ist vielmehr eine Fülle von bestimmten Entwicklungen, Gründen und Motiven, die im Laufe der Zeit zu einem Vorrang erst der römischen Gemeinde, dann des römischen Bischofs und schließlich des Papstes geführt hat. Es wäre unbillig, hier nur den Machttrieb römischer Hierarchen am Werke zu sehen. Vielmehr muß man zugeben, daß die römischen Bischöfe sich etwa in der Zeit der alten Kirche manches Mal als Vorkämpfer der Orthodoxie bewährt haben; im Mittelalter waren sie es, die die Gefahr erkannten, daß die Kirche in den germanischen Gebieten zur Nationalkirche zu werden drohte, und die dieser Gefahr nicht zuletzt durch die Straffung ihrer Autorität zu wehren suchten. Andererseits ist das Papsttum zuzeiten und gerade im hohen und späten Mittelalter Ausgangspunkt zahlreicher Verfallserscheinungen gewesen. Nicht zufällig forderte man schon vor der Reformation eine Reform der Kirche an „Haupt und Gliedern", wobei man vor allem an das Papsttum und die Kurie dachte. Das Papsttum hat die Kirche vor äußerem und innerem Niedergang oft nicht zu bewahren vermocht, sondern ist wiederholt selbst den vorhandenen Reformkräften entgegengetreten.

Gleichwohl lautet die entscheidende Frage, die theologisch im Blick auf das Papsttum zu stellen ist, ob man einer bestimmten Entwicklung, zu der es im Laufe der Zeit gekommen ist, dogmatischen Rang zuerkennen darf oder nicht. Die Reformatoren waren anfangs noch bereit, das Papsttum als eine Einrichtung menschlichen Rechtes, nicht aber göttlichen Rechtes anzuerkennen. Wer die katholische Auffassung von Schrift und Tradition bejaht, wird letztlich kein entscheidendes Argument gegen die Lehre vom Papsttum haben. Umgekehrt ist es für die evangelische Auffassung unmöglich, darauf zu verzichten, daß alle Lehre in der Kirche sich immer wieder am Neuen Testament messen lassen muß.

Für die Reformation hingegen kann keine Form des Kirchenregiments göttliches Recht beanspruchen. Nach Luther ist allein der Auftrag der Wortverkündigung und der Sakramentsverwaltung göttliches Recht, doch nicht so, daß das Amt der Gemeinde vorgeordnet wäre. Vielmehr ist nach Luther das geistliche Amt der Kirche eingestiftet worden, so daß weder das Amt aus der Gemeinde noch die Gemeinde aus dem Amt abzuleiten ist, sondern beide aneinander gewiesen sind. Der Gedanke des allgemeinen Priestertums verhindert, daß dem Amt eine Mittlerfunktion zwischen Gott und der Gemeinde zukommt. Gegenüber den anderen Gemeindegliedern hat der Pfarrer grundsätzlich keinen eigenen Auftrag. Ihm obliegt lediglich die öffentliche Predigt und Sakramentsverwaltung.

Was die Frage eines leitenden Amtes in der Kirche betrifft, so hat es in der lutherischen Reformation anfangs verschiedene Ansätze gegeben. Entsprechend seiner Abneigung gegenüber allen Verfassungsfragen hat Luther sich nicht klar darüber ausgesprochen, wie er sich die gesamte Leitung der

Kirche gedacht hat. Er hat sagen können, daß es am besten wäre, wenn man Bischöfe hätte, deren Amt sich freilich grundsätzlich nicht von dem eines Pfarrers unterscheide. Andererseits hat es auch einzelne Versuche gegeben, dem synodalen Gedanken, der von der oberdeutschen Reformation und später von Calvin vertreten wurde, Raum zu schaffen. In den Superintendenten und den späteren Generalsuperintendenten sind wohl leitende Ämter eingerichtet worden, aber sie standen in Fragen des äußeren Kirchenregiments letztlich unter dem Landesfürsten. Heute sieht man deutlicher als damals, daß die Schaffung evangelischer Landeskirchen ihre eigene Problematik hatte. Zwar haben die Landesfürsten in den Bereich der Lehre nicht hineinreden können, aber ihr Einfluß auf die Rechtsgestalt und damit auf das gesamte Leben der Kirchen war doch außerordentlich groß. Allerdings gab es im 16. Jahrhundert, nachdem sich die katholischen Bischöfe versagt hatten, niemanden außer den Landesfürsten, der die Reformation hätte durchführen können. Die Landesfürsten haben dabei gewiß teilweise auch eigene politische Ziele im Auge gehabt; doch haben viele von ihnen aus ehrlichster, echter Überzeugung gehandelt und Krone und Leben für ihren evangelischen Glauben riskiert. Man wird den Verhältnissen des 16. Jahrhunderts nicht gerecht, wenn man von abstrakten Voraussetzungen her bestimmte Forderungen stellt, die damals nicht realisierbar waren.

Das hindert freilich nicht, daß sich die enge Bindung an die Landesherren für die evangelische Kirche im Laufe der Zeit nicht selten als eine Fessel erwies. Das 20. Jahrhundert hat mit dem Ende der Monarchie in Deutschland zugleich auch das Ende des landesherrlichen Kirchenregiments gebracht. Damit ist der evangelischen Kirche in ganz neuer Weise die Aufgabe gestellt worden, ihre Verfassung zu ordnen und sich eine Gestalt zu geben. Der Kirchenkampf hat zudem deutlich werden lassen, daß es unmöglich ist, Fragen der Kirchenverfassung als zweitrangig abzutun und einfach dem staatlichen Arm zu überlassen; vielmehr zeigte sich, daß auch die Kirchenverfassung, selbst wenn sie zu den menschlichen Einrichtungen gehört, von der Mitte des Glaubens aus gestaltet werden muß, weil sie sonst von jedem politischen oder geistigen Wandel abhängig wird.

Man kann fragen, ob die neuen evangelischen Kirchenverfassungen dem reformatorischen Ansatz schon genügend Raum geben, insbesondere hinsichtlich des allgemeinen Priestertums aller Getauften. So wichtig für Luther dieser Gedanke theologisch war, so wenig ist er bisher in lutherischen Kirchenverfassungen zum Ausdruck gekommen. Die reformierten Kirchen dürften mit ihrer herkömmlichen Gliederung in die vier Ämter der Pastoren, der Doktoren, der Ältesten und der Diakonen das Anliegen der Reformation hier besser verwirklicht haben.

Konzile, Konzilsbewegung III/7

Als das Erste Vatikanische Konzil 1870 das Dogma von der Unfehlbarkeit und von dem Universalepiskopat des Papstes definiert hatte, konnte man sowohl in katholischen als auch in protestantischen Kreisen die Meinung hören, daß es nun niemals wieder ein römisch-katholisches Konzil geben werde. Der Papst könne ja nunmehr allein von sich aus neue Dogmen verkünden, wie es schon im Jahre 1854 bei der Dogmatisierung der Lehre von der unbefleckten Empfängnis Marias geschehen war. Er sei nicht mehr auf die Mitarbeit eines Konzils angewiesen. Das Konzil habe durch seine Zustimmung zur Infallibilität des Papstes gewissermaßen seine eigene Absetzung ausgesprochen.

Diese Ansicht ist durch die neuere Entwicklung als falsch erwiesen worden. Das Zweite Vatikanische Konzil, das Papst Johannes XXIII. einberufen hatte, hat deutlich gemacht, daß die Konzilsbewegung in der katholischen Kirche keineswegs zu Ende gegangen ist. Im Gegenteil, das Zweite Vatikanum hat eine überraschende Aktivität auf vielen Gebieten entfaltet. Auf dem Konzil selbst hat sich gezeigt, daß es in manchen wichtigen Fragen innerhalb der katholischen Kirche noch heute verschiedene Richtungen gibt. Wenn auch keine dieser Strömungen sich gegen die Autorität des Papstes gewandt hat, so sind doch allein durch die Tatsache, daß dieses Konzil stattfand und wie es gelegentlich seine eigene Meinung zur Geltung zu bringen verstand, neue Akzente gesetzt worden, die für die künftige Entwicklung der katholischen Kirche von Wichtigkeit sind.

Wohl aber ist soviel richtig, daß mit den Beschlüssen des Ersten Vatikanischen Konzils sowie mit dem Zweiten Vatikanum eine neue Epoche in der Konzilsbewegung eingesetzt hat. Die Konturen, die die Konzilsbewegung in der katholischen Kirche gegenwärtig hat und in Zukunft haben wird, treten noch nicht klar hervor. Aber man geht vielleicht nicht fehl in der Vermutung, daß der straffe Zentralismus, der nach 1870 in der katholischen Kirche herrschte, durch einen gewissen Polyzentrismus und Pluralismus abgelöst werden wird.

Die Konzilsbewegung hat im Laufe ihrer langen Geschichte schon manche Wandlungen durchgemacht, so daß von daher der Beginn einer neuen

Epoche im Grunde nicht überraschend sein kann. Die Anfänge der Konzilsbewegung sind nicht ganz deutlich. Das sogenannte Apostelkonzil, von dem Lukas Apg. 15 berichtet und das Probleme der Heidenmission behandelte, kann noch nicht als ein Konzil bezeichnet werden; hier handelte es sich vielmehr nur um bestimmte Abmachungen zwischen Paulus und den Jerusalemer Uraposteln. Im ganzen 1. Jahrhundert und weithin auch noch im 2. Jahrhundert haben keine Konzile stattgefunden. In der frühen Kirchengeschichte kann man daher noch nicht von einer Konzilsbewegung sprechen.

Die ersten Konzile oder Synoden – beide Begriffe haben an sich die gleiche Bedeutung – sind vielmehr im späteren 2. Jahrhundert abgehalten worden. Damals kam in Kleinasien die prophetisch-enthusiastische Bewegung des Montanismus auf. Sie erneuerte die Prophetie, verkündete das Zeitalter des im Johannesevangelium verheißenen „Parakleten" (Trösters) und erwartete das Hereinbrechen des endzeitlichen Gottesreiches für die allernächste Zukunft. In Kreisen der Großkirche befand man sich dem Montanismus gegenüber anfangs in einer gewissen Verlegenheit. Einerseits mußte man zugeben, daß im Montanismus manche urchristlichen Momente, die in der Großkirche inzwischen in Vergessenheit geraten oder abgestorben waren, neu belebt wurden. Andererseits erblickte man in dem prophetischen Anspruch der Montanisten zu Recht etwas Neues, das es so zu keiner Zeit in der Kirche gegeben hatte. Um die schwierige Frage, wie man sich zum Montanismus stellen solle, zu entscheiden, wurden in Kleinasien verschiedene Konzile abgehalten. Möglicherweise ließ man sich dabei von dem Vorbild der römischen Provinziallandtage leiten. Freilich lag es so nahe, sich miteinander zu beraten und die Beschlüsse der einzelnen Gemeinden aufeinander abzustimmen, daß die damals neue Abhaltung von Konzilen auch spontan in der Kirche aufgekommen sein kann, hatte es doch schon im 1. Jahrhundert durch Abgesandte und gegenseitige Briefe eine enge Verbindung zwischen den Gemeinden gegeben.

Die Konzile entsprachen einem allgemeinen Bedürfnis. So ist es kein Wunder, wenn bald auch in anderen Kirchengebieten Konzile abgehalten wurden. Um die Mitte des 3. Jahrhunderts wurden in Kappadozien und vermutlich auch in anderen östlichen Gegenden schon jährliche Konzile veranstaltet, die alle wichtigen Fragen, welche gemeinsames Interesse verdienten, behandelten und entschieden. In Nordafrika, damals neben Kleinasien ein zweites bedeutsames Zentrum der Kirche, wurden Konzile allerdings nur von Fall zu Fall einberufen, wenn wichtige Probleme zur Debatte standen. Auch in Alexandrien und in Rom kam die neue Sitte schnell auf.

Dienten die Konzile einmal der Abwehr bestimmter Irrlehren, so sorgten sie zum anderen für eine größere Einheitlichkeit und Geschlossenheit in

Lehre und Amtsführung der Bischöfe. Noch gab es keine strenge Hierarchie unter den Bischöfen. Wohl hatten die Bischöfe etwa von Karthago oder Rom oder Alexandrien oder Antiochia eine herausgehobene Stellung, die sich aus dem Alter ihrer Kirche und der zentralen Bedeutung der Bischofssitze ergab, aber kirchenrechtlich war dieser Vorrang noch nicht fixiert. Die Konzile haben von daher im 3. und im frühen 4. Jahrhundert geradezu eine kirchenleitende Funktion ausgeübt. Darüber hinaus waren sie Gerichtshöfe, die über Bischöfe befanden, welche von der Lehre oder vom allgemeinen Brauch abwichen. Dabei ist es wichtig, sich klarzumachen, daß die Konzile nicht wie Parlamente tagten. Die Bischöfe oder manchmal auch die Priester als Vertreter ihrer Bischöfe fühlten sich nicht als Delegierte ihrer Gemeinden; das könnte man höchstens insofern sagen, als sie gegebenenfalls die in ihrer Kirche herrschende Überlieferung vertraten. Vielmehr wußten sich die Bischöfe von dem mit ihrem Amt verbundenen Charisma erfüllt. Auf den Konzilen wurde daher in der Regel auch nicht abgestimmt. Statt dessen rang man darum, wirklich zu einer einhelligen Überzeugung zu gelangen. Die etwa opponierende Minderheit wurde gegebenenfalls aus der Kirche ausgeschlossen. Dabei waren dann die Konzile zugleich Kläger und Richter, aber sie verstanden ihre Entscheidungen doch als vom Geist eingegeben und darum verbindlich.

Als Konstantin der Große die Herrschaft antrat, hatte sich die Konzilsbewegung bereits in allen Teilen der Kirche derart fest eingebürgert, daß der erste christliche Kaiser sie zum wichtigsten Instrument seiner Kirchenpolitik machen konnte. Das Neue war dabei einmal, daß nicht mehr nur Provinzialkonzile abgehalten wurden, sondern daß Reichskonzile stattfanden, die der gesamten Kirche des Römischen Reiches in Lehre und Brauch eine einheitliche Gestalt geben sollten. Sodann war aber neu, daß Konstantin als Kaiser diese Reichssynoden einberief und sie – so war es etwa bei dem ersten sogenannten Ökumenischen Konzil zu Nicäa im Jahre 325 – in seinem kaiserlichen Palast tagen ließ, um sogar selbst bei den Beratungen teilzunehmen. Gerade hier zeigt sich die enge Verbindung von Staat und Kirche besonders deutlich. Sie ist damals von der Kirche unkritisch hingenommen worden. Unter Konstantin dem Großen wurden darüber hinaus für alle Kirchengebiete eine feste Metropolitanverfassung sowie die Abhaltung regelmäßiger Provinzialkonzile beschlossen.

Freilich kam es schon unter Konstantin dem Großen zu schweren theologischen Auseinandersetzungen vor allem in der Lehre über Gott und sein Verhältnis zum göttlichen „Logos", später über die gesamte Trinitätslehre. In diesen Streitigkeiten zeigte sich, daß die neue Verbindung von Kaiser und Kirche vor allem in der Frage der Konzile ihre eigene Problematik besaß. Schon Konstantin selbst hat in seinen letzten Regierungsjahren der Orthodoxie nicht mehr die anfangs gewährte Unterstützung gegeben.

Seine Nachfolger haben längere Zeit hindurch die arianische Irrlehre gefördert und mehr oder weniger offenkundig durch Konzilsbeschlüsse durchzusetzen gesucht; dabei wurde mehrfach massiver staatlicher Druck angewendet. Die Konzile, die so verheißungsvoll begonnen hatten, erwiesen sich nun als ein zweischneidiges Schwert. Aber schließlich gelang es unter dem rechtgläubigen Kaiser Theodosius I., die Streitigkeiten über die Trinitätslehre im Sinne der Orthodoxie abzuschließen.

Die Zeit der alten Kirche kann als die klassische Epoche der Konzile angesehen werden. Im byzantinischen Reich haben nach dem VII. Ökumenischen Konzil, das im Jahre 787 tagte, keine Ökumenischen Konzile mehr stattgefunden. Im Frankenreich gab es zwar auch Konzile, aber sie waren doch auf die fränkische Kirche beschränkt. Erst im hohen Mittelalter wurden wieder allgemeine Konzile abgehalten. Sie standen aber nun schon fast ganz unter der Autorität des Papstes, der in den Jahrhunderten seit dem Ausgang der Antike seine Macht über die westliche Kirche hatte festigen können. Den Höhepunkt dieser vom Papst geleiteten Konzile des Hochmittelalters stellte das vierte Laterankonzil im Jahre 1215 dar.

Eine neue Epoche setzte in der Konzilsbewegung erst im Spätmittelalter ein. Die Ursachen dafür bestanden in dem allgemeinen Verfall der Kirche und speziell der Kurie. Die großen Reformkonzile in Konstanz (1414 bis 1418) und Basel (1431–1449) stellen den Höhepunkt der konziliaren Bewegung dar: sie haben entschieden, daß die Konzile größere Autorität haben als der Papst und dieser sich daher Konzilsentscheiden zu beugen hat. Allerdings haben die Päpste diese Entscheidung niemals anerkannt. Im Jahrhundert der Reformation hatten sie zudem die verständliche Sorge, daß ein neues Konzil die Macht des Papstes erneut beschränken würde.

Luther und die anderen Reformatoren haben anfangs an ein allgemeines Konzil appelliert, weil sie hofften, dieses werde die Reform der Kirche eher in Angriff nehmen als der Papst. Eine unfehlbare Autorität hat Luther den Konzilen seit der Leipziger Disputation (1519) nicht mehr zuerkannt, aber er war doch der Meinung, daß Konzile je und dann den in der Schrift bezeugten Glauben in neuer Weise und im Blick auf neue Fragestellungen zum Ausdruck bringen sollten.

Reformation III/8

Als Reformation bezeichnet man in der Kirchengeschichte üblicherweise das Werk Luthers, Zwinglis, Calvins und der anderen Reformatoren, und unter der Reformationsgeschichte versteht man etwa die Epoche von Luthers Thesenanschlag im Jahre 1517 bis zum Augsburger Religionsfrieden (1555) oder bis zu Calvins Tod (1564). Keine andere Zeit hat die Ehre erfahren, als Reformation angesehen zu werden, obwohl der Titel eines Reformators auch für manche anderen Gestalten der Kirchengeschichte zutreffen könnte und in der Forschung gelegentlich auch gebraucht wird. Wenn man Luthers Werk als Reformation bezeichnet, dann ist das insofern nicht ganz selbstverständlich, als Luther selbst niemals von sich als dem Reformator oder von seinem Werk als der Reformation gesprochen hat. Andererseits hat kein anderer jemals mit solchem Nachdruck wie Luther eine Reformation der Kirche gefordert und so Entscheidendes getan, um die Reformation zu verwirklichen. So selbständig Männer wie Zwingli und Calvin später in vielfacher Hinsicht auch gewesen sind, so ist ihr Werk in Zürich und in Genf doch ohne Luther nicht vorstellbar.
Freilich sollte der Begriff „Reformation“ nicht nur über der kirchengeschichtlichen Epoche der ersten Hälfte des 16. Jahrhunderts stehen, sondern er muß im Grunde die gesamte Geschichte dieser Zeit bezeichnen. Eine Reformation ist damals und teilweise schon vor Luther nicht nur innerhalb der Kirche angestrebt worden, sondern auch für die politische Gestalt des Reiches. Darüber hinaus kann man aber auch Bewegungen wie den Humanismus als eine Art Reformation bezeichnen. Schon im 15. Jahrhundert hatte es das Schlagwort „Reformation“ gegeben, wie etwa die berühmte Reformatio Sigismundi zeigt, die eine umfassende Reform des Reiches entwarf. Daneben hat es aber bereits vor der Reformation auch Ansätze zu einer Reform der Kirche gegeben. Man kann die vorreformatorische Kirche im Vergleich mit der lutherischen Reformation nicht einfach im Gegensatz von Schatten und Licht sehen. Im 15. Jahrhundert ist es in vielen Orden zu umfangreichen Reformen gekommen. Im Volk herrschte weithin eine tiefe Frömmigkeit: man braucht dabei nur etwa an den Isenheimer Altar zu denken.

Aber auch im Blick auf die katholische Kirche des 16. Jahrhunderts kann man wohl von einer Reformation sprechen. Gewiß hat Luthers Reformation zahlreiche Reformkräfte, die an sich in der katholischen Kirche vorhanden waren, zu sich herübergezogen und dadurch indirekt zu einer Verfestigung der alten Kirche beigetragen. Gleichwohl sind in der katholischen Kirche noch genügend starke Bewegungen für eine Reform vorhanden gewesen und haben sich im Laufe der Zeit auch durchsetzen können. Seit der Mitte der dreißiger Jahre setzten selbst in Rom Versuche ein, die Kurie zu reformieren. Der Jesuitenorden ist von Ignatius von Loyola im Jahre 1540 gegründet worden und hat dem Katholizismus neuen Angriffsgeist verliehen. Das Trienter Konzil hat nach langen Verzögerungen endlich im Jahre 1545 zu tagen begonnen und sowohl auf dem Gebiet der Lehre als auch in der kirchlichen Praxis zahlreiche Reformmaßnahmen beschlossen, die zu einer inneren Erneuerung der katholischen Kirche führten.

Der Begriff der Reformation läßt sich also als Signatur für die gesamte Geschichte in der ersten Hälfte des 16. Jahrhunderts gebrauchen. Nach einer Reformation wurde im politischen, im kulturellen und vor allem im kirchlichen Bereich gerufen, wobei diese Bereiche noch nicht wie in der pluralistischen Gesellschaftsform scharf gegeneinander abgegrenzt waren, sondern sich vielmehr aufs engste gegenseitig durchdrangen. Deshalb war in keinem Land Europas eine kirchliche Reformation ohne Mitwirkung der politischen Gewalt möglich, wobei diese selbst manche Wandlungen durchmachen mußte. Ebenso mußten die Reformtendenzen des Humanismus auf Politik und Kirche von Einfluß sein; tatsächlich begegnen gerade in humanistischen Kreisen umwälzende neue Rechts- und Staatsauffassungen, die für die Neuzeit bahnbrechend werden sollten. Schließlich mußte eine kirchliche Reformation erhebliche politische und geistesgeschichtliche Konsequenzen haben.

Der Reformation Luthers ist es nun bekanntlich nicht gelungen, die ganze Kirche zu erfassen. Dadurch ist es zur Kirchenspaltung gekommen. Für die vielfachen Reformbewegungen, die im Spätmittelalter freilich noch miteinander verbunden waren, hatte das die wichtige Folge, daß sie sich mehr und mehr voneinander trennten und eigene Wege gingen. In politischer Hinsicht wurde es wichtig, daß in den von der Reformation erfaßten Gebieten die Autorität des Papstes, die ja auch den politischen Zusammenhalt gefördert hatte, nicht mehr anerkannt wurde; letzte Autorität in weltlichen Fragen war nunmehr allein der jeweilige Landesfürst. Die Reformation hat also in dieser Hinsicht die schon vorher begonnene Entwicklung zu verschiedenen Nationalstaaten wesentlich beschleunigt.

In geistesgeschichtlicher Hinsicht wurde ebenfalls eine pluralistische Entwicklung ermöglicht. Der Humanismus war von Haus aus nicht gegen die katholische Kirche gerichtet gewesen, hatte aber doch eigene Tendenzen verfolgt. Die Reformation vermochte viele bedeutende Humanisten auf ihre Seite zu ziehen. Durch die Kirchenspaltung geriet nun der Humanismus mehr und mehr zwischen die Fronten. Es ist bezeichnend, daß die Vermittlungsversuche, die im 16. Jahrhundert zwischen Katholiken und Protestanten unternommen wurden, im wesentlichen von humanistischen Kreisen getragen wurden. Der Humanismus stellt dabei gerade in seiner Spätform eine eigene Größe dar, die wesentlich zur Entstehung der Neuzeit beigetragen hat.

Nicht zuletzt ist natürlich in kirchengeschichtlicher Hinsicht durch die Reformation eine höchst vielfältige Entwicklung eingeleitet worden. Dabei dürfen die sogenannten Schwärmer und Täufer, die man neuerdings treffender mit dem Begriff des „linken Flügels" der Reformation zusammenfaßt, nicht vergessen werden. Bei ihnen sind nicht nur Ideale wie das der Trennung von Staat und Kirche bestimmend gewesen. Vielmehr zeigt sich bei manchen von ihnen bereits eine Kritik an überlieferten Dogmen, die wesentlich weiter ging als Luthers Angriff gegen frühere Lehrentscheidungen: auch der linke Flügel der Reformation hat für die Entstehung der Neuzeit seinen bedeutsamen Beitrag geleistet.

Die politischen, geistigen und kirchlichen Konsequenzen der Reformation sind also umfassend genug gewesen. Freilich geht es nicht an, Luther für sie alle verantwortlich zu machen, wobei es belanglos ist, ob eine solche Feststellung als Lob oder Tadel gemeint ist. Luther kann nicht ohne weiteres als der Vater der Neuzeit bezeichnet werden, obwohl die Entstehung der Neuzeit ohne ihn nicht denkbar ist. Worum es Luther bei der von ihm geforderten Reformation letztlich ging, war etwas ganz anderes. Die häufig Luther zugeschriebene Frage „Wie kriege ich einen gnädigen Gott?" gibt noch immer treffend den Ausgangspunkt der Reformation wieder. Was die Reformation der Kirche betrifft, so hatte Luther letztlich nur das eine im Auge, daß nämlich das Evangelium wieder laut werden solle. Gegenüber allen Fragen der Verfassung, weithin aber auch des kirchlichen Brauchtums ist Luther erstaunlich zurückhaltend gewesen. Diese Zurückhaltung war nicht Gleichgültigkeit, sondern resultierte aus seiner Überzeugung, daß das Wort Gottes schon wirken und zu gegebener Zeit zur nötigen Umgestaltung bestimmter Dinge führen werde. Die einzige Reformforderung, auf der Luther unnachgiebig bestand, war die Beseitigung des Meßkanons, durch den er die Einmaligkeit und Ausschließlichkeit des Kreuzesopfers Christi gefährdet sah. Im übrigen aber hat Luther zu keiner Zeit ein absolut verpflichtendes Programm der Reformation aufgestellt, sondern der einzelnen Gemeinde eine recht weitgehende Freiheit zugestanden.

Wenn man gemeinhin nur das Werk Luthers und der anderen Reformatoren als Reformation bezeichnet, so hat das letztlich doch einen tiefen Sinn; denn erst durch Luther und nur durch ihn sind die anderen Reformtendenzen auf den verschiedensten Gebieten geschichtlich zu voller Entfaltung und Wirksamkeit gelangt. Und doch gilt es, die mannigfachen Bewegungen und Kräfte nicht zu übersehen; denn sie waren es, die umgekehrt auch Luthers Werk erst verwirklichen halfen und die Gestalt der evangelischen Kirche in starkem Maße mit prägten.

Gegenreformation III/9

Es ist in der Forschung umstritten, ob und in welchem Sinne man die katholische Reaktion auf die Reformation als Gegenreformation bezeichnen soll. Kein Zweifel besteht daran, daß es tatsächlich eine Gegenreformation gegeben hat, nämlich bei dem Kampf der Konfessionen im späteren 16. sowie im 17. Jahrhundert. Nicht einig ist man sich jedoch in der Frage, ob auch die kirchlich-theologische Antwort Roms auf die Reformation schon als Gegenreformation zu bezeichnen ist. Manche namhaften Forscher sprechen hier von einer katholischen Reform oder sogar von einer katholischen Reformation.

Der Begriff der Gegenreformation ist in der Zeit der Aufklärung von dem Göttinger Juristen J. St. Pütter geprägt worden. Er bezeichnete mit ihm die Epoche der gewaltsamen Rekatholisierung evangelischer Gebiete. Leopold von Ranke hat dann in seiner „Deutschen Geschichte im Zeitalter der Reformation“ das gesamte auf die Reformation folgende Zeitalter als dasjenige der Gegenreformation bezeichnet; hier wird unter dem Begriff der Gegenreformation nicht nur der Versuch gesehen, verlorengegangenes Terrain gewaltsam zurückzugewinnen, sondern auch der geistige Gehalt der Epoche seit der Mitte des 16. Jahrhunderts verstanden.

Dagegen hat ein Schüler Rankes, nämlich Wilhelm Maurenbrecher, als erster von einer katholischen Reformation gesprochen. Dieser von evangelischer Seite geprägte Ausdruck ist in der neueren katholischen Theologie bereitwillig aufgenommen worden. Man hat sich seit Jahrzehnten bemüht, den Begriff der Gegenreformation zu vermeiden. Statt dessen spricht man etwa von katholischer Reformation und Restauration oder von der Epoche des konfessionellen Absolutismus. Hubert Jedin redet vorsichtiger einmal von einer katholischen Reform, zum anderen im Blick auf die gewaltsamen Rekatholisierungsversuche von der Gegenreformation. Die katholische Reform habe sich aus mannigfachen Quellen gespeist, sie habe dann auf dem Trienter Konzil (1545–1563) ihren Höhepunkt erreicht. Erst später habe die gewaltsame Gegenreformation eingesetzt, die aber von der Selbstreform der römischen Kirche doch deutlich abgehoben werden müsse. Die Frage, wie weit man den Inhalt des Begriffs der Gegenreformation fassen soll, hängt sicher zu einem Teil auch von dem konfessionellen Standpunkt des Historikers ab. Man wird aber doch, wenn man hier ein eigenes Urteil gewinnen will, verschiedene Momente sorgfältig unterscheiden müssen.

Zunächst ist kein Zweifel, daß es in der katholischen Kirche schon vor der Reformation Reformkräfte gegeben hat, die dann im 16. Jahrhundert wirksam geworden sind; diese Reformkräfte waren also unabhängig von der Reformation da. Der katholische Kirchenhistoriker Johannes Janssen hat in seiner „Geschichte des deutschen Volkes seit dem Ausgang des Mittelalters" (1876 ff.) sogar die Ansicht vertreten, daß Luthers Auftreten diese Reformkräfte daran gehindert habe, schon im frühen 16. Jahrhundert wirksam zu werden; wegen der Kirchenspaltung hätten sie erst in der zweiten Hälfte des 16. Jahrhunderts hervortreten können. Diese These ist zweifellos überspitzt. Gleichwohl ist auf verschiedene bedeutsame Reformbewegungen in der Zeit vor Luther hinzuweisen. So hat etwa die von den Niederlanden ausgehende Bewegung der Devotio moderna seit dem späten 14. Jahrhundert eine schlichte, aber tiefe Frömmigkeit gepflegt und gerade in Laienkreisen weite Verbreitung gefunden. In der Theologie zeigt sich ebenfalls im 14. Jahrhundert an manchen Stellen eine gewisse Rückkehr zu Augustin, deren Ausmaß freilich im einzelnen umstritten ist. Die spanische Kirche ist im Spätmittelalter dank der langen Auseinandersetzungen mit dem Islam nicht von einem so schweren Verfall betroffen gewesen wie die Kirchen in den anderen europäischen Ländern. Nicht zufällig ist die bedeutendste Ordensgründung des 16. Jahrhunderts, nämlich die des Jesuitenordens, von der Iberischen Halbinsel ausgegangen. Schließlich gab es auch in Italien Reformkräfte. In demselben Jahr, in dem Luther seine 95 Thesen verfaßte, wurde in Rom das Oratorium der göttlichen Liebe gegründet. Hier sammelte sich eine Reihe von Theologen, die in späteren Jahren sowohl bei der katholischen Reform als auch bei gegenreformatorischen Maßnahmen eine bedeutende Rolle spielen sollten. Ihnen ging es um die Pflege einer mystischen Frömmigkeit, aber auch um häufigen Sakramentsgenuß und um eine Förderung der christlichen Liebesarbeit. Bezeichnend ist schließlich, daß die römische Kirche auch im 16. Jahrhundert noch die Kraft zu neuen Ordensgründungen besaß. Der Jesuitenorden ist wohl der bekannteste, aber keineswegs der einzige damals gegründete Orden. Die neuen Orden des 16. Jahrhunderts haben sich eigentlich alle das Ziel aktiven Dienstes für die katholische Kirche gesetzt.

Immerhin kann man doch wohl mit Recht die Frage stellen, ob diese Reformkräfte auch ohne Luther zur Wirkung gelangt wären. Andererseits hat Luther auf die innere Entwicklung der katholischen Kirche nicht nur einen fördernden, sondern auch einen hemmenden Einfluß gehabt, fehlten doch jene, die die Reformation unterstützten, der römischen Kirche bei der so dringend notwendigen Reform. Aber hier darf man nicht von der späteren Zeit aus urteilen: in den Anfangsjahren der Reformation war es ja noch offen, ob nicht vielleicht doch eine Reform oder Reformation der gesamten Kirche gelingen würde. In der Frühzeit fand also gerade ein Ringen um die Art und den Umfang der Reform statt, und erst nach einer Reihe von Jahren bildeten sich feste Fronten. So scharf auch Luthers Angriff auf viele Einrichtungen der katholischen Kirche war, er selbst hat längere Zeit nicht damit gerechnet, daß man ihn und seine Lehre in Bausch und Bogen ungehört verketzern würde.

In dieser Phase der Auseinandersetzung sind dann der römischen Kirche nicht nur wertvolle Kräfte verlorengegangen, vielmehr sind die Reformbewegungen, die ihr noch verblieben, zugleich gestärkt und zum Handeln gedrängt worden.

Der Zusammenhang zwischen katholischer Reform oder Reformation und lutherischer Reformation ist also komplex. Ein Ähnliches gilt aber auch für das Verhältnis zwischen katholischen Reformkräften einerseits und der Gegenreformation andererseits. Es ist kein Zweifel, daß das Tridentinum wesentliche Verbesserungen sowohl auf praktischem Gebiet als auch in Lehrfragen beschlossen hat; dadurch sind manche Anstöße für die evangelische Kirche gemildert worden. Das Tridentinum bezeichnet einen deutlichen Einschnitt in der Geschichte der katholischen Kirche: mit ihm ist das Mittelalter, insbesondere das Spätmittelalter, zu Ende gegangen und die Entwicklung des neuzeitlichen Katholizismus begonnen worden.

Aber eine klare Trennung läßt sich zwischen katholischer Reformation und Gegenreformation nicht durchführen. Eigentlich überall, wo die Reformkräfte wirksam wurden, haben sie einen militanten, streng gegen die Reformation gerichteten Einfluß ausgeübt. Symptomatisch ist hier der Weg, den der Kardinal Giovanni Pietro Carafa gegangen ist. Er hatte einst zum Oratorium der göttlichen Liebe gehört, hatte dann bei manchen weitreichenden Reformprogrammen mitgewirkt; als aber auch in Italien die reformatorische Bewegung immer mehr Anhänger gewann, hat er unter Paul III. das Inquisitionswesen aufgebaut und zum gefürchteten Instrument katholischer Kirchenpolitik gemacht. Schließlich hat Carafa als Paul IV. (1555–1559) den päpstlichen Thron bestiegen und schon ganz im Sinne der Gegenreformation regiert. Hier wird deutlich, wie die Reformbewegung ohne weiteres in die Gegenreformation übergehen konnte.

Freilich kann diese Feststellung nicht verallgemeinert werden. Wohl sind viele, die für die Reform eintraten, auch kämpferisch im Sinne der Gegenreformation tätig geworden, aber keineswegs alle. Eine besonders rühmliche Ausnahme stellt Petrus Canisius dar (1511–1597), der unermüdlich für die Reform der deutschen katholischen Kirche wirkte, ohne dabei Machtmittel zu fordern oder einzusetzen. Aber die Entwicklung ist doch mehr und mehr über ihn hinweggegangen. Im späteren 16. Jahrhundert verschärften sich die Konfessionsgegensätze zusehends, und die Folge war, daß die reformerischen Kräfte eigentlich nur noch im Sinne der Gegenreformation wirksam werden konnten. Die Gegenreformation hat jedenfalls seit dem späteren 16. Jahrhundert die Politik der Kurie bestimmt und alle Kräfte des Katholizismus zusammengefaßt, um in der universalen Auseinandersetzung mit dem Protestantismus in Frankreich, in England, in den Niederlanden und nicht zuletzt in Deutschland und in Polen nach Möglichkeit den Sieg zu erringen. Eine klare Entscheidung ist dabei nicht erreicht worden, vielmehr hat der fast hundert Jahre währende Kampf im Westfälischen Frieden und bei den anderen Vertragsabschlüssen mit einem Unentschieden geendet.

Pietismus III/10

Im späteren 17. Jahrhundert hat der Pietismus in Deutschland große Wirkung auszuüben begonnen und für einige Jahrzehnte, nämlich bis sich die Aufklärung durchsetzte, weithin das Gesicht des Protestantismus bestimmt. Philipp Jakob Spener, August Hermann Francke und Nikolaus Graf von Zinzendorf sind die bekanntesten Gestalten, die die pietistische Bewegung führten und ihr jeweils eine eigene Ausprägung verliehen. Das Gemeinsame dieser Männer besteht darin, daß sie alle den Akzent nicht mehr in erster Linie auf die reine Lehre, sondern auf den rechten Wandel legten. Die Reformation der Theologie sollte durch die Reformation der Frömmigkeit zum Ziel geführt werden. An der Orthodoxie hatten sie an sich nicht sehr viel auszusetzen, aber sie fanden doch, daß die praktische Frömmigkeit von ihr nicht genügend gepflegt worden sei.

Wenn man ein genaueres Bild vom Wesen des Pietismus gewinnen will, muß man sich freilich auch seinen Ursprung vor Augen führen. So einschneidend die Veröffentlichung von Speners Pia Desideria im Jahre 1675 war, so reichen die Quellen, aus denen die pietistische Bewegung gespeist wurde, doch weit zurück. Eine wichtige Linie führt letztlich zum Puritanismus des späteren 16. Jahrhunderts in England. Schon dort ist der Akzent weithin auf die praktische Frömmigkeit gelegt worden. Daneben ist auf die reformierte Kirche der Niederlande zu verweisen, die im sogenannten Präzisismus ebenfalls pietistische Strömungen kannte und darüber hinaus zum Teil auch mystische Traditionen pflegte. Der Traditionsstrang, der von England und den Niederlanden zum deutschen Pietismus führt, ist außerordentlich wichtig. Die Einflüsse lassen sich hier nicht selten unmittelbar nachweisen.

Eine zweite Linie läßt sich vom Pietismus zurück zum „linken Flügel" der Reformation ziehen. Albrecht Ritschl hat in seiner großen Darstellung der Geschichte des Pietismus bei den Schwärmern und Spiritualisten der Reformationszeit eingesetzt und darzutun gesucht, daß der Pietismus von ihnen stark beeinflußt sei. Zudem hat Ritschl auf die Zusammenhänge zwischen der katholischen Mystik und dem Pietismus hingewiesen. Von daher meinte Ritschl, den Pietismus als eine Abweichung von der Theologie der Reformation sowie als Rückfall in katholische Frömmigkeit bezeichnen zu müssen.

Schließlich ist aber auch auf eine dritte wichtige Linie hinzuweisen, die zum Pietismus führt, und zwar findet sich diese Linie mitten in der Orthodoxie, die später so heftig gegen den Pietismus kämpfen sollte. Man hat weithin von der Orthodoxie ein viel zu einseitiges Bild und vergegenwärtigt sich nur selten, daß sie keineswegs so geschlossen gewesen ist, wie es auf den ersten Blick scheinen könnte. Es gab in der Orthodoxie sowohl der Lutheraner als auch der Reformierten durchaus verschiedene Richtungen. Darüber hinaus darf nicht vergessen werden, daß die vielgeschmähte Orthodoxie eine Zeit klassischer Frömmigkeit gewesen ist. Johann Sebastian Bach ist doch nur auf dem zeitgenössischen Hintergrund der Orthodoxie ganz zu verstehen. Ihr entstammen auch die Lieder von Paul Gerhardt und vielen anderen Dichtern. Daneben haben manche Theologen, die selbst ganz orthodox sein wollten, doch schon die praktische Frömmigkeit betont. So hat etwa Johann Arnd mit seinen Büchern „Vom wahren Christentum" (1605 ff.) das bedeutsamste lutherische Erbauungsbuch geschrieben, das es vor dem Pietismus gab. Oder der Rostocker Kreis, der sich um die Mitte des 17. Jahrhunderts sammelte, hat weit ins Land gewirkt und für eine Verbesserung der Seelsorge sowie für ernstes christliches Leben gesorgt. An Männern, die ähnlich wie die späteren Pietisten die praxis pietatis hervorhoben, hat es in der Zeit der Orthodoxie nicht gefehlt.

Es versteht sich, daß sich das Bild vom Pietismus verschieben muß, je nachdem, welchen dieser Traditionsströme man für den entscheidenden hält. Aber es dürfte nicht angebracht sein, einen von ihnen ausschließlich für maßgebend anzusehen. Pietistische Strömungen gab es vor dem Auftreten des Pietismus allenthalben. Sie alle haben dem Pietismus Speners und der anderen Anregungen vermittelt. Und doch ist der Pietismus, wie er seit 1675 im deutschen Protestantismus vordrang, nicht einfach die Summe der genannten Traditionsströme, sondern stellt wirklich eine eigene Größe dar.

Wenn man Speners „Pia Desideria" mit älteren Reformvorschlägen, an denen kein Mangel bestanden hat, vergleicht, dann läßt sich eigentlich für jeden einzelnen Gedanken schon irgendein Vorläufer nachweisen. Neu ist bei Speners „Pia Desideria" nicht so sehr die Betonung der praktischen Frömmigkeit und der Reformation des Lebens als vielmehr die Zielsetzung, auf die alle Reformvorschläge hinauslaufen, nämlich die Wiedergeburt. Von diesem Gesichtspunkt der Wiedergeburt des einzelnen Christen her hat Spener letztlich seine kritische Analyse der damaligen Lage der Kirche gegeben. In der Wiedergeburt gipfeln zugleich alle Einzelvorschläge: erst durch die Wiedergeburt kommt es wirklich zu einem lebendigen, tätigen Glauben bei dem einzelnen. Auf die Wiedergeburt sind auch die Erbauungszirkel ausgerichtet, die Spener in Frankfurt eingerichtet hatte. Gewiß sollte dadurch die Bedeutung der Predigt sowie der Rechtfertigung und des Glaubens nicht geschmälert werden. Spener hat sich in erstaunlichem Maße immer wieder gerade auf Äußerungen Luthers berufen. Gleichwohl ist es interessant, daß Spener eigentlich stets die gleichen Luther-Worte anführt; dabei setzt er den Bereich der Verkündigung etwas zurück. Die kirchlichen Verhältnisse waren nach Speners Meinung derart, daß nur durch diese Betonung der Wiedergeburt Abhilfe geschaffen werden könnte.

Eine etwas andere Ausprägung hat der Pietismus dann sowohl bei Francke als auch vor allem bei Zinzendorf erhalten. Hatte Spener die Wiedergeburt hervorgehoben, dabei aber die Gefahr enger Gesetzlichkeit stets zu vermeiden gesucht, so war Francke der Meinung, daß nur derjenige wirklich ein Christ genannt werden könne, der durch einen Bußkampf hindurchgegangen und dabei zu einem lebendigen Glauben gelangt sei. Die großen pädagogischen Werke, die Francke in Halle ins Leben rief und mit denen er sich große Verdienste erwarb, haben dieser Anschauung entsprechend eine gewisse Starrheit sowie einen Bekehrungsfanatismus entwickelt, der nicht jedermann lag. Selbst Zinzendorf konnte in der Zeit, die er als junger Mensch in Halle verbrachte, den dortigen Pietismus innerlich nicht akzeptieren und hat sich später von ihm abgewandt. Dafür hat Zinzendorf in Herrnhut später viel stärker als Spener oder Francke das Gefühlsmoment betont und dabei teilweise die Grenze des guten Geschmackes weit überschritten. Andererseits fehlt doch dem Zinzendorfschen Pietismus das Düstere, Pessimistische, wie es in Halle begegnet. Statt dessen war Zinzendorf von einem fröhlichen, die Welt bejahenden Glauben erfüllt. Und schließlich hat Zinzendorf vor allem in seinem Alter die von ihm inaugurierte Bewegung in ruhigere Bahnen gelenkt und stärker an das Erbe der Reformation angeknüpft.

Sieht man den Pietismus in dem großen Zusammenhang der kirchengeschichtlichen Bewegungen seit der Reformation, so muß man sagen, daß er wichtige Momente der reformatorischen Theologie, die in der Zwischenzeit zurückgetreten oder gar vergessen waren, von neuem betont hat. Für Luther hatte es im Grunde keine Trennung zwischen Theologie und Glauben gegeben. Die Rechtfertigungslehre war für ihn niemals nur ein Lehrstück gewesen, sondern immer auch Ausdruck eigener Glaubenserfahrung. Glaube und Leben sind für ihn noch nicht auseinandergetreten.

Seit der Mitte des 16. Jahrhunderts hatte dann allmählich die Entwicklung zur Orthodoxie eingesetzt. Dafür gab es mannigfache Gründe. Nicht zuletzt war es wichtig, daß die Männer, die damals in der evangelischen Kirche führten, nicht mehr wie Luther durch eigene Anfechtungen hindurchgegangen waren. Der Rechtfertigungsartikel wurde für sie aus diesen persönlichen Gründen mehr zu einem gewiß noch zentralen Lehrstück, das aber weithin keinen Bezug mehr zum Leben hatte. So ist es kein Wunder, wenn Theologie und Glaube, die für Luther eine Einheit dargestellt hatten, langsam sich trennten und schließlich nicht mehr viel miteinander zu tun hatten. Wie so oft, sind die Ansätze dieser Entwicklung noch am ehesten zu verstehen, aber man hat es unterlassen, sich über deren Gründe und Konsequenzen die nötige Rechenschaft abzulegen, um womöglich trotz veränderter Verhältnisse und in anderer Form doch die Sache selbst festzuhalten.

Der Pietismus ist insofern eine durchaus berechtigte Reaktion, die allerdings nicht der Einseitigkeit entbehrt. Die Orthodoxie hat dem Pietismus nicht ganz zu Unrecht vorgeworfen, daß ihm weniger an dem Gegenstand des Glaubens als vielmehr an der Gläubigkeit des einzelnen liege. Dadurch werde die Objektivität der christlichen Glaubenswahrheiten relativiert und alles auf die subjektive Frömmigkeit des einzelnen abgestellt. Gerade die letzten großen Vertreter der Orthodoxie haben mit sachlichem Recht darauf hingewiesen, daß damit die reformatorische Heilsgewißheit gefährdet sei.

So sehr man dem Pietismus ein gewisses Recht zugestehen mag und auch seine Bedeutung für die Frömmigkeit wie auch für die Mission würdigen muß, so ist man doch geneigt festzustellen, daß er auf theologischem Gebiet im ganzen keine nennenswerten Leistungen gezeitigt hat. Er hat wohl die orthodoxe Theologie kritisiert und sie ganz in die Defensive gedrängt, so daß die Aufklärung dann verhältnismäßig leichtes Spiel mit ihr hatte, aber er hat doch nichts Vergleichbares an die Stelle zu setzen gewußt, die durch den Rückgang der Orthodoxie frei wurde. Hier zeigt sich besonders deutlich, daß der Pietismus eine gewisse Einseitigkeit nicht zu durchstoßen vermochte. Wohl hat es einzelne bedeutende Pietisten gegeben, die auch theologisch führend waren, wie etwa der Kirchenhistoriker Gottfried Arnold oder der württembergische Neutestamentler Johann Albrecht Bengel. Aber ihre theologische Arbeit hat doch keine breitere Wirkung erlangt, jedenfalls ist sie nicht für den Bereich des deutschen Protestantismus bestimmend geworden. Aber diese Feststellung soll nicht die Verdienste mildern, die sich der Pietismus zweifellos erworben hat.

Konfession und Konfessionalismus

III/11

Das Wort „Konfession“ hat verschiedene Bedeutungen im Verlaufe der Kirchengeschichte angenommen. An sich heißt es „Bekenntnis“, wobei ursprünglich an das Bekenntnis des Glaubens gedacht ist, das gegebenenfalls bis zum Martyrium führen kann. In speziellerem Sinn ist aber bei dem Bekenntnis bald auch an das Sündenbekenntnis gedacht worden. In der Reformationsgeschichte hat das Wort „Konfession“ daneben eine neue Bedeutungsnuance erhalten, als die Confessio Augustana 1530 auf dem Augsburger Reichstag verfaßt und dem Kaiser übergeben wurde. Ursprünglich trug die Schrift, die dann als Confessio Augustana überreicht wurde, den Titel „Apologia“; sie sollte also eine Verteidigungsschrift der evangelischen Stände sein. Sie hat dann aber doch mit sachlichem Recht die Überschrift „Bekenntnis“ („Confessio“) erhalten, weil sie in erster Linie die Lehre zusammenfassen sollte, wie sie von den Evangelischen vertreten wurde.

Schließlich hat der Begriff „Konfession“ den heute geläufigen Sinn erhalten, daß mit ihm nämlich eine Kirche oder, wie man neuerdings häufig sagt, eine Denomination bezeichnet wird. Diese Bedeutung ist verhältnismäßig neu; sie ist erst im frühen 19. Jahrhundert aufgekommen. Weder der Augsburgische Religionsfriede von 1555 noch der Westfälische Friedensvertrag von 1648 haben das Wort „Konfessionen“ gebraucht, obwohl sie die grundlegenden Regelungen für das Verhältnis der Konfessionen zueinander schufen, die im wesentlichen bis zum Reichsdeputationshauptschluß von 1803 in Kraft waren. Man hat zunächst nicht von Konfessionen, sondern von Religionen oder Religionsparteien oder auch von Kirchenparteien gesprochen. Vereinzelt begegnete anfangs auch die Redeweise von Verwandten der Augsburgischen Konfession. Das ist insofern nicht unwichtig, als man sowohl reichsrechtlich wie auch im allgemeinen Bewußtsein noch auf lange hinaus an der Einheit der Kirche festhielt, obwohl die Kirchenspaltung nicht zu ignorieren war. Der Augsburgische Religionsfriede betont daher, daß seine Bestimmungen „bis zu endlicher Vergleichung der Religion und Glaubenssachen bestehen und bleiben“ sollen. Ähnliche Aussagen finden sich auch noch im Westfälischen Friedensvertrag. Damals setzte sich allerdings mehr und mehr die Erkenntnis durch, daß die Kirchenspaltung wohl nicht mehr würde überwunden werden können.

Erst im frühen 19. Jahrhundert kam die Redeweise von Konfessionen auf und hat sich ziemlich schnell allenthalben durchgesetzt, allerdings nur im deutschen Sprachgebiet; im angelsächsischen Bereich ist das Wort „denominations" üblich geworden, das zugleich ein anderes Selbstverständnis der „Konfessionen" zum Ausdruck bringt. Natürlich ist der Sprachgebrauch als solcher noch kein sicheres Indiz dafür, was man sachlich meint. In diesem Fall dürfte sich jedoch in der Geschichte der Terminologie zugleich auch ein Wandel des Selbstverständnisses zeigen. Dabei ist ein merkwürdiger Tatbestand zu konstatieren. In der Zeit der Reformation und auch noch der Orthodoxie ist einerseits die Kontroverse zwischen Katholiken und Protestanten mit größtem Nachdruck geführt worden, andererseits aber hat man auf beiden Seiten letztlich an der Einheit der Kirche festgehalten. Man hatte noch ein Wissen darum, daß die Kirche ihrem Wesen nach gar nicht eine andere als die eine, von ihrem Herrn gestiftete Gemeinschaft sein kann. Man bestritt jeweils der Gegenseite, daß sie in vollem Sinne als Kirche Christi gelten könne, aber man nahm die Spaltung in Konfessionen noch nicht als endgültig hin.

In dem gleichen Maße, wie seit dem Pietismus und der Aufklärung die konfessionelle Polemik zurückging, fand man sich mehr und mehr mit der Kirchenspaltung als einer Gegebenheit ab. Dabei sprach man nun in der Theologie nicht mehr so sehr von der einen Kirche oder in der Rechtswissenschaft von Kirchenparteien oder Religionsparteien, sondern von Konfessionen. Es ist kein Wunder, daß bald, nachdem sich dieser neue Sprachgebrauch eingebürgert hatte, auch ein Konfessionalismus aufkam. Er hatte freilich auch noch seine besonderen Ursachen. Im frühen 19. Jahrhundert feierte die historisch-kritische Wissenschaft ihre ersten großen Triumphe. Teilweise wurde sogar die Möglichkeit einer Offenbarung überhaupt in Abrede gestellt, und die Anfänge des Christentums wurden konsequent in eine religionsgeschichtliche Betrachtung eingeordnet. Vor allem erregte David Friedrich Strauß mit seinem „Leben Jesu" (1835) den Widerspruch vieler bibel- und offenbarungsgläubiger Theologen. Gleichzeitig wie in der Theologie zeigten sich auch in anderen Bereichen Erscheinungen, die häufig als Zeichen einer geistig-sittlichen Dekadenz und Auflösung verstanden wurden. Schon in der Französischen Revolution hatte man vielfach eine antichristliche Bewegung gesehen. Die Revolutionen von 1830 und vor allem von 1848 ließen bei vielen die Befürchtung aufkommen, daß nun auch in Deutschland die Zeit des Antichristentums anbrechen werde. Dabei übersah man fast völlig den großen sozialen und wirtschaftlichen Umformungsprozeß, der damals im Gange war.

Gegen diese mannigfachen Umwälzungen, die vielfach nur negativ gedeutet wurden, meinte man, allein in dem Vorhandenen, Gegebenen, Bewährten das Rechte und Christliche zu haben. Politisch hieß das meist, aber nicht immer, daß man monarchistisch und antidemokratisch war. In der Kirche bedeutete das aber auf jeden Fall, daß man die Bekenntnisse ins Zentrum rückte und sie zur Richtschnur aller theologischen Arbeit erhob, auch im wissenschaftlichen Bereich. Bei Theologen wie August Vilmar hatten die Bekenntnisse der lutherischen Kirche, vornehmlich die Augsburgische Konfession, im Grunde die gleiche Bedeutung, die in der katholischen Kirche die Dogmen haben. Der Konfessionalismus begnügte sich aber nicht damit, die Autorität der Bekenntnisse zu betonen, vielmehr galt ihm alles, was sich im Laufe der Zeit in der eigenen Konfession ausgeprägt hatte und zur konfessionellen Eigenart gehörte, als wesentlich und unaufgebbar. Im Grunde kann man den Konfessionalismus als einen kirchlichen Positivismus bezeichnen. Die Kraft auch nur zu dem Versuch, die Konfessionsgrenzen zu überwinden, gab es bei derartigen Konfessionalisten nicht mehr. Vilmar war zweifellos besonders extrem, aber es ist doch bezeichnend, daß er die calvinistische Gemeinde-Verfassung als eine „widerwärtige Mißgeburt“ ansah oder erklären konnte, es sei ihm so, als wenn jedes Mal der Teufel an ihm vorüberfliege, wenn er das Wort Synode höre oder schreibe.

Heute begegnet ein derartiger Konfessionalismus höchstens noch bei Außenseitern, sachlich aber ist er doch in dem Ausschließlichkeitsanspruch mancher Kirchen nach wie vor da. Die römisch-katholische Kirche lehnt es ab, sich als bloße Konfession zu bezeichnen, sie versteht sich vielmehr allein als die wahre Kirche Jesu Christi. Trotz der großen Fortschritte, die die ökumenische Bewegung und das katholisch-evangelische Gespräch in den letzten Jahrzehnten gemacht haben, hat Rom diesen Anspruch der Sache nach auch auf dem Zweiten Vatikanischen Konzil aufrechterhalten. Man ist höchstens bereit zuzugeben, daß der Kreis der Getauften größer ist als derjenige der katholischen Christen, aber man fügt hinzu, daß die außerhalb der katholischen Kirche Getauften nur auf Grund ihrer verborgenen Beziehung zu dieser Kirche Christen sind.

Das extreme Gegenteil zu einem solchen konfessionellen Ausschließlichkeitsanspruch ist die Auffassung, daß eine konfessionelle Bindung als solche dem Wesen des christlichen Glaubens widerspricht. Am konsequentesten wird diese Auffassung von den Quäkern vertreten. So Großartiges die Quäker in der Geschichte geleistet haben, man kann dieser Anschauung doch schwerlich zustimmen. Der Glaube ist immer wieder aufgerufen zu sagen, was er glaubt und was er damit meint. Indem man aber hier Sätze formuliert, kommt man gar nicht um ein „Bekenntnis“ herum, das auch immer einen lehrhaften Charakter haben wird.

Es dürfte heute darauf ankommen, daß die beiden Extreme, sowohl der

Konfessionalismus als auch die Konfessionslosigkeit, überwunden werden. Dabei kann man die Konfessionen, wie sie sich nun einmal herausgebildet haben, nicht ignorieren. Vielmehr ist der erste Schritt, der weithin schon getan ist, die Anerkennung, daß auch in den anderen christlichen Konfessionen Kirche Jesu Christi begegnet, und die Bereitschaft, selbst von anderen zu lernen. So schön es wäre, wenn die Kirchenspaltungen überwunden werden könnten, die Herstellung einer äußeren Kircheneinheit kann nicht als letztes Ziel angesehen werden: wichtiger ist die innere, geistliche Einheit, das Bewußtsein der Zusammengehörigkeit trotz alles Trennenden sowie das gemeinsame Zeugnis. Gerade die Confessio Augustana, die häufig zur Basis eines Konfessionalismus gemacht worden ist, kann hier eine Hilfe geben. Nach ihr ist die Kirche Christi nicht auf die eigene Konfession eingegrenzt, sondern ist überall dort, wo das Evangelium recht verkündet und die Sakramente recht verwaltet werden. Luther hat den Katholiken niemals bestritten, daß sie Kirche Christi seien. Was er ihnen vorwarf, war, daß sie außer dem Evangelium und den Sakramenten, die von Christus gestiftet sind, auch menschliche Überlieferungen in die Kirche hineingebracht hätten und diese von jedermann als wesensnotwendig für die Kirche anerkannt wissen wollten. Es wäre schon viel gewonnen, wenn sich diese Haltung Luthers heute überall durchsetzte. Dabei ist ein Ausschließlichkeitsanspruch freilich eine ebenso große Gefahr wie die Relativierung der Wahrheitsfrage.

Kirchenkampf III/12

Die Auseinandersetzung zwischen der evangelischen Kirche und dem Nationalsozialismus gehört zu den wichtigsten Epochen der neueren Kirchengeschichte. Freilich hat diese Auseinandersetzung sehr verschiedene Aspekte. Sie ist teilweise im politischen Bereich geführt worden. Das gilt allerdings weniger für die Anfangsjahre des Dritten Reiches, in denen das wahre Wesen des Nationalsozialismus noch nicht so unverhüllt hervortrat, als vielmehr vor allem für die Zeit seit etwa 1936. So wichtig der Kampf der Kirche für Recht und Wahrheit ist, so hat der Kirchenkampf jedoch seine eigentliche Bedeutung darin, daß er eine innerkirchliche Selbstklärung und Selbstbesinnung sowie eine Erneuerungsbewegung brachte. Hier dürfte zugleich auch sein bleibender Ertrag zu suchen sein, wobei dieser Ertrag jedoch nicht zum Besitz werden kann, sondern immer neu als Ruf zur Sache zu verstehen ist.

Die geistesgeschichtlichen Wurzeln, die sich in den verschiedenen Richtungen des Kirchenkampfes zeigen, reichen weit zurück. Hier ging es einmal um das Verhältnis von Staat und Kirche, das bis dahin trotz der Beseitigung der Monarchie im Jahre 1918 im Protestantismus noch kaum als Problem empfunden war. Die Weimarer Reichsverfassung hatte zwar die Trennung von Staat und Kirche verkündet, aber bei der praktischen Durchführung doch große Rücksicht walten lassen. Im Protestantismus huldigte man vielfach noch einer Obrigkeitsauffassung, wie sie sich in der langen Geschichte des Staatskirchentums ausgebildet hatte. Die Lähmung, die sich 1933 in weiten Kreisen der evangelischen Kirche gegenüber dem Nationalsozialismus bemerkbar machte, und mehr noch der Enthusiasmus, mit dem das Dritte Reich von vielen begrüßt wurde, haben teilweise ihre Ursachen in der herkömmlichen Bindung der Kirche an den Staat.

Nicht minder wichtig war freilich die in der Theologie vorherrschende Richtung, die auch noch nach 1918 weithin begegnete und die kurz durch das Schlagwort „Idealismus“ gekennzeichnet werden kann. Tatsächlich mag die idealistische Richtung weiter Kreise der Theologie die erstaunliche Blindheit und Hilflosigkeit zum Teil erklären, mit der man 1933 dem neuen Phänomen des Nationalsozialismus gegenüberstand.

Hinzu kommt schließlich, daß die Kirche in den notvollen Jahren nach dem verlorenen Ersten Weltkrieg vielfach einen Kampf um äußere Positionen führte. Die Mitte der christlichen Botschaft war gewiß nicht vergessen, aber man kann doch fragen, ob sie in dem kirchlichen Leben wirklich als das Entscheidende betrachtet wurde – eine kritische Frage, die sich die Kirche zu jeder Zeit stellen muß. Wenn die katholische Kirche bald nach Hitlers Machtübernahme das Reichskonkordat abschloß und sich dabei bestimmte Rechtspositionen zu sichern suchte, so kann das als symptomatisch auch für den Protestantismus angesehen werden, zumindest für manche Teile.

Schließlich darf aber nicht übersehen werden, daß manche Kreise hofften, mit Hilfe des Nationalsozialismus die entkirchlichten Massen von neuem gewinnen zu können. Bei den „Deutschen Christen" waren viele von volksmissionarischen Eifer erfüllt und bemühen sich nachdrücklich um eine neue Begegnung von Kirche und „Volk". Zudem schien die traditionelle Verbindung von Thron und Altar ein Zusammengehen mit der nationalistischen Bewegung Hitlers nahezulegen. Bei der schweren Auseinandersetzung zwischen der extremen Rechten und der extremen Linken in den Jahren vor 1933 meinten viele, auch unter den kirchlichen Konservativen, um ein Bündnis mit Hitler nicht herumzukommen. Wurde Hitler nach der Machtergreifung in politischer und weltanschaulicher Hinsicht als der Retter Deutschlands gefeiert, so sah man in ihm innerhalb der Konfessionen auch den Retter von Kirche und Christentum vor dem gottlosen Bolschewismus. Selbst unter denen, die von Anfang an einer Gleichschaltung der Kirche mit dem Nationalsozialismus Widerstand entgegensetzten, haben manche anfangs Hitler als politischen Führer doch begrüßt und anerkannt.

Freilich kam es sehr bald nach der Machtergreifung zur Auseinandersetzung zwischen den Deutschen Christen und den anderen Richtungen, unter denen die von Karl Barths dialektischer Theologie herkommende jungreformatorische Bewegung besonders wichtig war. Auf der Woge der nationalen Begeisterung und auf Grund massiver Wahlhilfe von seiten der Nationalsozialisten konnten die Deutschen Christen bei den Kirchenwahlen im Sommer 1933 in den meisten Landeskirchen die Mehrheit erringen. Nun setzte eine Entwicklung ein, in der die Deutschen Christen, wiederum oft mit staatlicher Hilfe, eine Landeskirche nach der anderen der „Reichskirche" eingliederten und die legalen Organe beseitigten. Nur die Landeskirchen von Hannover, Bayern und Württemberg blieben „intakt". Im September 1933 wurde Ludwig Müller, der „Vertrauensmann des Führers", zum Reichsbischof gewählt und feierlich in Wittenberg in sein Amt eingeführt.

Die folgenden Jahre brachten eine Fülle von großen und kleinen Auseinandersetzungen zwischen dem nationalsozialistischen Staat und den Deutschen Christen einerseits und der Bekennenden Kirche andererseits. Als Datum für die Entstehung der Bekennenden Kirche kann die Gründung des Pfarrernotbundes im September 1933 durch Martin Niemöller gelten. Es gab Kämpfe etwa um Kanzelabkündigungen, in denen die Bekennende Kirche zu Maßnahmen des deutsch-christlichen Kirchenregiments und später auch zu solchen des nationalsozialistischen Staates Stellung nahm, oder um die Auslandsbeziehungen zu anderen Kirchen, die als „international" verdächtigt wurden, oder um die Durchführung des Arierparagraphen in der Kirche oder um die Vereidigung der Pfarrer auf Hitler. Nicht selten konnte es scheinen, daß der Kampf vielleicht nur um Äußerlichkeiten gehe, aber im Grunde konnte kein Zweifel bestehen, daß bei all diesen Auseinandersetzungen doch immer das Ganze des christlichen Glaubens und des Zeugnisses auf dem Spiel stand.

Sowohl bei den Deutschen Christen als auch bei der Bekennenden Kirche erfolgte mehr und mehr eine Klärung. Bei jenen setzten sich radikale Elemente durch, wohingegen viele, die anfangs mitgemacht hatten, sich abwandten und sich teilweise der Bekennenden Kirche anschlossen. In dieser hatte Karl Barth vor allem anfangs geistig und geistlich die Führung. Bald aber wurde die Bekennende Kirche durch verschiedene innere Auseinandersetzungen gelähmt, die die Frage betrafen, ob und wieweit man mit dem illegal zur Macht gekommenen Kirchenregiment verhandeln und zusammenarbeiten dürfe, um den konfessionellen Frieden wiederherzustellen.

Je drückender die Politik der Nationalsozialisten wurde, um so mehr erkannten die Führer der Bekennenden Kirche die Pflicht, auch zu Fragen des öffentlichen Lebens Stellung zu nehmen. Den Höhepunkt stellt die Denkschrift der Bekennenden Kirche vom Mai 1936 dar, die mit schonungsloser Offenheit Hitler die Wahrheit sagte, ihn aber zugleich beschwor, von seinem Wege zu lassen. Später haben manche Führer der Bekennenden Kirche wie etwa Dietrich Bonhoeffer an der Vorbereitung des Aufstandes gegen Hitler teilgenommen. Hier hat die evangelische Kirche erstmalig gelernt, daß sie auch eine Verantwortung für das öffentliche Leben trägt.

Vor allem aber hat der Kirchenkampf zu einer innerkirchlichen Klärung geführt. Hier muß als Höhepunkt die Barmer Bekenntnissynode vom Mai 1934 bezeichnet werden. Der erste Satz ihrer theologischen Erklärung lautet: „Jesus Christus, wie er uns in der Heiligen Schrift bezeugt wird, ist das eine Wort Gottes, das wir zu hören, dem wir im Leben und im Sterben zu vertrauen und zu gehorchen haben." Schroff wird der Anspruch zurückgewiesen, daß es auch andere Quellen der Offenbarung gebe. Vielmehr sei Jesus Christus sowohl der Zuspruch der göttlichen Vergebung als auch der kräftige Anspruch Gottes auf unser ganzes Leben. Dem Staat wurde gesagt, daß er „in der noch nicht erlösten Welt, in der auch die

Kirche steht, nach dem Maß menschlicher Einsicht und menschlichen Vermögens unter Androhung und Ausübung von Gewalt für Recht und Frieden zu sorgen" habe.

Die Theologische Erklärung hat Theologie und Kirche zu der Sache zurückgerufen, um die es ihnen zu gehen hat. Darin besteht ihre bleibende Bedeutung. Hinter diese Erkenntnis kann und darf die evangelische Kirche auf keinen Fall wieder zurückgehen.

Freilich kann die Geschichte des Kirchenkampfes zugleich nur als eine Geschichte menschlicher Schwachheit gesehen werden. Es hat damals nicht nur mutiges Bekennen, sondern auch viel Versagen gegeben. Andererseits waren auch unter den Deutschen Christen nicht wenige, die dem nationalsozialistischen Staat in manchen wichtigen Fragen Widerstand geleistet haben. Mit sachlichem Recht kann als Abschluß des Kirchenkampfes nicht das Ende des Dritten Reiches, sondern nur das Stuttgarter Schuldbekenntnis vom Herbst 1945 bezeichnet werden, in dem die Worte stehen: „Wir klagen uns an, daß wir nicht mutiger bekannt, nicht treuer gebetet, nicht fröhlicher geglaubt und nicht brennender geliebt haben."

IV DOGMATIK

Heinrich Ott

1. *Theologie*
2. *Hermeneutik*
3. *Offenbarung*
4. *Natur und Gnade*
5. *Trinität*
6. *Vorsehung*
7. *Inkarnation*
8. *Rechtfertigung und Heiligung*
9. *Glaube*
10. *Kirche*
11. *Wort und Sakrament*
12. *Ewiges Leben*

Theologie IV/1

Ähnlich wie die Werke zum Glauben gehören, ohne doch je selbst an die Stelle des Glaubens treten und ihn überflüssig machen zu können, gehört auch Theologie zum Glauben – als eine Bewegung des Denkens, die selber nicht einfach mit dem Glauben identisch ist, zu der aber der Glaube drängt und in der er sich ausspricht. Dieses Drängen des Glaubens zum Sich-Aussprechen in den Taten und im theologischen Erkennen ist von daher zu verstehen, daß der Glaube ein Geschehen ist, das den *ganzen* Menschen erfaßt, der Mensch als Mensch aber „ad intellegendum et agendum natus" (zum Erkennen und Handeln geboren) ist.

Theologie als *wissenschaftliches* Denken kommt dadurch zustande, daß der Glaubende nach 1. Petr. 3,15 immer bereit sein soll zur Verantwortung gegenüber jedermann, der von ihm Rechenschaft (Logos) fordert über die Hoffnung (des Glaubens), die in ihm lebendig ist. Mit dieser Bestimmung der wissenschaftlichen Theologie ist zweierlei gesagt:

1. Theologie als wissenschaftliches Denken expliziert den Grund und Sinn, den inneren Logos (das, worüber man Rechenschaft ablegen kann) einer schon vorgegebenen, schon im voraus wirklichen, lebendigen Glaubenshoffnung. Theologie ist in diesem Sinne nie voraussetzungslos; sie geht nicht von einem Nullpunkt an ihre Sache heran, sondern hat das Ganze ihres Themas als gelebte Wirklichkeit von allem Anfang an schon bei sich. Ferner ist diese Voraussetzung der Theologie offenbar von solcher Art, daß sie nicht ohne weiteres von jedermann nachvollzogen und kontrolliert werden kann. Deshalb wird oft gesagt, Theologie sei eigentlich keine Wissenschaft. Das wußte auch Thomas von Aquin, wenn er sich mit dem Einwand auseinandersetzte, Theologie sei unwissenschaftlich, weil sie nicht von durch sich selbst (für jedermann) einsichtigen Anfängen ausgehe (Summe der Theologie I, I q. 1, art. 2). In der Tat beansprucht Theologie auch nicht, eine Wissenschaft in *diesem* Sinne zu sein – wobei immerhin noch der Einwand zu erwägen bleibt, daß ja auch die Voraussetzungen, die principia (Anfänge) anderer Wissenschaften (etwa der Mikrophysik) nicht ohne weiteres und von jedermann, sondern faktisch nur von sehr wenigen kontrolliert werden können. Dennoch bleibt die Voraussetzung

der Theologie – der Glaube – sicherlich eine Voraussetzung von besonderer Art. Nicht jedermanns Sache ist der Glaube, sondern derer, denen er von Gott gegeben wird. Wer aber diese sein werden, weiß man, wenn man Gottes Freiheit achtet, nicht im voraus, und darum muß die Theologie allen Versuchen von kirchlicher (und unkirchlicher) Seite, hier vorschnell Grenzen zu ziehen, Widerstand leisten. Diese Grenzen kann nur Gott selber ziehen. Wir aber haben die Pflicht, zu glauben, daß auch die andern (bzw. wir selber) glauben *können.*

2. Die besondere Wissenschaftlichkeit, die wissenschaftliche Strenge der Theologie besteht also darin, daß sie gegenüber *jedermann,* der Rechenschaft, Logos fordert, zur Verantwortung bereit ist. Dieser Jedermann kann innerhalb, am Rande oder außerhalb der Kirche stehen. (Oft sind, weil Glaube immer angefochtener Glaube bleibt, die Fragen derer außerhalb und derer innerhalb der Kirche dieselben.) Die wissenschaftliche Strenge der Theologie ist ihre Umsichtigkeit und Bedachtsamkeit: daß sie grundsätzlich keine Fragen unbeantwortet läßt. Sie wird wohl gelegentlich sagen, daß eine Frage keine echte Frage ist — aber auch das wird sie begründen. Sie wird nie die Frage abschneiden mit dem Bescheid: „Das mußt du eben glauben!“ Sie wird aber gelegentlich an den Punkt kommen, wo sie sagen muß: „Der Logos, den ich dir zu geben habe, ist nicht für den Zaungast, sondern verlangt den praktischen Einsatz. Du mußt beten und handeln, um ihn ganz zu verstehen. Beides kannst du.“ — Theologie ist in diesem Sinne voraussetzungslose Wissenschaft: indem sie zum Gespräch grundsätzlich mit jedermann bereit ist, jedermanns Fragen und Einwände beantwortet und sich in diesem universalen Dialog in der Tat von jedem kontrollieren läßt.

Der Vers 1. Petr. 3,15 gibt aber noch mehr her zur Erfassung des Wesens der Theologie. Er belehrt uns außerdem

1. über die Grundlage der Theologie
2. über die Verifikationsmethode der Theologie
3. über die Geschichtlichkeit der Theologie
4. über den „Wirkungskreis“ der Theologie.

Über die Grundlage der Theologie (1.) lernen wir folgendes: Der Glaube ist — wie wir schon sahen — das Vorgegebene, über das dann Rechenschaft zu erstatten ist. Solcher Glaube ist aber nicht zureichend erkannt, wenn wir darunter nur einen Zustand des Menschen, ein Gefühl, einen Entschluß oder dergleichen verstehen. Sondern der Glaube ist *dialogisch.* Das ist sein Wesen. Er ist nicht nur etwas „an“ einem menschlichen Subjekt, sondern er ist etwas „zwischen“ zwei „Subjekten“, nämlich — nach dem, wie er sich selber versteht — zwischen dem Menschen und Gott.

Die Wirklichkeit des hoffenden Glaubens in uns, über die im universalen Dialog des theologischen Denkens Rechenschaft erstattet wird, ist selber schon in diesem Sinne dialogisch. Damit ist gesagt, daß beide Partner, zwischen denen sich die Wirklichkeit des Glaubens ereignet, zueinander sprechen. Gott redet in seinem Wort, und sein Wort trifft uns durch die in der Heiligen Schrift versammelten Stimmen. Insofern hat Theologie als Rechenschaft vom Glauben die Bibel zur Grundlage! (Daß Gottes Wort gerade hier und nicht anderswo laut werde, ist keine willkürliche Behauptung des Glaubens, sondern ist Ausdruck der Tatsache, daß der Glaube hier etwas Bestimmtes vernommen hat, das er so eben nur gerade hier vernimmt. Was dieses Bestimmte, dieser unverwechselbare Ton und Inhalt sei, das zu explizieren ist Sache der Theologie. Es ist somit folgerichtig, daß sie dabei dieses und kein anderes Buch zugrunde legt.)

Das von Gott gesprochene Wort darf nun aber nicht wieder objektiviert werden, weder historisch noch doktrinal. Es ist keine „Lehre" im Sinne einer übernatürlichen Information über himmlische Dinge. Es kann nicht gelöst werden aus dem Zusammenhang mit dem Dialog des Glaubens: Es ist ein Wort, das eine Antwort erfordert und das nur vom Antwortenden verstanden wird. Die Antwort gibt der Mensch im Gebet (wobei auch das ganze Leben Gebet sein kann, welches dann im ausdrücklichen Gebet noch einmal durch die Sprache eingeholt und artikuliert wird). Insofern kann, wie das Wort Gottes, so auch das Gebet Grundlage der Theologie heißen.

Was die Theologie sagt, ist (2.) nicht unverifizierbar. Was unverifizierbar ist, ist leere Behauptung, ein nonsense. Die *Verifikation theologischer Sätze* geschieht durch das Rechenschaftgeben gegenüber jedermann. In dem Maße werden theologische Aussagen theologisch verifiziert, als sie gegenüber den verschiedensten Fragen der Zeitgenossen ver-antwortet werden, in dem Maße, als der Theologe gegenüber jedermann zur Antwort bereit und auch fähig ist.

Die Frage der Zeitgenossen an die Gläubigen lautet im Prinzip immer: „Ist das, was ihr uns sagt, auch wahr?" Dabei kann sie sich aber modifizieren. Sie kann etwa lauten: „Ist das, was ihr uns sagt, etwas Neues und Besonderes, das wir nicht ohnehin schon gewußt haben?" Oder: „Ist das, was ihr uns sagt, etwas Brauchbares, das wir verstehen und aus dem wir leben können?" – Die Verifikation muß sich darum nach zwei Seiten ausrichten: nach der Heiligen Schrift, durch die uns das Wort Gottes als ein neues Wort trifft, und nach der Wirklichkeit des gelebten Lebens. Beides muß ver-antwortet, über beides muß Rechenschaft abgelegt werden: Formulieren unsere theologischen Aussagen das Wort Gottes (denn wir glauben, daß Gottes Wort den Menschen etwas Neues und Besonderes sagt, das sie sich nicht ohnehin auch schon selber sagen können), und sagen sie etwas, das den Menschen hilft, indem es sie fördert zu klarerer Erkenntnis dessen, worauf es letzten Endes ankommt, und zu besserem Leben? – Es kommt also der theologischen Verifikation auf beides an: zu zeigen, daß eine Aussage der Bibel entspricht, und zu zeigen, daß sie auf das wirkliche Leben der Menschen zielt. (Beides sind übrigens nicht zwei getrennte Denkaufgaben!)

Der Begriff des Rechenschaft-Gebens führt uns (3.) weiter zur Einsicht in die wesenhafte *Geschichtlichkeit der Theologie:* Nicht in jedem Augenblick, nicht in jeder Epoche haben wir uns gegenüber *allen* Fragen zu verantworten. Denn die Fragen haben ihre Geschichte, und so auch das Rechenschaft-Geben der Theologie. Es gibt in der Geschichte Zeiten, in denen bestimmte Fragen aktuell und bestimmte Antworten möglich werden, die es vordem noch nicht waren.

Dafür zwei Beispiele: Die Frage nach der Errettung derjenigen, die nicht an Jesus Christus glauben, wird aktuell in einer Epoche, in der die Christen mit Vertretern anderer Religionen und Weltanschauungen und mit weltanschaulich Gleichgültigen mehr und mehr in einem einzigen Lebensraum zusammenrücken und zusammenarbeiten müssen. Oder: Es ist in unserer Zeit mit der philosophisch-theologischen Erarbeitung einer personalen und existentialen Begrifflichkeit begonnen worden, die noch nicht zur Verfügung stand, als die Reformatoren und die Väter des Tridentinischen Konzils über das Verhältnis von göttlicher Gnade und menschlicher Freiheit nachdachten. Deshalb werden heute in dieser Sache allmählich neue und vielleicht erhellendere Antworten möglich sein.

Darum kann der Theologe als endlicher und geschichtlicher Mensch nur das ver-antworten und über das Rechenschaft geben, was in seinen Gesichtskreis tritt. Er ist in seinem Denken bestimmt durch die in seiner Epoche möglichen Fragen und Antworten und bringt es nie zu einem zeitlosen System der Wahrheit. Trotz solcher bleibenden Unvollständigkeit und geschichtlichen Bedingtheit hat es theologisches Denken doch wirklich mit Wahrheit und Wahrheitserkenntnis zu tun. Wenngleich in geschichtlicher Bedingtheit, geht ihm doch jeweilen Wahrheit auf.

Theologie ist schließlich auch bestimmt durch ihre eigene Vergangenheit. Gewiß soll sie nicht bloß ein distanziertes Lehr-System von früher gemachten dogmatischen Aussagen entwickeln (die bloße Repetition einer früher gemachten Aussage ohne die Anstrengung des Neu-Sagens gibt in Wahrheit den Gehalt der Aussage preis!), sondern soll je Rechenschaft geben auf die eine Frage hin: „Was glauben wir wirklich?“ (Bonhoeffer.) Eben dies aber kann sie, weil in der Kirche keiner allein steht und keiner sich ohne die andern verantwortet, nicht tun ohne Bezugnahme auf die theologische Tradition.

1. Petr. 3,15 stellt uns schließlich (4.) vor die Frage nach der *„Reichweite“ des theologischen Denkens:* Wer versteht die theologischen Gedanken? Nur der Gläubige – oder auch der Ungläubige? (Wir stoßen hier auf die Dialektik des „Credo ut intellegam“ und des „Intellego ut credam“!)

Es scheint hier zunächst eine Aporie zu bestehen: Entweder der Ungläubige kann Theologie nicht verstehen. Inwiefern soll es dann aber einen Sinn haben, zu sagen, Theologie sei auch ihm gegenüber zur Rechenschaft bereit? Oder aber der Ungläubige versteht die Theologie. Inwiefern ist dann der Glaube noch wichtig? (Wenn so die Erkenntnis dessen, was der Glaube sagt, schon beim Ungläubigen vorausgesetzt wird, ist dann nicht der Glaube nur noch ein bloßer Willensentschluß, der mit Erkenntnis nichts mehr zu tun hat?)

Die Lösung der Aporie liegt darin, daß es fließende Übergänge gibt. Grundsätzlich gibt theologisches Denken nach 1. Petr. 3, 15 auch dem noch nicht Gläubigen Rechenschaft. Grundsätzlich hat Theologie so zu reden, daß auch er es verstehen kann. Sie kann freilich sein Verständnis nicht erzwingen. In dem Maße, als er im Verstehen fortschreitet, nähert er sich dem Glauben. Wo genau der Übergang zum Glauben liegt, läßt sich nicht ausmachen. Denn der Glaube ist kein Punkt, sondern ein Weg, eine Geschichte.

Hermeneutik IV/2

Die Besinnung auf die Hermeneutik und das Wesen des „Hermeneutischen“ (Heidegger) schützt die Theologie vor einem schweren Mißverständnis und hat darum für sie grundlegende Bedeutung. Das Mißverständnis besteht darin, daß man die Theologie für irrational, ihre Aussagen für unverifizierbar hält, weil sie sie nicht mit jener zwingenden Evidenz zu demonstrieren imstande ist, wie sie den empirischen und insbesondere den mathematischen Wissenschaften eignet. Die Hermeneutik weist nach, daß es überall im Bereich des geschichtlichen Seienden Erkenntnis gibt, die durchaus rational, nämlich kommunizierbar und kontrollierbar ist, die es aber nie bis zum zwingenden Beweis bringt und dies auch keineswegs anstreben darf.

Wenn etwa ein Historiker ein Ereignis der Vergangenheit durch andere Ereignisse deutet und von ihnen herleitet, kann er seine Anschauung sehr wohl plausibel machen (sofern sie plausibel ist!). Er kann seine Gründe darlegen und sich im Gespräch von jedermann daraufhin kontrollieren lassen, ob er für das, was er für wahr hält, Gründe hat und ob diese als zureichend erscheinen. Er kann aber keine These so demonstrieren, daß es für einen Vernunftbegabten praktisch nicht mehr möglich ist, das Gegenteil zu behaupten. Die Richtigkeit des pythagoräischen Lehrsatzes zu leugnen oder das Gravitationsgesetz oder die Tatsächlichkeit eines beobachtbaren Wachstumsprozesses zu bestreiten, wäre Unsinn. Dagegen braucht durchaus kein Unsinn dabei im Spiele zu sein, wenn etwa die Gestalt Luthers unter sehr verschiedenen, ja gegensätzlichen Aspekten gesehen und gedeutet wird. Jede Deutung mag ihre plausiblen Gründe und Belege vorweisen können, und trotz ihrer Gegensätzlichkeit können die verschiedensten Deutungen die Einsicht in die geschichtliche Gestalt vertiefen, das Bild „vervollständigen“, dessen letzte Vollständigkeit doch durch keine Forschung und Deutung je zu erreichen ist. – Kein Einsichtiger wird der Meinung sein, die Geschichtswissenschaft sei darum irrational und keine Wissenschaft, oder es könne hier jeder einfach willkürlich und ohne jede Kontrolle behaupten, was er will. Im Gegenteil mag zwar ein völlig verzerrtes, willkürliches Lutherbild sich wohl eine Zeitlang und in gewissen Kreisen halten und also geschichtlichen Erfolg haben; es wird sich aber in einem ernsthaften Gespräch unter Historikern (das freilich jeweils erst seinen Kairos, seine Zeit, finden und also glücken muß) sehr bald mangels ernsthafter Gründe und Belege als willkürlich erweisen.

Auch die Deutung der Geschichte hat also ihre Rationalität. Es mögen (scheinbar) konträre Deutungen nebeneinander Platz haben und zur vertieften Erkenntnis beitragen – das Willkürliche und Grundlose aber scheidet aus. Freilich bestehen Unterschiede zwischen dieser Rationalität und der Rationalität etwa der exakten Naturwissenschaften. Die zwingende Evidenz ist dem Berechnen von Abläufen eigen – sie widerspricht dem Verstehen von Sinn. Auch erfordert die Rationalität im Bereich der Geschichte, wie wir sahen, die „Stunde des Gesprächs", die Gesprächs-Bereitschaft aller Beteiligten – wohingegen auch der Nicht-Gesprächsbereite in seiner Obstinatheit noch gleichsam mit Gewalt von der Richtigkeit etwa eines geometrischen Satzes überführt werden kann.

Die besondere „Logik" im Bereich des Geschichtlichen nennen wir die Hermeneutik. Sie darf die eigentliche *Apologetik* der Theologie heißen. Denn sie wehrt die Angriffe derer ab, welche sagen, die Theologie sei widervernünftig. (Dies ist freilich, wie wir gleich sehen werden, nicht ihre einzige Funktion für die Theologie.) Sie wehrt diese Angriffe gegen die Theologie, gegen das Nachdenken über den unsichtbaren Gott, ab, indem sie evident macht, daß es schon im Bereich der sichtbaren, vertrauten, uns allen vor Augen liegenden Wirklichkeit echte Erkenntnis gibt, die nicht am Wissenschaftsideal der exakten Naturwissenschaften gemessen werden kann und darf.

Eng verbunden mit dem Namen Rudolf Bultmanns, bezeichnet das Neuaufkommen, das Bewußt- und Aktuellwerden des hermeneutischen Problems die spezifische theologische Situation der Gegenwart und markiert die neue Wende in der Theologie, nach der großen Wende der „dialektischen Theologie" in den zwanziger Jahren dieses Jahrhunderts. Und zwar gilt diese Kennzeichnung der Gesprächslage nicht nur für die protestantische, sondern mit ebensolcher Offenkundigkeit auch für die katholische Theologie, deren Hauptproblem seit dem Zweiten Vatikanischen Konzil das des geschichtlichen Verständnisses ihrer Lehre ist: der „Dogmenentwicklung" im Innern der Kirche und der Verständlichkeit des Evangeliums nach „außen", das heißt für den säkularen Menschen.

Dieses Aufkommen des hermeneutischen Problems in der Theologie hat seinen geschichtlichen Sinn darin, daß in der gegenwärtigen Epoche der Christenheit die „konservative" hinter der „explikativen" Funktion des theologischen Denkens zurücktritt: Kirche hat heute nicht in erster Linie das Geheimnis der ihr von Gott anvertrauten Wahrheit gegen die Häretiker zu schützen und zu bewahren, die Wahrheit gegenüber dem Irrtum abzugrenzen, sondern ihre dringlichste Aufgabe besteht darin, dieses Geheimnis als eine hilfreiche Botschaft allen Menschen verständlich zu machen, es zu *explizieren.* Darum interessiert sich die Theologie heute allenthalben, wo sie zum Bewußtsein ihrer dringlichsten Aufgabe erwacht ist, für die Hermeneutik. Denn Hermeneutik heißt ja eben: Nachdenken darüber, wie es zugeht, daß etwas verständich wird, wie es zum Verstehen kommt. Dieses Nachdenken ist zumal in der Theologie notwendig, damit sie in der Unruhe bleibt. Denn es gibt gerade in der Theologie und in der Kirche ein bloß scheinbares und doch selbstzufriedenes „Verstehen", welches der größte Feind des wirklichen Verstehens ist.

Damit stehen wir bei der zweiten und noch wichtigeren Funktion der Hermeneutik für die Theologie: Hermeneutik ist die Besinnung auf das, worauf es der Theologie eigentlich ankommt, nämlich auf das Verstehen und Verständlichmachen. Im Grunde ist die Theologie selber und als solche eine hermeneutische Denkbewegung. Denn die Rechenschaft über den Glauben ist ja eine Rechenschaft über mein Verstehen meines Glaubens (ich kann nur Rechenschaft geben über das, was ich selber verstehe und zu verantworten habe!) und ebendamit ein Verständlichmachen des Glaubens für andere.

So ist das Wesen der Theologie hermeneutisch. Sofern die Theologie als exegetische Theologie die Bibel auslegt, hat sie geschriebene *Texte* zu verstehen. Sofern sie als dogmatische (systematische) Theologie die Wahrheit Gottes, die der Glaube ergriffen hat, artikuliert, hat sie die *Sache,* von der diese Texte reden wollen, zu verstehen und verständlich zu machen. Beides bedingt sich natürlich gegenseitig und kann nicht voneinander gelöst werden. Ich kann schließlich einen Text nicht wirklich verstehen, wenn ich nicht zugleich die Sache verstehe, die der Verfasser verstanden hat und verständlich machen will. Ich kann zum Beispiel einen militärwissenschaftlichen Text höchstens oberflächlich, aber sicher nicht wirklich verstehen, wenn ich mich nicht zugleich in der einen oder andern Weise aufs Militärische selbst verstehe. So kann ich auch einen theologischen Text höchstens oberflächlich, aber nicht wirklich verstehen, wenn ich nicht *zugleich* (nicht notwendig vorher: denn ich kann es ja durch den Text gerade lernen!) in der einen oder andern Weise Gott verstehe. Dieses Verstehen impliziert aber eine persönliche Stellungnahme: „Gott" muß für mich persönlich etwas bedeuten...

Wegen dieser hermeneutischen Einheit von Textverständnis und Sachverständnis durchdringen sich in der Theologie Exegese und Dogmatik gegenseitig.

Das Wort Hermeneutik (von griechisch *hermeneuein* = dolmetschen) bezeichnet ursprünglich die Kunst des Verstehens und Auslegens geschriebener Texte. In der neueren Besinnung hat das Wort aber noch einen weiteren Sinn gewonnen, eben wegen der Untrennbarkeit von Textverständnis und Sachverständnis: *alles* Verstehen ist Thema der Hermeneutik. Nun ist der Mensch selber ein verstehendes Wesen (manchmal freilich vermag er sein Verstehen nicht in Worten auszudrücken, und manchmal stutzt er und versteht noch nicht). So ist Hermeneutik im weitesten Sinne die Wissenschaft vom Menschen und seiner Geschichte. *Theologische* Hermeneutik ist die Wissenschaft vom Menschen in seiner Geschichte mit Gott.

Das Modell allen hermeneutischen Geschehens ist, wie unter anderem Hans-Georg Gadamer in seinem grundlegenden Buch „Wahrheit und Methode“ (Tübingen 1960) gezeigt hat, der *Dialog*. Es gilt, sich von dem „positivistischen“ Mißverständnis der Geschichte und der Sprache zu befreien, als könnten wir die „Meinung“ eines Menschen, etwa des Verfassers eines Textes, sauber und klar als eine „nackte Tatsache“ herausstellen und uns selber dabei völlig in Distanz halten und die Tatsache betrachten, so wie man einen Stern durch ein Fernrohr betrachtet. Ich verstehe, was ein anderer Mensch sagen will, was er „meint“, überhaupt nur dann, wenn ich mich mit ihm ins Gespräch einlasse und es *mir* von ihm sagen lasse, und das heißt zugleich: wenn ich in der einen oder andern Weise selber zur Sache selbst Stellung nehme.

(Auch hier gibt es freilich gewisse Ausnahmen. Wenn mir etwa jemand mitteilt, wann der nächste Zug fährt, so verstehe ich diese Information ohne jedes Gespräch und ohne jede Art von Stellungnahme. Ich muß lediglich die Uhrzeit kennen und wissen, was ein Zug ist. Dagegen verhält es sich beispielsweise mit der göttlichen Heilsgeschichte beim Verstehen nicht gleich wie mit dem Kursbuch.)

Offenbarung IV/3

Dem ursprünglichen Wortsinn nach bedeutet „Offenbarung“ (griechisch: apokalypsis, lateinisch: revelatio = „Enthüllung“) im theologischen Raum, daß Gott den Menschen etwas Verborgenes enthüllt. Das Verborgene ist nicht irgend etwas, sondern etwas Übernatürliches, das man nicht auf natürlichem Wege kennenlernt. Und so geschieht auch die Enthüllung auf übernatürliche Weise.

Dieser einfache theologische Offenbarungsbegriff scheitert aber daran, daß er voraussetzt, daß wir Gott kennen und lediglich die verborgenen Dinge, die er uns offenbaren wird, noch nicht kennen. Dies jedoch ist gerade fragwürdig. Kennen wir Gott? Woher kennen wir ihn? Hier sind verschiedene Antworten möglich, und damit setzt das komplizierte theologische Offenbarungsproblem ein.

Es könnte gesagt werden: Wir kennen Gott durch die Mittel unserer menschlichen Vernunft. Diese Fähigkeit hat uns Gott von Anfang an gegeben; wir brauchen sie nur zu betätigen. Darüber hinaus offenbart uns Gott aber aus freien Stücken noch gewisse Tatsachen hinsichtlich seiner selbst und seiner Absichten mit uns, Tatsachen, die für unsere Vernunft zu hoch sind. Dies schien nach dem Ersten Vatikanischen Konzil (1869/70) die Auffassung der katholischen Kirche zu sein. Die Entwicklungen in der katholischen Theologie seither zeigen allerdings, daß man auch dort die Dinge nicht ganz so einfach sieht.

Eine andere Auffassung ist die folgende: Wir können von Gott aus eigener Fähigkeit überhaupt nichts wissen, wenn Gott sich uns nicht offenbart. Nun hat er sich aber von Anfang an allen Menschen offenbart („allgemeine“ oder „Ur“-Offenbarung). Dieser allgemeinen Offenbarung folgt indessen eine spezielle, „heilsgeschichtliche“ Offenbarung an sein Volk Israel (Altes Testament) und durch seinen eigenen Sohn Jesus Christus (Neues Testament), durch welche unsere Gotteserkenntnis spezifiziert und konkretisiert wird, ja ihren wichtigsten Inhalt überhaupt erst gewinnt.

Eine dritte Auffassung sagt: Ausschließlich durch die in Jesus Christus gipfelnde „spezielle“ Offenbarung wissen wir überhaupt etwas von Gott. – Eine vierte Auffassung endlich fügt hinzu: Wenn wir auch nur durch die

„spezielle" Offenbarung Gott erkennen, so haben doch alle Menschen durch ihr menschliches Sein schon zum mindesten die *Frage* nach Gott immer schon gestellt – denn sonst könnten sie die spezielle Offenbarung, wenn sie ergeht, überhaupt nicht verstehen.

Offenkundig ist, daß wir Gott nicht sehen noch ihn (in der Regel) auf irgendeine Weise direkt erfahren, so wie wir andere Wirklichkeiten in der Welt erfahren. Eine Gotteserkenntnis aber, die nur auf indirekten Schlußfolgerungen mit den Mitteln der Logik beruhte, wäre, auch wenn sie möglich wäre, noch keine wirkliche Kenntnis Gottes. Denn Gott ist eine Person. Und eine Person muß uns, wenn sie uns überhaupt angeht, direkt angehen. Wer sagt uns das? – Die Offenbarung Gottes selbst!

Wir stehen eben schon – mindestens in der Kirche, also da, wo man die Offenbarung Gottes kennt und im Glauben ergreift – unter dem Anspruch der Offenbarung. Dieser ist ein Faktum. Mit dieser Faktizität haben wir uns praktisch auseinanderzusetzen, und es hat zunächst gar keinen Sinn, daran vorbei theoretisch über die Offenbarung Gottes und wie sie allenfalls aussehen *könnte*, zu spekulieren!

Damit vereinfacht sich das Offenbarungsproblem wieder: Die Theologie, der Glaube selber versteht die Wahrheit, unter deren Anspruch er in der Kirche steht, als Offenbarung Gottes. Der ganze Raum gleichsam, in dem wir uns bewegen, der „Wahrheitsraum" für den Glauben in der Kirche, die Wahrheit, mit der der Glaube umgeht, die auf ihn zukommt, an die er glaubt, heißt dann „Offenbarung". (Wir sprechen bewußt immer wieder vom „Glauben in der Kirche" – um klarere Konturen zu gewinnen. Denn die Frage ist durchaus offen, ob es nicht auch eine Form des Glaubens außerhalb der Kirche gibt.)

Was haben wir nun damit gesagt, wenn wir sagten, daß der Glaube in der Kirche faktisch unter dem Anspruch der Offenbarung steht, daß er die Wahrheit, mit der er es faktisch zu tun hat, als Offenbarung versteht? – Zunächst und vor allem dies, daß uns in Gestalt dieser Wahrheit „etwas gesagt wird, das wir uns nicht selber sagen können" (Karl Barth). Die Offenbarung bedeutet also ein *Wort* Gottes an uns, das heißt zunächst: an alle die, die es vernehmen. Zwar ist es grundsätzlich denkbar, daß der menschliche Geist von sich aus den Inhalt der Offenbarung denkt. Es wäre eine reine Behauptung, zu sagen, daß der Menschengeist grundsätzlich außerstande gewesen wäre, den Inhalt des Christentums zu „erfinden", so wie er sich die verschiedensten Weltbilder ausgedacht hat. (In dieser Ausdrucksweise liegt natürlich eine gewisse Vereinfachung, denn die großen Philosophien sind ja auch wieder keine willkürlichen „Erfindungen" des Menschengeistes, sondern die Menschen waren je genötigt, *so* zu denken, weil sich ihnen die Wirklichkeit gerade *so* zeigte.) Als vom Menschen selber „erfundenes" Wort wäre das Evangelium aber gerade kein Wort *an* den Menschen. Denn ein „Wort an ..." setzt voraus, daß es von einem anderen gesprochen wird, daß es also für den, an den es ergeht, unverfügbar ist. In diesem Sinne bleibt es dabei, daß wir uns die Offenbarung, also das Wort Gottes, nicht selber sagen konnten. Offenbarung ist ja primär auch nicht ein Wort *einiger* Menschen an andere, die es sich nicht selber sagen konnten (auch das wäre wenigstens ein echtes Wort), wenn gelten soll, daß Offenbarung (grundsätzlich) ein Wort ist, das *allen* Menschen gilt. – So wenigstens versteht der Glaube das Evangelium.

Wenn also Offenbarung ein *Wort* ist, das dergestalt „von außen" an uns ergeht, so gehört (als zweites Kennzeichen) dazu, daß Offenbarung etwas „von uns will". Sie läßt uns nicht indifferent und verhält sich nicht indifferent uns gegenüber. Sie nimmt uns in Anspruch, fordert unsere Stellungnahme heraus – so wie ein Mensch, der uns nicht etwas Gleichgültiges, sondern etwas Wichtiges mit-teilt, uns damit in Anspruch nimmt, gleichgültig ob er das dann noch eigens sagt oder nicht (beispielsweise wenn ein Freund mir ein Geheimnis seines Lebens mitteilt). Die Offenbarung nimmt uns *total* in Anspruch: Sie verlangt – durch ihr Wesen selbst als Offenbarung – von uns eine Stellungnahme, eine Entscheidung, die so geartet sein müßte, daß sie alle unsere anderen Entscheidungen, die wir sonst in unserem Leben noch treffen, beherrscht und sich in ihnen auswirkt.

Offenbarung nimmt uns aber (drittens) nicht nur in Anspruch, sondern sie gibt uns auch etwas. Der Anspruch *allein* genügt nicht: Offenbarung ist nicht nur ein Befehl, so oder so zu leben und zu handeln. Der Befehl hat seine Begründung und sein Woraufhin. Offenbarung enthält – wie man sich in der zeitgenössischen Theologie gerne ausdrückt – nicht nur einen Imperativ, sondern auch einen Indikativ. – So ist beispielsweise die Botschaft von der Auferstehung der Toten nicht nur eine Information: „Es gibt ein Leben nach dem Tod", sondern ein Anspruch: so zu leben, daß man über die Grenze des Todes hinaus hofft. Andererseits beruht dieser Anspruch auch nicht auf einer „Theologie des ‚Als ob'" („... *als ob* es eine Auferstehung der Toten gäbe"), sondern es kommt in der Botschaft dem, der sie vernimmt, personal etwas entgegen, das den Anspruch rechtfertigt. (So wie etwa der Anspruch, den eine Ehe an beide Ehepartner darstellt, durch die Realität der Ehe begründet und gerechtfertigt ist.)

Diese drei Grundzüge kennzeichnen die Wahrheit, mit der es der Glaube in der Kirche zun tun hat. Freilich ist dies erst eine formale Beschreibung, die über den *Inhalt* der Offenbarung noch nichts aussagt. Es hat indessen durchaus einen Sinn, daß sich Theologie auch mit derartigen formalen Kennzeichnungen abgibt. Denn der Inhalt der Offenbarung ist ja für den gelebten Glauben in der Kirche *immer schon gegeben;* die Hoffnung ist „in uns" – und die Theologie ist nur das Rechenschaft gebende Reflektieren über diesen vor-gegebenen, vor-gelebten Inhalt.

Eine inhaltliche Bestimmung gehört freilich schon zu dem formalen, inhaltlich sonst noch nicht weiter gefüllten theologischen Begriff der Offenbarung: Offenbarung – als Wort „von außen", als Anspruch und als personale Begründung dieses Anspruches – ist *Selbsterschließung Gottes.* Gott offenbart („enthüllt") nicht irgend etwas, nicht irgendwelche höchste „Wahrheiten", sondern im Grunde einfach nur: sich selbst. Er spricht nicht nur – als Einer, den man ohnehin schon kennt – ein Wort, einen Anspruch, sondern indem er spricht, macht er zugleich sich selber als den bekannt, der er ist. Da aber dieses Wort nicht bloß ein theoretisch belehrendes, sondern ein forderndes und schenkendes (Imperativ und Indikativ!) ist, muß noch mehr gesagt werden: Gott macht sich durch sein Wort nicht bekannt, indem er sich selbst beschreibt, uns gleichsam sein Porträt vorhält, sondern er ist selber in seinem Wort bei denen, die dieses Wort vernehmen, gegenwärtig. (So wie eine Mutter durch einen Brief an ihren Sohn in gewisser Weise selber bei diesem gegenwärtig wird. Dies ist nicht metaphorisch, sondern real und wörtlich zu verstehen! Freilich bleibt dabei noch zu fragen, was dann „Gegenwärtigsein" heißt, und freilich übertrifft Gottes Gegenwart im Wort diese Gegenwart noch bei weitem: Hier wäre vom Wirken des Heiligen Geistes zu reden!)

Hier ist die Frage anzuschließen, ob Gott denn den Menschen, die sein Wort nicht vernehmen (die es vielleicht hören, aber nicht *vernehmen),* nicht gegenwärtig sei? – Im Hören auf das Wort Gottes erkennen wir, daß er auch ihnen gegenwärtig ist. Für sie gibt es zwar noch keine Offenbarung, wohl aber mag es auch für sie eine *Erfahrung* der Wirklichkeit Gottes geben – dann nämlich, wenn es Gott gefällt, ihnen in irgendwelchen Widerfahrnissen ihres Daseins so zu begegnen, daß sie seiner Wirklichkeit und Gegenwart in irgendeiner – vielleicht kaum in Worten faßbaren – Weise innewerden.

Im Unterschied zu diesen „anonymen" Gottesbegegnungen wird sich, wer die Offenbarung vernimmt, der Wirklichkeit und Gegenwart Gottes bewußt. Für ihn hat Gott einen Namen. (Darum hat man „Offenbarung" auch schon als Offenbarung des *Namens* Gottes bestimmt.) Er weiß sich von Gott angesprochen. Dieses Angesprochensein erfährt er als eine Verpflichtung und gibt darauf eine bewußte Antwort. Er übernimmt eine Aufgabe.

Obwohl Gott, indem er in seinem Wort gegenwärtig wird, nicht nur ein für allemal zu allen Menschen gesprochen hat, sondern zu jedem Menschen, der dieses Wort vernimmt, gegenwärtig und persönlich spricht, erreicht sein Reden die Menschen doch vermittelt durch die Weitergabe der biblischen Überlieferung, also *vermittelt* durch das Wort anderer Menschen. Nicht je neu vom Himmel herab, ohne Zusammenhang mit der menschlichen Geschichte, ergeht das Wort der göttlichen Offenbarung, sondern es ist gleichsam eingebettet in die Geschichte. Man kann darum nicht „Gotteswort“ und „Menschenwort“ sauber voneinander trennen. Sondern Gottes Wort ist für uns nur vernehmbar in der Gestalt der Antwort, die andere Menschen (primär die biblischen Zeugen) darauf gegeben haben.

Es ist klar, daß unter diesen Umständen die Offenbarung Gottes je in geschichtlich bedingter Gestalt begegnet. Denn die Antwort, die die Menschen Gott geben, ist in ihrer Ausdrucksweise, ihren Begriffen, ihren Anschauungen usw. bedingt durch die geschichtlichen Umstände, unter denen die betreffenden Menschen leben. Diese *Geschichtlichkeit der Offenbarung* schließt nicht aus, daß die Antwort dem ewigen Gott zugedacht ist, von dem sich die Antwortenden ihrerseits als angesprochen erfuhren. Daß die Bilder, die man sich in verschiedenen Epochen von Gott macht, teils differieren, schließt – sofern man voraussetzt, daß Gott eine Wirklichkeit und nicht eine Idee ist – nicht aus, daß immer derselbe Gott gemeint ist.

Wenn Offenbarung Selbsterschließung Gottes bedeutet und nicht nur eine Lehre, wenn sie also ein lebendiges und „personales“ Geschehen *zwischen* Gott und den Menschen ist, so ist schließlich auch klar, daß man von der Offenbarung nur reden, über sie nur nachdenken kann, indem man darüber nachdenkt, was sie für ihren Adressaten, den Menschen, bedeutet und was sie bei ihm ausrichtet. Man kann die Offenbarung Gottes auch in Gedanken nicht trennen vom Menschen, an den sie gerichtet ist. Die Offenbarung Gottes verstehen und auslegen heißt darum immer gleichzeitig auch: die Existenz des durch die Offenbarung Gottes betroffenen Menschen verstehen und auslegen.

Natur und Gnade IV/4

Die Offenbarung Gottes trifft nicht ins Leere, sondern sie ergeht an jemanden und trifft auf jemanden, und zwar nicht nur als eine neue Idee, die dieser Adressat nun plötzlich erkennt, sondern als eine neue Wirklichkeit, die ihn betrifft und umgestaltet. Nun stellt sich die Frage nach dem Verhältnis zwischen der Offenbarung und ihrem Adressaten, auf den sie trifft.

Man hat dieses Verhältnis schon als dasjenige zwischen „Natur“ und „Gnade“ bestimmt: Der Mensch (samt seiner Welt, die unablösbar zu seinem Dasein gehört) ist – sofern er noch nicht wirklich ergriffen ist durch die in der Offenbarung Gottes ankommende neue Wirklichkeit – „Natur“. Die neue Wirklichkeit, die ihn in der Offenbarung trifft, heißt „Gnade“. Als vom Geschehen der Offenbarung wirklich Getroffener und Ergriffener steht somit der Mensch „in der Gnade“. Die neue Wirklichkeit, diejenige der Gnade also, heißt darum „Gnade“, weil sie ungeschuldet ist. Niemand kann darauf ein Recht geltend machen. Die Natur, der natürliche Mensch, hat keinerlei Anspruch auf die Gnade und auf die Offenbarung Gottes. Gott bleibt völlig frei, seine Gnade zu gewähren oder auch nicht zu gewähren. Der Mensch erfährt sich so (im Glauben) als an Gott ausgeliefert.

Durch diese Zweiheit von Natur und Gnade (welch letztere dann auch „Übernatur“, „das Übernatürliche“ genannt wurde) ist vor allem die Theologie der römisch-katholischen Kirche seit dem Mittelalter durchgehend geprägt. Der Dualismus von Natur und Gnade ist das beherrschende Prinzip, die dominierende Struktur des katholischen Denkens geworden. Und zwar gilt für dieses Denken der Grundsatz des *Thomas von Aquin*, daß die Gnade die Natur „nicht aufhebt, sondern voraussetzt und vollendet“. So konnte man etwa zu der Auffassung kommen, daß die Existenz Gottes und seine allgemeinen Eigenschaften (Allgegenwart, Ewigkeit usw.) mit dem „natürlichen Licht der Vernunft“ zu erkennen seien und daß auf dieser „natürlichen Theologie“ aufbauend, sie voraussetzend, sich dann eine übernatürliche Offenbarungstheologie erhebe, die uns über Gottes Heilsabsichten belehrt.

Gegen diese „zweistöckige" Theologie und Anschauung vom Menschen haben sich seit der Reformation Bedenken erhoben: Die „Natur" des Menschen sei doch durch die Sünde derart verdorben, daß sie als Voraussetzung, als „Unterbau" für die Gnade und für die wahre Erkenntnis Gottes nicht mehr in Frage kommen könne. Die Gnade könne keine intakt gebliebene Natur des Menschen voraussetzen. Durch sie werde der Mensch vielmehr gänzlich erneuert und umgestaltet, und was wir durch die Offenbarung Gottes erkennen, sei nicht eine bloße Addition zu dem, was wir durch unsere natürliche Intelligenz ohnehin schon von ihm wüßten.

Hinzu tritt das andere Bedenken, daß der Begriff „Natur" – den man schon in der alten christlichen Kirche zur Kennzeichnung des Göttlichen und des Menschlichen in der Gestalt Jesu Christi verwendete – uns gar zu leicht an ein vorgegebenes Ding denken läßt, das unseren Blicken stillhält und dessen Eigenschaften (eben seine „Natur") man beschreiben kann. (Jesus Christus aber *blickt uns an und fordert unseren Blick heraus!*) Dementsprechend liegt die Versuchung nahe, auch die Übernatur, die Gnade, als einen Zustand eines Dinges zu beschreiben.

Demgegenüber muß feststehen, daß „Gnade" nicht etwas Dinghaftes und Zuständliches meint, keinen Gegenstand, sondern ein personhaftes Geschehen. Gnade ist nicht eine den Naturkräften überlegene „Übernaturkraft", die den Menschen von Gott her eingegossen wird. Sie ist nicht eine Eigenschaft wie die Haarfarbe eines Menschen, die sich beschreiben läßt, sondern ist eher wie die Liebe eines Menschen, die sich nicht so beschreiben läßt, auf die ich aber antworten muß, weil sie zugleich ein Geschenk ist, das mir zuteil wird und für das ich nichts kann.

Nur so darf man die Gnade verstehen! Wenn man aber sie, die „Übernatur", so versteht, dann muß man auch die „Natur" selbst personalisieren. Daß der Mensch eine Natur hat und daß die Gnade Gottes eben auf diese Natur trifft und sie nicht aufhebt, sondern vielmehr voraussetzt und vollendet, kann dann nur noch bedeuten, daß der Mensch durch den Empfang der göttlichen Gnade seine Identität als diese bestimmte Person nicht einbüßt. Er wird erneuert, neugeschaffen („eine neue Kreatur", 2. Kor. 5,17!), aber er ist nicht ein anderer geworden. (Sonst wäre nämlich die Gnade nicht ihm, dem sie zugedacht war, sondern einem anderen zuteil geworden!) Die Gnade Gottes hat einen Adressaten, und dieser bewahrt, gerade weil er der Adressat ist und weil er durch die Gnade in seiner tiefsten Schicht betroffen wird, seine Identität.

Nur das kann mit der „Natur" des Menschen gemeint sein! Es sind demnach nicht einige Fähigkeiten des Menschen auch trotz der Sünde intakt geblieben, während andere durch die Gnade wiederhergestellt werden müßten. Der Mensch darf nicht derart in seine „Fähigkeiten" aufgesplittert werden, sondern ist – eben weil er eine Person ist – als ein unteilbares Ganzes zu betrachten. Als dieser Ganze ist er durch die Sünde, die Entfremdung, den Abfall von Gott, ganz von Gott getrennt. Als dieser Ganze ist er aber auch durch die Gnade Gottes betroffen. Der Abgefallene und von neuem Angeredete und Wiederhergestellte ist und bleibt derselbe.

Hätte Gott sich etwa den Regenwürmern gnädig offenbaren wollen – was ihm als Gott zweifellos freistand –, so hätte er die Regenwürmer zuerst zu menschenähnlichen Wesen umschaffen müssen – wozu er als Gott zweifellos in der Lage war –, die die Offenbarung verstehen können. Freilich kann auch ein Mensch die Offenbarung nur verstehen, wenn Gott ihn in seinem Innern erleuchtet und ihm die Gnade des Verstehens gibt. Dennoch ist der Unterschied zwischen dem gläubigen und dem ungläubigen Menschen von anderer Art als der zwischen dem Ungläubigen und dem Regenwurm. Denn zwischen dem Gläubigen und dem Ungläubigen ist ein Dialog möglich, zwischen dem Menschen und dem Regenwurm nicht. Daß der Mensch nicht ein Regenwurm ist, sondern ein verstehendes und ansprechbares, ein immer schon ins Verstehen hineingeborenes Wesen, das eben ist seine „Natur“!

Auch gibt es so etwas wie ein „natürliches Licht der Vernunft“, in welchem die Menschen – gläubig oder ungläubig – die Erscheinungen dieser Welt erkennen. Wohl mag etwa gesagt werden: Gott könnte in seiner Allmacht machen, daß zwei mal zwei fünf ist. Wir haben aber keinerlei Anhaltspunkte dafür, daß er dies zu tun gedenkt. Im natürlichen Licht – das nicht so sehr von unserer Vernunft als vielmehr von den Erscheinungen selbst ausgeht – erkennen wir, daß zwei mal zwei vier ist. Ja mehr noch: auch der, der nicht an Gottes Offenbarung glaubt, mag Liebe, Freundschaft, Schönheit oder Gerechtigkeit erfahren und erkennen. Auch die sachgemäßen Gedanken der Philosophen werden durch die Offenbarung nicht zunichte gemacht und durch die Theologie nicht einfach verneint. Die Theologie kann allerdings auch nicht einfach auf sie aufbauen. Sie ist ja doch selber ein Neuanfang, indem sie bei einem Wort beginnt, das die Menschen sich nicht selber sagen können. Sie mag aber die sachgemäßen Gedanken der Philosophen in sich aufnehmen. Was beispielsweise ein Rechtsphilosoph erdacht hat, ist für den Theologen, der seinerseits über das Recht nachdenkt, zwar nicht verbindlich, aber auch nicht irrelevant.

Wir sind vom Begriff „Offenbarung“ ausgegangen und haben nach dem Verhältnis zwischen der Offenbarung und ihrem Adressaten gefragt, welches sich – wenn man auf der Hut bleibt vor a-personalen Denkformen – als Verhältnis zwischen „Gnade“ und „Natur“ bestimmen läßt. – Nun ist aber Gnade doch nicht einfach mit Offenbarung identisch. Gott kann auch gnädig sein, wo er sich nicht im eigentlichen Sinne offenbart, wo also der Mensch sich dessen nicht bewußt ist, daß er dem lebendigen Gott gegenübersteht. So mag Gott einem Heiden gnädig sein. Gnade ist aber freilich immer ein Geschenk, auf das der Mensch keinen Anspruch hat. Und dieses Geschenk besteht letzten Endes immer darin, daß Gott selber gegenwärtig wird, daß er sich selber schenkt. (*Gratia increata*, die „ungeschaffene Gnade", das heißt: der ungeschaffene Gott ist Geber und Gabe zugleich!) Gott kann gegenwärtig sein, ohne daß seine Gegenwart bewußt erkannt wird: das wäre Gnade ohne Offenbarung.

Kann man nun den Bereich der Offenbarung einigermaßen klar umgrenzen (er ist da, wo Menschen das zuerst in der Bibel bezeugte Wort Gottes vernehmen und darauf antworten), so bleibt dagegen der Bereich der Gnade unübersehbar. Vielleicht ist der ganze Raum der Natur (der Schöpfung) schon von der Wirklichkeit der Gnade (der Erlösung) insgeheim durchdrungen. Vielleicht steht Gott, der sein Geschöpf erlösen will, insgeheim schon vor jedes Menschen Tür, bereit, anzuklopfen. Immer aber bedeutet Gnade das Geschehen, daß Gott sich selber seinem Geschöpf schenkt. Das ist das Geschehen, welches zuhöchst und vollkommen und alle Wirklichkeit der schenkenden Gnade begründend in der Menschwerdung des Sohnes Gottes erfolgt ist.

Trinität IV/5

Wenn wir als Christen von der Dreieinigkeit Gottes reden, reden wir von *Gott selbst.* Christliche Lehre von der Trinität ist Lehre von *Gott selbst.* Es war darum eigentlich nicht ganz sachgemäß, wenn man in der christlichen Dogmatik oft zunächst von dem *einen* Gott (dessen Existenz man erwog, dessen „Eigenschaften" man beschrieb usw.) und hernach erst von Gott als dem dreieinigen redete. Denn wenn wir überhaupt von Gott reden – und dies als Christen, also auf Grund der Offenbarung, und das heißt auf Grund dessen, daß Gott *zuerst* zu *uns* geredet hat –, dann steht Gott sogleich als der, der er ist, als der Dreieinige, vor uns. Die Trinitätslehre gibt Antwort auf die Frage: *Wer ist Gott?*

Eine Offenbarung des dreieinigen Gottes mag man es nennen, wenn Mose den Herrn fragte, wer er sei, und die Antwort erhielt: „Ich bin, der ich bin", oder auch: „Ich werde sein, der ich sein werde" – denn im Hebräischen oszilliert das verwendete Verbum hayah zwischen präsentischer und futurischer Bedeutung (Ex. 3,14). Der zitierte Vers ist die Deutung des alttestamentlichen Gottesnamens „Jahwe". Hier spricht also Gott selber aus, wer er ist. (Es hängt dabei natürlich nichts daran, anzunehmen, daß der Vers, der den Namen deutet, in übernatürlicher Weise direkt von Gott eingegeben sei. Der Offenbarungs-Charakter, nämlich das Angeredetsein des Menschen durch eine Person, die ihm sagt, was er sich nicht selber sagen kann, ist schon damit gegeben, daß das faktische Gottesverhältnis und Gottesverständnis der Israeliten im Umgang mit Jahwe so war, daß es durch diese Namensdeutung angemessen gedeutet wurde.)

In der Deutung des Namens Gottes ist also das Geheimnis Gottes ausgedrückt, der als ein „lebendiger" Gott mit den Menschen umgeht: „Ich bin, der ich bin", „Ich werde sein, der ich sein werde" – das bedeutet: „Was" Gott ist, läßt sich von uns nicht sagen. Gott läßt sich nicht beschreiben, wie man umgrenzte Dinge oder Sachverhalte oder auch Menschen beschreiben kann – aber er *ist.* Er ist wirklich als eben *Dieser*, ganz Bestimmte, Unverwechselbare, „der er ist"; als „Individuum", als Person, als „Charakter". Es ist zu fragen, und es wird je und je erfahren: *Wer* er ist. Sein Geheimnis ist unergründlich – gerade weil es uns so total, so unausweichlich, so von allen Seiten angeht. Es ist das Geheimnis einer Person, welche so wie wir und doch noch einmal ganz anders als wir, in uns unendlich überlegener Weise, „Person“ ist. Und ferner: Gott wird dasein – als der, als der er dann, jeweils, für uns dasein will. Er wird immer wieder für uns, die seinen Namen kennen, dasein, wird uns ganz nahe sein – aber nicht nach dem Maße unserer Wünsche, sondern nach dem Maße seiner Freiheit. (So hat Martin Buber den Jahwe-Namen von Ex. 3,14 gedeutet.) – Gott wird immer dasein für die Menschen und sie von allen Seiten umgeben sowie ihnen in unaussprechlicher Weise gegenwärtig sein.

Was in dem so gedeuteten Jahwe-Namen ausgedrückt ist, das so erfahrene und verstandene „Wer“ Gottes, kommt im Alten Testament noch einmal gewaltig zum Ausdruck im 139. Psalm: „Herr, du erforschest mich und kennest mich. Ich sitze oder stehe auf, so weißt du es; du verstehest meine Gedanken von ferne ... Von allen Seiten umgibst du mich und hältst deine Hand über mir. Solche Erkenntnis ist mir zu wunderbar und zu hoch; ich kann sie nicht begreifen. Wo soll ich hingehen vor deinem Geist, und wo soll ich hinfliehen vor deinem Angesicht? Führe ich gen Himmel, so bist du da. Bettete ich mich in die Hölle, siehe, so bist du auch da ...“ Eben diese Erfahrung der Unausweichlichkeit Gottes läßt den Menschen Gott als das unaussprechliche Geheimnis erkennen, läßt ihn innewerden, *wer* Gott ist.

Nun ist dieser Gott kein anderer im Alten und im Neuen Testament. Der Vater Jesu Christi, der Gott, dessen Reich Jesus ankündigt, ist kein anderer als der Jahwe Israels. Es besteht, wenn man das Selbstverständnis sämtlicher neutestamentlicher Autoren respektieren will, schlechterdings keine Möglichkeit, diese Kontinuität beider Testamente, ihr gemeinsames Zeigen auf den einen und selben Gott, zu verleugnen. Zwischen dem Jahwe Israels und dem Vater Jesu Christi besteht – um es mit zwei alten philosophischen Begriffen zu sagen – keine Differenz im Sein, wohl aber eine Differenz im Erkennen bzw. in der Erkennbarkeit, nachdem sich Gott in der Sendung Jesu Christi noch einmal neu und nun endgültig und unüberholbar offenbart hat: „Nachdem vorzeiten Gott manchmal und auf mancherlei Weise geredet hat zu den Vätern durch die Propheten, hat er in diesen letzten Tagen zu uns geredet durch den Sohn. Ihn hat Gott gesetzt zum Erben über alles; durch ihn hat er auch die Welt gemacht. Er ist der Abglanz seiner Herrlichkeit und der Charakter (Abdruck) seines Wesens ...“ (Hebr. 1,1–3).

Nach diesen für das Offenbarungsverständnis grundlegenden Versen hat Gott sich im Sohn, in Christus, welcher (nach rückwärts gesehen) der Schöpfungsmittler und (nach vorwärts gesehen) der Erbe des Alls heißt, universal und damit unüberholbar offenbart. (Daß Gott, indem er redete, sich selber offenbarte, ist darin ausgedrückt, daß der Sohn, durch den er sich offenbart, Abglanz und Abdruck Gottes genannt wird!) Es ist aber nichtsdestoweniger kein anderer, sondern derselbe Gott, der sich schon den Vätern durch die Propheten offenbart hatte. Das unendliche Geheimnis Gottes also – *wer* Gott ist! –, das in der Selbstoffenbarung Gottes in Christus aufleuchtet, war auch den Vätern in Israel nicht einfach unbekannt. Sie hatten es mit diesem selben Geheimnis und also mit *Gott selbst* zu tun; Gott ging mit ihnen und sie gingen mit Gott um – und zwar bewußt, indem sie ihn beim Namen nannten, und sie drückten diese ihre lebendige Erfahrung dessen, wer Gott ist, und damit ihr eigenes Gottesverhältnis aus, indem sie den Namen Gottes deuteten. So ist also Ex. 3,14 als eine theologische Deutung zu verstehen.

Als nun das Geheimnis Gottes, „wer Gott ist" (und das heißt immer: wer er *für uns* ist), sich in der Sendung des Sohnes, Jesus Christus, endgültig, universal und unüberholbar aussprach, erfuhr es wie einst in Israel, so nun auch im neuen Gottesvolk, in der Gemeinde Jesu Christi, wiederum eine theologische Deutung: durch die Lehre vom dreieinigen Gott. Diese bildete sich als solche allmählich heraus, denn das theologische Reflektieren und Deuten kommt hinterher; die unreflektierte Gotteserfahrung im Glauben geht ihm voraus. So steht denn auch die Trinitätslehre nicht mehr im neutestamentlichen Kanon. Sie hat aber in ihm ihr existentielles Fundament: in der spezifischen, nämlich endgültigen und universalen, Erscheinung Gottes in der Geschichte Jesu Christi, welche von den im neutestamentlichen Kanon versammelten Schriftstellern bezeugt wird.

Wir können die altkirchliche Trinitätslehre also nicht durch Bibelstellen belegen, weil sie in der Bibel noch nicht ausdrücklich vorkommt. Man kann aber wohl den Schriftbeweis für sie antreten, indem man zeigt, daß und inwiefern sie das in Jesus Christus erschienene und vom Neuen Testament bezeugte Geheimnis der Person Gottes – wer er (für uns) ist – ausdrückt.

Eines der altkirchlichen und von der Reformation ausdrücklich aufgenommenen Bekenntnisse, das sogenannte *Athanasianum*, beginnt mit den Worten: „Wer da will selig werden, der muß vor allen Dingen den rechten christlichen Glauben haben. Wer denselben nicht ganz und rein hält, der wird ohne Zweifel ewiglich verloren sein. Dies ist aber der rechte christliche Glaube, daß wir einen einzigen Gott in drei Personen und drei Personen in einziger Gottheit ehren. Und nicht die Personen ineinandermengen noch das göttliche Wesen zertrennen. Eine andere Person ist der Vater, eine andere der Sohn, eine andere der Heilige Geist..."

Daß dieses relativ frühe, für die ganze Kirche maßgeblich gewordene Bekenntnis geradezu das Heil des Menschen an seinen Glauben an den dreieinigen Gott bindet, zeigt, daß man es in der Trinitätslehre mit dem einen und zentralen Geheimnis des christlichen Glaubens, mit dem Geheimnis Gottes *selbst*, zu tun zu haben glaubte. (Der zweite Teil des Bekenntnisses fordert in gleicher Weise den Glauben an Jesus Christus, den wahren Gott und wahren Menschen, als Heilsbedingung. Inwiefern dies mit dem ersten zusammenhängt, wird unter dem Titel „Inkarnation" noch zu erwägen sein.) – Wir möchten heute dieses „Wer da will selig werden..." so auffassen: nicht daß ein Mensch, um gerettet zu werden, die Trinitätslehre mit allen Einzelheiten als Bewußtseinsinhalt haben und wissen und bejahen muß, sondern daß die kirchliche Trinitätslehre das „Wer" des Gottes ausdrückt, von dem alles Heil des Menschen kommt.

Freilich war man sich in der alten Kirche schon klar darüber, daß die Formulierung von dem „einen Wesen und den drei Personen" menschliche (und damit zeitbedingte!) Begriffe verwendet, die das Auszusagende niemals adäquat zum Ausdruck zu bringen vermögen und die darum grundsätzlich ersetzt und verbessert werden können. (Diese Relativität der Begriffe zeigte sich schon bei der Transposition der Lehre vom Griechischen ins Lateinische: Das griechische Wort für die drei Personen, „hypostasis" = Seinsweise, wird an sich lateinisch mit „substantia" übersetzt, wurde dann aber aus verschiedenen einleuchtenden Gründen nicht mehr für die drei Personen, sondern im Gegenteil gerade für die eine göttliche Wesenheit verwendet!) Die Trinitätslehre in ihrer alten, traditionellen Formulierung ist unvollkommen und teils mißverständlich. So hatte man schon immer gegen ein naheliegendes polytheistisches, genauer: tritheistisches Mißverständnis anzukämpfen. Grundsätzlich wäre es durchaus denkbar, die Trinitätslehre heute mit gänzlich neuen Kategorien neu zu formulieren. Nur dürfte dabei nicht preisgegeben werden, was sie seit je ausdrücken wollte: das unaussprechliche Geheimnis Gottes als das Geheimnis einer *Person* (das uns darum jede freihändige Spekulation verbietet), die uns von allen Seiten umgibt, uns begründet und begrenzt und die sich uns im Ruf und in der Geschichte Jesu Christi selber zu-spricht und schenkt.

Die traditionelle Trinitätslehre spricht aus, daß Gott Person ist (als unser *Vater*, als der vom Vater zu uns gesandte *Sohn* des Vaters). Sie schiebt damit all den Spekulationen, zu denen der menschliche Verstand neigt: Gott unterpersonal, als ein „Es", zu denken, einen Riegel vor. *Gott heißt* nicht nur der Vater (daß es uns erlaubt wäre, mit unseren beschränkten Sprach- und Denkmitteln das Geheimnis so zu nennen), sondern er *ist* auch der Vater.

Die Lehre sagt zugleich, daß Gott mehr und anders ist als jede menschliche Person. Denn ein Mensch findet seine Erfüllung nicht in sich selber, sondern nur in der Hingabe an und in der Gemeinschaft mit einem anderen. Gott aber hat keine Person außer ihm nötig, weil er die Gemeinschaft in sich selber hat: indem der Vater von Ewigkeit her den Sohn und der Sohn den Vater liebt. Zum Personsein, wie wir es vom menschlichen Alltag kennen, gehört das Angewiesensein auf andere. Gott aber ist nicht in diesem Sinne Person; denn er genügt sich selbst.

Aber freilich ist Gott in dem Sinne Person, daß er uns gegenübertritt als einer, der berechtigt ist, uns zur Verantwortung zu fordern. Dem Unterpersonalen (den Dingen als solchen) gegenüber gibt es keine Antwort und keine Verantwortung.

Wiederum ist Gott auch darin allen menschlichen Personen *wesenhaft* (nicht nur „quantitativ", sondern strukturell) überlegen: Auch ein Mensch kann uns ja zur Verantwortung fordern. Gott aber fordert nicht nur, sondern er gewährt auch, was er fordert: indem er als der vom Vater gesandte Sohn (der wiederum kein Dritter außer Gott und mir, sondern Gott selber ist) an meine Stelle tritt und mit mir zusammen, mir vorangehend, mein Tun ermöglichend und tragend, das Geforderte erfüllt. Ja, Gott ist als der Geist, der Menschenherzen wendet, im Innern der Menschen wirksam. So umgibt uns Gott von allen Seiten, steht neben uns, kommt mit uns, wirkt in uns (ohne daß damit unser verantwortliches Selbst ausgeschaltet wäre!); er umgibt uns von allen Seiten und gleichsam noch „von innen"! So ist das Gotteszeugnis des Beters des 139. Psalms von der Unausweichlichkeit Gottes durch die Botschaft Jesu und die Botschaft von Jesus noch radikalisiert.

Man unterscheidet traditionellerweise zwischen der *„immanenten"* und *„ökonomischen"* Trinität: Jene besagt, daß Gott auch ohne uns, *in sich selber*, von Ewigkeit her der Dreieinige ist; diese, daß er *an den Menschen* als der Vater, als der Sohn und der Heilige Geist handelt. Dabei gilt freilich der Grundsatz: daß „die Werke der Dreieinigkeit nach außen unzertrennbar sind" (Opera Trinitatis ad extra sunt indivisa). Das heißt: Was immer Gott am Menschen tut, wie er ihm auch begegnet — es ist immer der ganze, der dreieinige Gott.

Im Grunde hängen aber die „immanente" und die „ökonomische" Trinität zusammen: Daß Gott der Dreieinige ist, entdecken und verstehen wir nur, indem wir entdecken und verstehen, wie Gott *uns* als der Dreieinige begegnet. Am Menschen also, dem Adressaten der Offenbarung Gottes, an der Gottesbegegnung des Gläubigen (und auch am nicht wahrgenommenen Vor-Gott-Stehen des Ungläubigen) ist theologisch zu zeigen: was es heißt, daß Gott lebt, und was es heißt, daß er der Dreieinige ist. Diesen Weg, vom Menschen und seiner Gottbegegnung her das Geheimnis des dreieinigen Gottes verständlich zu machen, hat schon Augustin in seinem für die folgenden Jahrhunderte in dieser Frage maßgeblich gewordenen Werk „De Trinitate" versucht.

Am Menschen, an seinem Umgriffensein von Gott, ist zu zeigen: daß Gott nicht bloß eine Idee ist, sondern daß er lebt und daß er jeden Menschen angeht, daß er jedem gegenwärtig ist und in jedes Leben eingreift. Dies bedeutet aber nichts anderes als: den gelebten Glauben theologisch explizieren. Auf diesem Wege wird das christliche Denken dann auch zu einem konkreten Reden von Gott gelangen und dem großen Problem unserer Epoche richtig begegnen: dem Problem des gott-losen, des a-theistischen Menschen, dem Problem, welches darin besteht, daß heute „das Wort ‚Gott' nicht nur seine Selbstverständlichkeit, sondern weithin seine Verständlichkeit eingebüßt hat" (Gerhard Ebeling).

Vorsehung IV/6

Ein Wort Jesu an die Jünger lautet: „Kauft man nicht zwei Sperlinge um einen Pfennig? Dennoch fällt deren keiner auf die Erde ohne euren Vater. Nun aber sind auch eure Haare auf dem Haupte alle gezählt..." (Matth. 10,29.30). Der Heidelberger Katechismus, eine wichtige Bekenntnisschrift der Reformation, hat diesen Gedanken in seiner ersten und wichtigsten Frage, wo er von Jesus Christus, des Menschen einzigem Trost im Leben und im Sterben, also vom Grund-Inhalt des christlichen Glaubens handelt, ausdrücklich aufgenommen: ich werde „also bewahret, daß ohne den Willen meines Vaters im Himmel kein Haar von meinem Haupt kann fallen".

Der Gedanke „Gott" kann in der Theologie nicht durchgehalten werden, ohne daß man auch den Gedanken der Vorsehung festhält. Wenn wir nicht wortwörtlich damit rechnen, daß ohne den Willen Gottes kein Haar von unserem Haupte fallen kann, wird uns Gott zur Idee, zum obersten gedanklichen Prinzip einer christlichen Ideologie. Darum ist die Vorsehung Gottes dasjenige theologische Thema, wo die Abgrenzung des Glaubens gegen jede Art von Ideologie sowie auch gegen jeden „Provinzialismus" des Denkens endgültig akut wird. Es könnte sich ja doch die Meinung einstellen, das Christentum sei als Idee, als Lehre, von so hohem Gehalt, daß man ihm durchaus gerecht werde, wenn man es eben als Idee, als Lehre und als das rechte menschliche Verhalten in der einen oder anderen Weise festhält, und darob die Wirklichkeit eines mit den Menschen umgehenden Gottes ruhig vergessen dürfe. Der wesentliche Kern des Christentums bleibe so dennoch bewahrt, ja er komme gerade so, befreit von religiösem Aberglauben, nur noch heller zum Leuchten. Hier greift die theologische Lehre von der Vorsehung ein und stellt fest, daß solche Subtraktion nicht erlaubt ist, eben weil der „Kern" des „Christentums" mehr ist als eine Idee oder ein menschliches Verhalten. Denn als Idee oder menschliches Verhalten wird das Christentum – wie erhaben immer sein Gehalt sein mag – zur „provinziellen" Angelegenheit, die lediglich für einen Teil der Menschen von Interesse ist. Es ist dann nur noch für gewisse Provinzen der Wirklichkeit, in der wir leben, relevant, für andere nicht. Im Begriff der Vorsehung Gottes wird theologisch festgehalten, daß der christliche Glaube jeden Partikularismus sprengt, daß er sich nicht in eine Provinz der Wirklichkeit einschließen läßt, sondern daß ihm das, was er *meint*, schlechterdings aus *aller* Wirklichkeit entgegenkommt.

Das zu Beginn zitierte Wort Jesu enthält zwei Elemente. Diese sind die Elemente der christlichen Vorsehungslehre: 1. die durchgehende Bestimmtheit der Wirklichkeit durch Gott, 2. der Vatername Gottes: daß der Gott, der alle Wirklichkeit durchgehend bestimmt, im Vertrauen als Person, als der Vater, ansprechbar ist und antworten wird. Damit impliziert dieser biblische Vorsehungsbegriff ein bestimmtes Wirklichkeitsverständnis, nach welchem sich universale Erstreckung und persönliche Begegnung nicht aus-, sondern einschließen. Dieses Wirklichkeitsverständnis begegnet uns auch schon im Alten Testament, etwa im Staunen des Psalmendichters: „Wenn ich ansehe den Himmel, deiner Finger Werk, den Mond und die Sterne, die du gemacht hast: Was ist der Mensch, daß du seiner gedenkst, und der einzelne, daß du dich um ihn kümmerst?" (Ps. 8,4.5.)

Es handelt sich dabei um ein *Wirklichkeitsverständnis* und nicht bloß um ein *„Weltbild"*, das man historisch einer bestimmten Zeit zuschreiben und das im Lauf der Zeiten und neuer Entdeckungen durch neue Weltbilder abgelöst werden kann (wie etwa das kopernikanische Weltbild das ptolemäische abgelöst hat). Es ist das Wirklichkeitsverständnis des Glaubens und gehört diesem notwendig zu. Der Glaube hat als solcher kein Weltbild, weil er in allen Epochen der Weltgeschichte eine dem Menschen gewährte Möglichkeit ist. So kann er sich mit jedem fundierten Weltbild abfinden. Er hat aber wohl ein Wirklichkeitsverständnis, weil er der Wirklichkeit gegenüber nicht indifferent ist, sondern inmitten des Wirklichen glaubt. (Wir verstehen hier unter „Weltbild" ein Bild von der Anordnung der Welt, unter „Wirklichkeitsverständnis" aber ein Verständnis von der innersten Struktur des Wirklichen. Diese Unterscheidung wäre philosophisch noch weiter zu explizieren.)

Dieses Wirklichkeitsverständnis gehört schon vor-theologisch zum Glauben, das heißt, es ist ein Stück des gelebten Glaubens selbst vor aller theologischen Reflexion. Der glaubende Mensch lebt in der Erwartung, daß ihm aus allem Wirklichen, das ihn betrifft, sein Herr und Gott entgegenkommen kann – weil alles Wirkliche in seiner Hand ist. Diese Erwartung kann sich bis zum Ausruf verdichten: „Ist denn irgendein Unglück in der Stadt, das der Herr nicht tue?!" (Am. 3,6.) – In dieser Erwartung hat sich der Glaube zu bewähren, indem er sie durchhält und in immer neuen Begegnungen festhält (und es wird ihm dann wohl auch je und je Bestätigung und Erfüllung zuteil). Zugleich ist aber die Erwartung auch gegenüber den Fragen, die sich an sie richten, im *Denken* zu bewähren. Was der lebendige Glaube vorauszusetzen nicht umhin kann – daß er nämlich Gott in allem Wirklichen antreffen wird, und zwar als den Herrn, ohne dessen Willen nichts geschieht –, muß auch im Bereich der Reflexion nachgezeichnet werden.

Der gewichtigste Einwand gegen die Voraussetzung des Glaubens war und ist wohl zu allen Zeiten der, daß die Wirklichkeit, die uns umgibt, Gottes nicht bedürfe; daß die Dinge entweder notwendig oder zufällig, entweder zwangsläufig oder durch Freiheit der Menschen so geschehen – und daß in beiden Fällen für einen persönlichen und gestaltenden, sinngebenden Willen kein Platz sei. Ein weiterer Einwand erhob sich seit je angesichts der Tatsache des Bösen in der Welt, welches Gott – so scheint es – nicht wollen kann. – Angesichts dieser Fragen ist der Gedanke der Vorsehung Gottes, der durchgehenden Bestimmtheit alles Wirklichen durch ihn, theologisch durchzuhalten und zu entfalten. Denn wenn in irgendeinem Punkte dem Einwand stattgegeben, wenn ein dem Willen Gottes gegenüber selbständiges Reich der Notwendigkeit oder der Freiheit oder des Bösen zugestanden wird, verwandelt sich der Gottesgedanke alsbald in eine provinzielle Idee.

Die christliche Dogmatik hält auf alle diese Fragen seit langem Antworten bereit: Gegenüber dem Einwand des Reiches der Notwendigkeit (der Naturgesetze) sowie des Reiches der Freiheit (der menschlichen Geschichte) die Lehre vom *concursus*, das heißt vom Mit-Wirken Gottes, als der „ersten Ursache" allen Geschehens, mit dessen weltlichen, geschöpflichen „Zweitursachen". Alles, was geschieht, ist danach durch Gottes Willen verursacht – was indessen nicht ausschließt, daß es zugleich durch innerweltliche Ursachen bedingt ist. Und zwar wirkt nach dieser Lehre Gott bei den naturgesetzlichen Ursachen wie bei den aus menschlicher Freiheit stammenden Ursachen jeweils in der besonderen, diesem Wirklichkeitsbereich entsprechenden Weise mit, so, daß die Eigenart des Geschöpfs, die menschliche Freiheit und die naturgesetzliche Notwendigkeit, dadurch nicht aufgehoben wird.

Auf die Frage nach dem Bösen antwortete man mit der Lehre von der „wirksamen Erlaubnis" (daß Gott das Böse zwar nicht wolle, es aber dennoch wirke, indem er es, das aus einem anderen Willen entspringt, geschehen lasse) oder mit der Lehre vom „verborgenen Gott", der in aller Wirklichkeit an-west und wirkt, jedoch als ein Verborgener und Unbegreiflicher, dessen Ratschlüsse der Mensch einfach hinzunehmen habe als die Grenze seines eigenen Verstandes (auch dies gehört zum Glauben: diese eigene Grenze zu erkennen und zu bejahen!) – in der Erwartung freilich, daß er diese Ratschlüsse in einer künftigen Welt einmal verstehen werde.

Diese Gedankengänge der traditionellen Dogmatik weisen wohl einen Weg. Sie lösen aber das Problem der Vorsehung noch nicht. Sie wehren Einwände ab, entfalten aber noch nicht das Wesen selbst. Hier liegt in

unserer Zeit ein weites Feld dogmatischer Arbeit: Es gilt, das dem Glauben wesentliche Wirklichkeitsverständnis zu entfalten – jene Schau einer „personalen Struktur“ alles Wirklichen, dieweil ja in allem Wirklichen der *Vater* wirkt und dem Glaubenden darum alles Wirkliche als dessen *persönlicher Spruch oder Wink* bedeutsam werden kann.
Die christliche Lehre von der Vorsehung ist – wohlgemerkt! – kein neues System der Welterklärung, sondern sie ist die gedankliche Artikulation eines mit dem Glauben selber gegebenen Gewärtigseins: in aller Wirklichkeit Gott anzutreffen, und zwar als einen ansprechbaren Gott, welcher antwortet. Immerhin muß die Theologie, indem sie dies entfaltet, jedes System der Welterklärung ausschließen, welches so sehr in sich geschlossen ist, daß es für Gottes Wirken keinen Platz mehr läßt. Übrigens besteht von den positiven Wissenschaften her keinerlei Notwendigkeit, ein derartiges System der Welterklärung zu entwerfen. Nur eine Metaphysik kann dem Wirklichkeitsverständnis des Glaubens solcherart entgegentreten.
Aufgabe einer nicht nur auf Einwände antwortenden, sondern positiv explizierenden christlichen Vorsehungslehre ist es: durch Weltbilder hindurch – als Gesamtmodelle des positiv Wißbaren – zu einer Schicht der Wirklichkeit vorzustoßen, die sinnhaften und personhaften, bedeutsamen Charakter hat, und diese sichtbar zu machen. Zu zeigen, daß der Bereich des Sinns – der Bereich des „Hermeneutischen“, das nicht in Berechnungen aufgeht – nicht eine Provinz der Gesamtwirklichkeit ist, sondern als die tiefere Schicht *aller* Wirklichkeit schlechterdings überall an-west. – So verknüpft sich das dogmatische Problem der Vorsehung aufs engste mit der Wirklichkeitsfrage, welche eines der philosophischen Grundprobleme unserer Epoche ist. Das theologische Nachdenken über die Vorsehung Gottes tritt heute mitten in die philosophische Diskussion ein; ihm fällt die Aufgabe zu, die Tiefe und Komplexität der Wirklichkeit auch im Gespräch mit der Philosophie und den zeitgenössischen Weltbildern zur Geltung zu bringen.
Der Glaube erwartet aber nicht nur, Gott in allem Wirklichen zu begegnen. Er erwartet noch mehr: daß nämlich sein Gebet das Ohr Gottes erreicht und den Gang der Dinge mitbestimmt. Das durch die Bibel bezeugte Phänomen der *Fürbitte* etwa wäre sonst eine Illusion, und die Theologie könnte dann nur eben konstatieren, daß dieses Phänomen für den christlichen Glauben nicht wesentlich sei – was indessen dem Grund-Charakter der vom Evangelium und vom Alten Testament bezeugten Wirklichkeit der gottmenschlichen Beziehung widersprechen würde. Wenn nun der Glaube – entgegen allen Weltanschauungen, welche die naturwissenschaftlichen Methoden zur Metaphysik verabsolutieren – an Gebet und Fürbitte als einem unverzichtbaren Moment seines Gottesverhältnisses

und Gottesverständnisses festhält, so bedeutet das für die Theologie, daß sie zeigen muß, wie die Wirklichkeit *im Grunde* personalen und dialogischen Charakter hat. Wenn Dietrich Bonhoeffer in einem seiner „Glaubenssätze über das Walten Gottes in der Geschichte" sagt: „Ich glaube, daß Gott kein zeitloses Fatum ist, sondern daß er auf aufrichtige Gebete und verantwortliche Taten *wartet* und *antwortet*" – so kommt darin eine tiefere Wirklichkeitsschicht zur Sprache, welche die Schicht der alltäglichen Erscheinungswelt trägt und sich zugleich in ihr manifestiert.

Inkarnation IV/7

Der dogmatische Begriff der Inkarnation, der „Fleischwerdung“ (oder Menschwerdung) Gottes hat seinen neutestamentlichen Rückhalt zunächst in Joh. 1,14: „Und das Wort ward Fleisch und wohnte unter uns...“ Dieser Vers ist eine frühe theologische Deutung der geschichtlichen Erscheinung Jesu von Nazareth aus der Stellungnahme und Sicht des christlichen Glaubens. – Daß Jesus eine historische Gestalt war, ist unbestritten. Die Frage ist, ob und inwiefern diese theologische Deutung recht hat, die schon im neutestamentlichen Kanon selber vollzogen und dann – zusammen mit dem neutestamentlichen Hoheitstitel Jesu als „Sohn Gottes“ – zur kirchlichen Lehre von der Gottessohnschaft Jesu, zur Trinitätslehre und zur Lehre von den „zwei Naturen“ Jesu Christi (als „wahrer Gott und wahrer Mensch“) weiterentwickelt wurde.

Weil der Begriff der Inkarnation eine dogmatische Deutung der Geschichte Jesu ist, müssen wir diese als das Vorgegebene im Auge behalten. Sie stellt freilich ihre Probleme von besonderer Art und wird so im Rahmen der Theologie zum hermeneutischen Thema und Beispiel par excellence für die hermeneutische Frage, was Geschichte sei und wie Geschichte zu uns spreche. Die Lage ist in diesem besonderen Fall die, daß wir über Jesus zwar als über eine historische Person historische Nachrichten besitzen (vor allem in den Evangelien und dort wieder vor allem in den ersten drei), daß diese Nachrichten aber – rein historisch gesehen – unzuverlässig sind, so sehr, daß es schwierig, ja – je nach der Methode, die man anwendet, und je nach dem Maß an kritischer Vorsicht, das man als unerläßlich erachtet – unmöglich erscheint, etwas rein historisch gesehen (an den üblichen Wahrheitskriterien historischer Erkenntnis gemessen) ganz Zuverlässiges über ihn in Erfahrung zu bringen, außer daß er lebte, das Reich Gottes verkündigte, erstaunliche Heilungen vollbrachte und am Kreuze starb. Alles andere, was über ihn überliefert ist, kann man mit mehr oder weniger großer Wahrscheinlichkeit ihm, dem irdischen Jesus, zuerkennen oder auch absprechen.

Der Grund für diese schwierige Sachlage liegt darin, daß die einzigen Berichte, die wir über den irdischen Jesus besitzen, von Menschen verfaßt sind, die ihn als den Sohn Gottes, in dem Gott sich endgültig offenbarte, verehrten. Die Berichterstatter sahen also den Gegenstand ihrer Berichte mit den Augen des Glaubens, und die Berichte selber hatten ihre bestimmte Rolle (als Predigt, Unterweisung usw.) zu spielen in der damals bereits entstandenen christlichen Gemeinde. Die Berichte über den Menschen Jesus sind also ausnahmslos gefärbt durch die Voraussetzung des Glaubens, daß dieser Mensch kein gewöhnlicher Mensch, sondern Gottes endzeitlicher und damit entscheidender Abgesandter, ja selber ein göttliches Wesen sei, und sie sind darum auch bestimmt durch spezifische Interessen und Tendenzen der urchristlichen Gemeinde bei der theologischen Formulierung dieses im Glauben wahrgenommenen Geheimnisses. Die Berichterstattung über Jesus, die wir haben, ist darum keine neutrale und „objektive“, sondern ist immer schon vermittelt durch das Medium des Anspruchs, der den Berichterstattern aus der Gestalt Jesu entgegenkam und der auch uns aus ihr entgegenkommt: des Anspruchs, Gottes letztes Wort an uns zu sein. Es tritt hinzu, daß für die frühe christliche Gemeinde mit prophetischen Eingebungen gerechnet werden muß, die man – da man Jesus zu seinem himmlischen Vater erhöht und so bei seiner irdischen Gemeinde gegenwärtig glaubte – als Worte Jesu selbst hinnahm und zwischen solchen Eingebungen und dem, was vom irdischen Leben Jesu tatsächlich überliefert war, wohl keinen Unterschied mehr machte.

Da die Dinge so stehen, fragt man sich in der heutigen protestantischen Theologie mit Recht, ob es überhaupt sinnvoll und aussichtsreich sei, nach den präzisen Umrissen des „historischen Jesus“ und seiner Verkündigung zu forschen. Man hat als Kriterium zur Ausscheidung der echten Jesus-Worte aus der Gesamtüberlieferung, die die Evangelien über Jesus bieten, schon die Frage angesetzt, ob wohl irgendein theologisches oder „kirchenpolitisches“ Interesse der frühchristlichen Gemeinde am Formulieren oder Umformulieren eines bestimmten uns überlieferten Jesus-Wortes bestand. Besteht kein solches Interesse, so muß das Wort auf den irdischen Jesus zurückgeführt werden. Dieses Kriterium ist aber doch wohl nur sehr bedingt anwendbar. Denn auf der einen Seite kann man sich durchaus vorstellen, daß der irdische Jesus etwas wirklich ausgesprochen hat, an dessen Formulierung – hätte er es nicht gesagt – die christliche Gemeinde später ein eminentes theologisches Interesse gehabt hätte. Auf der anderen Seite ist sehr wohl vorstellbar, daß manche theologischen und kirchenpolitischen Interessen, die in der frühen Christengemeinde tatsächlich bestanden, durch die uns erhaltene Überlieferung schlechterdings nicht mehr greifbar sind.

Desungeachtet hat ein Fragen in dieser Richtung doch seinen guten Sinn: als vorsichtige Erforschung der soziologischen Zusammenhänge und der theologischen Lage in der frühesten Christenheit. Ein scharf konturiertes

Bild des „historischen Jesus“, das uns als Anhalt unseres christlichen Glaubens dienen könnte, wird sich indessen dabei kaum ergeben.

So stehen wir vor dem eigentümlichen Sachverhalt, daß wir zwar eine reiche Überlieferung über Jesus als eine zweifellos historische Persönlichkeit haben, welche ein recht konkretes Bild ergibt, daß sich aber in dieser Überlieferung, infolge ihres Geprägtseins durch den Glauben der Gemeinde, Jesus selber und seine Gemeinde nicht scharf trennen lassen. (Dies entspricht übrigens durchaus dem in der Theologie des Paulus und der sogenannten „deuteropaulinischen Schriften“ – Epheser- und Kolosserbrief – wichtigen Gedanken, daß die Gemeinde der „Leib Christi“ ist!) Das „Bild Jesu Christi“ (Martin Kähler) vor allem der drei ersten Evangelien ist somit das Con-cretum („das Zusammen-gewachsene“), das uns vorgegeben ist. Es ist das durch den Glauben der Gemeinde geprägte Bild eines irdischen, historischen Menschen. Ein Beispiel: Man kann sich fragen, ob die Seligpreisungen am Anfang der Bergpredigt (Matth. 5, 3–12) von Jesus selbst stammen oder in der frühen Gemeinde entstanden sind. (Ernst Käsemann zum Beispiel nimmt das letztere an.) Da wir diese Frage nicht schlüssig entscheiden können, rechnen wir die Verse mit (angesichts der besonderen Sachlage) gutem Gewissen zum Con-cretum des Jesus-Bildes der Evangelien und vernehmen sie also als Worte Jesu selbst. Ob man dieses gute Gewissen angesichts der besonderen Sachlage haben kann oder nicht, ist freilich nicht unabhängig vom Glaubensstandpunkt des Exegeten. Ein christlicher Exeget wird sagen können: „In der Tat war der erhöhte Jesus seiner Gemeinde gegenwärtig, und so höre ich ein solches Wort als Wort Jesu.“ Ein nicht-christlicher Historiker dagegen wird ehrlicherweise nur sagen können: „Non liquet...“ Sagt er mehr (entweder: „Das Wort ist sicher...“ oder: „Das Wort ist sicher *nicht* vom historischen Jesus“), so läßt er sich damit auf unbeweisbare Hypothesen ein.

Unter diesen differenzierten Vorbehalten, um die man indessen nicht herumkommt, wenn man die Sachlage nicht unzulässig simplifizieren will, können wir sagen: Die Evangelien berichten uns über einen irdischen, historischen Menschen. – Der theologische Begriff der Inkarnation deutet nun die Erscheinung dieses Menschen theologisch: in ihm hat Gott selber menschliches Fleisch und Blut, menschliche „Natur“, menschliche Wirklichkeit, angenommen. Diese Deutung sagt offenbar mehr als nur: Jesus von Nazareth war ein hervorragender religiöser Mensch, in dessen Ideengut, Frömmigkeit und Wirksamkeit das Göttliche in besonderer Weise in der menschlichen Geschichte in Erscheinung trat. Die Deutung sagt auch mehr als nur: Jesus von Nazareth ist ein historischer Mensch, aber er ist als dieser historische Mensch der endzeitliche Abgesandte Gottes; seine Person und Lehre bedeuten das letzte Wort, das Gott den Menschen zu sagen hat und an dem sich nun die Geister für immer scheiden werden.

Das Wort „Inkarnation" sagt mehr: Gott redet zu den Menschen nicht nur ein Wort; er gibt ihnen nicht nur einen Wink (und wäre es ein endgültiges Wort, ein endgültiger Wink!). Er steht nicht nur als der Redende, Be-deutende den Menschen *gegenüber*. Sondern er tritt in eine einzigartige Solidarität mit den Menschen ein, indem er *selber* Mensch wird, sich an die *Seite* der Menschen stellt, menschliche Wirklichkeit, menschliches Schicksal zu seinem eigenen macht.

Während die Auffassung von Jesus als einer hervorragenden religiösen, prophetischen Persönlichkeit, ja auch die Auffassung von Jesus als dem endgültigen Gesandten Gottes, an dem sich die Geister scheiden, noch vergleichsweise verständlich anmuten (eine ernste Entscheidung für oder gegen Jesus fordern sie freilich), erscheint das, was der Begriff „Inkarnation" sagt, dem heutigen Menschen zunächst vollends unverständlich, mythologisch, unserem heutigen Vorstellungsvermögen gänzlich fern, so daß man sich fragen kann, ob hier nicht wegen Verständnisschwierigkeiten eine echte, ernste Entscheidung geradezu unmöglich wird.

Hält man trotzdem an der Deutung der Erscheinung Jesu fest, welche der Begriff „Inkarnation" ausdrückt, so fällt der Verkündigung wie der Theologie die Aufgabe zu, die Inkarnation in ihrer Bedeutsamkeit verständlich zu machen.

Das schon unter dem Titel der Trinität erörterte altkirchliche Glaubensbekenntnis, welches das Athanasianum genannt wird, nennt als Hauptinhalt des christlichen Glaubens nach der Trinität die Inkarnation und die Lehre von den zwei Naturen, der göttlichen und der menschlichen, des fleischgewordenen Gottessohnes Jesus Christus. – Auch hier wird man – im Blick auf die Worte „Wer da will selig werden...", mit denen das Bekenntnis anhebt – heute sagen müssen: Nicht daran hängt das Heil des Menschen, daß er zur *Lehre* von der Inkarnation und den zwei Naturen mit seinem Verstande bewußt ja sagt, sondern daran, daß er wirklich betroffen ist durch die *Wirklichkeit*, welche in dieser Lehre ausgedrückt ist. (Damit sagen wir, daß ein Mensch unter Umständen auch durch diese Wirklichkeit betroffen sein kann, ohne daß er die Lehre bewußt bejaht.)

Was kommt aber in der Lehre von der Inkarnation zum Ausdruck? (Hier stellt sich die Frage nach der Verstehbarkeit dieser alten theologischen Deutung.) – Zunächst dies, daß Gott in Jesus Christus *sich selber* offenbart. Was über den Begriff „Offenbarung" zu sagen war, daß er – christlich verstanden – Selbst-Offenbarung Gottes bedeute, wird durch den Begriff der Inkarnation inhaltlich präzisiert. In Jesus Christus, einem historischen Menschen, in welchem Gott selber Mensch geworden ist, offenbart Gott sich selbst. Inkarnation bedeutet also, daß Gott nicht nur sich offenbart, sondern daß derjenige, durch den er sich offenbart (Jesus), zugleich selber der Offenbarte ist (nämlich Gott). Das entspricht einem in der Exegese des Neuen Testaments als Ganzen beobachteten auffälligen Sachverhalt – auf den vor allem Rudolf Bultmann aufmerksam gemacht hat –: daß im Neuen Testament der *Verkündiger* (Jesus von Nazareth, der die Nähe des Reiches Gottes ankündigt) selber zum *Verkündigten* wird.

Nun gilt das Wort Jesu Joh. 14,9: „Wer mich sieht, der sieht den Vater", und Joh. 14,6: „... niemand kommt zum Vater denn durch mich." Damit bekommt der Begriff „Offenbarung" hier einen besonderen Charakter: Er meint nicht nur „Kundgabe", sondern zugleich einen Weg (indem Jesus Christus selber der Weg zum Vater, die Wahrheit und das Leben ist – vgl. Joh. 14,6) und eine Solidarität: die Solidarität dessen, der uns diesen Weg eröffnet und uns auf diesem Weg begleitet (indem Jesus Christus Mensch unter Menschen ist).

Damit werden drei Dinge deutlich: 1. daß sich die im Begriff der „Inkarnation" enthaltene Deutung der Geschichte Jesu nicht etwa als mythologisch und unnachvollziehbar von den beiden anderen Deutungen (Jesus als religiös-prophetische Persönlichkeit und Jesus als endzeitlicher Gesandter Gottes) unterscheidet, sondern daß sie tatsächlich *mehr sagt:* Durch diese Deutung erscheint uns Jesus Christus nicht mehr nur als Vorbild oder als göttliche Forderung, sondern als der Stellvertreter, der in einer Solidarität, die in den Beziehungen zwischen Menschen kein Äquivalent findet, unseren Platz einnimmt, für uns und mit uns (nicht indem er uns auslöscht und ersetzt und unser eigenes Tun überflüssig macht) den notwendigen Weg geht, uns begleitet und stützt und ebendamit frei macht. – Dies sagt die Lehre von der Inkarnation, und so ist nach dieser Deutung Christus zu predigen. Weil aber Jesus Christus Gottes Selbst-Offenbarung ist, ist damit *Gottes eigenes* Verhältnis zu uns Menschen ausgesagt.

Damit wird (2.) deutlich, wie die beiden Grund-Mysterien des christlichen Glaubens, die das Athanasianum nennt, miteinander zusammenhängen: das zweite ist die Offenbarung des ersten. Die Trinitätslehre sagt uns, *wer Gott ist.* Wer Gott ist, *zeigt* sich aber in der Selbst-Offenbarung Gottes, in der Geschichte Jesu Christi also, in der Inkarnation. Die Inkarnation ist die Offenbarung der Trinität; die Menschwerdung Gottes ist das Kundwerden *Gottes selbst.* „Wer mich sieht, der sieht den Vater": *wer Gott ist,* erfahren wir an Jesus Christus. Er ist der Gott, der uns in unaussprechlicher Nähe begegnet – so nahe, daß er als Stellvertreter mit uns an unserer Stelle steht.

Indem Gott aber durch seine Menschwerdung sich selber den Menschen offenbart, also nicht durch einen andern, sondern durch sich selbst, wird uns (3.) auch klar, daß diese Offenbarung Gottes in Jesus Christus die endgültige und unüberholbare ist. Nachdem Gott *sich selbst durch sich selbst* den Menschen offenbart hat, ist kein neues und gänzlich anderes Wort mehr von ihm zu erwarten. Von der „Freiheit Gottes" fabeln, der sich ja doch auch noch ganz anders offenbaren könne, hieße die Selbst-Offenbarung Gottes als Inkarnation nicht ernst nehmen: So Erstaunliches und noch nicht Vorstellbares auch durch Gottes Freiheit in Zukunft noch zwischen ihm und dem Menschen geschehen mag, so bleibt doch seine Offenbarung in Jesus Christus für alle Zeiten gültig und kann nicht übertroffen werden. An der konkreten Gestalt des Menschen Jesus Christus bleibt für immer ablesbar, wer Gott ist.

Über unser Verhältnis zu Jesus Christus sagt der Begriff der Inkarnation zweierlei: Da uns der Christus der Evangelien als konkrete, im Ganzen unverwechselbare Gestalt vor Augen steht, als der auf wunderbare Weise in die Welt Gekommene, das Reich Gottes Verkündigende, Heilung Wirkende, Jünger zu sich Rufende, Betende, Leidende und Auferstehende – und in alledem als die Selbst-Offenbarung Gottes, an welcher ablesbar ist, wer Gott ist und wie er zu uns steht –, eröffnet sich für die, die sich von dieser Gestalt in Anspruch nehmen lassen, ein konkreter Weg, in der Nachfolge dieses Jesus für Gott, der sich in ihm offenbart, Zeugnis abzulegen. (Dieser Weg läßt – wie die Geschichte der Christenheit zeigt – vielfältige Modifikationen zu: man kann auf vielfältige Weise Jesus Christus nachfolgen – wie ja auch das Zeugnis der Evangelien von ihm eine Vielfalt von Aspekten einschließt und dennoch immer ihn, diesen Einen und Unverwechselbaren, meint.)

Das alles liegt im Begriff der Inkarnation, denn indem Gott Mensch wird, nimmt er eine menschlich faßbare *Gestalt* an. Die Kirche, die Gemeinde Christi zu allen Zeiten, ist der Raum, in dem diese Gestalt in immer neuen Menschen zeugnishaft „Gestalt gewinnt" (Bonhoeffer; vgl. Gal. 4, 20: „... daß Christus in euch Gestalt gewinne"!).

Der Begriff der Inkarnation impliziert aber noch ein zweites über das Verhältnis zwischen Jesus Christus und den Menschen: Wenn gesagt wird, daß Gott menschliches Fleisch und Blut annimmt, so bedeutet das, daß er nicht nur die Menschen ruft, sondern daß mit ihm selber etwas geschieht. Ein Ruf muß ins Bewußtsein derer dringen, an die er sich richtet, sonst bleibt er unwirksam. Wenn jedoch mit Gott selber etwas geschieht in seinem Verhältnis zu den Menschen, so kann dies auch für diejenigen Menschen etwas bedeuten und an ihnen etwas bewirken, die sich dessen nicht bewußt sind. So sagt denn die Lehre von der Inkarnation, daß Gott menschliche *„Natur"* (= menschliche Wirklichkeit) angenommen hat. Die menschliche „Natur" ist nach dem alten Verständnis dieser Lehre das, was allen Menschen gemeinsam ist. Wenn darum Gott Menschennatur annimmt, so bedeutet diese Annahme nicht nur etwas für diesen einzelnen historischen Menschen, Jesus von Nazareth, sondern für die menschliche Wirklichkeit überhaupt und infolgedessen für das Dasein *jedes* Menschen – und zwar noch bevor ein Mensch sich dessen bewußt wird, noch bevor ihm das

Evangelium von Christus verkündigt wird. Die Geschichte Christi, seine Menschwerdung, sein Leiden und seine Auferweckung von den Toten sind nicht bloß wunderbare Vorkommnisse im Leben eines einzelnen, sondern sie sind insgeheim schon als Aspekte jener Nähe Gottes bei den Menschen, jener tragenden Solidarität, im Dasein jedes Menschen wirksam. Dies dem Menschen verständlich zuzusprechen, ist Aufgabe der Christus-Verkündigung; es ihm, im Zusammenhang mit allen wesentlichen Einsichten der Philosophie in die Wirklichkeit des Menschseins, plausibel aufzuzeigen, ist die große Aufgabe der Inkarnations-Theologie in unserer Zeit.

Rechtfertigung und Heiligung IV/8

Die Wirkung der Gemeinschaft mit Jesus Christus für den Menschen wurde von der traditionellen Dogmatik mit den Begriffen der Rechtfertigung und der Heiligung beschrieben. Es geht dabei um des Menschen Heil: um seine Versetzung aus dem selbstverschuldeten Elend, der Gottesferne, in der er durch seine Sünde steht, in eine neue Nähe und Gemeinschaft mit Gott, in welcher sich die ewige Bestimmung seines Daseins erfüllt. Dies geschieht, indem der Mensch als Sünder *gerechtfertigt*, gerechtgesprochen wird (Rechtfertigung) und indem sich diese neue Gerechtigkeit allmählich auch in seinem sichtbaren Leben durchsetzt und sichtbare Gestalt gewinnt, das heißt aber: indem sie seine Lebenshaltung und sein Verhalten allmählich umwandelt (Heiligung).

Der Begriff der „Sünde“ als der schuldhaften, selbstverschuldeten, von ihm selbst zu verantwortenden Gottesferne des Menschen muß heute in der christlichen Theologie neu durchdacht werden. Man wird dabei wohl nicht mehr, wie man das früher meistens tat, mit moralisch-rechtlichen Vorstellungen eines für alle Zeiten feststehenden und feststellbaren göttlichen Moralkodex operieren, als dessen Übertretung dann die Sünde definiert wäre. Man wird eher „Sünde“ als das Sein des Menschen in „Un-eigentlichkeit“, in der Sinnlosigkeit und egozentrischen Isolierung und man wird dementsprechend „Rechtfertigung“ als die grundsätzliche, „Heiligung“ als die allmählich sichtbar und erfahrbar werdende Befreiung aus dieser Situation verstehen müssen. Die Notwendigkeit einer theologischen Neufassung des Sündenbegriffs angesichts der modernen Einsicht in die Variabilität des Menschseins (daß es keine für alle Zeiten feststehende „Menschennatur“ gibt, an der man das göttliche Gebot als ein „Naturgesetz“ ablesen könnte) wirkt sich also auch auf das theologische Verständnis von „Rechtfertigung“ und „Heiligung“ aus. An diesen Begriffen selber ist aber trotzdem festzuhalten. Sie sind auch in der neuen Lage sinnvoll.

Die Reformation verstand die Lehre von der Rechtfertigung des Menschen allein aus Gottes Gnade und aus Glauben, ohne die menschlichen Werke auf Grund des Gesetzes, als den *„Glaubensartikel, mit dem die Kirche steht und fällt“*. In der Tat geht es in dieser Lehre, die in der Kirche zuerst vom Apostel Paulus in dieser Weise formuliert, dann fast anderthalb Jahrtausende später durch Martin Luther gegen die anderslaufende Praxis der offiziellen Kirche seiner Zeit wieder mächtig zur Geltung gebracht wurde, die aber auch in der Zwischenzeit in der Kirche Christi nie einfach vergessen war, nicht bloß um die rechte Beschreibung des Weges des Menschen zu seinem Heil, sondern darüber hinaus und vor allem um Gottes Ehre und Gottheit. Es geht darum, ob Gott Gott ist – ob er im Glauben als Gott anerkannt wird oder nicht. Der Mensch wird gerechtfertigt allein aus Gnade und durch Glauben, er kommt zur Bestimmung seines Daseins durch ein fundamentales Vertrauen, durch die Hingabe seines ganzen Wesens an Gott und nicht durch eigene Leistungen und partielle moralische Anstrengungen. Es ist evident, daß es bei diesem Thema um das Gott-Sein Gottes geht. Denn Gott wäre praktisch als Gott geleugnet (auch wenn man nicht ausdrücklich seine Existenz bestritte), wenn er nicht als der den Menschen von allen Seiten Umgebende geglaubt und bekannt würde, dem der Mensch schlechterdings ausgeliefert ist – das heißt: wenn der Mensch gegenüber Gott irgendeinen Rechtsanspruch glaubte geltend machen zu können. Mit dem Geheimnis Gottes wäre dann praktisch auch die Existenz Gottes bestritten. Denn ein solcher Gott wäre nicht mehr Gott, sondern eine menschliche Projektion.

Wenn freilich in der Bibel gelegentlich das Motiv des menschlichen „Rechtens mit Gott“ auftaucht (Abraham in 1. Mose 18, Hiob, das Gleichnis Jesu von der bittenden Witwe in Lukas 18) desgleichen auch gelegentlich in der christlichen und der jüdischen Geistesgeschichte, so braucht das nicht unbedingt solche Preisgabe des göttlichen Geheimnisses zu bedeuten. Es kann sich darin gerade auch das Staunen vor dem Geheimnis aussprechen, vor der unbegreiflichen Herablassung Gottes, welcher sich mit dem Menschen wie mit einem Gleichgestellten in eine reale Beziehung und in ein reales Gespräch einläßt.

Die Lehre von der Rechtfertigung allein aus Gnade und durch Glauben bekennt also die Wirklichkeit Gottes, dem der Mensch ganz überantwortet ist, indem sie aussagt, daß das Heil des Menschen – das, worauf es für ihn letztlich ankommt – nicht in seiner Hand, sondern ganz in der Hand Gottes liegt. – Dabei müssen freilich zwei Mißverständnisse vermieden werden:

1. die Vorstellung, als ob der Mensch an diesem ganz von Gott abhängigen Geschehen selber in keiner Weise beteiligt wäre. Dabei geschieht mit ihm ja nicht einfach etwas mit mechanischer Notwendigkeit, sondern was an ihm geschieht, ist ein Widerfahrnis, welches sein verantwortliches Selbst erfährt. Darum spricht die Rechtfertigungslehre vom Glauben als Vertrauen des Herzens, vom Glauben also als der Weise der inneren Beteiligung des Menschen am Geschehen der erlösenden Gnade Gottes.

2. muß man sich davor hüten, indem man erklärt: „Nichts muß der Mensch tun, nur glauben!", den Glauben doch wieder zu einer partiellen religiösen Leistung des Menschen und damit eigentlich zu einem hervorragenden *Werk* zu machen, neben dem alle anderen Werke verblassen und überflüssig werden. Nicht sein eigener Glaubensakt ist das, was den Menschen rechtfertigt, sondern Gottes Gnade. Glaube ist vielmehr das Einstimmen des Menschenwesens in dieses Geschehen der Gnade.

Wie wirkt die rechtfertigende Gnade Gottes am Menschen? – Die reformatorische Auffassung ist die von einem Richterspruch, der sich außerhalb des Menschen zuträgt (sogenannte „forensische Rechtfertigung"): Gott spricht den Sünder gerecht. Er rechnet ihm durch einen richterlichen Akt ein Verdienst an, das nicht das seinige ist: das Verdienst, das Jesus Christus durch seinen völligen Gehorsam gegenüber seinem Vater bis in den Tod erworben hat. Demgegenüber spricht die landläufige katholische Auffassung von einer „Eingießung" der rechtfertigenden Gnade in den Menschen, welcher dadurch innerlich umgewandelt wird. – Beide Modelle, nach denen die Gnade gedacht wird, bringen etwas Berechtigtes zum Ausdruck; beide sind aber in ihrer Einseitigkeit unzulänglich. In der Tat ist die Rechtfertigung nicht etwas, das „im Menschen" geschieht (wie jene katholische Auffassung will), sondern etwas, das *zwischen* Gott und Mensch und insofern „außerhalb des Menschen" geschieht. Allerdings sind die Begriffe von „innen" und „außen" hier im Grunde inadäquat, da die eigentliche Wirklichkeit des menschlichen Daseins ja eben im Bereich jenes „Zwischen" zwischen Person und Person liegt. Aus diesem Grunde ist es aber ebenso unzulänglich, die Rechtfertigung als etwas aufzufassen, das sich gänzlich außerhalb des Menschen abspielt. Es gilt vielmehr, Rechtfertigung und Gnade – und so dann auch den Glauben – als *zwischenpersonales Geschehen* zu denken.

Aus demselben Grund lassen sich Rechtfertigung und Heiligung auch nicht schematisch trennen. Was zwischen Gott und Menschen geschieht: daß Gottes Gnade den Menschen rechtfertigt und versöhnt, geschieht ja nicht im leeren Raum, sondern in bestimmten individuellen Verhältnissen. Die Geschichte zwischen Gott und jedem Menschen ist jeweils eine ganz individuelle Geschichte. Diese mag teilweise verborgen, dem betreffenden Menschen selber und seinen Nächsten in ihrer Bedeutung noch nicht bewußt sein. Teilweise tritt sie aber doch auch in Erscheinung. Sie kann ja dem sichtbaren Lebenslauf des Menschen nicht gänzlich äußerlich bleiben, sonst hätte sie mit ihm nichts zu tun. (Wie könnte sie dann *seine* Geschichte mit Gott heißen?!) Sie kann unter Umständen in Erscheinung treten, ohne daß dieser Mensch etwas von Gott weiß, zum Beispiel einfach in der Geschichte, die er mit seinen Nebenmenschen durchmacht.

So kann man den Begriff der *individuellen Geschichte des Menschen mit*

Gott, des menschlichen „Wandelns vor Gott“, als den Oberbegriff ansehen, der beides, Rechtfertigung und Heiligung, umgreift. Was in dieser Geschichte, Schritt für Schritt, eigentlich geschieht, ist die Rechtfertigung dieses Menschen vor Gott durch Gnade. Insofern dieses Grundgeschehen der Rechtfertigung in konkreten Begebenheiten und Wandlungen eines Menschen sichtbar und erfahrbar wird, heißt es Heiligung.
Aus dem Gedanken der Heiligung erwächst dann das Problem einer christlichen *Ethik:* Wie wird die menschliche Geschichte mit Gott in seinem sichtbaren Lebenslauf Gestalt gewinnen? Und was ist der Verantwortung des Menschen dadurch auferlegt?

Glaube IV/9

Wenn wir zurückblicken auf die bisher behandelten theologischen Begriffe, können wir, was Glaube ist, sowohl von „Theologie" als auch von „Offenbarung" her bestimmen: Glaube ist das, was der Theologie vorgegeben ist, was ihr zugrunde liegt und wovon sie Rechenschaft ablegt. Glaube bedeutet ferner, daß der Mensch dem Anruf und Anspruch der Offenbarung Gottes antwortet und ent-spricht. In beiden Fällen (beide Bestimmungen schließen sich nicht aus, sondern ein!) muß der Glaube als das *Ganze* verstanden werden, das Ganze der menschlichen Beziehung zu Gott. „Glaube" umfaßt, so verstanden, alles: er ist schlechterdings das, was auf seiten des Menschen der Wirklichkeit Gottes entspricht. Er ist die Gesamtheit des menschlichen Verhältnisses zu Gott. Außer dem Glauben gibt es menschlicherseits nur noch den Unglauben. Es gibt keine legitime Neutralität. Die mannigfaltigen, offeneren oder verborgeneren Übergänge zum Glauben rechnen wir damit bereits zur Geschichte des Glaubens selbst.

Es war zweifellos ein Mißverständnis, eine Verkürzung des reformatorischen Glaubensbegriffes, wenn das Tridentinische Konzil gegen diesen geltend machte: „Der Glaube eint nicht vollkommen mit Christus und macht nicht zum lebendigen Glied seines Leibes, wenn nicht Hoffnung und Liebe hinzutreten" (im Dekret über die Rechtfertigung, Kap. 7; Denz. 800). Denn der Glaube muß so verstanden werden, daß er die Hoffnung auf Gott und die Liebe zu Gott und zum Nächsten einschließt. Auch die Hoffnung ist ja eine vom Glauben getragene Hoffnung, und die Liebe ist eine vom Glauben geprägte Liebe. So ist der Glaube wirklich das Ganze. – Freilich gibt es bei den Menschen sehr unvollkommene, auch sehr versteckte Verwirklichungen des Glaubens. Auch das gehört wesenhaft zum Glauben an Gott: daß er unterwegs ist, daß er aus kleinen Anfängen wachsen kann und soll und daß er stets im Kampf liegt (und oft schier zu unterliegen scheint) gegen die „Anfechtung", das heißt gegen Trägheit, Zweifel und Verzweiflung in der eigenen Seele. Dennoch ist der Glaube in der unscheinbarsten Verwirklichung schon in irgendeinem Maße durch Liebe und Hoffnung geprägt.

Dieser Glaube, der das Ganze der menschlichen Gottesbeziehung ist, hat außer dem Unglauben nur eine wirkliche Grenze: das *Schauen* Gottes „von Angesicht zu Angesicht" gemäß dem Wort des Apostels Paulus: „Wir wandeln im Glauben und nicht im Schauen" (2. Kor. 5,7).

Wenn wir diese Totalbeziehung näher bestimmen, so drängen sich uns die Begriffe des *„Personalen"* und des *„Dialogischen"* auf. Der Glaube ist, in allen seinen Dimensionen und Verwirklichungen, eine personale und dialogische Beziehung des Menschen zu Gott. Darum gehört das *Gebet* unabdingbar zum Glauben, als Wort des Menschen an Gott, ebenso wie das *Wort Gottes* an den Menschen. Wort Gottes und Gebet setzen beide gleichermaßen zwei einander gegenüberstehende, personale Partner voraus. Andernfalls hätte es keinen Sinn, von „Wort Gottes" und von „Gebet" zu sprechen.

Hier stellt sich auch sogleich die Grund-Schwierigkeit der Rede vom Glauben und von Gott ein: Das personale Gegenüber ist uns nur zwischen Mensch und Mensch anschaulich gegeben. Hier freilich ist Personalität evident. Sie ist nicht nur eine Kategorie, die wir an die Wirklichkeit herantragen. In Wahrheit verfügt das Denken bis heute noch nicht über eine wirklich ausgearbeitete und durchsichtige Kategorie der „Personalität". („Personalität" ist in Philosophie und Theologie zumeist noch ein Schlagwort oder bestenfalls – wie etwa bei Martin Buber – ein Hinweis.) Und dennoch ist das Personale evident, als Ur-Erfahrung stets gegeben: im mit-fühlenden, verantwortlichen, auch streiterfüllten oder konkurrierenden oder solidarischen und kooperativen usw. Umgang zwischen Mensch und Mensch. Dagegen ist der Glaube als personal-dialogische Beziehung des Menschen zu Gott nicht nur ein Verhältnis zu einer abgegrenzten, sichtbaren, „endlichen" Person, die uns in unmittelbarer Evidenz irgendwo an klar umgrenzter Stelle inmitten des Sichtbaren begegnet. Sondern er ist die Beziehung zur Person des unsichtbaren Gottes, einer Person also, die einerseits nicht anschaulich gegeben, nirgends unmittelbar evident ist (wir sehen von mystischen Erfahrungen ab) und die andererseits – und vielleicht damit zusammenhängend – nicht nur in *bestimmten*, sondern in *allen* Situationen begegnet.

Glaube als diese Beziehung zu einer unsichtbaren und überall anwesenden Person ist darum nicht ein einzelner, abgegrenzter Akt des Menschen, der sich in bestimmten Situationen, in einem abgegrenzten Bezirk des Lebens ereignen kann, sondern eine Grundhaltung des Daseins, die sich *grundsätzlich* (nicht immer faktisch – weil der glaubende Mensch nicht immer ganz im Glauben lebt) auf das Ganze eines Menschenlebens erstreckt, auf alle seine Dimensionen. Gott steht ja schlechterdings immer und überall gegenüber. Diese ausgreifende Grundhaltung des Glaubens läßt sich am ehesten als eine durchgehende Offenheit und „Dialogizität" und als ein fundamentales, das ganze Sein des Menschen bestimmendes *Vertrauen* be-

schreiben. *In* solchem Vertrauen wird Gottes Wirklichkeit allererst vom Menschen entdeckt. (Das heißt: sie wird nicht *zuerst* entdeckt und *hernach* für vertrauenswürdig befunden.)
Glaube ist *rechtfertigender* Glaube. Diese Bestimmung als solche ist der protestantischen und der katholischen Theologie gemeinsam. Sie wird erst recht einleuchtend, wenn man den Glauben in solcher Totalität bestimmt, wie es eben geschehen ist. Der Glaube rechtfertigt den Menschen vor Gott, denn wenn der Mensch – ohne das fundamentale Vertrauen des Glaubens – Gott gar nicht ent-deckt, wie sollte er dann zur Bestimmung seines Daseins gelangen, welche darin besteht, *für Gott dazusein?*
Wird aber der Glaube als rechtfertigender verstanden, so erhebt sich mit Macht die Frage, ob denn, wer nicht Christ ist, gar nicht und unter keinen Umständen die Bestimmung seines Daseins erfüllen kann. Wenn wir die enge Einschränkung des menschlichen Heils auf den Kreis der Kirchenmitglieder und bekennenden Christen ablehnen, müssen wir so etwas wie Glauben auch bei solchen Menschen für möglich halten, die keine Christen sind und vielleicht überhaupt nicht an Gott glauben. Solche werden mit einem luziden und pionierhaften Ausdruck neuerer katholischer Theologie (Karl Rahner) „anonyme Christen", ihr Glaube ein „anonymer Glaube" genannt. Mit der Möglichkeit eines derartigen Glaubens dürfen und müssen wir darum rechnen, weil wir den Glauben grundsätzlich als eine auf das ganze Leben ausgreifende Grundhaltung bestimmt haben. Denn für einen einzelnen personalen Akt im Verhältnis zu einer sichtbaren Person muß der Mensch wohl das klare Bewußtsein dieser Person haben; nicht unbedingt jedoch für einen sein ganzes Leben prägenden personalen Grund-Akt im Verhältnis zu einer überall anwesenden und unsichtbaren Person. So kann vielleicht ein Mensch in einem fundamentalen, alle seine Taten und Leiden beherrschenden und prägenden, ihm selber jedoch nicht weiter durchsichtigen Vertrauen seine Lebenstage verbringen und mit diesem Vertrauen in Wahrheit Gott meinen, ohne doch Gott zu nennen oder bewußt entschieden „an ihn zu glauben".
Wenn nun auch der Glaube eine Gesamthaltung und nicht ein einzelner Akt des Menschen neben anderen Akten ist, sondern sich, auf alle anderen Akte ausgreifend, in ihnen manifestieren will, so ereignet er sich doch jeweils nicht im leeren Raum, sondern *in* bestimmten einzelnen Akten, in bestimmten Taten und Leiden. Obschon nicht die einzelnen Werke den Menschen rechtfertigen, sondern das fundamentale Vertrauen, der Glaube, ist dieser Glaube doch stets mit einem bestimmten Tun und Leiden verbunden und ist nicht ohne dieses wirklich. Glaube ist ja auch nicht etwas unproblematisch im voraus Gegebenes, sondern er steht immer wieder, in je neuen menschlichen Einzelsituationen (unbeschadet seiner das ganze Leben betreffenden Spannweite) *in Frage* und muß sich bewähren.

So ist der Glaube je eine Entscheidung und ein Wagnis. Aber er ist nicht blind. Er hat „Augen“ (Pierre Rousselot). Er erkennt, was er glaubt. Er erkennt, indem er sich entscheidet. Er erkennt, daß Gott ist, *indem* er sich entscheidet, sich an Gott zu halten. Der glaubende Mensch erkennt, daß Gott in einer bestimmten Situation in bestimmter Weise für ihn da ist, indem er sich entschließt, in dieser Situation für Gott dazusein.

Kirche IV/10

Das Thema „Glaube“ führt uns zum Thema „Kirche“. Der Glaube hat Gemeinschaftsstruktur; er hat in sich selber „sozialen“ Charakter. Das heißt: ein Mensch kann nicht für sich allein glauben. Er kann den fundamentalen Akt des sein ganzes Wesen umgreifenden Vertrauens nicht als Einsamer vollziehen, sondern nur im Hinblick und in einem Verhältnis zu anderen Menschen, die dasselbe tun. Darin drückt sich aus, daß Gott nicht einzelne Menschen, sondern ein Volk, eine Gemeinschaft von Menschen, sein Volk, zum Glauben an ihn berufen hat. Dieses Volk heißt im Neuen Testament die Kirche (griechisch ekklesia – das Aufgebot, die aufgebotene Schar).

Man fragt, ob Jesus Christus eine Kirche gegründet habe. Eine derartige Kirchenstiftung ist im Neuen Testament als ein formeller juridischer Akt (einer Stiftung oder Vereinsgründung) historisch nicht sicher greifbar. Man mag auf die Jüngerberufung, auf das Pfingsterlebnis der ersten Christen oder auf das in den Evangelien berichtete Abendmahl Christi mit seinen Jüngern verweisen. Aber die historische Gewißheit in bezug auf dies alles ist zu schwach, um die Existenz der christlichen Gemeinde als Verkünderin und Vertreterin Christi, wie sie heute ist, formell rechtfertigen zu können. – Hingegen läßt sich allerdings aus dem Christus-Geschehen, der ganzen Geschichte und Erscheinung Jesu Christi, wie sie uns in den Evangelien bezeugt wird, die Folgerichtigkeit der Existenz der Kirche sehr wohl dartun: Jesus Christus ist nach dem Verständnis des Neuen Testaments (ausnahmslos – alle neutestamentlichen Zeugen bezeugen dies) der Gesandte Gottes an die Welt. – Er ist der Sohn, den der Vater in die Welt gesandt hat, und er vollzieht in seiner Geschichte *zugleich* den Willen Gottes zum Heil der Menschen und die Offenbarung dieses Willens und damit Gottes selbst an die Menschen. Denn Gott will die Welt nicht nur erlösen, sondern auch erleuchten, das heißt: er will, daß unter den Menschen eine Kunde und Erkenntnis sei dessen, was Gott wirkt zum Heil, zur Erlösung der Welt.

Weil also Christus sowohl der Vollstrecker als auch der Offenbarer des göttlichen Heilswillens (und also sowohl das Leben als auch die Wahrheit und das Licht der Welt) ist, gehören zu seiner Erscheinung und Geschichte auch Hörende, denen das Heil kund wird. Diese sind im Zeugnis der Evangelien von Jesus Christus reichlich gegeben: die Jünger und das Volk, denen Jesus die Nähe des Reiches Gottes ansagt. Diese Hörenden werden dann aber auch zu Redenden, selber zu Zeugen, weil grundsätzlich nicht nur einige wenige, sondern *alle* Menschen Adressaten nicht nur der göttlichen Heils*tat*, sondern auch der göttlichen Heils*offenbarung* sind: „Gott will, daß allen Menschen geholfen werde und daß sie alle zur Erkenntnis der Wahrheit kommen" (1. Tim. 2, 4). Darum, weil die Botschaft grundsätzlich an alle ergehen soll, werden die Hörenden wiederum zu Redenden, zu Zeugen und Gesandten, gemäß dem Wort des johanneischen Jesus: „Gleichwie mich der Vater gesandt hat, also sende ich euch" (Joh. 20, 21).

So liegt also die „Kirchengründung" in der Erscheinung Jesu selbst als des vom Vater Gesandten begründet. Die Sendung Jesu Christi setzt sich als göttliche Sendung durch Menschen, durch seine Kirche, fort. So ist die Sendung, die Mission, das Wesen der Kirche. Von hier aus ist das Verhältnis von Kirche und Welt klar: Die Kirche ist um der Welt willen da, zugunsten der Welt, und zwar um ihrer Erleuchtung willen. Die Kirche tut an der Welt das, wozu Jesus Christus selber vom Vater in die Welt gesandt wurde: sie bezeugt ihr die Wirklichkeit Gottes als ihres Erlösers. Die Kirche Christi ist demnach nicht der exklusive „Hort des Heils", in dessen Mauern allein die Erlösung zu finden ist. Sie ist nicht dazu da, daß sie ihren Schatz, die Erkenntnis des Erlösers, für sich behalte, sondern damit sie sich mit allem, was sie ist und hat, an die Welt verströme.

Wohl hat der alte Satz einen Sinn, daß „außerhalb der Kirche kein Heil zu finden sei". Aber das gilt von der Kirche, insofern sie betrachtet wird als Gemeinschaft von Menschen mit Jesus Christus. In der Tat gibt es für den Menschen ohne Gemeinschaft mit Christus, also ohne den sich selber als letztes Heil des Menschen schenkenden Gott, kein Heil, keine Erfüllung seines Daseins. Aber diese Gemeinschaft mit Christus kann im Verborgenen (durch „anonymen Glauben") entstehen, ohne daß der Mensch sich äußerlich und bewußt der sichtbaren Gesellschaft der Gemeinde Christi anschließt. Denn es können ja Hindernisse der Unwissenheit und des Mißverstehens auftreten, die ihn davon abhalten, sich der Kirche anzuschließen. Dennoch kann ein solcher Mensch innerlich und insgeheim, ohne es selber zu wissen, der Kirche Christi angehören, indem er in der Gemeinschaft *Christi selber* steht und sich in einem fundamentalen Vertrauen der in Christus gewährten Nähe Gottes bei den Menschen ausschließt. Die Kirche, zu der solche Menschen auch gehören, heißt darum schon bei den Reformatoren die „unsichtbare Kirche".

Wir reden hier aber im besonderen von der *sichtbaren* Kirche, von der

Gemeinde derer, die sich bewußt und entschieden als Schüler und Zeugen Jesu Christi verstehen und sich den Namen „Christen" gefallen lassen. Sie sind um der Welt willen da, wie Jesus um der Welt willen gekommen ist, und haben gegenüber der Welt für sich keinerlei besonderes Privileg – es sei denn das Privileg und die besondere *Gnade der Sendung,* die Gnade, Mitarbeiter Gottes bei der Erleuchtung der Welt zu sein. Diese Sendung besteht aber nicht nur aus einem – verglichen mit der Welt – höheren *Wissen,* sondern sie verlangt den Einsatz des ganzen *Seins* und *Lebens.*

Wie Gott ein einziger ist und sein Gesandter Jesus Christus ein einziger, so ist auch die Sendung der Kirche eine einzige: Es gibt nur eine einzige und unteilbare Kirche Jesu Christi. Wohl ist die im Laufe der Zeit eingetretene Spaltung der einen Kirche in „Konfessionen" ein komplexes geschichtliches Schicksal und darf nicht leichtfertig ignoriert werden. Aber die Frage, wie die Kirche, als die eine Gesandte Christi an die Welt, ihre sichtbare Einheit und Einmütigkeit vor der Welt wiedergewinnen kann, das ökumenische Problem also, hat dennoch eine der gewichtigsten und unumgänglichsten Fragen in allem theologischen Nachdenken über die Kirche zu sein.

Diese umfassende und im Letzten unteilbare Einheit der Kirche, ihre *„Katholizität"*, das heißt ihr Gesandtsein als die eine an die ganze Menschheit, hat ihren Grund in der Einheit der Sendung Christi und in der *„Apostolizität"* der Kirche, also in ihrer Bindung an einen für alle Christen gemeinsamen, historisch greifbaren Ursprung der Kirche: das Zeugnis der ersten Zeugen Jesu Christi in der Geschichte, der „Apostel".

Schließlich ist die Gemeinde mit ihrem Zeugnis nicht allein. Ihre Sendung bleibt, obwohl nun Menschen ihre Träger sind, dennoch die Sendung Jesu Christi selbst. Christus bleibt in ihrem Tun und Reden gegenwärtig wirkend. Darum heißt die Kirche auch die *„Heilige"*, weil ihr Zeugnis von der Gegenwart des heiligen Gottes selbst begleitet ist. Aus dieser Gegenwart Christi bei der Gemeinschaft der Gläubigen ist es auch zu verstehen, daß der einzelne nicht als Einsamer glaubt.

Weil die Kirche die Gesandte Christi ist, die dessen eigene Sendung zuhanden der gesamten Menschheit fortsetzt, gibt es in ihr Redende und Hörende. Das Geschehen der Belehrung und Erleuchtung, dessen Trägerin die Kirche zuhanden der Welt zu sein hat, muß in der Gesellschaft der Kirche selbst seinen Anfang nehmen. Die Menschen in der Kirche werden ja nicht mit einem vollkommenen Glauben und einer vollkommenen Erkenntnis Gottes geboren. Auch kann innerhalb der Kirche der Glaube stets wachsen und die Erleuchtung fortschreiten. Dazu, daß Erkenntnis wachse und fortschreite, braucht es Lehrende und Lernende. So muß es in der Kirche selber ein *Amt* geben, ein Amt der Lehre und der Ermahnung, weil die Kirche als ganze der Welt als ganzer gegenüber ein „Lehramt" auszuüben hat. Nicht aus Gründen bloßer Nützlichkeit, sondern um der Sendung der Kirche an die Welt willen, also aus dem innersten Wesen der Kirche selbst, muß es in ihr ein ordentliches Amt geben, damit nicht nur unverbindlich und nicht nur aus augenblicklicher Eingebung, sondern mit stetiger Autorität und Verbindlichkeit den Hörenden Gott und sein Wort bezeugt wird. Das hängt noch mit einem weiteren Aspekt des Zeugnisses der sichtbaren Kirche zusammen: Dieses Zeugnis ist nicht nur Belehrung, sondern zugleich (und ineins damit) auch Zusage. Die Zusage aber muß verläßlich sein. Es hängt nicht vom religiösen Erleben und der subjektiven Verfassung des einzelnen, des Hörenden und des Redenden, ab, ob Gott seine Gnade zusagt.

Aus diesen Gründen gehört zur Kirche ein ordentliches Amt.

Wort und Sakrament IV/11

Wie begegnet Jesus Christus dem Menschen im Raume der sichtbaren Kirche, die die Trägerin der Sendung Christi an die Welt ist? Woran erkennt man die sichtbare (und also für uns erkennbare) Kirche? Die Reformation hat als Kenn-Zeichen der Kirche das Wort und das Sakrament herausgestellt: wo das Wort Gottes wirklich verkündigt wird und wo die Sakramente recht verwaltet werden, da ist (sichtbare) Kirche. Auch das christliche Leben sollte Kennzeichen der Kirche sein. Indes mag es ein – zwar nicht dem Namen nach, aber de facto – „christliches" Leben zuweilen auch außerhalb der Kirche geben.

Die Kirche ist dazu gesandt, den Menschen Gott und das von ihm beschlossene Heil zu bezeugen. Diese Bezeugung ist eine Belehrung und insofern eine Erleuchtung – aber dies, wie schon im Zusammenhang mit dem kirchlichen Amt zu sagen war, nicht in einem unverbindlichen Sinne. Es werden durch das kirchliche Zeugnis nicht bloß Ideen in der Welt verbreitet, die man aufnehmen oder auch ignorieren kann; vielmehr geschieht in diesem Zeugnis eine Zusage Gottes selbst. Dies stellte sich uns schon am Begriff „Offenbarung" heraus, indem wir sahen, daß Gott in seiner Selbst-Offenbarung zugleich sich selber schenkt, sich also in seinem Wort gegenwärtig setzt. In der Offenbarung als solcher und somit auch im menschlichen Zeugnis, das diese Offenbarung weitergibt, in dessen Gestalt uns Offenbarung begegnet, ereignet es sich also, daß Gott sich selber zusagt, daß er sich verbindlich engagiert.

Dies geschieht in beiden, in Wort und Sakrament. In beiden verspricht sich Gott dem Menschen, und zwar verbindlich, so, daß sein Versprechen gilt und er es nicht wieder zurücknimmt. Das Versprechen der Gnade Gottes gilt „objektiv", also unabhängig von der Person und subjektiven Seelenverfassung dessen, der das Wort verkündigt und das Sakrament austeilt, unabhängig auch von der Seelenverfassung des Hörers und Empfängers. Dieser kann sich später jederzeit auf das (in welcher Seelenverfassung auch immer) vernommene Versprechen der Gnade Gottes zurückbesinnen, sich dazu kehren („bekehren") und es annehmen; dann *gilt* das Versprechen der Gnade Gottes für ihn. Gott ist ihm dann der gnädige Gott. (So kann sich zum Beispiel derjenige, der ohne Bewußtsein als Kind getauft wurde, doch jederzeit auf das Sakrament, das heißt auf das göttliche Gnadenversprechen der Taufe berufen: dann gilt dieses Versprechen, daß er Gottes Kind ist und Gott sein Vater, für ihn.) Freilich schließt die Tatsache, daß Gott sich selber im worthaften und sakramentalen Zeugnis seiner sichtbaren Kirche engagiert, nicht aus, daß er seine Gnade auch ohne Wort und Sakrament schenken kann. Beide sind niemals als *exklusive* Träger der göttlichen Gnade zu verstehen.

Daß das Gnadenversprechen Gottes in Wort und Sakrament der Kirche unabhängig von den Schwankungen des menschlichen Seelenzustandes (beim Spender und beim Empfänger) gilt, wird in der katholischen Theologie mit dem Satz ausgedrückt, daß die Sakramente „ex opere operato" wirken, „aus dem gewirkten Werk", weil das Sakrament *vollzogen* ist, und nicht kraft des Wirkens des Wirkenden (nämlich des Sakramentspenders, etwa des Priesters). Darin drückt sich nicht ein magischer Ritualismus aus, sondern schlicht die Unabhängigkeit der Gnade Gottes von der menschlichen Subjektivität. In der reformatorischen Theologie kann es ganz entsprechend vom Worte Gottes heißen: „Wir müssen auf das Wort selber achten, das gepredigt wird, und nicht auf den verkündigenden Diener; ja, wenn dieser sogar ein arger Bösewicht und Sünder wäre, so bleibt nichtsdestoweniger das Wort Gottes wahr und gut" (Heinrich Bullinger im Zweiten Helvetischen Bekenntnis, 1561, Kap. I).

Man hat protestantische Frömmigkeit als die Frömmigkeit des Wortes, katholische als die Frömmigkeit des Sakramentes voneinander unterschieden. Diese Unterscheidung trifft weitgehend zu, was die geschichtlichen Erscheinungsformen, aber nicht unbedingt und unvermeidlich, was das Wesen der Sache selbst anbelangt. Denn Wort und Sakrament stehen sich, wenn man sie in ihrem Wesen recht versteht, sehr nahe, und so können sich auch die Konfessionen in diesem Punkte viel näher kommen, als man lange Zeit glaubte. „Sakrament" bedeutet ein sichtbar werdendes (nicht notwendig materielles) und dann auch gültiges Zeichen der Gnade Gottes. In der Taufe und im Abendmahl wird mir meine Zugehörigkeit zu Jesus Christus gültig bezeugt. Dabei ist die Frage der Zahl der Sakramente nicht die entscheidende. Im Protestantismus zum Beispiel tritt zu Taufe und Abendmahl, deren Entstehung (mindestens nach dem Christus-Bild der Evangelien) historisch auf Jesus Christus selbst zurückgeführt wird, noch die Predigt des Evangeliums gleichsam als drittes Sakrament hinzu: Auch sie ist *„sichtbar"*, das heißt hörbar und an bestimmter Stelle konkret geschichtlich „greifbar"; und sie ist andererseits *gültig:* gültiger Zuspruch der göttlichen Gnade und Sündenvergebung für jeden, der sie annehmen und glauben will.

So gehören Wort und Sakrament sachlich aufs engste zusammen. Das Sakrament ist, recht verstanden, worthaft. Es ist keine Magie. Es ist wohl ein Zeichen, eine Handlung, ein Gestus, aber stets vom be-deutenden Wort begleitet. So hat man es auch „sichtbares Wort“ genannt. Und auf der anderen Seite ist das Wort der Predigt sakramental: es ist „sichtbar“, es ist gültig. Es ist auch „Zeichen“: denn *im* Wort, das Menschen verkündigen, geschieht ja noch mehr als nur menschliche Rede. Gott selber redet, gleichsam „zwischen den Zeilen“, und setzt durch sein Reden sich selber gegenwärtig. Die menschliche Rede des Verkündigers ist nur Anzeige dessen, daß Gott selber reden will und reden wird.

Wort und Sakrament gehören zusammen, weil sie beide Ausdruck eines zwischenpersonalen Geschehens sind. Schon in der Begegnung zwischen Mensch und Mensch spielt ja das Wort eine entscheidende Rolle. Wir können, wenn wir das Wesen der personalen Begegnung verstehen wollen, vom Wort, von der Sprache nicht absehen. Zugleich aber geschieht – eben weil die Begegnung eine solche, und das heißt eine personale ist – zusammen mit dem Wort, gleichsam unters Wort gemischt, noch mehr: die Gesten, die Blicke, das Ungreifbare, Unsichtbare, das sich zwischen Menschen begibt, an Zuneigung, Abneigung, Frage, Vertrauen, Zweifel usw. Es *geschieht* auch das Schweigen, jenes gefüllte Schweigen, das gar nicht möglich wäre, wenn der Mensch nicht Sprache hätte. Die Sprache selbst und jenes metasprachliche Geschehen gehören in der personalen Begegnung (dort also, wo das Wort vor aller Schriftwerdung seinen ursprünglichen Ort hat) eng zusammen. Es geschieht gleichsam notwendig je etwas „zwischen den Zeilen“ der Sprache. – Von hier aus können wir die Begegnung der Gnade und des Glaubens, wie sie sich zwischen Gott und Mensch durch Wort und Sakrament (und deren strenge Zusammengehörigkeit) der Kirche begibt, tiefer verstehen.

Ewiges Leben IV/12

Der Glaube findet seine Grenze und Erfüllung im Schauen, das heißt in der unmittelbaren Gottesschau des Menschen, wenn er die Grenze des Todes überschritten hat. Hier liegt die Vollendung der personalen Gemeinschaft des Menschen mit Gott, das Ziel der Rechtfertigung, die Spitze der geoffenbarten Bestimmung des Menschen. Die Erwartung eines ewigen Lebens des Menschen im Reiche Gottes erwacht in der späteren Zeit der im Alten Testament berichteten und dokumentierten Geschichte Israels. Für die Zeitgenossen Jesu ist sie weithin schon selbstverständlich. Für die frühe christliche Gemeinde gehört sie – nach dem durchgehenden Zeugnis des Neuen Testaments – zum Glauben an Christus selbst. In der Frühgeschichte Israels dagegen rechnete man noch nicht mit einer Auferweckung der Toten. Diese Hoffnung ist ein – von der Sache her notwendiger – Aspekt der biblischen Gottesgeschichte und des biblischen Gottesglaubens, der sich, historisch gesehen, erst allmählich abzeichnete und den Gläubigen zum Bewußtsein kam.

Obwohl Jesus Christus und die frühe Christenheit hier eine geläufige spätjüdische Anschauung übernommen haben und also in diesem Punkte nicht „originell" sind, muß doch gesagt werden, daß diese Anschauung und Hoffnung erst von der in Jesus Christus geschehenen Offenbarung her ihre letzte Begründung und Einsichtigkeit empfängt. Denn indem Gott seinen end-zeitlichen und end-gültigen Gesandten sendet, und indem dieser Gesandte der „Sohn Gottes" selber ist, wird der letzte Sinn der ganzen Geschichte zwischen Gott und den Menschen vollends klar. Er besteht darin, daß Gott sich selber den Menschen schenkt, daß er ihre Bedürftigkeit und Sehnsucht durch sich selber erfüllt. Gottesgemeinschaft ist also der Sinn der Gottesgeschichte. Diese Gemeinschaft ist nicht ideeller, sondern existentieller und personaler Art. Der personale Charakter dieser Gemeinschaft, die schon im Wandeln des Glaubens vor dem unsichtbaren Gott anhebt, findet seine letzte und eigentliche Bewährung im Durchgang durch den Tod. Darin erweist sich, daß die Gottesgeschichte wirklich *zwischen* Gott und Mensch und nicht nur *im Menschen*, das heißt als Thema menschlichen Bewußtseins und menschlicher Entscheidungen, geschieht. Denn im Tod sind die Entscheidungen eines Menschen zu Ende und auch sein Bewußtsein, insofern als es in der Verständigung mit andern Menschen als Bewußtsein wahrnehmbar ist.

So ist der Glaube, wenn er sich selber als ein Geschehen in diesem „Zwischen" versteht, genötigt, an dieser Stelle Aussagen zu machen (und diesen Aussagen entsprechend, sie existentiell vollziehend, zu leben) über ein Jenseits des Todes, eine Wirklichkeit, die jenseits aller für die geschichtliche Menschheit erfahrbaren Wirklichkeit liegt und die nichtsdestoweniger für den, der in ihr steht, eine *erfahrbare* Wirklichkeit ist. Glaube, der sich selber als personale und reale Beziehung zu der Person des unsichtbaren, in der Welt nirgends direkt erfahrbaren Gottes versteht, muß damit rechnen, daß diese Beziehung und Geschichte weitergeht in einem unsichtbaren, von der Welt aus nirgends direkt erfahrbaren Bereich von Wirklichkeit, also jenseits des Todes.

Der Glaube muß damit rechnen ... – er braucht dessen aber noch nicht gewiß zu sein. (Denn Gott könnte das menschliche Selbst, das ihm personal gegenübersteht, mit dem Tode vernichten.) Gewiß wird er dessen erst im Hinblick auf die Offenbarung durch Jesus Christus, welche ihm sagt, daß Gott sich selber zum Schicksalsgefährten des Menschen macht und ihm sich selbst als das eschatologische (das end-zeitliche und end-gültige) Heilsgut schenkt. Das Heilsgut, das ewige Leben, in dem der Mensch seine Bestimmung erfüllt, ist nichts anderes als der ewige Gott selbst: die unbeschränkte Gemeinschaft des Menschen mit ihm. „Das ist aber das ewige Leben, daß sie dich, der du allein wahrer Gott bist, und den du gesandt hast, Jesus Christus, erkennen" (Joh. 17,3). Hierdurch wird dem Glauben offenkundig, daß des Menschen wahres Leben bei Gott ist und daß dieses Leben kein Ende findet, daß des Menschen Herz in Gott zur Ruhe kommt (Augustin), daß Gott selbst das Ziel des Geschöpfes ist (Thomas von Aquin), daß das Gespräch zwischen Gott und seinem Geschöpf in alle Ewigkeit währen soll (Luther).

Demnach sind dies die drei Strukturen des ewigen Lebens: 1. Es ist die Vollendung und Erfüllung der Ich-Du-Beziehung zwischen Gott und Mensch. 2. Es ist als solche die Unmittelbarkeit zwischen Gott und Mensch. Das indirekte Verhältnis des Glaubens zu dem *unsichtbaren* Gott ist dann zu Ende. 3. Die Gabe, die der Mensch empfängt, ist somit Gott selbst.

Wir haben vom Begriff des Glaubens aus, als Konsequenz der Wirklichkeit und des Selbstverständnisses des Glaubens als einer personalen Beziehung, den Begriff des ewigen Lebens gedacht. Nun ist auch zu bedenken, daß der Glaubende nicht einsam glaubt, daß der Glaube vielmehr „soziale" oder „kommunitäre" Struktur hat. So gilt auch das, was vom Glauben her über die Vollendung des Glaubens zu sagen ist, nicht für den einsamen einzelnen. Der Gläubige, der in dieser Welt nicht einsam glaubt, wird auch im Tode nicht vereinzelt. Mag auch der Tod zunächst als die letzte Einsamkeit des Menschen vor Gott erscheinen, so öffnet er sich doch – *durch* Gott – zur größeren und endgültigen Gemeinschaftlichkeit: mit dem Volke Gottes, der Gemeinde der Gläubigen, und mit der ganzen Welt, um derentwillen diese Gemeinde existiert. So sind individuelle Vollendung und Vollendung der Welt nicht voneinander zu trennen. Daß die Welt als ganze und in ihr der einzelne, der zu Gott findet, durch Gott in Gott zur Vollendung kommt, ist die Botschaft vom *Reiche Gottes*, dessen unmittelbare Nähe unser Meister Jesus der Welt angekündigt hat.

V ETHIK

Heinz Eduard Tödt

1. *Ethik*
2. *Nachfolge*
3. *Liebe*
4. *Verantwortung*
5. *Gewissen*
6. *Gesetz Gottes*
7. *Situation*
8. *Schuld*
9. *Recht*
10. *Verantwortliche Gesellschaft*
11. *Wissenschaftsethik*
12. *Frieden*

Einleitung

Die Disziplin der Ethik *ist heute neben der Dogmatik einer der beiden Hauptzweige der Systematischen Theologie. Auch bei der Erforschung des Alten und Neuen Testamentes sowie der Kirchen-, Dogmen- und Theologiegeschichte werden ethische Probleme behandelt. Die Ethik knüpft daran an und gliedert die exegetischen und historischen Ergebnisse in die Behandlung und Lösung der heute anstehenden ethischen Probleme ein.*
Als im 19. Jahrhundert die traditionelle Ethik gegenüber den neuen Problemen der „sozialen Frage" nicht ausreichte, bildete man eine spezielle „Sozialethik" aus, die einer allzusehr am einzelnen orientierten Individualethik gegenübertrat. Diese Zweiteilung ist jedoch nicht angebracht; denn in keinem Gebiet der theologischen Ethik kann man von der Bezogenheit des Menschen auf soziale Strukturen absehen. Wenn man dennoch von Sozialethik spricht, so meint man damit jene Probleme, die bei der Gestaltung der gesellschaftlichen, wirtschaftlichen und politischen Strukturen entstehen. Hier muß die theologische Ethik mit anderen Wissenschaften, wie Soziologie, Ökonomie, Politologie, Psychologie und Sozialmedizin, zusammenarbeiten. Doch ist das methodische Problem, wie die theologischen Erkenntnisse mit den Ergebnissen jener Wissenschaft zu verbinden sind, kaum geklärt. Auch ist heute die in der Geschichte oft sehr enge Zuordnung von theologischer und philosophischer Ethik umstritten.
Seit dem Menschen mit Hilfe moderner Wissenschaft und Technik eine umfassende Beherrschung von Natur und Gesellschaft möglich geworden ist, hat die Ethik eine neue Dringlichkeit bekommen. Denn jetzt kann sich der Mensch nicht mehr auf vorgegebene Naturordnungen, auf traditionelle Leitbilder und auf die automatische Selbstregulierung des Fortschrittsprozesses verlassen; es fällt ihm vielmehr die Aufgabe zu, die Naturbeherrschung und die gesellschaftliche Entwicklung in überlegte Bahnen zu lenken und ihr bestimmte Ziele zu setzen. Da sich zudem die Erkenntnis aufdrängt, daß der Mensch beim Produzieren seiner Lebensbedingungen in gewissen Grenzen sich selbst produziert, muß er Antwort finden auf die Frage, wer er sein will und sein kann. Die theologische Ethik sucht im Hören auf die Botschaft Jesu Christi Antwort auf diese Fragen.

Ethik V/1

I. Die Bezeichnung Ethik stammt von dem griechischen Wort ἦθος, das Sitte und Gewohnheit bedeutet. Die lateinische Übersetzung für Sitte lautet „mos“, so daß ursprünglich Moral und Ethik annähernd etwas Gleiches bezeichnen, nämlich die Kunst der rechten Lebensführung. Aristoteles entwickelte in einer Zeit, als die umfassende Lebensform der griechischen Polis zerfiel, eine methodische Wissenschaft von der rechten Lebensführung, die als Teil der praktischen Philosophie galt. In der Epoche des Hellenismus entstanden Formen der populären Ethik, die sich über das ganze römische Imperium verbreiteten und, besonders in der Form stoischer Lehren, auch auf das Neue Testament einwirkten.

Der Begriff der Ethik war freilich der biblischen Botschaft und der alten Kirche zunächst fremd; in ihnen dominierte die eschatologische Ausrichtung auf die nahende Herrschaft Gottes, wie sie in Jesu Verkündigung, Tod und Auferstehung proklamiert wurde. Aber die Nähe der Gottesherrschaft hatte unmittelbare Folgen für die Lebensführung der Glaubenden. Sie sind für uns sehr deutlich in den „paränetischen“ Teilen der Evangelien, der Apostelgeschichte und der neutestamentlichen Briefe sichtbar. Die vielfältigen Fragen der christlichen Lebensführung wurden hier nicht in der methodisch strengen Form einer praktischen Philosophie, sondern im unmittelbaren Zusammenhang mit der Christusbotschaft behandelt.

Erst seit dem 2. Jahrhundert entwickelten sich Formen einer *begrifflich* geordneten Ethik. Die christlichen Lehrer bemühten sich, die sittlichen Auffassungen der Gemeinden mit verwandten philosophischen Gedanken in Einklang zu bringen. Dabei liefen die christlichen Auffassungen Gefahr, hellenistisch-philosophisch überfremdet zu werden; und es ergaben sich Spannungen zwischen biblisch-theologischem und philosophischem Verständnis der Ethik. Diese haben in allen Epochen von der Antike über das Mittelalter und die Reformation bis in die Neuzeit in wechselnden Formen angehalten.

Innerhalb der protestantischen Theologie wurde die Ethik während des 18. und 19. Jahrhunderts vielfach zur führenden theologischen Disziplin. Einer der Gründe dafür wurde in Kants Philosophie sichtbar: während man die theoretische, die „reine Vernunft" nicht mehr für fähig hielt, die Beweise für die Existenz Gottes zu tragen, entnahm man aus der Kritik der praktischen Vernunft das Postulat des Daseins eines Gottes und mußte dementsprechend die Religion im ganzen von der Moraltheologie her entwickeln. Außerdem kam jetzt – am besten durchdacht in Schleiermachers christlicher Sittenlehre – die Vorstellung auf, daß alles sittliche Handeln kulturelle Güter hervorbringen solle und daß der höchste Inbegriff aller hervorzubringenden Güter das Reich Gottes sei. Das wurde auch zum Grundgedanken des sogenannten Kulturprotestantismus und seiner Reich-Gottes-Ethik, die besonders im letzten Drittel des 19. Jahrhunderts dominierte. Sie verlor freilich ihre Glaubwürdigkeit, als der Neutestamentler Johannes Weiß 1892 nachweisen konnte, daß Jesus selbst nicht ein Gottesreich verkündet hat, das durch die sittliche Vervollkommnung der Menschheit mit hervorgebracht wird. Jesus sagte vielmehr das Nahen des Reiches an, das allein von Gott selbst heraufgeführt wird und keiner menschlich-sittlichen Bemühung zu seiner Verwirklichung bedarf. Als diese Gedanken von Johannes Weiß sich durchsetzten, hatte die kulturprotestantische Ethik ihre Basis verloren. Die theologischen Erneuerungsbewegungen nach dem Ersten Weltkrieg rückten die biblische Botschaft, die man nun als „Kerygma", als lebendige Anrede auf Grund der Offenbarung Gottes verstand, und entsprechende Grundgedanken der Reformation in das Zentrum der Theologie. Man verlor zunächst das Interesse an einer selbständigen Disziplin der Ethik.

Indessen ist dieses Interesse seit dem Zweiten Weltkrieg neu belebt worden. Heute rücken viele Theologen von den Erneuerungsbewegungen zwischen den Weltkriegen und von der einzig am Kerygma orientierten Theologie ab und greifen auf ältere Fragestellungen zurück. Bei manchen herrscht die Neigung, den christlichen Glauben insgesamt aus der Existenz oder gar aus dem Engagement in der Mitmenschlichkeit zu begreifen und ihn so „antimetaphysisch" und „religionslos" zu verstehen. Andererseits drängen sich seit dem Ende des Zweiten Weltkriegs die politischen und gesellschaftlichen Probleme der Kirche mit solcher Wucht auf, daß sie dringend der vertieften theologisch-ethischen Arbeit bedarf, um ihnen sachgemäß begegnen zu können. Erst die Kenntnis dieser Probleme ermöglicht das volle Verständnis der gegenwärtigen theologischen Ethik.

II. Die leidenschaftlichsten ethischen Diskussionen nach 1945 betrafen öffentliche Fragen. Das „Stuttgarter Schuldbekenntnis" des Rates der Evangelischen Kirche in Deutschland vom 19. Oktober 1945 sprach von einer Solidarität der Schuld der Kirche mit dem deutschen Volk. Auch die Kirche sei dem Nationalsozialismus nicht frühzeitig und entschieden genug mit dem Bekenntnis des Glaubens entgegengetreten. Diese Erklärung machte

nach außen den Weg frei zu ökumenischer Gemeinschaft mit den anderen Kirchen, löste aber nach innen erregten Widerspruch aus gegen die angeblich in der Erklärung enthaltene These von der Kollektivschuld des deutschen Volkes an den Greueln des Hitlerregimes. Man verwies mit Vorliebe auf die evidenten Unrechtstaten der Kriegsgegner Deutschlands, etwa auf die militärisch sinnlose Vernichtung Dresdens oder die Greueltaten der einrückenden Roten Armee, und auf die innere Abneigung eines großen Teiles des deutschen Volkes gegen den Nationalsozialismus sowie auf den Widerstand, insbesondere in der Bekennenden Kirche. Diese oft mit Erbitterung geführte Diskussion über das Verhältnis von Einzelschuld, Gesamtschuld und Haftung, von Festhalten und Verzicht auf eigene Rechte, von Gottes richtender Gerechtigkeit und menschlichem Unglück hat, wie noch die Auseinandersetzung um die Vertriebenendenkschrift von 1965 zeigt, in der evangelischen Kirche bisher keinen Abschluß gefunden.
Ein anderes heißumstrittenes Problemfeld entstand durch die politische und ideologische Eingliederung der Bundesrepublik in das westliche Bündnissystem und die daraus resultierende Wiederaufrüstung bis hin zum Problem der Atombewaffnung. Die Aufrüstung in beiden Teilen Deutschlands entsprang dem Willen der beiderseitigen Besatzungsmächte und wurde erstaunlich schnell von den bestimmenden deutschen Politikern akzeptiert. Der Bundesrepublik wurde sie nahegelegt mit dem Hinweis, daß man die kommunistische Expansion eindämmen müsse und gegebenenfalls in einem „rolling back“ deutsche und andere Gebiete in Europa der Kontrolle Rußlands wieder entreißen könne. Für die theologische Ethik enthielt die geforderte Option für den Westen und die Aufrüstung für eine sogenannte „Vorwärtsverteidigung“ gegen den kommunistischen Osten schwerwiegende Probleme. Karl Barth erklärte: Die Deutschen, die unbestreitbar die Hauptursachen für den Zweiten Weltkrieg hervorgebracht haben, sollten sich gerade um ihrer selbst willen nicht in die antikommunistische Ideologie einspannen lassen und durch Zurückhaltung im Ost-West-Konflikt dem Frieden zu dienen versuchen. Ihm folgten gewichtige Minderheiten in Deutschland, insbesondere die Kirchlichen Bruderschaften. Die Mehrheit aber optierte für den Westen und seine antikommunistische Politik, teils aus Furcht und Sicherheitsbedürfnis gegenüber dem Kommunismus, teils auch, weil man ihn als Manifestation antichristlichen Geistes verstand, dem man mit allen Mitteln zu widerstehen habe.
Diese Option wurde noch einmal zum Problem, als der Weltöffentlichkeit die verheerenden Wirkungen der Wasserstoffbomben bekannt wurden und die „thermonukleare Apokalypse“ in den Bereich des Möglichen, ja des Wahrscheinlichen einrückte. John Foster Dulles, einer der amerikanischen Hauptsprecher auf der Amsterdamer Weltkirchenkonferenz von 1948, proklamierte am 12. Januar 1954, nunmehr als Außenminister der

USA, das Konzept der „massive retaliation", das heißt der thermonuklearen Vergeltungsschläge schon bei kleineren Aggressionen des Gegners, und gab damit der sogenannten „Politik der Stärke" in der Bundesrepublik den entscheidenden Rückhalt. Aber mit dieser Androhung von nuklearer Massenvernichtung waren, wie etwa Helmut Gollwitzer hervorhob, alle Kriterien eines gerechten Krieges überschritten. Die Vergeltung mußte deutsche, osteuropäische und russische Bevölkerungsgruppen treffen, ganz gleich, ob sie dem kommunistischen System dienten oder ihm Widerstand leisteten. So erhob sich eine leidenschaftliche kirchliche Diskussion über eine eventuelle deutsche Beteiligung an atomarer Rüstung. 18 führende deutsche Atomphysiker erklärten am 12. April 1957, daß sie nicht bereit seien, „sich an der Herstellung, der Erprobung oder dem Einsatz von Atomwaffen in irgendeiner Weise zu beteiligen". Die Kirchlichen Bruderschaften verkündeten, daß jede Beteiligung schon an der „Vorbereitung des Atomkrieges" und auch Neutralität in dieser Sache „die Verleugnung aller drei Artikel des christlichen Glaubens bedeutet". Andere Theologen, wie zum Beispiel Walther Künneth, machten dagegen geltend, daß es der weltlichen Gewalt geboten sei, Recht und Freiheit auch unter glaubhafter Androhung des Gebrauches von atomaren Massenvernichtungsmitteln zu verteidigen. Die Synode der EKD vom 30. April 1958 mußte konstatieren, daß entgegengesetzte ethische Grundentscheidungen in dieser Sache innerhalb der Kirche einander gegenüberstünden; sie forderte dazu auf, „unter dem Evangelium zusammenzubleiben".

Die ungelösten Fragen dieser Diskussion griffen alsbald auf das Problem der Militärseelsorge über und kehrten in ihrer Grundstruktur auch in bestimmten Gruppierungen gegenüber der Vertriebenendenkschrift der EKD vom Herbst 1965 wieder. Die Denkschrift selbst versuchte, in ihre Stellungnahme die theologisch berechtigten Elemente aus den konträren Gruppen aufzunehmen. Sie verwies einerseits auf die unbestreitbaren alten Heimatrechte der Vertriebenen, denen jetzt die neuen Rechte der polnischen Bevölkerung, die seit zwei Jahrzehnten in den deutschen Ostgebieten wohnt, gegenüberstehen. Kirchliche Aufgabe sei es, eine Atmosphäre der Versöhnung und des Ausgleiches anzubahnen, welche eine der Voraussetzungen ist für eine Entspannungspolitik von seiten der Regierungen in Polen wie in der Bundesrepublik. Nach der Veröffentlichung der Denkschrift meldeten sich erstmals seit 1945 wieder nationalistisch orientierte kirchliche Kreise in aller Öffentlichkeit zu Wort und verschärften die erregte Diskussion aufs äußerste. Wieder wurden die seit 1945 unerledigten Fragen nach deutscher Schuld und Haftung, nach dem Wesen des Kommunismus und der Berechtigung des Antikommunismus aufgeworfen. Die Synode der EKD aber faßte dieses Mal eine gemeinsame Entschließung, welche die Grundlinien der Denkschrift bestätigte.

Neben diesen in breiter Öffentlichkeit geführten Diskussionen blieben viele wichtige Neuorientierungen in der kirchlich-theologischen Ethik fast im Verborgenen. Tatsächlich veränderte sich das kirchliche Verhalten zur demokratischen Lebensform, zu den Parteien, zur Eigentumsfrage, zu Schul- und Bildungsfragen, zu Strafrechts- und Mischehenfragen, zum Nationalismus und vielen anderen Problemen in den Jahrzehnten seit dem Ende der Weimarer Republik grundlegend. Dennoch zeigten die kirchlich- und theologisch-ethischen Stellungnahmen auch zu diesen Fragen, wie schwer es der Kirche fiel, sich in einer freiheitlichen, säkularen, auf den Fortschritt von Wissenschaft und Technik angewiesenen Gesellschaft sachgerecht zu orientieren. Restaurative Orientierung an der Vergangenheit schien oft genug die lebendige Vergegenwärtigung der Tradition zu unterbinden.

III. Viele Christen sehen mit Unbehagen, daß die christliche Ethik so stark zum Gegenstand innerkirchlicher Auseinandersetzungen geworden ist. Viele beklagen, daß sich die ethische Diskussion auf politische Probleme konzentriert hat. Manche bedauern, daß die evangelische Kirche das aus den Freiheitskriegen stammende Bündnis mit dem vaterländischen Nationalismus gekündigt und damit überhaupt erst die politische Ethik zum Problem gemacht hat. Die Neuformierung des Nationalprotestantismus, die sich derzeit in der Bundesrepublik vollzieht, beweist, daß der Neuanfang der EKD nach 1945 durchaus nicht von allen gutgeheißen worden ist. Viele sprechen heute polemisch von einer Politisierung der Kirche und des Evangeliums. Diese Spannungen zeigen, daß Kirche und Theologie heute vor unaufschiebbaren ethischen Problemen stehen. Da die bisher im deutschen Protestantismus gültigen ethischen Traditionen der heutigen geschichtlichen und politischen Situation Deutschlands nicht mehr gerecht werden können, ist freilich die starke Konzentration auf Fragen der öffentlichen, besonders der politischen Ethik unvermeidlich.
Parallel zu diesem Traditionsbruch in der politischen Ethik hat sich auch ein Traditionsbruch in der Ethik der „Privatsphäre" vollzogen. Die überkommene Regulierung des christlichen Lebens durch Frömmigkeit ist in eine tiefe Krise geraten. Auch hier ist eine grundlegende Neubesinnung notwendig. Die Traditionen dieser „persönlichen" Ethik erhalten bis in die Gegenwart hinein Züge der Askese, der Selbstentäußerung in den täglichen Werken, der Leidensbereitschaft und des individuellen reinen Gewissens. Nach reformatorischem Verständnis wirkt die Buße, in welcher der Schrecken des Gewissens über die eigene Sünde vor Gott und der Zuspruch der Vergebung sich verbinden, bestimmte alltägliche Verhaltensweisen: Demut, Ergebung in Gottes Willen, Geduld, Gehorsam. Diese Verhaltensweisen ließen Ethik in der privaten Sphäre konkret werden

und waren Jahrhunderte lang Grundzüge evangelischer Frömmigkeit. Die lebensordnende Kraft dieser Traditionen ist auch in Dietrich Bonhoeffers „Widerstand und Ergebung“ spürbar (vgl. den Abschnitt „Stationen auf dem Wege zur Freiheit“). Bonhoeffer ging es darum, diese Traditionen christlicher Frömmigkeit in einer „religionslos“ gewordenen Zeit unter dem Thema „die Inanspruchnahme der mündig gewordenen Welt durch Jesus Christus“ neu zu interpretieren. Aber sein Versuch, die Struktur eines „verantwortlichen Lebens“ als Thema christlicher Ethik auch in der Privatsphäre zur Geltung zu bringen, hat wenig Resonanz gefunden.

Heute wird Verantwortung wesentlich als Engagement in der Öffentlichkeit und in den Strukturen von sozial vermittelter Mitmenschlichkeit verstanden. Die Frage nach dem Innenraum der Person und nach der ihr entsprechenden Konfrontation des Gewissens mit Gott ist vorerst zurückgetreten. Wo freilich dieses innere Leben vor Gott nicht mehr in bewußter Weise gelebt wird, da versickern auch die Traditionen, welche die individuell angeeignete Frömmigkeit und die persönliche Ethik der abendländischen Christenheit bisher bestimmt haben. Die Innenprobleme werden gewissermaßen in die Öffentlichkeit projiziert und dabei tiefgreifend verwandelt. Der Mensch wird bis ins Zentrum hinein zu einem von außen gelenkten Glied der Gesellschaft, dem die überkommene religiöse Innenkultur fremd ist. Nirgendwo zeigt sich das heute deutlicher als in den vielen Diskussionen über die „New Morality“.

Die Entwicklung zu den Verhaltensweisen der bloß „außengeleiteten Person“ ist in der Bundesrepublik, im Unterschied zu den angelsächsischen und skandinavischen Demokratien, offenbar auch dadurch gefördert worden, daß etwa die Stellung zur Sexualität nicht sachkundig und freimütig in verantwortlicher Öffentlichkeit erörtert worden ist. Die Kirchen haben diese Diskussion nicht herbeigeführt, sondern andern überlassen. Solange das Interesse öffentlicher Erörterungen der Sexualität nur darauf abzielt, sogenannte „Tabus“ aus der Tradition abzubauen, wirkt es sich praktisch so aus, daß der einzelne relativ kritiklos die in der Öffentlichkeit sich bildenden und durch Massenmedien vermittelten sexuellen Verhaltensweisen übernimmt und sie gar nicht zu einem ethischen Problem werden läßt, in dem seine Person „vor Gott“ auf dem Spiel steht.

Zwischen der radikal gesteigerten Bedeutung der öffentlichen Fragen der Ethik seit 1945 und dem Zurücktreten der religiös-ethischen Lebensregulationen in der Innerlichkeit des Menschen und im privaten Bereich besteht ein tiefer Zusammenhang. Die Ethik als eine theologisch-wissenschaftliche Disziplin wird sich daher in beiden Dimensionen um neue Erkenntnis bemühen müssen. Ihre Aufgliederung in Individualethik und Sozialethik aber ist abzulehnen. Dagegen scheint es angemessen zu sein, eine christliche Ethik heute systematisch als „Verantwortungsethik“ zu entwerfen. Denn auch der säkularisierte Begriff der Verantwortung enthält noch in seiner Grundstruktur den doppelten Verweis auf Verantwortung „für" (Mitmensch und Umwelt) und Verantwortung „vor" (einer Instanz), wobei dieses „vor" offen ist für die christliche Auslegung des menschlichen Seins als Sein vor Gott.

IV. Als wissenschaftliche Disziplin muß die theologische Ethik über ihre *Methoden* Rechenschaft ablegen. Es geht im Kern aller methodischen Bemühungen darum, gewissenhaft zu prüfen, was jeweils der Wille Gottes ist für einen Menschen oder eine Menschengruppe in einer bestimmten Lage, die zur ethischen Reflexion herausfordert (vgl. Röm. 12, 1 f.). Der eigentliche Wille Gottes aber ist dem Christen erschlossen durch die Versöhnungstat Gottes, die in Christi Wirken, Tod und Auferstehung geschehen ist (2. Kor. 5, 14–21). Die theologische Ethik hat daher in systematischer Reflexion zu klären, was dem Versöhnungswillen Gottes in der jeweiligen Lage und Situation entspricht. Dazu bedarf es auch der Erkenntnis, worum es für alle Beteiligten in einer bestimmten Situation geht, welche Fakten und welche Möglichkeiten im Spiel sind und wie die Situation auf die Zukunft hin – dem Willen Gottes entsprechend – auszulegen und zu verändern ist. Alle einzelnen methodischen Schritte, wie die Analyse der Situation mit allen zur Verfügung stehenden wissenschaftlichen Mitteln und die theologische Auslegung der biblischen Botschaft, treten bei der Ethik in den Dienst dieses Vorganges.

Nachfolge V/2

Seit Jesus in Galiläa auftrat und das Nahen der Herrschaft Gottes verkündigte, haben diejenigen, die ihm vertrauten, ihr Leben als ein „Nachfolgen" verstanden; denn Jesus vergab hier auf Erden Sünden, verhieß ewiges Heil und berief Jünger in eine unverbrüchliche Nachfolgegemeinschaft mit sich. Wer in diese Gemeinschaft eintrat, mußte bereit sein, Jesu Botschaft vor den Menschen und vor den Gerichten der Welt zu verantworten; er mußte, wenn er zum engeren Kreis der Jünger gehörte, um der Gottesherrschaft willen alle Bindungen aufgeben und das Schicksal der irdischen Heimatlosigkeit auf sich nehmen. „Die Füchse haben Höhlen und die Vögel des Himmels Nester, aber der Menschensohn hat nicht, wo er das Haupt hinlege" (Matth. 8, 20). Die von Jesus gewährte Nachfolgegemeinschaft bestimmte das ganze Leben. Aber sie endete, als Jesus in Jerusalem hingerichtet und von seinen Jüngern verlassen wurde.

Als der Auferstandene in den Osterbegegnungen sich seinen früheren Anhängern zuwendete, entstand eine neue Gemeinschaft. Nachfolge konnte nun nicht mehr eine Fortsetzung des heimatlosen Herumziehens mit Jesus sein, wenn auch die Missionstätigkeit von manchen eine analoge Lebensweise forderte; es konnte jetzt auch nicht nur darum gehen, zu leben, wie Jesus gelebt hatte, und zu glauben, wie Jesus geglaubt hatte. Wort und Tat des irdischen Jesus waren nicht mehr der einzige Bezugspunkt ethischer Orientierung. Vielmehr waren jetzt, nach Ostern, die Kreuzigung und die Auferstehung Jesu als die Ereignisse zu verstehen, durch die Gott die Welt mit sich versöhnt und eine grundlegende Wende herbeigeführt hatte. Diese Wende schuf Raum für neues Leben und neue Freiheit in der Welt und gab dem Willen Gottes zu „neuer Schöpfung" Ausdruck (2. Kor. 5, 14—20). Ihr mußte nun das Leben der Christen entsprechen, und die Nachfolge bekam einen weiteren, „christologischen" Sinn; denn sie orientierte sich jetzt an dem Gesamtgeschehen, in welchem Jesus zum Christus, zum Heilsbringer für die Menschen geworden war.

Eine Nachfolgeethik, die nur versucht, sich am Wort und Wirken des irdischen Jesus zu orientieren, gerät leicht in die Gefahr einer gesetzlich-rigoristischen Verengung. Wenn man nämlich das Liebesgebot, wie Jesus es aussprach, allein als das Zentrum der Ethik versteht, so wird dabei nur der unmittelbare Bezug auf den Bruder, den Nächsten, ins Auge gefaßt. Die Strukturen des In-der-Welt-Seins, einschließlich der gesellschaftlichen und durch Sachen vermittelten Beziehungen zwischen Menschen, werden dann verengt zu personalistischen Ich-Du-Relationen.

Im Aussagebereich der Christologie hingegen kommt der Mensch in seiner viel umfassenderen Weltbezogenheit zur Sprache; denn hier geht es um das Versöhnungshandeln Gottes an der Welt, also um ein Tun Gottes, welches den Menschen in allen seinen Weltbezügen betrifft. Das „neue Leben", das uns durch Kreuz und Auferstehung Christi vermittelt wird, ist nicht nur eine neue Determination des einzelnen Menschen, sondern auch des Machtbereiches und der Herrschaftsverhältnisse, in denen der Mensch lebt. Darum hat Paulus auch die Konsequenzen der Versöhnung in diesem umfassenden Sinne aufgezeigt: Konsequenzen für das Sein in der Gemeinde (Röm. 12, 3—8), für das Sein in den politischen Ordnungen der Welt (Röm. 13, 1—7) und in den Institutionen des sozialen Lebens, beispielsweise der Ehe oder Ehelosigkeit (1 Kor. 7). Die Aussagen von Röm. 13, 1—7 über den gottgegebenen Auftrag politischer Instanzen, den Menschen zugute, und die entsprechenden Gehorsamsverpflichtungen sind rein aus dem Horizont einer Nachfolgeethik heraus nicht zu begründen. Bei ihnen tritt vielmehr eine Komponente hinzu, die durch den Versöhnungswillen Gottes gegenüber der Welt bestimmt ist.

Versteht man die Nachfolge in diesem umfassenderen Zusammenhang, so hat sie eine unverlierbare Bedeutung für die christliche Ethik. Denn Nachfolge heißt dann: Teilhabe am Christusschicksal, an seinem Leiden, Sterben und Auferstehungsleben (Röm. 6, 1—11). Diese Teilhabe geschieht in der Gemeinschaft der Glaubenden „im Geist des Herrn", der in dieser Gemeinschaft wirkt. Und aus dem Geist ergeben sich die Konsequenzen für das Leben des Christen. Die erste Konsequenz ist die, daß der Christ sich zu seinem Herrn bekennt, indem er das Evangelium vor der Welt verantwortet. Verantworten heißt hier: als bevollmächtigter Stellvertreter Antwort geben auf die Fragen, welche die Menschen an das Evangelium stellen. Nachfolge und Verantwortung gehören also unlösbar zusammen.

Die Nachfolge als Teilhabe am Christusgeschehen, am Leiden Gottes in Christus, ist also jene innerste Orientierung, die in aller christlichen Ethik Ausdruck finden will. Daher erfordert die Nachfolge eine schöpferische, geistliche Übertragung in jede Zeit, auch in unsere Gegenwart. Dabei muß sie eine veränderte Gestalt gewinnen; denn die moderne Welt vermag den Ausdruck der Nachfolge, die tätige Liebe zu Gott und dem Nächsten, nicht leicht in ihrem wahren Zusammenhang zu verstehen. In ihr gibt es eine säkulare Humanität, welche den Dienst an anderen Menschen einübt, und in ihr herrschen Lebensstrukturen, welche fast jedes Tun für die anderen zu einem sachvermittelten Handeln werden lassen. Die Taten der Nachfolge vollziehen sich in den gleichen säkularen Strukturen und geraten damit in ein Inkognito, welches das Handeln von Christen und humanistischen Atheisten streckenweise ununterscheidbar sein läßt.

Um dieses Inkognito, um die Verborgenheit seines Tuns in der Welt, braucht sich der Christ keine Sorge zu machen; denn er tut das, was er tut, nicht, um Gottes Gunst zu gewinnen. Vielmehr weiß er, daß diese ihm längst zugewendet ist und ihn frei gemacht hat, das in der Welt zu tun, was der Mitwelt förderlich ist. Nachfolge schließt wohl das Bekenntnis zum Evangelium vor der Welt ein, bedarf aber nicht der Selbstbestätigung durch tätige Demonstrationen. Daher tut sie in den säkularen gesellschaftlichen und mitmenschlichen Strukturen das sachlich Angemessene und akzeptiert das Inkognito solchen Handelns. Dietrich Bonhoeffer sprach von der Aufgabe, in der vollen *Diesseitigkeit* des Lebens glauben zu lernen. Diesseitigkeit nannte er den Verzicht darauf, aus sich selbst etwas wie einen bekehrten Sünder, einen Heiligen, einen Gerechten zu machen – und gerade in diesem Verzicht sich Gott ganz in die Arme zu werfen. In der Diesseitigkeit glauben heißt also: das Inkognito der Nachfolge auf sich nehmen und so an der Unsichtbarkeit der Macht Gottes in der Welt partizipieren. Jesu Dasein für andere, sein Leiden und Sterben, trug Züge dieses Inkognito, das in aller Nachfolge wiederkehrt. Seine Auferstehung aber schenkte der Gemeinde die Gewißheit, daß Jesus für Gott um der Menschen willen in der Welt litt. Diese Gewißheit ist letzter Ermöglichungsgrund unserer Nachfolge.

Liebe V/3

Das Wort Liebe bezeichnet ein sehr weites und vielschichtiges Feld menschlicher Phänomene; zu ihnen gehört der Sexus, die geschlechtliche Liebe, ebensosehr wie die seelische Zuneigung zu Werten, Gütern und Sachen und schließlich die vielfältigen Weisen der Verbundenheit und der Identifikation mit anderen Menschen. Dieser weite Geltungsbereich des Wortes verweist darauf, daß die Liebe im Sein des Menschen tief verwurzelt ist und nicht nur diese oder jene Verhaltensweisen bezeichnet. Liebe ist kein bloß moralischer Begriff, sondern hat zum Sein gehörenden Charakter.

Nach biblischer Erkenntnis hat die Liebe ihren Grund im Sein Gottes. Die Offenbarung der Liebe ist die endgültige, eschatologische Wesensäußerung Gottes. Der Satz des 1. Johannesbriefes, „Gott ist die Liebe“, gewinnt seinen eigentlichen Sinn erst in der Sendung Jesu, also in dem Geschehen, in dem die Liebe Gottes auch bei den Menschen zum Ziel kommt, nämlich dort, wo „die Liebe Gottes durch den Heiligen Geist in unsere Herzen ausgegossen“ ist (Röm. 5,5). Im Doppelgebot der Gottes- und Menschenliebe läßt sich daher „das ganze Gesetz und die Propheten zusammenfassen“ (Matth. 22,37–40). Doch fordert dieses Gebot nicht etwas, was nur vom Menschen herzustellen und zu leisten wäre. Gottes Liebe ist vielmehr immer schon der tragende Grund unseres Lebens, und alle Not der Menschenwelt entsteht dadurch, daß sie von diesem Grund entfremdet ist. Wo die christliche Ethik von der Liebe handelt, kann sie also nicht bloß diesen oder jenen Imperativ aussprechen, der sich gegen liebloses Verhalten wendet; sie muß vielmehr davon ausgehen, daß alles menschliche Leben durch den Mangel an Liebe in seinem Bestand ausgezehrt, in seinem innersten Sein an Nichtigkeit ausgeliefert ist – daß Gottes eschatologische Wesensäußerung als Liebe dieser Nichtigkeit schöpferisch entgegentritt. Gott ruft die Menschen in seinen Bund, das heißt in das solidarische Sein mit ihm, und gibt so der menschlichen Existenz ihren wahren Grund zurück. Daher kann man nicht die Gottesliebe als ein Problem der Dogmatik abtrennen von der Nächstenliebe als dem Thema der Ethik; denn beide haben den gleichen von Gott geschenkten Grund im ursprünglichen und endzeitlichen Sein des Menschen.

Allerdings ist gerade die Liebe zu Gott für den Menschen der Neuzeit zu einem besonderen Problem geworden. Der moderne Mensch muß seine Lebensordnungen so einrichten, daß sie Bestand haben und funktionieren, auch wenn es Gott nicht gäbe. Gott ist für ihn dadurch radikal unsichtbar geworden, die Ordnungen der Welt und des Alls sind für ihn kein anschaubares Gottesbild mehr. Wie aber „kann er Gott lieben, den er von Angesicht nicht kennt" (1. Joh. 4, 20), wie kann seine Liebe bis in die fremde Transzendenz Gottes hineinreichen? Die Verborgenheit Gottes ist für den modernen Menschen in der Tat so radikal und tief, daß an ihr alle direkte Gottesliebe haltlos und ziellos wird; und doch ist in der theologisch entscheidenden Hinsicht damit nichts verändert gegenüber der Zeit des Neuen Testamentes. Denn die christliche Botschaft sagt von Anfang an, daß nur der den verborgenen Gott hört, der Christus als den Sohn hört, und daß derjenige, der den Sohn liebt, auch den Vater liebt. Christus gewährleistet, daß die Transzendenz in der Immanenz da ist, daß die Liebe in dieser Welt auch Gott erreicht.

Mehr als jede andere Erscheinungsweise der Liebe kann wohl das Extrem, die von Jesus gebotene Feindesliebe, verdeutlichen, worum es der biblischen Botschaft geht. Das Gebot der Feindesliebe erregt unseren Anstoß oder unsere Verzweiflung, weil seine Befolgung unmöglich scheint. Friedrich Nietzsche hat den Anstoß und den Widerspruch gegen die Feindesliebe nachdrücklich formuliert: Feindesliebe sei nur dort möglich, wo man sich von der Realität, von den konkreten Aufgaben und Gegensätzen so gelöst habe, daß man sie nicht mehr spüre. In der Praxis, im Verhalten Jesu komme der Menschentypus der Décadence naiv, ehrlich und vollkommen zum Ausdruck; denn wenn Jesus nirgends Widerstand geleistet habe, so sei er nur einem tiefen Instinkt dafür gefolgt, wie man leben müsse, um sich „erlöst", „ewig", „im Himmel" zu fühlen, nämlich in der inneren Erhebung über alle Unterschiede der Welt. Da werde nichts mehr verneint, nichts gehaßt, kein Unterschied und kein Gegensatz noch anerkannt. Dort, in dieser inneren Welt, herrsche schon jetzt „Seligkeit", die von keiner Realität mehr berührt werde. Allerdings sei *ein* Haß mit dieser Liebe verbunden: der instinktive Haß gegen die Realität.

Nietzsche hat jenen Typus der Décadence, den er mit einfühlender Psychologie in Jesus erspürte, auch in sich selbst entdeckt und auf eine hintergründige Art tiefe Solidarität mit Jesus empfunden. Dennoch müssen wir das Gebot der Feindesliebe ganz aus dem Zusammenhang, in dem Nietzsche es auslegte, entfernen. In Jesu Gebot der Feindesliebe geht es nicht darum, sich so über alle Gegensätze zu erheben, daß die konkrete Realität versinkt und der Feind nicht mehr Feind ist. Es geht vielmehr darum, den, der noch Feind ist, zu lieben – und diese Liebe wird von Jesus nicht als eine über allen Unterschieden schwebende Seligkeit, sondern durch etwas

Näheres, was jedem Menschen unmittelbar vertraut ist, charakterisiert: durch die Selbstliebe. Die „Goldene Regel“, welche den Inhalt der Liebe präzisiert, lautet: „Alles nun, was ihr wollt, daß es euch die Menschen tun, das sollt auch ihr ihnen tun; denn darin besteht das Gesetz und die Propheten“ (Matth. 7,12). Indem Jesus die Goldene Regel einschärft, macht er deutlich, daß das Liebesgebot auf die konkreten Beziehungen zwischen Menschen zielt und Geltung in der Realität des Alltagslebens beansprucht bis hinein in die realen Feindschaften.

Auch die Vernunft begreift, daß eine Feindschaft, die man mit Haß erwidert, als Feindschaft bestätigt und befestigt wird. Sie begreift, daß der Haß unfrei macht, indem er das eigene Verhalten degradiert zu einer bloßen Reaktion auf das, was der „Feind“ vorher getan hat; das eigene Verhalten wird damit in vorgegebenen Grenzen festgelegt. Wer sich aber nicht verführen läßt, Böses mit Bösem zu vergelten, der bewahrt seinem Feinde und sich die Freiheit, das negative Verhältnis umzuwandeln und es für Neues zu öffnen. Es ist also nicht der Sinn des Gebotes, sich vom Feinde schmähen zu lassen, um in Akten der Selbsterziehung Demütigungen tragen zu lernen oder sie gar in einem frommen Masochismus zu genießen; es ist auch nicht sein Sinn, den Feind zu beschämen, um sich so auf sublime Weise an ihm zu rächen. Sein Sinn ist vielmehr, das Negative der Feindschaft zu überwinden und ein Positives an seiner Stelle entstehen zu lassen. Dieses Positive ist das Angebot des Miteinanderlebens in jener Solidarität, die dem ontologischen Grundbestand menschlichen Daseins zugehört. Wer Feindeshaß nicht erwidert, wer ihm aber auch nicht mit unbewegter Gleichgültigkeit, sondern mit Liebe begegnet, der macht dem Feind ein zuvorkommendes Angebot, das ihm neue Freiheit gibt.

Allerdings gibt es tief eingewurzelte Ängste und durch lange Epochen der menschlichen Entwicklungsgeschichte produzierte Aggressionstriebe, die eine instinktive Negation aller Solidarität gegenüber feindlichen Mitmenschen nahelegen. Konrad Lorenz sagt in einem Vortrag „Über das Töten von Artgenossen“: „Jede Spur von Mitgefühl und Beschädigungshemmung erlischt schlagartig in uns, wenn wir uns vor einem angreifenden Lebewesen, sei es Tier oder Mensch, ernstlich fürchten... Die Kriegspropagandisten aller Zeiten, die leider seit jeher viel bessere praktische Kenntnisse über das menschliche Instinktleben besessen haben als die Philosophen edelster Menschheitsmoral, wußten immer schon ganz genau, daß man die Hemmungen, den Feind umzubringen, dadurch aus der Welt schaffen kann, daß man der aufzuhetzenden Population einredet, der zu bekämpfende Feind sei überhaupt nicht ihresgleichen, sei etwas völlig anders Geartetes, tierpsychologisch gesprochen kein Artgenosse. Der kriegerische Erfolg der Zulu zum Beispiel beruhte sicherlich großteils darauf, daß ‚Zulu‘ einfach ‚Mensch‘ heißt und daß die Zulus davon überzeugt werden konnten, daß alle Nicht-Zulus Nicht-Menschen, Un-Menschen seien. Jede nationale Isolierung, jede rassische Propaganda beruht auf diesem Prinzip. Wer den Gegner hinter der Absperrung wirklich kennt und weiß, wie wenige und wie oberflächliche Unterschiede letzten Endes zwischen den verschiedensten Sorten von Menschen bestehen, wird sich schwerer dazu bereitfinden, zu der vernichtenden Waffe zu greifen."

Unschwer lassen sich solche entwicklungsgeschichtlichen Erkenntnisse auch an manchen Kämpfen der Kirchengeschichte und an Formen der ideologischen Kampfführung der Gegenwart verifizieren; die Angst vor dem aggressiven Feind pflegt auch bei Christen allzuschnell das Bewußtsein zu vertilgen, daß es sich beim Feind um einen Auch-Menschen und bei der Bevölkerung der feindlichen Staaten um Auch-Christen handelt. Es ist eine fatale Preisgabe des Liebesgebotes selbst, wenn man es auf die Privatsphäre, auf die unmittelbaren zwischenmenschlichen Beziehungen einschränkt. Das Liebesgebot hat, seiner inneren Konsequenz nach, unvermeidlich eine soziale und politische Dimension.

Gerade weil in der sozialen Dimension Feindschaften und Gegensätze überwiegend nicht „persönlicher Art", sondern sachbedingt sind, gilt es, den Sinn des Liebesgebotes präzise zu übersetzen. Mit Appellen an das Gefühl des einzelnen ist noch wenig getan, und diese Appelle werden leicht unglaubwürdig, weil sie die soziale Wirklichkeit nicht treffen. Das konstruktive Grundprinzip der modernen, „nachkapitalistischen" Gesellschaft ist die Orientierung des einzelnen, der Gruppen und der Verbände am eigenen Interesse. Nur dann „funktioniert" die Gesellschaft im ganzen, wenn mit statistischer Wahrscheinlichkeit sich jeder „rational" verhält, indem er sich am eigenen Interesse orientiert und so zugleich den größtmöglichen Nutzen für die Allgemeinheit hervorbringt. Gewiß gibt es in diesem Regulationssystem auch Zonen, in denen Menschen zerrieben werden, so daß ihre Bedürftigkeit zu spontanen und institutionalisierten Aktionen der „Liebestätigkeit" herausfordert, aber in das Regulationssystem selbst scheint die Liebe nicht einwirken zu können; entsprechend haben viele Christen kein Vertrauen, daß in den politischen, insbesondere außenpolitischen Strukturen dem Liebesgebot sinnvoll entsprochen werden könnte.

Aber dieses mangelnde Vertrauen ist letztlich nicht zu rechtfertigen. Gewiß kann man kaum je innerhalb der sozialen und politischen Strukturen direkt die Nachfolge gegenüber dem Liebesgebot rational zum Ausdruck bringen; und doch läßt die Bewegungsrichtung, welche die Liebe dem menschlichen Handeln geben will, sich in gesellschaftliche Strukturen übersetzen. Auch wo man gesellschaftliches Geschehen als ein durch bestimmte Verfahren reguliertes System konkurrierenden Interessenwettstreites, ja Interessenkonfliktes ansieht, kommt es darauf an, wie alle Beteiligten ihre

Interessen verstehen. Wo nämlich im Interessenkonflikt das eigene Interesse verabsolutiert wird, muß der andere zum Feind werden, den man zu fürchten und daher möglichst auszuschalten hat. Wo aber verstanden wird, daß das berechtigte eigene Interesse letztlich nicht sachgemäß wahrgenommen wird, wenn es nicht in allgemeingültigen Regulierungsverfahren auf die gegnerischen Interessen so abgestimmt wird, daß ein leistungsfähiges Gesamtsystem und eine gemeinsame Lebensbasis bestehen bleiben, da folgt man der „Goldenen Regel". Da werden die anderen mit ihren konkurrierenden Interessen nicht zu Feinden, sondern zu Mitmenschen, mit denen gemeinsam die Möglichkeiten zum „Überleben" gefunden werden müssen. Das gilt im Wirtschaftsleben ebenso wie im politischen Geschehen zwischen den Staaten, auch wenn sehr alte Aggressionstraditionen dem Menschen den Blick für diese Zusammenhänge weitgehend verstellt haben.

Das christliche Gebot der Liebe ist ein unbedingter Appell, diese verborgenen, aber tragenden Grundlagen menschlichen Miteinanderlebenkönnens wahrzunehmen und aufzudecken. Sehen wir die Welt im Lichte der Erscheinung Jesu Christi, so spüren wir, daß unserer Wirklichkeit in ihrem tiefsten Sein Liebe zugrunde liegt. Wir werden dessen inne, daß wir vor Gott nicht leben können, wenn wir selbst dem anderen, auch dem Gegner und Feinde, sein Leben nicht gönnen (Matth. 5, 21–26). Das Liebesgebot rät uns, die Unfreiheit nicht zu akzeptieren, die der Feind unserem Verhalten aufdrängt. Die Botschaft der Liebe ist die große Überholung der Entfremdung des Menschen von den wahren Gründen seines Lebens.

Verantwortung V/4

Der heute so geläufige Begriff der Verantwortungsethik ist erst von Max Weber unmittelbar nach dem Ersten Weltkrieg in die öffentliche Diskussion eingeführt worden. Weber meinte, daß man der Gesinnungsethik der Bergpredigt eine Verantwortungsethik entgegenstellen müsse. Die in der Bergpredigt und im Evangelium vertretene absolute Ethik weigere sich, nach den Folgen ihrer eigenen Entscheidungen zu fragen; sie wolle nur, daß „die Flamme der reinen Gesinnung", zum Beispiel die Flamme des Protestes gegen soziale Ungerechtigkeit, nicht verlösche, aber sie habe nicht die Absicht und die Fähigkeit, das zu bedenken, was für eine bessere soziale Ordnung nötig sei. Am deutlichsten trete der Gegensatz von absoluter Ethik und Verantwortungsethik in der Kriegsschuldfrage – 1919 brennend aktuell! – hervor. Vertreter der absoluten Ethik forderten, man solle ohne Rücksicht auf mögliche Folgen und auf das Verhalten der Feindmächte alle Dokumente, die das eigene Land belasteten, veröffentlichen und sich so zu seiner Schuld bekennen. Demgegenüber machte Weber geltend, daß ein solches Verfahren die Wahrheit nicht fördern, sondern verdunkeln werde. Denn die Politiker würden solch einseitige Schuldbekenntnisse nur zur Entfesselung von Leidenschaften zu ihrem eigenen Vorteil benutzen; aber es sei eben charakteristisch, daß die absolute Ethik nach solchen Folgen nicht frage, sondern sich nur um die Reinheit der eigenen Gesinnung und das Heil der Seele bemühe. Der Verantwortungsethiker hingegen wisse, daß es unmöglich sei, große Ziele und Erfolge zu erreichen, wenn er sich nur sittlich untadeliger Mittel bediene; er bewege sich mit voller Überlegung auf einem Handlungsfeld, auf dem „diabolische Mächte" im Spiel sind, während der Gesinnungsethiker seine Augen vor den Tatsachen verschließe.

Max Weber verkennt sicherlich die Ethik des Evangeliums, wenn er sie als bloße Gesinnungsethik charakterisiert; und seiner Verantwortungsethik sind dadurch enge Grenzen gesetzt, daß er Verantwortung als erfolgsbewußtes Handeln im Rahmen des ewig waltenden, schicksalhaften Kampfes der nationalen Kulturen bestimmt. Dennoch kündigt sich in seinen Erörterungen eines der tiefgründigsten Probleme ethischen Handelns in der modernen Welt an. Dieses Problem läßt sich heute so formulieren: Die Strukturen der technisch-wissenschaftlichen Welt lassen es oft nicht zu, in einer anfänglichen ethischen Entscheidung schon vollständig die für die Entscheidung nötigen Elemente zu erkennen. Erst im Handeln selbst treten die Bedingungen des Handelns nach und nach hervor; darum gewinnt die ethische Entscheidung den Charakter eines vielstufigen Prozesses, in welchem — nach dem Rückkoppelungsprinzip — ein beginnendes Handeln durch seine eigenen Folgen neue Informationen hervorruft, die bei den Entscheidungen über das weiterführende Handeln berücksichtigt werden müssen. Nicht der „Erfolg" des Handelns, wohl aber die Folgen des Handelns müssen auf jeder Stufe seines Vollzuges in die ethische Entscheidung einbezogen werden, und das Vorbedenken der Folgen gehört zur Verantwortung des Handelnden.

Dietrich Bonhoeffer hat in seiner posthum veröffentlichten „Ethik" die Strukturen verantwortlichen Lebens entfaltet. Dabei wird deutlich, daß der Christ nicht einfach Gesinnungsethiker sein kann. Sein höchstes Ziel ist es nicht, die Reinheit seiner Gesinnung zu erhalten und dadurch das „Heil seiner Seele" zu gewährleisten; denn der Christ weiß, daß eine solche Zielsetzung weder den menschlichen Möglichkeiten noch dem Willen Gottes entspricht. Wahres Heil ist immer von Gott aus freier Gnade geschenktes Heil, und Gott macht seine Schenkung nicht abhängig von der Vorbedingung einer untadeligen Gesinnungsreinheit. Weil also der Christ nicht darauf aus ist, mit seinem Handeln sich einen Wert vor Gott zu erwerben, ist er dazu frei, mit seinem Tun dem Mitmenschen zu dienen. Er kann und soll sich also einstellen auf die Wirklichkeit, in der er lebt, und in ihr „verantwortlich" mit sachgemäßen Verhaltensweisen dem Liebesgebot folgen. Dieses ist die ethische Konsequenz der Rechtfertigungslehre, wie sie vom Apostel Paulus und, in erneuerter Form, von Martin Luther formuliert wurde.

Daß Verantwortungsethik und Rechtfertigungslehre tiefgründig aufeinander verweisen, läßt sich auch aus der deutschen Sprachgeschichte entnehmen. „Verantworten" ist ein mittelhochdeutscher Rechtsbegriff. Die Vorsilbe „ver-"drückt oft eine Stellvertretung aus. Wir kennen das etwa bei den Worten Ver-treter, Ver-teidiger. In Stellvertretung für einen anderen gibt man vor Gericht Antwort, man ver-antwortet also die Sache des anderen. Nach dem Sprachgebrauch der Lutherbibel soll der Christ die Botschaft verantworten, das heißt, vor dem Forum der Welt als Stellvertreter für das Evangelium Christi auftreten. Zu dieser Stellvertretung ist der Christ legitimiert, wie er auch Rechenschaft darüber abzulegen hat, daß er die Sache seines Herrn recht verantwortet. Das geschieht im Gewissen, welches sich — und damit den Menschen in seinem ganzen Verhalten — vor Gott verantworten muß.

Wir müssen hier also im christlichen Verständnis der Verantwortung zwei Dimensionen unterscheiden: Der Christ verantwortet sich in seinem Gewissen *vor Gott*, seinem Schöpfer, Erlöser und Richter; er verantwortet sich *für* sein ganzes Sein und Tun. Aufgabe der Ethik ist es, die Strukturen dessen, *wofür* der Christ sich zu verantworten hat, herauszuarbeiten.

Steht es an erster Stelle, daß der Christ für das Evangelium vor der Welt eintritt, so folgen daraus die Strukturen verantwortlichen Lebens. Im Evangelium ist der überlegene Liebeswille Gottes gegenüber der Welt offenbar; daher muß das Eintreten für das Evangelium das Eintreten für jeden Mitmenschen zur Folge haben. In der Schilderung des Endgerichtes, die sich beim Evangelisten Matthäus im Kapitel 25 findet, erklärt Jesus, daß alles hilfreiche oder lieblose Handeln an den geringsten unter seinen Brüdern vor dem Richter als ein Handeln für oder gegen ihn selbst gilt. Das Gewissen des Christen kann sich also nicht als isolierte, innerliche Instanz vor Gott verantworten, sondern gibt Rechenschaft über das ganze Sein, Tun und Unterlassen des Menschen mitsamt seinen Folgen in der konkreten Mitwelt.

Aber der Begriff der Verantwortung hat seine moderne Gestalt und Fülle erst im säkularen Sprachgebrauch gewonnen. Nach Georg Picht hat die Ethik der Neuzeit, indem sie der Wahrheit sich nur im Rückbezug des denkenden Ich auf sich selbst vergewissern konnte, Verantwortung verstehen müssen als Verantwortung des Menschen zugleich *vor* sich selbst und *für* sich selbst. „Das Selbstsein, vor dem und für das der Mensch verantwortlich ist, nennt man die autonome Vernunft. Die klassische Formel für den auf die autonome Vernunft zurückbezogenen Begriff der Verantwortung ist der kategorische Imperativ bei Kant.“

Wie soll sich die theologisch-ethische Interpretation zu diesem säkularen Verständnis der Verantwortung verhalten? Soll sie betonen, daß der säkulare Begriff Verantwortung wegen seiner Abkunft aus christlicher Tradition nur ein Derivat ist? Oder soll sie jene Säkularisierung als schicksalhaftes Ergebnis im Gang des abendländischen Geistes hinnehmen und sich von ihm den Inhalt der Verantwortung vorschreiben lassen? Beide Wege sind offenbar mißlich – aber es ist auch nicht nötig, sich an einen von ihnen zu halten. Denn eine philosophische Analyse, wie Georg Picht sie vorlegt, vermag zu zeigen, daß „der Begriff der Verantwortung verfälscht wird, wenn man ihn auf die Selbstverantwortung zurückführt“. Denn Verantwortung richtet sich nicht nach ihrem Träger, nach dem „Selbst“, sondern fällt dem Menschen in seiner Geschichte zu und beansprucht ihn jeweils in seinen Lebensbezügen. „Der Mensch hat deshalb Verantwortung, weil er ein Wesen ist, das sich in seinem jeweiligen Bereich vor immer wechselnde Aufgaben gestellt sieht, die er lösen muß.“ Die hier vollzogene Zuordnung von menschlichem Wesen und Verantwortung hält sich streng in den Gren-

zen philosophischen Denkens; sie ist nicht auf theologische Interpretation angewiesen, aber sie ist offen dafür.
Wenn es dem Menschen wesentlich ist, daß ihm zu jeder Zeit neue Aufgaben zufallen, für deren Lösung er verantwortlich ist, so gilt es, die gegenwärtigen Aufgaben, also die Aufgaben der zweiten Hälfte des 20. Jahrhunderts, zu verstehen. Sie liegen nicht im Verborgenen, sondern drängen sich uns beharrlich auf. Seit dem Ende der kolonialen Herrschaftsformen ist die Menschheit in das Stadium der Realisierung ihrer Universalität eingetreten – so groß auch die Schwierigkeiten dieser Realisierung sind. Dem christlichen Glauben aber ist der Universalismus von seinem Ursprung her eigen; denn vor Gott treten alle Unterschiede der Völker in den Schatten, alle Menschen sind berufen zur universalen Gemeinde Christi. Die wissenschaftlich-technische Welt rückt heute also faktisch ein in den Horizont, der durch das Evangelium von Anfang an umrissen wurde. Zugleich aber gibt das wissenschaftlich-technische Zeitalter dem Menschen die Möglichkeit in die Hand, den Selbstmord der menschlichen Zivilisation zu realisieren. „Niemand kann daher abstreiten, daß im Atomzeitalter der Menschheit die Verantwortung dafür aufgezwungen ist, ob es eine zukünftige Geschichte der Menschheit geben wird oder nicht.“ Die Theologie kann am allerwenigsten achtlos an dieser universalen Verantwortung vorübergehen. Vielmehr muß sie Antwort suchen für die Frage, die erst in unserer Generation sich in voller Klarheit stellt: Was bedeutet es, daß Gott als der Herr der Welt seit dem Aufkommen modernster technischer Mittel die Verantwortung für Zukunft oder Verlöschen menschlicher Geschichte in die Hände des Menschen gelegt hat?

Gewissen V/5

Alle rechtsstaatlichen und demokratischen Verfassungen sind nachdrücklich von dem Respekt vor dem Gewissen beeinflußt. Unverletzlichkeit des Gewissens ist der schärfste und konsequenteste Ausdruck für die Unverletzlichkeit der Person. Indem man die Gewissensfreiheit rechtlich sichert, hält man einen Raum offen, innerhalb dessen sich die freien Entscheidungen des Staatsbürgers vollziehen können. Nach Paragraph 38 des Grundgesetzes der Bundesrepublik Deutschland sind Abgeordnete des Bundestages „an Aufträge und Weisungen nicht gebunden und nur ihrem Gewissen unterworfen". Solche verfassungsrechtlichen Bestimmungen, die auf das Gewissen verweisen, beschränken die Einflußnahme von staatlichen und gesellschaftlichen Kräften auf die persönlichen Entscheidungen, sie setzen aber die Realität des Gewissens selbst voraus und können nicht darüber befinden, wie die Struktur, die Funktion und das Wesen des Gewissens zu bestimmen sind. Inhaltliche Bestimmungen des Gewissens müssen schon vorgegeben sein in den kulturellen, moralischen und geistigen Traditionen.

Für die theologische Ethik liegt der Ansatzpunkt für die rechte Erkenntnis des Gewissens in der Einsicht, daß der mit Gott versöhnte Mensch ein gutes Gewissen hat. Im Glauben ist die Ungewißheit des Gewissens, die Angst des Menschen vor der Sinnlosigkeit seines Lebens überwunden; es entsteht, wie Luther gesagt hat, „ein fröhliches Gewissen und ein unbeschwertes Herz vor Gott".

Diese Gewißheit des Gewissens enthebt den Christen nicht der Notwendigkeit, seine ethischen Entscheidungen gewissenhaft zu prüfen. Sie gibt auch nicht schon inhaltliche Kriterien für diese Entscheidungen an die Hand. Das wird erst dort erreicht, wo die auf das Gewissen zurückbezogene Vernunft erkannt hat, worum es in der betreffenden Entscheidung geht. So steht das Gewissen an der Stelle eines doppelten Überganges. Es steht dort, wo der Glaube auf Grund der ihm innewohnenden Liebe übergehen will in das Wirken für Mitmensch und Umwelt; und dort, wo die urteilende Vernunft dem Gewissen die Möglichkeiten des Handelns und Entscheidens, die sie erkannt hat, präsentiert und nun die Frage stellt:

Welche der erkannten Möglichkeiten entspricht am meisten dem Willen Gottes, wie er der Gemeinde durch die Offenbarung in Christus kundgeworden ist? Das Gewissen ist, anthropologisch-ethisch gesehen, geradezu das Vermögen, diesen „Übergang" in den beiden entgegengesetzten Richtungen zu vollziehen: vom Glauben her in das Feld verantwortlichen Handelns und von den durch Vernunft präsentierten Möglichkeiten her zum Prüfen und Entscheiden des Geistes, der in der Gemeinschaft der Glaubenden lebendig ist. Dieser „Übergang" in beiden Richtungen soll jetzt genauer bedacht werden.

In den großen kirchlichen Diskussionen nach 1945 standen sich – wenn man die Vielfalt der Positionen aufs äußerste reduziert – zwei theologisch-ethische Argumentationsweisen gegenüber. Die eine meinte in allen Entscheidungen vom Evangelium ausgehen zu können, so daß zum Beispiel eine bestimmte Stellungnahme zur Wiederbewaffnung der Bundesrepublik oder ihrer möglichen atomaren Rüstung als vom Evangelium direkt geboten erscheinen mußte. So erklärten die Kirchlichen Bruderschaften in ihrer 10. These zur Frage der Atombewaffnung vom Februar 1958, daß es vom Evangelium her nur eine einzige mögliche Entscheidung gebe: „Ein gegenteiliger Standpunkt oder Neutralität dieser Frage gegenüber ist christlich nicht vertretbar. Beides bedeutet die Verleugnung aller drei Artikel des christlichen Glaubens." – Die Kritik an den Thesen der Bruderschaften konzentrierte sich einmal auf die Frage, ob denn überhaupt die wirklichen Probleme der Atombewaffnung in ihrem vollen Zusammenhang erkannt worden seien, und zum anderen auf die Frage, ob nicht bei einer direkten Ableitung politischer Entscheidungen aus dem Evangelium unvermeidlicherweise das Evangelium zum „Gesetz" werde.

Die andere theologisch-ethische Argumentationsweise beruft sich auf eine Fassung der Zwei-Reiche-Lehre, nach welcher das Handeln in den weltlichen Ordnungen, insbesondere in der Politik, keinen Zusammenhang mit dem Evangelium hat, sondern sich nur im Bereich des – theologisch verstandenen – „Gesetzes" vollzieht und sich ausschließlich nach den Maßstäben des weltlichen Rechtes, des Staatsinteresses und der säkularen politischen Vernunft richtet. Diese Abschirmung eigengesetzlicher Handlungsbereiche von den Aussagen des Evangeliums ist allerdings nur möglich, wenn man Luthers Zwei-Reiche-Lehre mißversteht. Mit Recht wird dieser Argumentation vorgehalten, daß sie den Glaubensgehorsam, der sich auf das Evangelium zurückbezieht, zugunsten der Eigengesetzlichkeit weltlicher Bereiche preisgibt und das christliche Leben aufspaltet zu einer Doppelexistenz in zwei Bereichen, die einander theologisch nicht zugeordnet sind.

Die Mängel beider Argumentationen sind zu überwinden, wenn man die Bedeutung des Gewissens im Prozeß ethischer Entscheidungen präzisiert;

denn im Gewissen vollzieht sich die Übersetzung der Wirkungen des Evangeliums in das weltliche Handeln hinein und der prüfende Rückbezug von möglichen Handlungen auf den Maßstab des Glaubens (vgl. Röm. 13,5 und 14,22 f.).

Alle ethischen Entscheidungen vollziehen sich im Raum der Geschichte; diese ist geradezu „der Inbegriff aller Vorgänge in der Zeit, die in den Bereich menschlicher Verantwortung fallen" (Georg Picht). Aber in diesem Felde menschlicher Verantwortung versteht es sich nicht von selbst, was zu tun ist. Die Geschichte lehrt nicht, was jetzt geschehen oder unterbleiben soll, sondern bietet immer nur eine Reihe von Möglichkeiten an. Nur im Spielraum solcher Möglichkeiten gibt es ethische Entscheidungen. Der Anblick bestimmter Möglichkeiten und die Notwendigkeit, zwischen ihnen zu wählen, fordert die Vernunft des Menschen zur kritischen Prüfung heraus.

Die Vernunft hat im Verlauf der Weltgeschichte viele Gestalten angenommen. Der Mensch der Gegenwart kennt und bevorzugt vor allem jene säkulare Rationalität, welche die Entscheidungsalternativen einzig auf ihre Wirkungen und Folgen hin überprüft, ohne nach ihrer Rechtfertigung zu fragen; die letztere Frage ist gewissermaßen schon erledigt durch die Existenz der Strukturen oder des Systems, innerhalb dessen sich die Entscheidungsalternativen präsentieren; so ist es im ökonomischen System, im System des Straßenverkehrs und in allen anderen rational geordneten Systemen. Sie entlasten den, der nicht über das System selbst, seine Begründung und seine mögliche Verwendung nachdenkt, von allen Fragen seiner Rechtfertigung und machen es ihm möglich, ethisch scheinbar indifferente rationale Entscheidungen zu vollziehen. Aufgabe der Vernunft in ihrer Vollgestalt aber ist es, die historischen und sachlichen Voraussetzungen solcher rationaler Entscheidungsprozesse zu durchdenken und ihre Bedeutung für das Menschsein des Menschen aufzudecken.

An dieser Aufgabe der Vernunft partizipiert jede Entscheidung, die sich bewußt oder unbewußt an das Gewissen hält und im Gewissen die Auswahl zwischen möglichen Alternativen vollzieht. Insofern ist das Gewissen der innerste Bezugspunkt der kritischen Vernunft. Die Vernunft ist nicht geschichtslos; sie kann letztlich nur vernünftig sein, wenn sie um ihre eigenen geschichtlichen Voraussetzungen weiß. In diesem Wissen um sich selbst analysiert sie die gegenwärtige Situation, in der sich Entscheidungsalternativen anbieten, und präsentiert sie dem Gewissen. Der Rückgang ins Gewissen ist also ein synthetischer Akt, in dem alle Entscheidungskomponenten urteilend zusammengebracht werden im Wissen darum, daß im Entscheiden das Gewissen selbst auf dem Spiel steht; denn die ethisch verkehrte Entscheidung schafft ein „böses Gewissen", trifft den Menschen also in seinem Zentrum und berührt sein Leben im Glauben. Daher stehen

Entscheidungen des Christen im weltlichen Bereich, sei es im politischen, sei es im ökonomischen, immer in bewußter oder unbewußter Beziehung zum Glauben, und daher muß das Evangelium, welches Glauben schafft, auf alle Entscheidungen einwirken – freilich nicht direkt, nicht als inhaltlich festgelegte Norm, wohl aber indirekt, über das Gewissen, welches letztlich über alle Normen und Entscheidungsalternativen zu urteilen hat.

Das Gewissen ist jeweils starkes oder schwaches Gewissen des einzelnen (1 Kor. 8,7–13). Aber sofern das Gewissen durch den Glauben und die Liebe sein Maß empfängt, partizipiert es an dem Geist des Herrn, der in der Gemeinde lebendig ist. Der „Geist" ist nicht eine verschwommene, numinose Größe, sondern das Charakteristische der Gemeinde, das sie in ihrem Leben, ihren Traditionen, ihren Verhaltensweisen mit Christus als dem Herrn verbindet und das in der viva vox evangelii den Glaubenden zukommt. Indem das Gewissen der einzelnen durch den Zuspruch des Evangeliums frei wird, werden sie miteinander verbunden, so daß sie auf das aus sind, was ihnen gemeinsam ist. Mag es noch so viele einsame Gewissensentscheidungen in der Welt geben – das vom Evangelium ergriffene Gewissen führt den Menschen immer wieder zurück in die Gemeinschaft der Glaubenden.

Wenden wir diese Analyse des Gewissens auf die anfangs genannten theologischen Argumentationsweisen an, so ergibt sich: Das Evangelium wird dann zu einem „Gesetz", wenn man bei einer Entscheidungsalternative, unter Umgehung der Anfrage an das Gewissen, eine bestimmte inhaltliche Lösung als vom Evangelium absolut geboten erklärt und wenn man dem Gewissen nicht Raum läßt, nach dem Maß des eigenen Glaubens zur Entscheidung zu kommen. Andererseits wird der Glaubensgehorsam preisgegeben, wenn man erklärt, das vom Evangelium getroffene Gewissen sei nicht zuständig für Entscheidungen, die in politischen, ökonomischen oder anderen Ordnungssystemen mit starker Eigengestzlichkeit gefällt werden.

Gesetz Gottes V/6

Für die Ethik des Protestantismus, insbesondere des Luthertums, ist wohl kaum eine andere Lehre folgenreicher gewesen als die Unterscheidung von Evangelium und Gesetz. Paulus hat diese Unterscheidung gegenüber zeitgenössisch-jüdischer und Luther gegenüber mittelalterlich-katholischer „Gesetzlichkeit“ durchgeführt; in beiden Situationen hatte sie einen präzisen Sinn. Das ist aber nicht in allen Stadien der Kirchengeschichte der Fall gewesen. Es hat beispielsweise lange Zeiten gegeben, in denen auch das Luthertum die reformatorische Lehre von „Gesetz und Evangelium“ fast vergessen hatte, bis sie in der Theologie nach dem Ersten Weltkrieg wiederentdeckt und zum zentralen Thema theologischer Erneuerung wurde, nämlich bei Karl Holl, Paul Althaus, Rudolf Hermann, Friedrich Gogarten und – in anderer Weise – in Karl Barths „Römerbrief“. Die ethischen Konsequenzen dieser theologischen Wiederentdeckung blieben allerdings merkwürdig unsicher und ambivalent; denn es war schwierig, zu klären, wie denn Gottes „Gesetz“ in der modernen Welt konkret zu verstehen ist. Nur auf Grund dieser Unsicherheit ist es zu begreifen, daß Männer wie Werner Stapel, Emanuel Hirsch, Friedrich Gogarten oder auch Eugen Gerstenmaier in den dreißiger Jahren den Gehorsam gegen Gottes Gesetz mit dem Gehorsam gegen das „völkische Gesetz“ übereinbringen konnten. Heute hat die Erforschung des Alten Testamentes zu dem Ergebnis geführt, „daß der zusammenfassende Begriff ‚Gesetz‘ nicht mehr aufrechterhalten werden kann... da er dem Tatbestand des Alten Testamentes nicht entspricht“ (Claus Westermann). In der systematischen Theologie und der Ethik ist daher neu zu bedenken, welche Bedeutungselemente in dem Begriff des Gesetzes unbedingt in der Gegenwart zur Geltung gebracht werden müssen.

Man spricht heute gern von dem Gesetz der technisch-wissenschaftlichen Welt und den Ansprüchen, die es an den Menschen stellt. Aber dieses Gesetz unterscheidet sich grundlegend von dem, was man in den dreißiger Jahren als Gebot des „völkischen Gesetzes“ und zugleich als Gottes Gesetz bezeichnete. Denn damals hielt man trotz allen widerstrebenden historischen Materials das Volk für einen Teil der göttlichen „Schöpfungsordnung" und leitete aus der Schöpfungsordnung direkt den Willen Gottes ab. Die technisch-wissenschaftliche Welt hingegen ist, wie schon der Begriff zeigt, etwas vom menschlichen Geist und von menschlicher Arbeit mit Hervorgebrachtes und hat daher Gesetze, die von Menschen auf den Menschen hin entworfen sind. Es handelt sich also um Gesetze einer säkularen Welt, und wir müssen verstehen, wie Gottes Gesetz in ihr konkret werden kann.

Es gibt freilich bis in die Gegenwart hinein die theologische Auffassung, daß das säkulare Ethos pauschal abzulehnen sei, weil es durch die Säkularisierung des christlichen Ethos entstanden ist. Diese Auffassung führt – wo sie konsequent verfolgt wird – zu einer völligen Emigration der Christen aus der Verantwortung für die moderne Gesellschaft und, in einer anderen Variante, zu dem Bestreben, eine eigene „christliche Kultur" aufzubauen. In beiden Fällen hat man kein gutes Gewissen, an der modernen Welt mitzuarbeiten, eben weil ihre Grundgesetze säkular sind und ein Autonomiedenken implizieren. Aber kann diese Haltung sich auf das Neue Testament berufen? Sie hat zur Voraussetzung, daß man Gottes Gesetz, Naturgesetz und die Gesetze der menschlichen Welt unter Zuhilfenahme des Schöpfungsgedankens mehr oder weniger miteinander identifiziert und so – historisch geurteilt – bestimmte Gedanken der mittleren Stoa mit dem christlichen Schöpferglauben verbindet. Es gibt freilich einige Stellen bei Paulus, die diese Kombination nahelegen, wie Röm. 1,19f.; 2,14f.; 13,1–7; aber man verfehlt, indem man diese Kombination vollzieht, den eigentlichen Sinn der paulinischen Gesetzeslehre, die sich vor allem gegen bestimmte Richtungen des zeitgenössischen jüdischen Gesetzesverständnisses richtet.

Das jüdische Gesetz mit den Sabbats- und Reinheitsgeboten und den peinlich genauen Speisevorschriften regelte das Alltagsverhalten des Frommen bis in alle Einzelheiten. Durch die kasuistischen Normen, die viele Handlungen bis ins Detail festlegten, wurde der Gesetzestreue von der profanen Umwelt abgetrennt und in einer Art reinem, heiligem Bezirk gehalten. Jesus selbst durchbrach in seinem Verhalten – beispielsweise wegen der Tisch-Gemeinschaft mit Unreinen, mit Sündern – und in seiner Predigt – nach welcher alle Unreinheit nicht von außen, sondern aus dem Herzen kommt – die durch das Gesetz gewährleisteten äußeren Trennungen von Heiligem und Profanem, und Paulus zog in seinen Paränesen, seinen ethischen Weisungen die Konsequenzen daraus. Paulus hat also nicht nur das Ende des Gesetzes als Heilsweg gelehrt, sondern auch die Ethik des Gesetzes überwunden. Denn im zeitgenössischen jüdischen Gesetz lagen Frömmigkeit und Ethik ununterscheidbar ineinander; dem Gesetz bis ins Kleinste hinein zu gehorchen und ein Frommer zu sein war fast dasselbe. Dadurch war gewährleistet, daß man in allen von Gesetzesbestimmungen erfaßten Situationen definitive Weisungen hatte. Das Leben war insgesamt gesetzlich reguliert. Im Christentum änderte sich das grundlegend. Hier traten Glaube und Ethik weit auseinander. Im Glauben mußte zunächst Gewißheit gefunden werden, und erst von daher – auf Grund der Erneuerung des Sinnes – war dann die Frage zu stellen nach dem Willen Gottes in der jeweiligen Lebenssituation (Röm. 12, 1 f.).

Dem Christen wurde also zugemutet, in seiner jeweiligen Umwelt selbst zu prüfen, was dem Willen Gottes entspricht. Er fand keine umfassenden Satzungen, Bestimmungen und Vorschriften vor, die er insgesamt als das eine Gesetz Gottes befolgen konnte. Daher konnten die apostolischen Briefe ganz unbefangen jüdische und heidnische Tugendkataloge übernehmen und sie der Beachtung durch die Gemeinden empfehlen, wobei der Grundsatz galt: „Prüfet alles, das Gute behaltet. Von jeder Art des Bösen haltet euch fern" (1. Thess. 5, 21 f.). Diese Aufgabe, selbst zu prüfen, ist ein unaufgebbares Element in der Mündigkeit des Glaubenden. Nach Gal. 4, 1–7 ist der Mensch unter dem Gesetz der Unmündige, während der Mensch im Glauben Kind Gottes und frei ist; er hat die Vollmacht, unbefangen vor Gott zu treten und die Dinge seines Lebens zu ordnen. Der Glaube enthält also nicht eine gesetzliche Festlegung des Handelns, sondern schafft ein freies Gewissen, das selbst zu urteilen vermag, was dem Willen Gottes entspricht. Wenn man da noch vom „Gesetz" Gottes spricht, so geschieht das in einem uneigentlichen Sinne. Denn es gibt nicht mehr eine fest begrenzte Anzahl geltender Rechtssätze und Bestimmungen, die mit dem Gesetz Gottes identisch wären. Vielmehr gibt es nun viele und wechselnde Weisungen, Ermahnungen und Gebote, die alle ihren Sinn nicht in sich selbst als geltende Rechtssätze haben, sondern auf den einen Willen Gottes bezogen sind. Darum kann Paulus Gal. 6, 2 sagen: „Traget einer des anderen Lasten, und *so* werdet ihr das Gesetz Christi erfüllen." Das „Gesetz" Gottes oder Christi liegt jetzt *vor* allen einzelnen Normen und Vorschriften und nicht in ihnen; es ist meta-normativ, also den Normen so übergeordnet, daß alle einzelnen Weisungen ihren Sinn nur aus dem Zusammenhang mit dem offenbarten Willen Gottes, der ihnen vorgeordnet ist, bekommen. Gesetz Gottes meint hier: der eigentliche Wille Gottes, wie er in Christus offenbar geworden ist. Darum ist die Erfüllung des Liebesgebotes schon die Erfüllung des „ganzen Gesetzes" (Gal. 5, 14; Röm. 13, 8; Matth. 22, 34–40). Liebe darf dann freilich nicht als strukturloses Gefühl mißverstanden werden. Gemeint ist vielmehr die Liebe Gottes, die durch den Geist in die Herzen gegeben wird und die konkreten Handlungsweisen des Christen durchdringt (Röm. 5, 5; Gal. 5, 25).

Dieses neutestamentliche Verständnis des Gesetzes ist offensichtlich dem sehr nahe, was im alten Israel „Gebot" Gottes hieß. „Der Ort der Gebote ist im Alten wie im Neuen Testament *nach* der Rettungstat Gottes" (Claus

Westermann, Artikel: Gebot und Gesetz). Es ist nicht etwas Festgesetztes, sondern ein lebendiges Wort des Gebietenden. Dieses gebietende Wort Gottes hören wir, wenn die viva vox evangelii uns im Gewissen trifft, wenn wir also heute aus der biblischen Botschaft heraushören, was der eigentliche Wille Gottes in unserer jeweiligen Situation ist.

Neben dem Gebot gibt es freilich auch schon im Alten Testament das Gesetz als das, was in bestimmten Gemeinschaftsformen zu bestimmten Zeiten als Regelung gesetzt ist. Aber wenn man im Neuen Testament und in der alten Kirche den griechischen Begriff „nomos" für die Gesetze des Alten Testamentes benutzte, so verwendete man damit einen Begriff, der völlig neue Bedeutungsmomente hinzufügte. Der Begriff „nomos" hat seine entscheidende Prägung in der griechischen Polis empfangen. Später wurde er, besonders in der Stoa, auch auf den Kosmos und bei den lateinischen Stoikern auf die Natur übertragen; er bezeichnete das, was in ihr als Struktur gesetzt ist und was dann seinen normativen Ausdruck im „Naturrecht" finden sollte. Dabei galt das Gesetz selbst als ewig, als lex aeterna und lex divina. Für die alte Kirche lag es nahe, diese Vorstellung von der lex aeterna zu übertragen auf die von Gott *geschaffenen* Strukturen der Welt. Diese konnten dann im naturrechtlichen Denken als „Gesetz Gottes" gelten. Eine letzte Fortsetzung fand dieses Verständnis des Gesetzes Gottes in der Theologie der Schöpfungsordnungen, die in den dreißiger Jahren unseres Jahrhunderts bis zu der Konsequenz fortgebildet wurde, daß das Gesetz des Volkes als Ausdruck des Gesetzes Gottes anzusehen und so als Norm christlicher Ethik zu proklamieren sei. Demgegenüber mußte dann das Gebieten Gottes in der viva vox evangelii und die Geltung des metanormativen eigentlichen Willens Gottes, also das „Gesetz Christi", zurücktreten.

Die Struktur der wissenschaftlich-technischen Welt läßt es indessen nicht zu, die berechtigten Ansprüche, die diese Welt an den Menschen stellt, in naturrechtlichen Kategorien als ewiges Gesetz Gottes zu denken; denn in der modernen Zivilisation entspringen die normativen Ansprüche nicht aus fixierten Naturgegebenheiten, sondern aus Prozessen, die vom Menschen mitgestaltet und daher verantwortet werden müssen. Die Kriterien der Verantwortung in den säkularen Lebensprozessen aber müssen in jeder neuen Epoche neu gefunden werden. Der Mensch ist hier also, wie in der paulinischen Ethik, zur Mündigkeit bestimmt, das heißt zur selbständigen Prüfung dessen, was jetzt das Gute ist. Die Ergebnisse solchen christlichen Prüfens wirken mehr oder weniger auf das säkulare Ethos ein, ohne dieses zu beseitigen. Wie groß die Divergenzen und Konvergenzen zwischen christlichem Urteil und säkularem Ethos sind, hängt sowohl von der geistlichen Vollmacht der Christen wie von der jeweiligen Gestalt des Ethos ab und läßt sich immer nur sehr unvollkommen durchschauen. Denn ist der

Geist, in dem christliches Prüfen des Guten geschieht, von dem Geist der Welt auch unterschieden, so sind die Mittel des Prüfens, die Vernunft, die sachliche Information usw., doch die gleichen, die jedermann offenstehen. Die Christen bringen allerdings in diesen Prozeß des Prüfens die spezifische Frage ein, was denn nun jeweils in der Gegenwart der eigentliche Wille Gottes ist; und sie bringen spezifische Überzeugungen mit von der Bestimmung des Menschen, die in ihrer Urteilsbildung wirksam werden. Es macht beispielsweise einen Unterschied aus, ob Entscheidungen von der Grundüberzeugung her getroffen werden, daß die Menschen und Nationen durch „das Gesetz der Natur" zu einem ewigen, unversöhnlichen Kampf um ihre besonderen Wertpositionen miteinander bestimmt sind, oder ob man Entscheidungen trifft in dem Wissen, daß Gott in Christus die Welt mit sich versöhnt und daher die Menschen zu einem entsprechenden versöhnenden Handeln in der Welt berufen hat. Die Konsequenzen aus diesem Wissen um Gottes eigentlichen Willen werden oft mit Folgerungen aus dem säkularen Ethos, zum Beispiel mit humanistischen Intentionen, konvergieren, oft aber auch divergieren. Das ist nicht verwunderlich, da das säkulare Ethos in sich keine einheitliche Größe ist und da auch die Christen bei ihrer Suche nach den Konsequenzen aus dem Willen Gottes viele Irrwege gehen.

Die Normen, mit denen wir heute das Leben regeln, sind also niemals direkt „Gesetz Gottes", ganz gleich, ob es sich um naturrechtlich abgeleitete oder positiv-rechtliche Normen handelt. Der Christ beteiligt sich mit seiner Fragestellung an der Auffindung und Einübung ethischer Konventionen, Strukturen und Normen in dem Bewußtsein, daß diese geschichtlich sind und doch gerade als solche ein Ort der Konkretisierung jener Liebe, die das Gesetz Gottes erfüllt.

Situation V/7

Es ist heute üblich geworden, eine sogenannte Situationsethik gegen eine Normenethik ins Feld zu führen. Der Grund dafür liegt in der Erkenntnis, daß irgendwelche Normensysteme nicht der Besonderheit der Lebenssituationen in einer sich schnell wandelnden Welt gerecht werden können. Naturrechtliche Normensysteme, wie sie besonders die katholische Kirche bis ins Detail hinein ausgebildet hat, scheinen sich wie ein fremdes Ordnungsgesetz über das menschliche Leben zu legen. Die Deduktion der persönlichen Entscheidung aus solchen Normensystemen kommt nicht zu Ergebnissen, die das Gewissen befriedigen können. Darum hat auch das Zweite Vatikanische Konzil in der Pastoralkonstitution „Die Kirche in der Welt von heute" versucht, die naturrechtliche Begründung der christlichen Sozialethik zurückzustellen.

Viele halten ethisches Handeln nur dann für frei und für einen freien Ausdruck des Gewissens, wenn es „aus der Situation" hervorgeht. Dahinter steht die Einsicht, daß man dem Mitmenschen nicht in abstrakter Weise ein Nächster sein kann, sondern nur in konkreten Bezügen; aus ihnen muß man entnehmen, was jetzt und hier zu tun ist. Was aber ist eigentlich eine „Situation"? Bei einer Untersuchung dieser Frage stößt man alsbald auf eine Fülle von Situationsbegriffen.

Rudolf Bultmann beispielsweise versteht in seinem berühmten Büchlein „Jesus" (1926) die Situation als unanschaulichen Moment der Entscheidung vor Gott. „Der Moment der Entscheidung ist die *Situation,* in der alles Zuschauertum aufgehoben ist, die nur unter das Jetzt gestellt ist. Jetzt gilt es zu wissen, was zu tun und zu lassen ist. Irgendwelche Maßstäbe aus dem Früher oder aus dem Allgemeinen gibt es nicht. *Das* bedeutet Entscheidung." Für Bultmann ist – in Anlehnung an Kierkegaard – „Situation" der Punkt der Berührung von Zeit und Ewigkeit in der Entscheidung und so der Punkt der Entscheidung zwischen Wahrheit und Schein. Die Situation hat keine Ausdehnung, sondern gilt als das Jetzt, das zwischen Vergangenheit und Zukunft ist. Versteht man Situation und Entscheidung in diesem Sinne als das unausgedehnte Jetzt, dann kann diese Momententscheidung nur „dezisionistisch" verstanden werden – als eine Dezision, die ihre Maßstäbe nur an ihrem eigenen Vollzug hat und daher keine rationalen Kriterien zuläßt; denn rationale Kriterien übergreifen immer den bloßen Augenblick und können nicht in der existentiellen Entscheidung aufgehen.

Freilich muß man bei Bultmanns Situationsbegriff beachten, daß es sich um die Entscheidung *vor Gott* handelt, also um die Entscheidung, die im Augenblick der Anrede des Kerygmas erfolgt. „Situation" ist bei Bultmann kein ethischer Begriff. Aber bei der heute gängigen Romantisierung des Situationsbegriffes wird dieses „vor Gott" nicht mehr beachtet. Man meint vielmehr, Gottes Sein und Wirken aus der Situation selbst entnehmen, ihm also in der Situation begegnen zu können, und beschreibt diese Begegnung geradezu als das situationshaft Eigentlichwerden meiner Beziehung zum Mitmenschen. Dieses Ereignis selbst ist rationalen Kriterien nicht zugänglich und kann für irgendwelche Normen nicht offenstehen. Demgegenüber muß man festhalten, daß keine Situation sich von selbst versteht und sich selbst auslegt; sie bedarf vielmehr der Auslegung durch diejenigen, die sich in dieser Situation befinden. Bei solcher Auslegung zeigt es sich aber, daß jede Situation eine Fülle konkreter Elemente enthält, die in bestimmten Relationen einander zugeordnet sind. Fordert eine Unfallsituation am Fließband die Entscheidung zweier in diesen Unfall verwickelter Arbeiter, so muß in der Entscheidung – unbewußt oder bewußt – eine Fülle konkreter Fakten berücksichtigt werden. Die beiden Arbeiter stehen sich nicht in bloßer Mitmenschlichkeit gegenüber – das ist eine romantische Vorstellung –, sondern ihr Verhältnis zueinander ist durch konkrete Dinge und Vorgänge vermittelt, so etwa durch den Arbeitsvorgang am Fließband. Entsteht hier durch einen plötzlichen Schaden eine gefährliche Lage, so müssen sie zusehen, wie sie dem Anspruch dieser Situation begegnen. Sie müssen versuchen, sich in Solidarität miteinander aus der Gefahr zu retten, unnötigen Schaden für den Betrieb zu vermeiden und überhaupt das Beste aus der Situation zu machen. Das ist nicht ohne rationalen Überblick über die Gesamtlage, nicht ohne das vernünftige Abwägen von Alternativen möglich, und zwar solcher Alternativen, bei denen es durchaus um Leben und Gesundheit gehen kann. Methodische Analyse zeigt, daß die Möglichkeiten, die sich in einer Situation eröffnen, von der Vergangenheit vorgegeben werden und auf reale Zukunft hin zu wählen sind und daß diese Möglichkeiten fast immer nur in der Wechselwirkung von Mensch – Ding – Sachgeschehen zu verstehen sind, wie sich an unserem Beispiel eines Unfalles am Fließband zeigt. Deshalb muß die Ethik mit einem konkreten Situationsbegriff operieren. Bultmanns theologischer Situationsbegriff hat meta-ethische Struktur; er impliziert einen Entscheidungsvorgang, der abgelöst ist von allen konkreten Bezügen. Eine Ethik, die diesem Situationsbegriff folgen würde, wäre eine undurchführbare Abstraktion. Darüber hinaus ist die Entgegensetzung von Normenethik und Situationsethik eine falsche Alternative. Die berechtigte Intention, die sich in dem Terminus „Situationsethik" verbirgt, ist so zu beschreiben: Eine Ethik, die nicht hineinreicht bis in die konkreten Entscheidungen, welche die alltäglichen Situationen dem Menschen abfordern, oder die diese konkreten Entscheidungen unter inadäquate Forderungen stellt, ist unzureichend. Dieser Eindruck des Unzureichenden entsteht bei vielen ethischen Traditionen, wenn sie unverändert in die modernen Verhältnisse übertragen werden. Die Situation ist also sozusagen die kleinste Einheit in der Konstellation Mensch – Ding – Sachgeschehen, die noch sinnvollerweise für sich betrachtet und als bestimmte Verhaltensweisen und Entscheidungen fordernde, zeitlich begrenzte Einheit verstanden werden kann. Die Entscheidung in einer Situation aber ist nicht nur von den ihr immanenten Gegebenheiten abhängig, vielmehr werden in die Entscheidung immer ethische Kriterien, normative Gesichtspunkte und vorgeprägte Zukunftsvorstellungen eingebracht. Die „Entscheidung" ist nur insofern ein „Augenblick", als in ihr die verschiedensten, oft einander widerstreitenden Komponenten zur Einheit des Entschlusses zusammengebracht werden müssen, eines Entschlusses, der im Gewissen verantwortet werden muß. In dem Akt der Entscheidung wird der Übergang vollzogen von dem Bedenken der vermeintlich oder tatsächlich sich bietenden, oft alternativen Möglichkeiten hin zur Festlegung auf die Konkretisierung einiger von ihnen. Dieser Akt des Zusammenbringens zur Einheit ist immer mehr als die Addition rationaler Argumente, da eben in diesem Akt die Person, die für diesen Entschluß verantwortlich ist, ihr Personsein mit aufs Spiel setzt und sich selbst in einem bestimmten Sinne im Zusammenhang mit allen übrigen Komponenten „wählt". Indem der Mensch einen bestimmten Entschluß faßt, wird er selbst auch in bestimmter Weise Person.

Die Kriterien dieser Wahl stammen nicht lückenlos aus der Situation, wohl aber werden sie in der Situation wirksam. Es muß also auch ethische Kriterien geben, welche die einzelnen konkreten Situationen übergreifen und größere Geschehenszusammenhänge betreffen. Sie haben – wenn man die Situation als das Konkrete betrachtet – einen weniger konkreten und mehr allgemeinen Charakter. Es kann zum Beispiel als allgemeines Kriterium für eine gute politische Ordnung betrachtet werden, daß man die bestehenden oder aufkommenden Interessengegensätze nicht verschleiert und nicht totalitär unterdrückt, sondern sie nach bestimmten Verfahrensregeln austrägt. Das ist aber nur möglich, wenn ein allgemeiner Respekt vor diesen Verfahrensregeln – etwa der Verfassung – da ist, der es verhindert, daß man die Interessengegensätze übersteigert und höher einschätzt als die Geltung der gemeinsamen Verfahrensregeln, zu denen es wesentlich gehört, daß sie für alle vorkommenden Situationen gelten, also „allgemein" sind.

Jede Situation ist nicht nur von der Vergangenheit her bedingt, sondern auch auf Zukunft hin ausgestreckt. Oft genug sind im Augenblick selbst die Bedingungen für rechtes Handeln nicht vollständig gegenwärtig. Dennoch muß in der Situation gehandelt werden – aber erst im Vollzug des Handelns kommen ihm weitere Informationen, weitere zu berücksichtigende Komponenten zu. Man kann daher ethisches Handeln nicht als ein Nacheinander von isolierten Situationsentscheidungen verstehen, sondern muß den sich in der Zeit erstreckenden Handlungsprozeß bedenken. Nur so bekommt die Situation einen Ort in der ethischen Theorie.

Schuld V/8

In der christlichen Botschaft sind die Begriffe Sünde und Schuld so tief miteinander verbunden, daß sie vielfach gegeneinander ausgewechselt werden können. Aber der neuzeitliche Mensch, für den die eigene Verantwortlichkeit, ihre Begründung und ihre Grenzen, zu einem brennenden Problem geworden ist, drängt hier auf genauere Unterscheidungen. Er wehrt sich dagegen, daß ihm als Schuld angerechnet wird, was nicht voll und ganz in seinem Verfügungsbereich lag, und er möchte Sünde und Schuld ganz voneinander trennen – sofern er überhaupt noch die Wirklichkeit von Sünde begreift.

Die Präzisierung des Schuldbegriffes liegt in der Tendenz des heutigen deutschen Sprachgebrauches und kommt deutlich in einer grundlegenden Entscheidung des Bundesgerichtshofes zum Ausdruck, wo es heißt: „Strafe setzt Schuld voraus. Der innere Grund des Schuldvorwurfes liegt darin, daß der Mensch auf freie, verantwortliche, sittliche Selbstbestimmung angelegt und deshalb befähigt ist, sich für das Recht und gegen das Unrecht zu entscheiden." Die Schuld wird also an die Fähigkeit freier Selbstbestimmung gebunden und muß, soll sie juristisch festgestellt werden, am Maßstab geltender Normen in ihrer „Vorwerfbarkeit" aufgewiesen werden können.

Ethische Schuld endet nicht dort, wo die Grenzen der rechtlichen „Vorwerfbarkeit" liegen. Wenn der Mensch sein eigenes Handeln am Bewußtsein seiner Freiheit, also der Fähigkeit zur Selbstbestimmung seiner Verhaltensakte mißt, wird ihm das ethische Defizit seines tatsächlichen Handelns als Schuld bewußt. Dieses Schuldbewußtsein vertieft sich, wenn der Mensch seine eigene Freiheit verknüpft sieht mit der Verantwortung für Mitmensch und Umwelt. Denn nun hat die Schuld die ganze Reichweite möglicher Verantwortung, die dem Menschen in seiner *Geschichte* zufällt. Dementsprechend verwickelt sich auch derjenige in Schuld, der in der Gegenwart etwas unterläßt, was in der Zukunft böse Folgen haben kann, auch wenn die Unterlassung nur darin besteht, daß er sich die erkennbaren möglichen Folgen nicht ausreichend klar gemacht hat. Damit aber wird deutlich, daß dem Schuldigwerden eine Unausweichlichkeit anhaftet.

Wilhelm Herrmann hat im Paragraphen 16 seiner „Ethik“, 3. Auflage 1904, diesen Charakter der Schuld eindringlich analysiert. „Indem die sittliche Forderung uns nötigt, uns selbst als freie Wesen anzusehen, schiebt sie uns auch die Verantwortung für alles zu, was unsere Stellung zum Guten und Bösen ausmacht. Sobald wir irgend etwas an uns selbst als widersittlich bemerkt haben, machen wir uns auch dafür verantwortlich. Es wird uns unmöglich gemacht, uns bei der Wahrnehmung zu beruhigen, daß unser Zwiespalt mit dem Guten seine natürlichen Gründe habe ... Dieselbe sittliche Gesinnung, die uns mit dem Bewußtsein unserer Freiheit erfüllt, erweckt in uns das Schuldgefühl. Der Mensch, der sich die Wahrheit des sittlichen Gesetzes nicht entschwinden läßt, langt bei der Erkenntnis an, daß er sich selbst gegen das Gute auflehnt, dessen Recht er einsieht ... So führt uns das sittliche Denken mit unabweisbarer Logik in eine Situation voll unerträglicher Widersprüche.“

In der Situation dieses Widerspruches erzeugt das Schuldbewußtsein die Angst. Sie hat eine doppelte Struktur: Im Versagen vor der eigenen Verantwortung ängstigt der Mensch sich um sein Selbst, dessen Freiheit zur Selbstbestimmung in der Schuldverstrickung eingeschränkt wird. Denn Schuld bindet an die eigene Vergangenheit und verbaut so die Zukunft, zu der sich der Freie berufen weiß. Im Geltendmachen des sittlichen Anspruches gegen sich selbst aber ängstigt der Mensch sich um sein Lebenkönnen; denn da die Schuld die ganze Reichweite möglicher Verantwortung hat, überfordert der sittliche Anspruch die moralischen wie physischen Möglichkeiten des Menschen. Das Gewissen ist auch nicht zu beruhigen und die Überforderung abzuwehren durch den Hinblick auf die Verantwortung für die eigene Endlichkeit; denn schon in der Begrenzung unseres moralischen Vermögens wirkt sich frühere Schuld aus.

Die Schuld läßt wegen der mit ihr verbundenen Angst den Menschen Ausschau halten nach Abhilfen. Sie können im Verdrängen und Vergessen des Gewesenen liegen; aber auch das Verdrängte macht seine Realität im Unterbewußtsein geltend. Die Abhilfen können auch in einer Nivellierung des sittlichen Anspruches an sich selbst gesucht werden, also in der Herabstimmung auf das, was vom Menschen nun einmal wegen seiner vielfältigen Abhängigkeit von kreatürlichen, natürlichen und sozialen Voraussetzungen durchschnittlich erwartet werden kann. Aber diese Nivellierung bleibt in Spannung zum Freiheitsbewußtsein und ist daher von Unwertsgefühlen begleitet. So wird menschliches Existieren unausweichlich begleitet von Schuldbewußtsein oder den Anstrengungen, das Schuldbewußtsein zu verdrängen.

Die biblische Botschaft radikalisiert das Schuldbewußtsein des Menschen, weil sie ihm seine Berufung zur Verantwortung in Freiheit vor Augen stellt. Sie erinnert ihn an seine Verantwortung für den Mitmenschen, indem sie ihm den Zugang zu Gott ohne den Bruder versagt: „Wenn du nun deine Opfergabe zum Altar bringst und dort eingedenk wirst, daß dein Bruder etwas wider dich hat, so laß deine Gabe dort vor dem Altar und geh zuerst hin und versöhne dich mit deinem Bruder, und dann komm und bringe deine Gabe dar“ (Matth. 5,23 f.). Sie vertieft schließlich das Schuldgefühl zum Sündenbewußtsein, indem sie aufdeckt, daß ein unheilbarer Dissensus besteht zwischen dem Freiheitswunsch des Menschen und seiner Realisierung. Denn frei wäre der Mensch, der sich so einschätzen dürfte, daß er mit seiner ganzen Vergangenheit und Gegenwart sich unbesorgt dem Gericht Gottes stellen könnte. Das biblische Urteil lautet hier: „Es ist keiner gerecht, auch nicht einer“ (Röm. 3,10). An dem Maßstab der Heiligkeit Gottes erkennt der Mensch jene heillose Verstrickung seines ganzen Seins in übermächtige Bindungen, die insgesamt Sünde genannt wird.

Erst angesichts des offenen Eingeständnisses der Sünde entfällt der Zwang, eigene Schuld um der Selbstachtung willen zu vergessen oder zu verdrängen. Das Gewissen des Menschen, das sich bis dahin unter dem Druck des Zwiespaltes zwischen Freiheitsbewußtsein und Schuldgefühlen ängstigt, wird nunmehr freigesetzt: es vermag die sündhafte Schuldverstrickung ohne Scheu anzusehen, und es weiß zugleich, daß sie annulliert ist. Denn der Mensch vermag seine Sünde in ihrer ganzen Tiefe noch nicht zu erkennen, wenn er unter der Anklage des vernichtenden Zornes Gottes steht, sondern erst dann, wenn ihn die Liebe Gottes erreicht, die gerade den gottlosen Sünder retten will und ihm so jenen höchsten Wert zuspricht, an dem der Unwert seiner Sünde deutlich wird.

Die christliche Ethik lehrt den Schuldigen also nicht, sich mit seiner Schuld abzufinden; denn wer sich abfindet, nimmt die Schuld nicht als seine eigene an, sondern behandelt sie als etwas von außen Andringendes. Wohl aber lehrt der christliche Glaube, die Vergebung der Schuld zu erbitten, und er ist selbst geradezu die Gewißheit, daß Gott vergeben hat.

Die dankbare Annahme der Vergebung Gottes bewahrt den Christen freilich nicht davor, künftig schuldig zu werden; auch für ihn gilt, daß dem Schuldigwerden eine Unausweichlichkeit anhaftet, weil die Verantwortung für Mitmensch und Umwelt unbegrenzbar ist. Aber dem Schuldgefühl ist jetzt die begleitende Angst um das eigene Selbst genommen, da der von Gott angenommene Mensch sich nicht um sich selbst zu sorgen braucht. Das befreite Gewissen macht Mut zu verantwortlichem Handeln, weil es die Verstrickung in Schuld nicht zu fürchten hat.

Recht V/9

Der protestantischen Theologie in Deutschland ist in den letzten Jahrzehnten wiederholt eine traditionelle Rechtsfremdheit vorgeworfen und auch nachgewiesen worden. Für diese Rechtsfremdheit sind viele Faktoren maßgebend, von denen wir hier nur zwei nennen: Einmal hat die lutherische Tradition, daß das Recht „weltlich" ist, dazu geführt, daß man es nun auch als eine für den Menschen bloß „äußerliche" Größe betrachtete und allen theologischen Nachdruck der Sittlichkeit widmete, welche den Menschen im ganzen betrifft. Es kam also zu einer allzu scharfen Trennung von Sittlichkeit und Recht. Zum anderen betonte man die durch die göttliche Einsetzung (Röm. 13, 1–7) gewährleistete Würde und Eigenständigkeit des Staates so sehr, daß man seine Vertreter in den Fragen der Begründung des Rechtes für allein zuständig hielt und die Theologie ausschloß.
Erst die Rechtspraxis des nationalsozialistischen Staates rief schwere Bedenken gegen das mangelnde theologische Interesse an der Rechtsbegründung hervor. So formulierte Karl Barth 1938 in seinem Aufsatz „Rechtfertigung und Recht" die Frage: „Gibt es eine Beziehung zwischen der Wirklichkeit der von Gott in Jesus Christus ein für allemal vollzogenen Rechtfertigung des Sünders allein durch den Glauben und dem Problem des menschlichen Rechtes?" Barths Vermutung ging dahin, daß mit der göttlichen Rechtfertigung auch das menschliche Recht in irgendeinem Sinne zum Gegenstand der christlichen Verantwortung wird und daß es daher einer christologischen Begründung und Begrenzung des Staates und des Rechtes bedarf. Emil Brunner hingegen entwarf in seinem Buch „Gerechtigkeit" 1943, schon vorausblickend auf die Probleme des Neuaufbaus der Staaten und Gesellschaften nach dem Zweiten Weltkrieg, Kriterien, mit deren Hilfe die Fragen nach dem gerechten Recht theologisch zu stellen sind. Gegenüber den Ansprüchen des nationalsozialistischen und kommunistisch-bolschewistischen Totalitarismus formulierte er: „Gerecht ist dasjenige Recht, das den schöpfungsmäßigen Menschenrechten und den schöpfungsmäßigen Ansprüchen der Gemeinschaft Geltung verschafft... Das gerechte Recht ist die den konkreten geschichtlichen Verhältnissen angepaßte Forderung der Schöpfungsordnung."

Mit Karl Barths christologischer Rechtsbegründung und Emil Brunners christlich-naturrechtlicher Konzeption sind bereits zwei Grundpositionen in der rechtstheologischen Diskussion nach dem Zweiten Weltkrieg bezeichnet. Eine dritte Position kam hinzu, als, besonders auf Betreiben von Hans Dombois, ein neu formulierter Institutionenbegriff in die Diskussion eingeführt wurde, um die beiden Alternativen von christologischer Rechtsbegründung und christlichem Schöpfungsrecht sowie von Naturrecht und Rechtspositivismus zu überwinden. In der folgenden Diskussion ging man davon aus, daß die sogenannte Ordnungstheologie verschiedener Richtungen nicht in der Lage war, der freien Entscheidung des Menschen zur Ordnung angemessenen Raum zu gewähren, und daß die Gegenposition eines personalistischen Aktualismus dem Dauercharakter und der Verbindlichkeit des Rechtes keinen Ausdruck zu geben vermochte. Dagegen wurde „Institution als strukturelle Einheit von Stiftung und Annahme, aber auch von Vorgang und Zustand verstanden" (Hans Dombois). Diese Strukturen lassen sich am klarsten an der Institution der *Ehe* aufweisen; neben ihr gehören zum „Grundriß der Institutionen" das *Eigentum* (Arbeit) und der *Bund* (in Kirche und Staat sich verschieden darstellend); für alle diese Institutionen finden sich in der Bibel Aussagen, die ihre „Stiftung" bekunden.

Geht man von einem solchen Institutionsbegriff aus, so folgt, daß Normen nur in Relation zu den Institutionen definiert werden können und ihren Strukturen entsprechen müssen, analog zum soziologischen Begriff der Rollenerwartung. Ernst Wolf betonte angesichts der Schwierigkeiten, die Zahl der Institutionen sinnvoll und eindeutig festzulegen, die Bedeutung der „Institutionalität" des Menschen, die „neben Sozialität und Rationalität einer der spezifischen Nenner für die Grundbedürftigkeiten des Menschen in seiner Menschwerdung ist".

Die eben skizzierte Institutionenlehre läßt sich mit verschiedenen theologischen Konzeptionen verbinden. Die volle Klärung ihrer theologischen Bedeutung steht indes noch aus. Sie beansprucht nicht, den Gesamtbereich der Rechtstheorie zu decken, berücksichtigt aber Rechtsphänomene, die in der Theorie sonst weniger zur Geltung kommen.

Zu den Problemen, die durch die Rechtspraxis des Nationalsozialismus, der kommunistisch-sozialistischen und der westlich-demokratischen Staaten in den letzten Jahrzehnten aufgeworfen wurden, kommen die Fragen noch hinzu, die im Zusammenhang mit der Genfer Weltkonferenz von 1966, einer Studienkonferenz über Kirche und Gesellschaft, hervortraten.

Die revolutionäre Situation bei vielen Nationen Lateinamerikas, Afrikas und Südasiens nötigte die Konferenz, auf die Probleme des Rechtes in einem revolutionären Zeitalter mit neuartigen rechtstheologischen Überlegungen einzugehen. Man stellte fest, daß das Recht durchschnittlich dazu neigt, konservierend zu wirken und bestehende soziale Verhältnisse zu stabilisieren. Das hat dort, wo im positiven Recht keine Vorkehrungen zur Ermöglichung sozialer Mobilität und grundlegender Veränderungen getroffen sind, negative Folgen; denn dann garantiert das Recht die Fortdauer ungerechter Zustände. Die Frage nach der Gerechtigkeit des Rechtes führt dementsprechend zum Problem der Revolution und der Beteiligung von Christen an revolutionären Aktionen für den Fall, daß offenkundig asoziale Zustände nur auf diesem Wege zu beseitigen sind. Bei aller Abneigung gegen jede „eschatologische Romantik in revolutionären Situationen" wurde in der Sektion in Genf, die sich mit dieser Problematik befaßte, doch Einmütigkeit darüber erzielt, daß angesichts der schnellen Wandlung aller gesellschaftlichen und politischen Strukturen in der wissenschaftlich-technischen Welt optimale Vorkehrungen für Veränderungen im Recht selbst getroffen werden müssen, wenn nicht das Recht bestehende Ungerechtigkeit fixieren soll. Wo das nicht geschieht, ist das Recht auf Revolution kaum zu bestreiten. Das von der Revolution selbst produzierte Recht, ebenso wie die Rechtsbildung in der Phase des Aufbaus neuer Gesellschaften, wirft wiederum schwierige Probleme für die Christen auf; denn sie sollen überall und wirksam für die Würde des Menschen eintreten, also auch für die Würde derjenigen, die Opfer einer Revolution oder Opfer einer ungerechten Restauration sozialer Strukturen sind.

In der Diskussion rechtstheologischer Fragen in Genf zeigte sich, daß die Bedeutung des Rechtes in den verschiedenen Nationen und Gesellschaftssystemen außerordentlich unterschiedlich gesehen wird. Manchmal wird seine schützende (protective) Funktion vorwiegend betont – so wohl auch besonders in Westdeutschland –, manchmal die erzieherische und hervorbringende (productive) Funktion, wie besonders dort, wo der Staat das Recht benutzt, um einen Neuaufbau der Gesellschaft zu ermöglichen und einzuleiten – so beispielsweise in Afrika und Südasien.

Einmütigkeit bestand darüber, daß die internationale Durchsetzung der Menschenrechtsnormen und die Entwicklung supranationaler Rechtsstrukturen eine Aufgabe ist, welche dringend der Förderung durch die universalen Gemeinschaften der Christenheit bedarf. Die bisherigen rechtlichen Regelungen in den internationalen Strukturen können nur als ein Anfang gelten, dem ein intensiver Prozeß der Rechtsbildung folgen muß. Das beherrschende Ziel solcher Rechtsbildung muß der Weltfriede einer kommenden Weltgesellschaft sein. Aber auch dieser Friede kann nicht einfach die Einfrierung des Status quo der politischen und rechtlichen Positionen sein, sondern bedarf seinerseits der Rechtsvorkehrungen für legale Veränderungen und die nichtmilitärische Austragung von Interessenkonflikten.

Überblickt man die Fülle der Probleme, die durch die weltweiten gesellschaftlichen Umschichtungsprozesse (rapid social change), durch die ständig zunehmende internationale Verflechtung und die universale Interdependenz gestellt werden, so ist es begreiflich, daß man heute – angesichts der traditionellen Rechtsfremdheit vieler Kirchen und Theologen – nicht schnell zu einer ökumenischen Rechtstheologie kommen kann. Sie müßte in einem gemeinsamen Rahmen eine Pluralität unterschiedlicher Konzeptionen einander zuordnen.

Für eine zu konzipierende Ethik des Rechtes sind unter anderem folgende Gesichtspunkte zu berücksichtigen:

1. Es ist offenkundig, daß das Recht nicht abstrakt für sich allein stehen kann und daß es auch nicht als dem Menschen äußerlich aufgeprägt von der Sittlichkeit abgetrennt werden darf. Es muß vielmehr als ein sehr wesentlicher Teil der christlichen sozialen und politischen Ethik gelten.

2. Es geht nicht an, die Verantwortung und die Sorge für das Recht allein oder vorwiegend „dem Staate“ zu überlassen und sich dabei auf die in Röm. 13, 1–7 charakterisierten Rechtsfunktionen der „übergeordneten Gewalten“ (Strafgerichtsbarkeit und Steuerrecht) zu berufen. Diese Rechtsfunktionen haben ihren bestimmten Ort in der Staats- und Rechtsgeschichte, lassen sich aber nicht direkt in die Gegenwart prolongieren, also in eine Zeit, in der Staat und Gesellschaft sich voneinander differenziert haben und für das Recht veränderte Aufgaben enthalten. Auf die Aussagen über die politischen Gewalten und das Recht in Röm. 13, 1–7 soll sich die heutige Rechtstheologie und Rechtsethik in exemplarischem Sinne berufen. Dort wird in einer ganz bestimmten historischen Situation deutlich, wie der Apostel Paulus den Glaubensgehorsam des Christen – seinen vernünftigen Gottesdienst (Röm. 12, 1) – konkretisiert für das Verhalten in der politischen Ordnung Roms. Die heute lebenden Christen sollen analog den Glaubensgehorsam in ihrer politischen und gesellschaftlichen Situation konkretisieren, indem sie die apostolische Lehre unter den Gegenwartsbedingungen aktualisieren.

3. Jedes moderne Recht impliziert ein anthropologisches Verständnis oder eine Pluralität anthropologischer Konzeptionen. Die Christen sollen das säkulare Recht nicht in ein „christliches“ Recht verwandeln wollen. Aber das christliche Zeugnis von der Bestimmung des Menschen und seiner Würde soll zur Klärung und Läuterung der im jeweiligen Recht implizierten Anthropologie im Sinne eines Dienstes an der betreffenden säkularen Gesellschaft beitragen. Es wird, indem es auch auf das Sündersein des Menschen verweist, zugleich an die Grenzen erinnern, auf die der Mensch stößt, wenn er im Produzieren seiner Lebensverhältnisse, also auch des Rechtes, sich selbst verwirklichen möchte; es kann auf diese Weise ebenso dem restaurativen wie dem revolutionären Illusionismus wehren.

4. Da die Christen nicht beanspruchen, den Inhalt der wahren göttlichen Gerechtigkeit für die jeweilige gegenwärtige Lage zu kennen, erstreben sie, wie in Genf formuliert wurde, „nicht eine spezifisch christliche Rechtsordnung für eine pluralistische Weltgemeinschaft", sondern sind offen für die vernünftige Kooperation mit Menschen anderer Religionen und Überzeugungen. Solche Kooperation ist eine Voraussetzung dafür, daß die partikularen Rechtsgemeinschaften sich sinnvoll zusammenordnen können im Hinblick auf gewisse Gemeinsamkeiten eines „universalen Rechtes".
5. Es gibt neben der Verantwortung für die Erhaltung und Weiterbildung der Rechtsordnung einen spezifisch christlichen Umgang mit eigenen Rechten, wie er in der Bergpredigt (Matth. 5,21 ff. und 5,38 ff.) und bei Paulus (1. Kor. 6,1 ff.) zum Ausdruck kommt. Die Möglichkeit des Rechtsverzichtes bezeichnet eine unaufgebbare Dimension im Umgang des Christen mit seinem Recht und den Rechtsansprüchen von Mitmenschen.

Verantwortliche Gesellschaft V/10

Für die Politische Ethik, die von der protestantischen deutschen Theologie in der ersten Hälfte des 20. Jahrhunderts gelehrt wurde, war traditionellerweise „der Staat“ das Spitzenproblem und „die Kultur“ die wichtigste sittliche Größe neben ihm; faktisch handelte es sich um den Nationalstaat, der nun auch bestimmend wurde für das Verständnis des weiteren Rahmens der „Ordnungen“. Zu ihnen rechnete man als „Schöpfungsordnungen“: Ehe, Familie und Volk, und manche Theologen fügten noch Nation und Rasse hinzu. Ein solcher, einseitig an der Staatsautorität orientierter Aufbau der Ethik mußte den Rang der *gesellschaftlichen* Kräfte und Strukturen niedrig ansetzen. Indessen ist gleichzeitig die ökumenische Sozial-Theologie einen grundlegend anderen Weg gegangen. Sie hat die „verantwortliche Gesellschaft“ zum Spitzenbegriff ihrer Politischen Ethik gemacht, und sie wurde dadurch befähigt, sehr viel flexibler auf die politischen Probleme der pluralistischen Welt einzugehen. Der geschichtliche Anlaß für diese Konzeption ökumenischer Ethik lag in der Situation der dreißiger Jahre: Der sowjetische Kommunismus, der Faschismus und der Nationalsozialismus hatten eine Reihe totalitärer Staatsformen hervorgebracht und die Menschenrechte einschließlich der Religions- und Meinungsfreiheit in einschneidender Weise verletzt. Zugleich waren die Demokratien, insbesondere diejenigen, die sich nach dem Ende des Ersten Weltkrieges gebildet hatten, in eine weltweite Existenzkrise verwickelt, nicht zuletzt infolge der katastrophalen Entwicklung der Weltwirtschaft am Ende der zwanziger Jahre. Auf der Oxforder Weltkirchenkonferenz ging es um die Frage, ob die ökumenische Bewegung den Totalitätsanspruch des Staates – der beispielsweise auch von seiten der Evangelischen Kirche in Deutschland durch ein Gutachten Eugen Gerstenmaiers schöpfungstheologisch begründet wurde – anerkennen oder ihm ein anderes Axiom entgegenstellen sollte. Sie entschied sich für das letztere und entwickelte in dem Zeitraum zwischen den Kirchenkonferenzen Oxford (1937) und Amsterdam (1948) ein Konzept, dem Joseph Houldsworth Oldham den Titel „A responsible society“ gab.

Macht man „verantwortliche Gesellschaft“ zum Spitzenbegriff der politischen Ethik, so ist von vornherein ein absoluter Vorrang des Staates vor den übrigen Institutionen ausgeschlossen und damit der Weg zum totalen oder autoritären Staat versperrt. Dementsprechend forderte man in Amsterdam, daß „die Menschen die Freiheit haben müssen, ihre Regierungen zu kontrollieren, zu kritisieren und zu wechseln und daß die Macht durch Gesetz und Tradition verantwortlich gemacht und so weit wie möglich auf die ganze Gemeinschaft verteilt wird". Es ist evident, daß diese Forderungen eine erhebliche Affinität zu den Strukturen der Demokratie aufwiesen. Aber sie vermieden es doch, einfach eine Gleichsetzung von demokratischen und theologisch-sozialethischen Kriterien vorzunehmen und den Christen nahezulegen, mit allen Mitteln, einschließlich der Revolution, die Demokratie in ihren Staaten durchzusetzen. Vielmehr sind Prinzipien einer „verantwortlichen Gesellschaft" mehr oder weniger unter jeder Staatsform und in jeder gesellschaftlichen Ordnung angemessene Ziele des Handelns, wobei auch schon jeder Grad der Annäherung an sie einen Sinn haben kann. Nicht Revolution, wohl aber eine beharrliche evolutionäre Veränderung in kleinen Schritten bis zur Schaffung allgemeiner Kontroll- und Verantwortungsstrukturen ist die praktische Konsequenz.

Zu den Grundelementen dieses Konzeptes gehört die durchdachte Verbindung von Freiheit und Verpflichtung gegenüber der Gesellschaft. Freiheit ist die entscheidende Bedingung der Möglichkeit eines verantwortlichen Handelns. Sie muß als mitgesetzt gedacht werden, wo der Mensch um seine Verantwortung vor Gott weiß. Denn aus der Anrede Gottes an den Menschen ergibt sich die Verpflichtung zum freien Zeugnis, ergibt sich die Notwendigkeit, gemäß dem Gewissen in Gehorsam gegen Gottes Willen zu handeln. Die Freiheit der Verkündigung impliziert aber, wo sie zu Ende gedacht wird, das Recht auf freie öffentliche Verbreitung der Wahrheit in allen Lebensfragen und die Parteinahme für die Freiheit eines jeden Gewissens, sei es das eines Christen oder eines Nichtchristen. Die Freiheit, die in der Gottesbeziehung geschenkt wird, ist nach christlichem Verständnis mit der Freiheit zum Eintreten für den Mitmenschen unabdingbar verbunden. Daher wird auch in dem Konzept einer „verantwortlichen Gesellschaft" die Forderung der Freiheit unlösbar mit dem Begriff der Verantwortung verknüpft.

Diese Verantwortung soll sich nicht nur als subjektive Gesinnung realisieren, sondern auch ihren institutionellen Niederschlag finden: Wer politische Autorität oder wirtschaftliche Macht besitzt, soll regelmäßig zur Verantwortung gezogen werden – und zwar von denen, deren Wohl und Wehe von seiner Macht abhängt. Die institutionell gesicherte Kontrolle politischer und wirtschaftlicher Macht soll unwürdige Abhängigkeitsverhältnisse ausschließen, ein Höchstmaß an Gerechtigkeit und Entfaltungsmöglichkeit für alle Glieder der Gesellschaft gewährleisten und möglichst viele an den Entscheidungen in allen Bereichen beteiligen, um damit ihre Freiheit wie auch Verantwortlichkeit zu konkretisieren.

Allerdings haben die Erfahrungen in den Völkern der „Dritten Welt", also in den früher kolonial beherrschten Völkern der südlichen Erdhälfte, deutlich gemacht, daß ihre Traditionen, ihre Mentalität, ihre wirtschaftlichen, gesellschaftlichen und politischen Voraussetzungen eine Demokratie nach angelsächsischen oder „westlichen" Mustern in der Gegenwart und in der nächsten Zukunft oft ausschließen. Es hat sich gezeigt: Demokratie ist kein Exportartikel, der sich aus den Staaten des Westens wie eine Fertigware in jedes Land einführen läßt. Dort, wo man in politisch-missionarischem Eifer diesen Export dennoch vorgenommen hat, wurden oft tiefliegende Abneigungen erzeugt. Auch aus diesem Grunde war es gut, daß das Konzept einer „verantwortlichen Gesellschaft" im Hinblick auf sehr verschiedene Gesellschaftsformen formuliert wurde. Der Ökumenische Weltrat der Kirchen erklärte 1954 in Amsterdam: „Verantwortliche Gesellschaft ist kein soziales oder politisches Alternativsystem, sondern ein Maßstab, nach dem wir alle bestehenden sozialen Ordnungen beurteilen, und zu gleicher Zeit eine Richtlinie, die uns den Weg weist bei den spezifischen Entscheidungen, die wir zu fällen haben. Christen sind dazu berufen, verantwortlich zu leben, das heißt so, wie Gottes erlösendes Handeln in Christus es fordert, und zwar in jeder Gesellschaftsordnung, selbst in den allerungünstigsten sozialen Strukturen."

Diese Aussage hat ihre Bedeutung für die Haltung der Christen nicht nur in den Entwicklungsländern, sondern auch in den kommunistischen Gesellschaftssystemen. Hier stehen die Christen — angesichts der mehr oder weniger totalitären Strukturen der politischen Ordnung und ihrer atheistisch-ideologischen Orientierung — vor der Frage des Widerstandes und des Rückzuges aus jeder gesellschaftlichen Verantwortung. Wenn sie ihre politische Ethik primär an der Frage orientieren, ob der betreffende Staat einem biblisch-christlichen oder naturrechtlich-christlichen Verständnis entspricht, und wenn sie die atheistische Parteiideologie als dominierendes Prinzip der Staatsgestaltung in vollem Umfang ernst nehmen, dann bleibt ihnen nur Widerstand und innere Emigration. Wenn sie aber die gesellschaftliche und politische Wirklichkeit, die sich nirgendwo restlos der Ideologie fügt und immer wieder Räume für freiere Bewegung enthält, als den Ort ihrer Verantwortung betrachten, so ist zwar in mancher Hinsicht Widerstand und Nichtteilnahme geboten, in anderer Hinsicht aber Mitarbeit. Insbesondere bieten sich vielfältige Möglichkeiten zur Mitarbeit in der Gesellschaft und zu ihrer schrittweisen Verwandlung im Sinne des ökumenischen Konzeptes, ohne daß man seinen christlichen Glauben verleugnen müßte. Auch die sozialistische Gesellschaft der Volksdemokratien bringt immer wieder die Aufgabe hervor, Wahrung der Freiheit und gleichzeitige verantwortliche Mitarbeit, Machtkontrolle und Durchsetzung der Gerechtigkeit voranzutreiben. Viele Gesetze der gesellschaftlichen Entwicklung sind innerhalb der technisch-wissenschaftlichen Zivilisation unabhängig von den ideologischen Prämissen der Gesellschaftssysteme und bieten immer wieder ganz bestimmte Chancen der Freiheit, die gerade vom Christen wahrgenommen werden sollten. Obwohl das Konzept der „verantwortlichen Gesellschaft" in der Krise der Demokratien in engerem Kontakt mit den angelsächsisch-demokratischen Traditionen entstanden ist, behält es doch ein so hohes Maß von Flexibilität, daß seine sinngemäße Übertragung in die verschiedenen Gesellschaftssysteme auch heute noch möglich und angebracht ist.

Wissenschaftsethik V/11

Die Wissenschaft ist einzig der Wahrheit verpflichtet! – so etwa lautet das Bekenntnis der meisten Wissenschaftler, die sich den in Deutschland herrschenden Wissenschaftstraditionen verpflichtet fühlen. Ob wahre wissenschaftliche Erkenntnisse, die angewendet und also in Praxis übersetzt werden, ethisch vertretbar sind, das ist eine andere Frage, die nach jenem Bekenntnis nicht mehr in die Kompetenz des einzelnen Wissenschaftlers und schon gar nicht in die Kompetenz ganzer Wissenschaften fällt. Von einer Wissenschaftsethik zu reden ist unter diesen Voraussetzungen sinnlos, es sei denn, man beschränkte sich darauf, die aus der Wahrheitsverpflichtung hervorgehenden Konsequenzen für das wissenschaftliche Verhalten des Forschers als seine Ethik zu formulieren.

Das Bekenntnis zur „reinen" Wissenschaft und zu ihrer autonomen Wahrheit hat nun freilich bestimmte geschichtliche Traditionen zur Voraussetzung. „Das Ethos, das die europäische Wissenschaft von den Griechen bis zum heutigen Tage geprägt hat, beruht auf dem Ideal der reinen Theorie, die sich von den Interessengegensätzen und Machtkämpfen der politischen, wirtschaftlichen und gesellschaftlichen Praxis fernhält und damit jenen Raum der Freiheit gewinnt, deren der Mensch bedarf, wenn er mit ungetrübtem Blick erkennen soll, was wahrhaft ist" (Georg Picht).

In den Naturwissenschaften huldigen viele einzelne Wissenschaftler dem gleichen Ideal der reinen Erkenntnis. Zugleich aber wirkt sich bei ihnen eine zweite, von Francis Bacon formulierte Tradition des Wissenschaftsverständnisses aus. Bacon hatte um 1620 in seiner „Magna Instauratio imperii humani in Naturam" gefordert, daß auf Grund neuer Erkenntnis die durch Adams Fall verlorene Macht über die Natur und damit das christlich verstandene Imperium des Menschen wiederhergestellt werde. Er setzte der Wissenschaft nicht das Ziel der reinen Erkenntnis, sondern der rationalen Weltbeherrschung zum Nutzen des Menschengeschlechtes und gab ihr damit die wesentliche Ausrichtung auf die „Praxis", ganz ähnlich, wie es auch bei Descartes geschah. In der zweiten Hälfte des 19. Jahrhunderts verbanden sich naturwissenschaftliche Erkenntnisse in besonders auffallender und oft unkritischer Weise mit weltanschaulichen Überzeugungen. Diese Verbindung war bei Wissenschaften, die rationale Weltbeherrschung zum Nutzen des Menschengeschlechtes bezweckten, sehr naheliegend. Denn um den Nutzen des Menschen recht zu bestimmen, bedurfte es einer vorgängigen Anschauung vom menschlichen Wesen, und man war sich damals sehr viel weniger als nach der Grundlagenkrise der Wissenschaften in den zwanziger Jahren unseres Jahrhunderts darüber im klaren, daß diese nicht allein mit rein wissenschaftlichen Mitteln zu erreichen ist. So boten die Weltanschauungen „wissenschaftliche" Gesamtbilder vom Menschen und seiner Stellung in der Welt an. Die außerordentliche Fruchtbarkeit und Zuverlässigkeit wissenschaftlicher Erkenntnisse in Teilgebieten rief die Überzeugung hervor, daß die Wissenschaft der Schlüssel zu allen menschlichen Fragen, zu allen Welträtseln sei. Es entstand der Scientismus, ein religionsähnlicher Glaube an die Wissenschaft und ihre erlösenden Wirkungen, eine Wissenschaftsreligion, die in den Wissenschaftlern ihre Eingeweihten, ihren Priesterstand hatte und in den Millionenmassen, welche der technischen Zuverlässigkeit der modernen Anlagen und Apparaturen vertrauten, ihre Gläubigen. Angesichts dieser scientistischen Wissenschaftsgläubigkeit muß man feststellen: Wir leben noch immer mehr in einer Zeit des technischen Rituals als einer technischen Ethik (Carl Friedrich von Weizsäcker). Von einer technischen Ethik könnte erst die Rede sein, wenn man nicht mehr nur halb unbewußt den Praktiken folgte, welche Wissenschaft und Technik gerade bereitstellen, und wenn man sich nicht mehr genötigt fühlte, alles zu tun, was technisch möglich ist, sondern imstande wäre, eine Wahrheit zu ergreifen, welche auch die der technischen Welt immanente Ethik zu erhellen vermag.

Die wissenschaftliche Entwicklung selbst hat in einem bestimmten Sinne über die alten Ideale der reinen Erkenntnis und des Strebens nach immer gesteigerter Naturbeherrschung hinausgeführt. Sie hat einen äußersten Triumph erzielt, indem sie die Wasserstoffbombe erzeugte und damit dem Menschen die Macht in die Hand gab, über Leben und Tod des Menschengeschlechtes zu verfügen. Der mögliche Freitod oder Selbstmord gilt in der Stoa zwar als höchster Ausdruck menschlicher Freiheit – indessen hat die technische Möglichkeit der Selbstvernichtung der Menschheit gerade nicht diesen Charakter: sie ist das furchterregende Symbol ihrer Unfreiheit und insofern eine Demonstration gegen die scientistische Wissenschaftsgläubigkeit. Denn sie verweist darauf, daß die Wissenschaften zwar eine eindrucksvolle Fülle von unentbehrlichen Ergebnissen und Leistungen in der Naturbeherrschung hervorbringen, daß sie aber nicht zugleich die Fähigkeit miterzeugen, die eigenen Produkte zu beherrschen und sinnvoll zu verwenden. Oscar Morgenstern hat paradigmatisch auf dieses Problem verwiesen, wenn er sagte: Wir sollten niemals den ungeheuren Unterschied vergessen zwischen der geistig-wissenschaftlichen Arbeit einerseits, die in die Herstellung der ersten paar Atombomben hineingesteckt worden ist, und dem Arbeitsaufwand in den wenigen Ausschußsitzungen andererseits, in denen über den Einsatz der Bombe entschieden wurde. Das Niveau der Erörterungen, der Kenntnisse, der Bemühungen, die Folgen der Aktion vorauszusagen, und die Suche nach Alternativen halten keinen Vergleich mit dem aus, was selbst bei einer alltäglichen wissenschaftlichen Untersuchung geschieht.

Das heißt also: eine Ethik, welche zur gewissenhaften Überprüfung aller Folgen des neuen technischen Produktes „Atombombe“ zwingend anhielt und welche die Verantwortung explizierte, die demjenigen zufiel, der die Atombombe verwenden wollte, fehlte. Sie mußte fehlen, weil die Physik als Wissenschaft eine solche Ethik zu erzeugen nicht imstande ist und die Geisteswissenschaften unter dem einseitigen Leitideal der reinen theoretischen Erkenntnis auf eine Ethik als Grundlage für das Verhaltensschema in allen Wissenschaften nicht abzielen.

Auch die deutsche Theologie hat das Auseinanderbrechen von Natur- und Geisteswissenschaften seit dem Endes des 19. Jahrhunderts akzeptiert und gefördert. Sie hat ihren Aussagen nur noch den Charakter einer Erhellung geschichtlicher Existenz gegeben und sich von der Interpretation naturwissenschaftlicher Erkenntnisse als eines wichtigen Vorganges realer Geschichte zurückgezogen. Der Welt der natürlichen und vom Menschen hergestellten Dinge sprach man keine zentrale existentielle und theologische Bedeutung zu. Heute aber erweist sich das vom Menschen hergestellte Ding „Wasserstoffbombe“ als Symbol für die kaum zu überschätzende Bedeutung, welche die natürliche und die technisch hergestellte Dingwelt für das Menschsein des Menschen hat. Der moderne Mensch legt in wissenschaftlicher Erkenntnis und technischer Produktion seine „Seele“ in die Dingwelt hinein und erfährt, wie er durch sie bedingt und geformt wird (Günter Howe). Die „personale Begegnung“, die einen so hohen Rang in der theologischen Diskussion einnimmt, erweist sich als ein bloßer Grenzbegriff. Denn direkt oder indirekt sind auch die zwischenmenschlichen Beziehungen ganz überwiegend sachvermittelt. Die Menschen, welche miteinander die Welt der Dinge und der Sachsysteme produzieren, produzieren dabei indirekt ihre eigenen mitmenschlichen Beziehungen, innerhalb derer sie ihre Menschlichkeit zu gewinnen trachten. Technik und Wissenschaft sind also nicht Vorgänge, welche den Menschen nur äußerlich sind, bloße Gegenstände des Beherrschens und Verfügens. Sie sind vielmehr Prozesse, in denen das Menschsein des einzelnen Menschen und das Überleben der Menschheit im ganzen auf dem Spiel steht.

Eine theologische Ethik – wir können sie hier nur fordern, nicht aber formulieren –, welche zu überzeugenden Aussagen in der wissenschaftlich-technischen Welt imstande wäre, müßte um eine Wahrheit wissen, die tiefer ist als die Aufspaltung des Geistes in Natur- und Kulturwissenschaften. Sie müßte den Willen Gottes mit dieser Welt der Menschen und der Dinge verkünden und deutlich machen können, wie der Weltwille Gottes letztgültig von seiner Versöhnungstat in Jesus Christus her zu verstehen ist. Erst von diesem Grund theologischer Ethik her könnten jene ethischen Richtungskonstanten formuliert werden, welche auch der Selbstbesinnung der Wissenschaften über sachgemäße Verhaltensschemata in der wissenschaftlich-technischen Welt als Anregung dienen sollten.

Frieden V/12

Es muß als eine Selbstverständlichkeit gelten, daß die christliche Ethik sich um kein weltliches Gut mehr bemüht als um den Frieden. Denn nach 1. Kor. 14, 33 ist Gott nicht ein Gott der Unordnung, sondern des Friedens, und in der Bergpredigt werden die Friedensstifter selig gepriesen. Indessen fehlt in den protestantischen Ethiken des 19. und der ersten Hälfte des 20. Jahrhunderts fast ganz das Interesse am Problem des Friedens. In Christoph Ernst Luthards „Geschichte der christlichen Ethik seit der Reformation" (1893) findet sich das Stichwort Friede ebensowenig wie in Wilhelm Herrmanns bedeutender „Ethik" (um 1901). Dagegen kommt das Stichwort Krieg häufig vor.

Man sollte daraus nicht schließen, im deutschen Protestantismus sei eine hemmungslose Vorliebe für den Krieg verwurzelt. Aber im Zeitalter der Nationalstaatsidee wurde das Erhalten und Schaffen des politischen und gesellschaftlichen Friedens zumeist nicht als ein eigenes Thema christlicher Ethik und als Aufgabe kirchlicher Verkündigung angesehen. Die Friedenstraditionen des christlichen Humanismus und der Aufklärung (Erasmus, Comenius, Hugo Grotius, Kant u. a) fanden seit den Befreiungskriegen gegen das napoleonische Imperium kaum noch kirchliche und theologische Resonanz, während religiöse Erweckung und nationaler Wehrwille ein enges Bündnis miteinander eingingen. Erst seit dem Zusammenbruch nach dem Zweiten Weltkrieg scheint dieses Bündnis von Religiosität und Patriotismus im überwiegenden Teil des deutschen Protestantismus gelockert oder gelöst zu sein. Doch stoßen auch heute noch kirchliche Anregungen für eine bessere Friedensordnung, wie sie etwa in der evangelischen Denkschrift über „Die Lage der Vertriebenen und das Verhältnis des deutschen Volkes zu seinen östlichen Nachbarn" (1965) gegeben wurden, auf ein tiefverwurzeltes theologisches Mißtrauen und erbitterte nationalprotestantische Proteste. Das „Recht auf Heimat" (der Vertriebenen), das in der „Charta der deutschen Heimatvertriebenen" von 1950 in sinnvoller Relation auf die allgemeinen Grundrechte der Menschheit formuliert war, wurde in der Polemik gegen die evangelische Denkschrift geradezu ein Symbol für die Restauration nationalprotestantischer Traditionen. Dementsprechend wollten manche Gruppen der evangelischen Kirche das Recht zu Friedensinitiativen absprechen und dieses einzig den politischen Repräsentanten, denen auch die Entscheidungen über Außenpolitik und Krieg zukämen, vorbehalten wissen. Auch heute noch werden kirchliche Friedensbemühungen als allgemeiner, weltfremder Pazifismus verdächtigt, so daß immer noch ein tiefer Unterschied vorzuliegen scheint in der Stimmungslage erheblicher Teile des deutschen Protestantismus und der ökumenischen Bewegung gegenüber der Friedensfrage.

Allerdings brachte die Diskussion um die deutsche Wiederaufrüstung, um die Atomwaffen und die instabile politische Situation des gespaltenen Deutschland das Problem eines tragbaren Friedens deutlich ins öffentliche und kirchliche Bewußtsein. Carl Friedrich von Weizsäcker hat im Zusammenhang mit dem Atomwaffenstreit überzeugend dargelegt, daß der Weltfriede zur Lebensbedingung des technisch-wissenschaftlichen Zeitalters geworden ist. Die Überkapazität der modernen Massenvernichtungswaffen schließt es aus, daß ihre kriegerische Verwendung noch ein legitimes Mittel einer Politik sein kann. Indessen können auch unterhalb des stabilisierten Gleichgewichts der atomaren Abschreckung subversive und konventionelle Kriegsaktionen sich entwickeln und sich so weit steigern, daß sie das Gleichgewicht der atomaren Abschreckung ins Wanken bringen. Wer also heute den Vernichtungskrieg nicht will, muß mehr wollen als bloß die Verdammung und Ausschaltung der Atomwaffen: er muß die Abschaffung des Krieges selbst durch die Gewinnung einer tragfähigen Friedensordnung erstreben. Von daher wird deutlich, daß auch der konventionelle Krieg nationaler Staaten seine ethische Rechtfertigung verloren hat.

Wie aber ist der Friede zu beschreiben, den die christliche Ethik als gemeinsames Ziel aller Kirchen und aller Menschen herausstellen muß? Es sind zweifellos Friedenszustände denkbar, die trotz der Abwesenheit kriegerischer Auseinandersetzungen den Namen Frieden nicht verdienen. So wäre in einer Weltdiktatur, die auf die Erhaltung von Recht und Freiheit keine Rücksicht nimmt, der Friede einer versklavten Weltgesellschaft leichter rational zu planen als in einer Welt, welche Humanität und Freiheit bewahren will. Durch das Merkmal einer kriegsverhütenden rationalen Ordnung allein ist also der Friede nicht zureichend charakterisiert.

Das Alte Testament legt uns ein sehr umfassendes Friedensverständnis nahe: wo Mensch, Kreatur und Dingwelt recht beieinander sind, da ist Frieden. Wenn in der Gegenwart der Mensch noch der zum Frieden unfähige Unruhestifter war, so hoffte Israel doch darauf, daß Gott selbst den Frieden schenken werde; es hoffte, daß dann das Volk Gottes im Lande der Verheißung Ruhe haben werde vor allen Feinden, daß die Völker sich mit Israel versöhnen würden und alle Kreatur in den paradiesischen Frieden eingeschlossen sei.

Heute nennt man einen solchen Frieden „utopisch“, das heißt: er hat noch keinen Ort, an dem er sich real darstellen könnte. Aber solche utopisch-positiven Qualitäten haften auch dem deutschen Wort Frieden von seinen gemeingermanischen Wurzeln her an: Friede und frei gehören ursprünglich zusammen und sind mit der Bedeutung „lieben“ verbunden. Friede hat etymologisch mit dem Zustand der Freundschaft, der liebevollen Schonung zu tun; Versöhnung ist Grundlage des Friedens. Erst im Zusammenhang mit dieser Bedeutung sind die späteren Weiterbildungen, wie „gesetzlicher Schutz vor Waffengewalt“ oder „Waffenruhe“ oder auch „Abwesenheit von Streit“ zu verstehen. Es ist also auch in der Geschichte des deutschen Wortes Frieden ein positives Moment enthalten, das utopisch über die bloß äußerlich geregelte Ordnung hinausschießt.
Gerade dieses beigemischte utopische Element macht den Friedensbegriff vielen verdächtig. Bedeutet nicht der umfassende Friede auch ein Absterben oder Ausschalten aller Konflikte? Aber Konflikte – wenn man sie versteht als „strukturell erzeugte Gegensatzbeziehungen von Normen und Erwartungen, Institutionen und Gruppen“ – sind in der modernen Gesellschaft nicht nur unvermeidlich, sondern auch unentbehrlich. Eine Gesellschaft, die nicht solche „Gegensatzbeziehungen“ hervorbringt, ist in sich selbst erstarrt und nicht zu lebendigem Wandel fähig. „Wer eine Gesellschaft ohne Konflikte herbeiführen will, muß dies mit Terror und Polizeigewalt tun; denn schon der Gedanke einer konfliktlosen Gesellschaft ist ein Gewaltakt an der menschlichen Natur.“ Eine konfliktlose Friedensgesellschaft muß bei dieser Betrachtungsweise als ein totalitäres Produkt utopischer Phantasie erscheinen. Eine konfliktsoziologische Betrachtungsweise drängt also darauf, daß Konflikte als notwendiges Lebenselement der Gesellschaft anerkannt und geregelt werden. Eine moderne Gesellschaftsordnung liegt da vor, wo diese Konfliktregulierung intakt ist und den Prozeß des gesellschaftlichen Wandels fördert. Utopische Zielvorstellungen für eine Gesellschaft werden hier gerade deshalb abgelehnt, weil die Menschen ihrer Natur nach zu unvollkommen sind, um irgendeine gewisse Erkenntnis über verbindliche Ziele des Menschen und der Gesellschaft zu gewinnen (Ralf Dahrendorf).
Nun macht es in der Tat einen Unterschied aus, ob man in den Gesellschaften und in der Weltgesellschaft einen utopischen Friedenszustand anstrebt oder das Fortbestehen von Gegensatzbeziehungen, von Konflikten als positives Element der Entwicklung betrachtet. Dazu muß man beachten, daß der Begriff der *Utopie* in einem verschiedenen Sinn gebraucht wird. Wenn man das alttestamentliche Verständnis von Frieden im umfassenden Sinn als utopisch bezeichnet, so muß man sich darüber im klaren sein, daß niemand an eine Verwirklichung dieser Utopie durch Menschenhand dachte. Der volle Friede galt als Geschenk Gottes in der Zukunft;

die menschliche Haltung gegenüber diesem Frieden war Hoffnung und Erwartung. Eine ganz andere Funktion kommt der Utopie in der Neuzeit zu, nachdem der Mensch gelernt hat, daß er selbst der Gestalter seiner Lebensordnungen sein muß. Denn jetzt muß unterschieden werden zwischen dem, was wirklich durch menschliches Eingreifen erreicht werden kann, und dem, was außerhalb seiner Möglichkeiten liegt. Einen umfassenden, konfliktlosen Frieden herzustellen, ist in der Tat dem in seinem Wesen und seiner Erkenntnis eingegrenzten Menschen nicht möglich; wenn er ihn dennoch als Utopie verwirklichen will, wird er zum Gebrauch totalitärer Mittel gedrängt. Auf der anderen Seite aber kann gerade eine Betrachtung, welche die unaufhebbaren Gegensatzbeziehungen der Menschen in dieser Welt betont, dazu führen, daß man sich mit den gegebenen Regelungen abfindet und daß jeder Impetus, sie zugunsten besserer Regelungen zu transzendieren, abstirbt. Man akzeptiert dann sehr leicht einen Frieden, der diesen Namen nicht verdient; man könnte beispielsweise geneigt sein, den Frieden des atomaren Abschreckungsgleichgewichtes hinzunehmen, ohne zu beachten, daß er auf die Dauer nicht stabil bleiben kann, und ohne die gegenwärtigen Chancen zur Herbeiführung eines besseren Zustandes zu nutzen. Solch resignierendes Sichabfinden mit den Gegebenheiten ist dem Christen verwehrt, sofern er sich darauf beruft, daß die biblische Botschaft nicht nur Gottes Urteil über die menschliche Sünde ausspricht, sondern ihm auch Teilhabe an „neuer Schöpfung" zuspricht (2. Kor. 5, 17). Wenn man diese Zusage nicht spiritualistisch verengt, so muß ihr ein Dienst gegenüber Gott in der Neuordnung der Lebensverhältnisse entsprechen (Röm. 12, 1 f.). Die christliche Botschaft enthält also elementare Antriebe, die den Menschen drängen, sich nicht mit den inmitten menschlicher Gegensätze entstehenden, oft minimalen Regelungen abzufinden, sondern diese zu transzendieren.

Dieser Gesichtspunkt kommt auch in der konfliktsoziologischen Betrachtung einigermaßen zur Geltung, die Ralf Dahrendorf in dem Buch „Gesellschaft und Freiheit", 1961, skizziert. Die konflikthaften Gegensatzbeziehungen sollen ja gerade deshalb anerkannt und geregelt werden, weil in ihnen eine hervorragende schöpferische Kraft liegt, Fortschritt und Wandel in den Gesellschaften herbeizuführen. Doch enthält diese Auffassung in sich selbst eine Reihe wichtiger Voraussetzungen, die man nicht übergehen darf. Wenn angenommen wird, daß Konflikte den Fortschritt vorantreiben, so handelt es sich dabei nicht um jeden beliebigen Konflikt, sondern nur um solche, die sozial geregelt werden können, die sich also bestimmten sozialen Spielregeln fügen. Gegensätzliche Positionen, die sich selbst verabsolutieren und nicht geeignet sind, sich durch Spielregeln mit anderen vermitteln zu lassen, kommen dafür nicht in Frage. Konfliktregulierung funktioniert nur dann, wenn die in Gegensatzbeziehungen einander gegenüberstehenden Gruppen insofern ein Allgemeines in ihre eigene Interessendurchsetzung aufnehmen, als sie wissen, daß es für sie selbst ein Schaden ist, wenn es das allgemeine Verfahren der Konfliktregulierung nicht gibt. Ihr Beitrag zum Frieden ist dann der, daß sie ihre eigene Interessenvertretung nicht absolut setzen, sondern sie verbinden mit einer Anerkennung der allgemeinen Verfahren, in denen Konflikte nach Spielregeln ausgetragen werden. Demnach liegt eine spezifische Aufgabe der Friedensermöglichung darin, die konfliktregulierenden Verfahrensweisen und Institutionen zu entwickeln, zu stärken und ihnen allgemeine Anerkennung zu verschaffen. Dieses ist aber nur zu erreichen, wenn ein genügend starker, „utopischer" Impetus vorliegt, der über die vorfindlichen Konfliktregulierungsverfahren hinausführt. Dieser Impetus kann und muß zwar anknüpfen an die vorliegenden Interessenlagen der Gegensatzpositionen und an deren mehr oder weniger deutliche Selbstinterpretation, wird sie dann aber transzendieren müssen.

Wenn heute schon genug Massenvernichtungsmittel vorhanden sind, um jede vorhandene Gruppe innerhalb der Menschheit mehrfach zu töten, so sollte das wohlverstandene Eigeninteresse jeder tatsächlichen oder möglichen Gegensatzposition darauf drängen, weltumfassende Systeme der Konfliktregulierung zu instituieren und mit Autorität zu versehen. Indessen stehen der Erkenntnis des wohlverstandenen Eigeninteresses erfahrungsgemäß schwere Hindernisse im Wege. Die Repräsentanten der Einzelinteressen innerhalb der einzelnen Gesellschaften und innerhalb der Weltgesellschaft haben notorische Schwierigkeiten, zu erkennen, wie das Überleben ihrer eigenen Gruppe dadurch bedingt ist, daß andere konkurrierende Gruppen die Überzeugung gewinnen, daß sie mit ihnen zusammen überleben können. Erst wenn sie dieses offensichtlich und nachhaltig erkannt haben und erst wenn sie dieser Erkenntnis in Verhaltensweisen konsequent rationalen Ausdruck geben, entstehen zuverlässige Friedensordnungen, welche, formal gesehen, verläßliche Weisen der Konfliktregulierung sind. Es ist aber keinesfalls sicher, ja es ist nicht einmal wahrscheinlich, daß solche konfliktregulierenden Strukturen gewissermaßen „von selbst" aus den faktischen Konflikten hervorgebracht werden. Sie sind vielmehr eine „Utopie", eine Konstellation, der in der Gegenwart noch kein Raum gegeben ist, die aber als Lebensbedingung im technisch-wissenschaftlichen Zeitalter einen Platz bekommen muß. In diesem Sinne „gibt es in der technischen Welt, in der wir leben, im Grunde nur eine einzige Utopie, die alle anderen Utopien in sich enthält, nämlich die Utopie des Weltfriedens" (Georg Picht). Ohne die Utopie eines humanen Friedens, ohne das bewußte Wollen konfliktregulierender Strukturen, in denen Vernunft und Freiheit nicht negiert sind, ist das Transzendieren der gegenwärtigen inadäquaten internationalen Strukturen nicht zu erwarten und zu erhoffen. Was im liberalen Optimismus vielfach als selbstverständlich vorausgesetzt wird – daß der Mensch in den gesellschaftlichen Strukturen auf Fortschritt hintendiere –, das erweist sich als eine ethische Aufgabe von höchster Kompliziertheit: Wenn es die Grundstruktur des menschlichen Willens ist, daß er nur im Hinausgehen über sich selbst existieren kann, so gilt es, dieses permanente Transzendieren des Willens der gegensätzlichen Gruppen und Gesellschaften in die Zukunft hinein so miteinander in Beziehung zu bringen, daß ein Optimum an humaner Lebensermöglichung entsteht. Diese Absicht aber ist identisch mit der Utopie des Weltfriedens.

Die Utopie des von Menschen zu erreichenden Friedens ist nicht identisch mit der Erwartung des Friedens im Reich Gottes. Aber die Hoffnung auf den eschatologischen Frieden, die ihren Anhalt hat an dem Frieden mit Gott, den uns jetzt schon der Glaube schenkt, enthält den Impetus, auch in dieser Welt ein Maximum an lebensmöglichem Frieden zu erstreben. Der von Gott mit Frieden beschenkte Mensch antwortet nur adäquat auf dieses Geschenk, wenn er selbst beginnt, Frieden in der Welt zu verbreiten (Matth. 5, 9).

VI PRAKTISCHE THEOLOGIE

Werner Jetter

1. *Predigt*
2. *Seelsorge*
3. *Beichte*
4. *Unterweisung*
5. *Konfirmation*
6. *Gottesdienst*
7. *Abendmahl*
8. *Taufe*
9. *Amt*
10. *Gemeinde*
11. *Amtshandlungen*
12. *Diakonie*

Predigt VI/1

Die evangelische Predigt umgibt ein Höchstmaß an theologischen Erwartungen. Die ihr zugeschriebene Heilsbedeutung erinnert an die katholische Sakramentslehre, Funktion der Predigt und Auftrag des Predigers erscheinen in höchst spannungsvollen Begriffen. In ihr werde laut, was Gott selber den Menschen hier und jetzt sagen, als seinen heilsamen Willen eröffnen lassen wolle, nachdem er ihn in der Erscheinung Jesu für alle Menschen aller Zeiten kundgemacht habe. Kirchliche Routinearbeit zur gewohnten Stunde steht also zugleich unter der Nötigung eines göttlichen Befehls. Was ein irrender Mensch, der oft viel lieber schweigen wollte, aus seiner beschränkten Einsicht heraus sagt, tritt den Hörern als gewisses Wort mit dem Anspruch gewissenbindender Wahrheitsmacht entgegen. In einem oft einseitigen Umgang mit alten Dokumenten der christlichen Glaubensüberlieferung gewonnene Gedanken wollen zugleich für die vielfältigen Probleme der gegenwärtigen Zeitlage und des Menschengeschicks darin aktuell und verbindlich werden, und was in einem festliegenden Erwartungsschema abläuft, will unerwartet Neues im Namen Gottes bewirken!

Die menschlichen Erwartungen der Hörer, oft auch der Prediger selber, halten sich demgegenüber meist in bescheideneren, durch nüchterne Erfahrungen eingeschärften Grenzen. Die sonntägliche Wirklichkeit der Institution „Predigt" könnte in allen Konfessionen ebensoleicht wie zur Hochachtung auch zu Karikaturen herausfordern. Zu ihr gehören überall auch solche Hörer, die nahezu undurchlässig geworden sind für ihre Impulse kraft der erworbenen Fertigkeit, sie innerlich umzuhören zum stets erwarteten Wort. Man entzieht sich ihr, wenn sie dem nicht entspricht. Andre entziehen sich ihr, weil sie es allzusehr tue; im Widerwillen gegen die tausendmal ausgedroschenen Garben, von denen sich schon Goethe nichts mehr versprach. Die Gewohnheit, zur Predigt zu gehen, ist recht labil geworden. Die umgekehrte Gewohnheit jedoch, sie fast nie mehr anzuhören, hat sich bei der großen Mehrzahl um so entschlossener stabilisiert. Eine soziologische Aufschlüsselung derer, die durch ihr Fernbleiben stillschweigend gegen die Predigt votieren, könnte sehr nachdenklich machen. Meist geschieht es nicht aus Feindseligkeit, sondern einfach aus Widerwillen.

Was soll man sich eine Predigt anhören, die andauernd von Voraussetzungen und Vorstellungen ausgeht, die man ehrlicherweise so nicht mehr teilt, deren Wegfall freilich ein wohlverspürtes, aber selten eingestandenes Vakuum hinterlassen hat?
Wenn die kirchliche und die theologische Bedeutung der Predigt so groß ist, wird das Predigen schwer. Zur Verantwortung eines Propheten gehört auch die Berufung zu solchem Amt. Kann man die ganze Verantwortung den Bibeltexten auflasten und sich auf deren Erklärung zurückziehen? So gerät man in den Sog der Historie und bleibt den Menschen fern, oder man setzt sich in vorschneller Erbaulichkeit unredlich über den tatsächlichen Abstand hinweg. Wo der dogmatische Anspruch eines von oben autorisierten Redens durch den gottesdienstlichen Rahmen gegen Widerspruch geschützt ist, geht die Predigt leicht auf Stelzen einher, verfängt sich gedanklich und sprachlich in der Studierstubenatmosphäre, redet fremd und begrifflich von Dingen, die es nur in ihr gibt, und entflieht zu guter Letzt aus solchem Irrealis in pure Moral. Auch lassen sich die religiöse Scheu und das Ansehen, das die Kanzel umgibt, für parteiische Stellungnahmen mißbrauchen. Das öffentliche Wort ist ja nicht von vornherein zur Ohnmacht verurteilt, sondern eine große Macht im Mund dessen, der geschickt mit ihm umzugehen weiß. Schnell werden da die Gemüter verwirrt, die Gewissen tyrannisiert, feiert die Eitelkeit ihre Triumphe oder erliegt der rhetorisch unbewehrte und theologisch wenig fundierte Prediger dem Bedürfnis, um jeden Preis die Zustimmung seiner Hörer zu finden. „Lehren, mein Lieber, das ist kein Spaß“, sagt der Pfarrer von Torcy im Tagebuch eines Landpfarrers von Bernanos. „Dabei spreche ich jetzt gar nicht von denen, die sich mit marktschreierischem Trug aus der Schlinge ziehen. Von dieser Sorte wirst du noch genug in deinem Leben zu sehen bekommen... Man erkennt sie daran, daß sie von trostspendenden Wahrheiten reden. Die Wahrheit befreit zunächst, dann erst tröstet sie... Gottes Wort, das ist ein glühendes Eisen!... Ein Priester, der von der Kanzel der Wahrheit herabsteigt, den Mund noch voll Gegacker, ein wenig erhitzt, aber zufrieden, der hat nicht gepredigt – im besten Fall hat er geschnurrt. Allerdings kann das einem jeden vorkommen, wir sind alle arme Schläfer, und es ist manchmal verteufelt schwer, sich wach zu halten. Sogar die Apostel einst in Gethsemane haben fest geschlafen. Aber man muß sich immer einmal wieder Rechenschaft geben. Und du siehst doch auch ein, daß einer, der große Gebärden macht und schwitzt wie ein Möbelträger beim Umzug, deshalb noch nicht wacher sein muß als die andern. Ich behaupte nur: wenn der Herr zufällig ein Wort aus mir herauszieht, das den Seelen nützt, so spüre ich es daran, daß es mir weh tut.“ Der Dauergebrauch großer Worte entleert die Worte und betäubt die Seelen. Kierkegaard hat in einen Abgrund des Mißtrauens hineingeleuchtet mit seiner Tagebuchnotiz:

„Das unselige Predigen und Predigen trägt nur bei zur Schwächung der Scham darüber, nicht zu handeln. Wer einmal die Predigt über hohe Tugenden zur Profession gemacht hat, mit dem geht es in einem fort bergab; auch mit den Zuhörern... Wer einmal erlebt hat, zu deklamieren, sich und die Hörer zu Tränen zu rühren, ohne etwas zu tun, der ist verloren."

Es muß sehr tiefe Gründe haben, wenn die Predigt sich trotz alledem so beharrlich behauptet und weiterentwickelt hat und noch immer, nimmt man die kasuale Verkündigung bei Taufe und Konfirmation, Trauung und Begräbnis hinzu, mehr Menschen in ihre Hörweite bringt als jede andere kirchliche Aktivität. Was läßt sie diesen ersten Platz im kirchlichen Dienst behaupten und macht sie zur vornehmsten Sorge der Praktischen Theologie?

Tatsächlich ist die Rolle, die „das Wort" im Bereich der biblischen Gottesbotschaft spielt, einzigartig und ihr eigentliches Merkmal. Heilige Formeln und Texte und darin eingeweihte Künder gibt es auch sonst; erzählte Mythen haben vielerorts den Menschen den ersten Zugang zu einem Weltbild gebahnt, das dann von wachsender Einsicht genauer vermessen und mit erfahrungsgesättigten Weisheitssprüchen wohnlicher gemacht wurde. Doch war es Israels Besonderheit, daß und wie sich in seinem Erleben der Geschichte die fügende Hand Gottes mit seinem weisenden, Gutes gutheißenden Wort vermählte und wie dann das ganze Volks- und Einzelleben im Namen dieses Gottes unter ein formuliertes Bundesrecht gestellt wurde. Die Propheten als Verwalter göttlichen Wortes und Willens wurden zu den eindrucksvollsten Gestalten in Israel. Jesus hat dann Gottes Tun und Erleiden im Gleichnis des Samenkorns darstellen können, in seinem Geschick, seiner Gefährdung, seiner unaufhaltsamen, erwartungsvollen Lebendigkeit im Acker der Welt. Er hat das Gottesgeschick darin so umfassend und weltbezogen geschaut, daß darüber die Schranken des partikulären Israelglaubens aufbrachen. Die kirchliche Deutung dieses Gleichnisses hat dann das Gottesgeschick im Samenkorn zu Recht im Geschick des Wortes wiedererkannt, das Gott ausruft und anruft, das Menschen zum Streit des Glaubens beruft, aus ihrer Gebundenheit herausholt und einer verheißungsvoll sich erneuernden Schöpfung entgegenführt: „Der Same ist das Wort."

Im Weg und Werk Jesu ist daraus einmalige geschichtliche Wirklichkeit geworden. Und so ist das Reden von diesem Namen und in diesem Namen als das Evangelium von Jesus Christus zur Gotteskraft geworden, aus der die Kirche lebt und handelt. Darum ist sie ganz vom Wort erfüllt und getragen. Darum ist es nur natürlich, wenn man zuerst eine beinahe chaotische Fülle von Sageweisen in der ersten Christenheit aufspringen sieht, die im erzählenden Bericht, im tröstenden Zuspruch, in gebieterischen Weisungen, im hymnischen Lob, ja noch im enthusiastischen Gestammel die in

Jesus verkörperte, in seinem Tod besiegelte, in seiner Auferstehung entsiegelte Gottesmächtigkeit bekunden. So gibt es im Neuen Testament viele ganz verschieden nuancierte Worte für Predigt oder predigtähnliches Geschehen und vielerlei Arten von Predigern und Bezeichnungen dafür; es gibt in ihm nur eines noch nicht: eine einheitliche Predigtinstitution. Diese ist dann freilich zwangsläufig geworden im Zug derselben Entwicklung, in der aus den vielen Predigten der ersten Christenheit die eine Heilige Schrift wurde, damit durch sie alles weitere Predigen in der Kirche mit seinem Ursprung verbunden und der ursprünglichen Richtung treu bliebe.
So wie die Predigt ihre Rolle und ihr Gewicht als Institution immer von der geschichtlichen Entwicklung empfing, so ist und bleibt sie freilich ihr auch ausgeliefert. Das erfahren wir heute besonders empfindlich, beispielsweise darin, daß die äußeren Möglichkeiten der herkömmlichen Sonntagspredigt heute rapid schrumpfen, die Predigtlehre sich mit ganz neuen, veränderten Gelegenheiten des öffentlichen christlichen Wortes zu beschäftigen hat. Sowohl am gewohnten sonntäglichen Ort, stärker noch bei den weniger gewohnten Anlässen von Zusammenkünften am Werktag und auf Konferenzen, am stärksten in der noch nicht bewältigten Situation einer Rundfunkpredigt sieht man sich heute zu sehr vielgestaltigen neuen Sageversuchen gedrängt, die den herkömmlichen Umgang mit dem Text, aber auch den hergebrachten Wortschatz und den monologischen Vortrag der Predigt von Grund auf in Frage stellen.
Noch schärfer ist allerdings zu spüren, wie sehr die Predigt innerlich dem Zeitgeschick ausgeliefert ist. Das öffentliche christliche Wort ist längst aus dem autoritären Wort in der Mitte des öffentlichen Lebens zu einer Stimme unter vielen geworden. Darüber dürfen seine Privilegien nicht hinwegtäuschen. Die alten Vorgaben des öffentlichen Einverständnisses sind radikal weggeschmolzen und bestehen fast nur noch zum Schein. Die Predigt kann ihre Autorität nicht länger institutionell voraussetzen, sondern muß sie immer wieder sachlich aufs neue erweisen. Sie ist gezwungen, sich mit neuen Fragen und auch mit den gesteigerten formalen und inhaltlichen Ansprüchen der durch die Massenmedien geistig angeregten unbekannten Hörer auseinanderzusetzen. Darum hat die Predigtlehre zum Beispiel das Verhältnis zwischen sachlicher Information und persönlicher Anrede, zwischen dem Amtlichen und dem Menschlichen in der Predigt heute neu zu erfassen. Der Prediger muß sich der Verkünderpose entäußern und in die dialogische Mitmenschlichkeit Gottes in der Erscheinung Jesu Christi einüben, damit seine Predigt Gott nicht nur im Munde führt, sondern weitergibt.

Seelsorge VI/2

Wer nach der Predigt von der Seelsorge redet, stellt eine nicht weniger zentrale, aber viel schwerer zu fassende Weise des kirchlichen Dienstes neben sie.
Bei „Seelsorge“ denkt jedermann instinktiv an etwas Nicht-Institutionelles, an nicht-öffentliches christliches Wort im intimen persönlichen Gespräch. An Begegnungen, die man nicht reglementieren kann und die so vielfarbig sind wie das Leben selber. Vielleicht auch gleich an „seelsorgerliche Fälle“, wie das dann in unschöner Entsprechung zum klinischen Sprachgebrauch zu lauten pflegt. Aber gleichzeitig wird spürbar, daß „Seelsorge“ einen viel umfassenderen, weiterreichenden Sinn besitzt. Geschieht nicht auch durch die Predigt Seelsorge, und ist Predigt an ihr Ziel gekommen, wenn sie nicht zur Seelsorge an ihren Hörern geworden ist? Wo das öffentliche christliche Wort persönliche Wirkungen auslöst, da geschieht Seelsorge! Es ist eine müßige Frage, ob die Reformation eine Predigtbewegung oder eine Seelsorgebewegung gewesen sei. Und wieder ein umgekehrtes Beispiel: so ganz anders geartete, weit ins politische und wirtschaftliche Leben hineinragende und dennoch ganz und gar persönliche, exemplarische Unternehmungen wie die der französischen Arbeiterpriester sind in ihrem Kern seelsorgerliche Vorstöße gewesen. Wo nichtöffentliches christliches Wort oder Verhalten zu persönlicher Wirkung gelangt, kann dies zugleich erhebliche öffentliche Folgen haben und von seelsorgerlicher Bedeutung für große Öffentlichkeitsbereiche werden. Gruppengespräche und Einzelgespräche in den Evangelischen Akademien sind sehr wohl als „Seelsorge in der modernen Gesellschaft“ oder sogar an ihr zu verstehen; es wird dort faktisch nicht seltener dazu kommen als bei den pastoralen Hausbesuchen. Seelsorge wäre als nichtöffentliches christliches Wort entschieden zu schmalbrüstig definiert. Sie geschieht nicht bloß in der Weise artikulierten Redens. Die Liebe hat auch Hände, die die Seelen stützen, Hoffnung aussäen und den glimmenden Docht des Glaubens vor dem Verlöschen bewahren können. Die Kirche kennt nicht nur den Dienst des Wortes, sondern viele Dienste, die daraus entspringen.
Der Begriff Seelsorge ist also mehrsinnig im Gebrauch. Einmal meint er

sozusagen die gesamte Innenansicht des kirchlichen Dienstes überhaupt. In dieser Hinsicht läßt Seelsorge sich überhaupt nicht im Modell fixieren, bleibt sie im Bezirk des Geschehens. Sodann aber wird unter ihr ein bestimmtes, freilich schwer einzugrenzendes Pensum pfarramtlicher Pflichten verstanden, von dem her „Seelsorger" zu einer ebenso ominösen wie beliebten Berufsbezeichnung für den Pfarrer geworden ist. Die Stichworte Großstadtseelsorge, Massenseelsorge, Jugendseelsorge, Campingseelsorge, Krankenseelsorge, Gefangenenseelsorge, Militärseelsorge, Telefonseelsorge und Seelsorge an der modernen Gesellschaft beleuchten, wie weiträumig dieser Pflichtenkreis ist. Wer sich von der expansiven Öffentlichkeit und der theologischen Intensität der Predigt theologisch überfordert fühlt, kann sich wohl stärker um die Seelsorge bemühen, und manchem Pfarrer wird von seinen Gemeindegliedern bereitwillig bescheinigt, daß er zwar in der Predigt kaum genüge, aber ein um so treuerer Seelsorger sei. Aber die geistliche Intimität und die extensive Uferlosigkeit der Seelsorge sind sicher keine geringere Überforderung in quantitativer und menschlicher Hinsicht, und das Dauergefühl, hier nicht einmal das Nötigste geschafft zu haben, wird zur Quelle tiefster Depressionen.

Der Begriff Seelsorge ist aber nicht nur mehrsinnig, sondern von Grund auf mißverständlich. Seine eigene Mißverständlichkeit macht ihn so unermeßlich, daß er die Dienstfreude der Pfarrer zu strangulieren droht. Und sie ist es auch, die gerade bei solchen Menschen, die von der Kirche Seelsorge begehren oder durch sie zur mithelfenden seelsorgerlichen Aktivität aufgerufen werden, unaufhörlich falsche Erwartungen pflegt. Es handelt sich dabei um einen irreparablen Geburtsfehler des Begriffs Seelsorge, der seinem theologisch unbedachten Gebrauch unbedingt widerraten müßte, wenn er sich nicht in Jahrhunderten unausrottbar eingenistet hätte.

Er entstammt nicht dem Neuen Testament. Das muß nicht gegen ihn sprechen, denn so ziemlich alle Hauptkennzeichen des heutigen kirchlichen Lebens haben sich in ihrer uns mittlerweile selbstverständlich gewordenen Gestalt im Lauf der Geschichte so entwickelt und sind nicht ohne weiteres ebenso im Neuen Testament schon anzutreffen. Sorge für die vielen Gemeinden ist dort allerdings wohlbekannt – Paulus wird von ihr aufgerieben (2. Kor. 11, 28). Auch die „Versorgung" einer einzelnen Gemeinde erscheint dort gelegentlich schon als besondere kirchliche Amtspflicht, zu der man befähigt und eingesetzt sein muß (1. Tim. 3, 5). Gegenseitige fürsorgliche Rücksicht aufeinander gehört gleichfalls von Anfang an zu den Selbstverständlichkeiten des Gemeindelebens, zur Funktionsfähigkeit des Leibes Christi und wird als geistliche Aufgabe eingeschärft (1. Kor. 12, 25). Im sorgsam suchenden Mühen um einzelne Menschen, die für das wahre Leben verloren erscheinen, wird die Liebe konkret, die von Jesus zu erfahren und zu lernen ist und die Freude im Himmel auslöst (Luk. 15, 8), ebenso in der sich exponierenden, anhaltenden Pflege, mit der sich Samariter und Wirt um den Überfallenen kümmern (Luk. 10,34 f.) oder deren sich auch der gefangene Paulus auf seinem Transport von seiten seiner Gemeinden erfreuen darf (Apg. 27, 3). Die Begriffe „epimeleia" und „merimna" sind im Neuen Testament die griechischen, „cura" bzw. „sollicitudo" die dann in der westlichen Kirchensprache daraus abgeleiteten Bezeichnungen für solche mitmenschliche, aber dem Glauben „amtlich" aufgetragene Verantwortlichkeit, die ihn hart am Mann bleiben und an seinen Glaubens- und Lebensschwierigkeiten teilnehmen läßt. In solcher „Sorge" besteht der kirchliche Dienst, wo immer er geschieht.

Solcher „Sorge" gelten in der Sache die Schlußsentenzen der Gleichnisse Jesu: daß man bereit sei für die Ankunft des Herrn, sich durch Reichtum in Gott und nicht durch äußere Habe gesichert wisse; daß man sich nicht ums Leben bringe gerade durch die Sucht, es um jeden Preis zu erhalten; daß es nichts hilft, die Welt zu gewinnen, wenn man darüber das Leben einbüßt oder also „Schaden nimmt an seiner Seele". In diesem letzteren Sinn verstand jeder griechisch gebildete Mensch der Antike dieses weltberühmte Wort. Wenn ein solcher von der Sorge für die Seele sprach, wie dies etwa Sokrates häufig getan hat, dann hatte auch er dabei zweifellos die Sorge um das wahre, lebenswerte Leben im Sinn, wie das Evangelium. Aber die griechischen Begriffe haben den biblischen Gedanken schier unvermerkt umgebogen. Sie haben ihn nämlich in den Sog eines dualistischen Menschenbilds und einer perfektionistischen Menschenbildung hineingezogen. Wenn die Seele des Menschen besserer Teil und der Leib ihr Gefängnis ist und wenn die Polis ihre religiöse Bindekraft verliert, dann gewinnt die Pflege der eigenen Persönlichkeit und ihres Innenlebens, religiöser gefaßt die Sorge ums Seelenheil und um die jenseitige Vollendung, an Gewicht. Auf dieser Linie wurde für die Christen das mönchische Vollkommenheitsideal zum faszinierenden Ideal der Seelsorge, wurden die Eremitagen oder die Klöster zu deren geistlichen Zentren. Dieses individualistische Verständnis der Seelsorge geriet allerdings in Widerspruch zu ihrem kirchlichen Charakter und allen ihren sozialen Implikationen. Altgriechische Kirchenväter mußten dieses Problem durchstehen, wenn sie sich etwa zwischen der verlockenden klösterlichen Stille und der beunruhigenden Tätigkeit eines kirchenleitenden Amtes zu entscheiden hatten. Sie hatten dann zu wählen zwischen „Seelsorge" und „Seelen-Sorge". Vom Evangelium her konnte da nicht die Pflege der frommen Einzelseele gemeint sein, sondern immer nur die Hirtenverantwortung für die anvertrauten Menschen, für deren Leib und Leben: die Seelensorge, die cura animarum; eine Verantwortung freilich, die immer auf das wahre Leben, also auf das „Seelenheil" ausgerichtet bleiben sollte.

So steht es um die kirchengeschichtliche Wurzel des Begriffs Seelsorge. Er brachte von Anfang an eine griechische Mitgift mit, und die Mönche als seine Geburtshelfer machten das griechische Mißverständnis vollends unentrinnbar. Die Kirche wurde dann freilich kein Kloster, sondern eher eine Weltherrschaft. In den Wirren der verfallenden staatlichen Ordnung gingen viele Merkmale der verendenden politischen Amtlichkeit schier automatisch in das aufblühende kirchliche Ordnungsgefüge über. Damit erwuchs dem Begriff Seelsorge nach der mönchischen die kirchenamtliche Gefährdung, die dann sein Schicksal geworden und geblieben ist. Wenn man nämlich die leibhaften Lebensbezüge und die Gemeinschaftsbedürfnisse nicht mönchisch verachtete, um dafür das Seelenleben zu vervollkommnen, dann begann man um so kräftiger die Hirtenverantwortung für die anvertrauten Seelen zu veramtlichen. Handgreiflich schnell wurde schon im frühesten Mittelalter „cura animarum“ zum Kennwort für die kirchenregimentliche Zuständigkeit des parochus, des Ortspfarrers, und dann für die Beichtpflicht der Gläubigen vor ihm; regimen animarum wurde daraus, amtliche Seelenleitung. Die gliedhafte gemeinschaftliche Verantwortlichkeit für des Nebenmenschen innere und äußere Not ging in der amtlichen Erziehung zur Kirchlichkeit unter. Und die letzte Etappe wurde dann die der „Entwirklichung“ solcher Seelsorge. Mit allem, was über solche Erziehung zur Kirchlichkeit hinausging, ließ Seelsorge um des Seelenheils willen ans Jenseits denken. Jenseitige Bindungen büßten jedoch unaufhaltsam ihre Tragfähigkeit ein. So geriet der ganze kirchliche Dienstapparat, der als Seelsorge dem Seelenheil galt, langsam aber sicher unter ein irreales Vorzeichen. Er erschien den Skeptikern bald nur noch als raffinierte Einrichtung zur intimen Menschenbeherrschung, als Verkörperung des Betrugs der Religion. Seelsorge wurde zum Inbegriff des Fiktiven, der Sorge für einen Himmel, den man gerne den Spatzen und den Pfaffen überließ; nach ihr konnten ohnehin nur religiös verängstigte Gemüter ein Bedürfnis haben.

Zuletzt ist zu diesen historischen Vorbelastungen noch ein sehr aktueller Faktor hinzugetreten, der den schon an und für sich mehrsinnigen und mißverständlichen Begriff Seelsorge in die lockende und bedrohliche Nähe eines Neulands von schier unbegrenzten Möglichkeiten geführt hat. Wir meinen die unheimliche Ausweitung des menschlichen Innenhorizonts, die Verfeinerung und Vertiefung der psychologischen Einsichten und der psychotherapeutischen Möglichkeiten. Sie haben das, was die kirchliche Seelsorge eigentlich meinte, nämlich den allgemeinen Hirtendienst der Glaubenden, die gegenseitige Verantwortlichkeit für den Glauben und für das innere und äußere Ergehen des anderen, vollends überrundet, das Interesse an den seelischen Zuständen und an deren Beeinflussung ganz nach vorn gespielt und aus dem Gemeindehirten einen Fachmann für Seelsorge, einen dilettantischen Konkurrenten des Seelenarztes gemacht. Läßt sich der „Seelsorger" darauf ein, dann ist er in eine von vornherein verlorene Schlacht geschickt; dazu weist ihn weder sein Auftrag an noch seine Ausrüstung ein. Er wird dann den Argwohn nicht los, als wollte er die fehlende fachliche Approbation durch um so fanatischer vorgebrachte ideologische Zumutungen ersetzen. So ist Seelsorge aus einer selbstverständlichen Äußerung des gemeinschaftlichen Lebens der christlichen Gemeinde gegenüber allen ihren Gliedern und allen Menschen in ihrer Reichweite zur Amtspflicht des Amtsträgers an der unüberschaubaren Menge der in seinem Wohnbezirk lebenden einzelnen, vornehmlich aber an den irgendwie gestörten und anfälligen Individuen geworden. In diesem Rahmen ist ihr genuiner Sinn beinahe bis zur Unkenntlichkeit verzerrt.

Die kirchliche Seelsorge kann sich nicht desinteressiert erklären an seelischen Verstörungen der Menschen. Aber gerade deshalb kann sie auch an den gesellschaftlichen Zuständen nicht uninteressiert sein. Oft genug verursachen oder befördern gerade sie solche Verstörungen. Die Seelsorge wird im eigensten Interesse viel lernen können von dem, was die Seelenkunde und die Seelen-Heilkunde erforscht hat, schon auch um solche psychischen Krankheiten zu erkennen, für die der kirchliche Seelsorger nicht zuständig sein und die er nur dorthin verweisen kann, wo man fachgerecht ärztlich mit ihnen umgeht. Im gleichen eigensten Interesse muß sie sich aber auch mit den Problemen des kleinen und gesamtgesellschaftlichen Milieus befassen. Denn ihr geht es ja nicht nur um Krankheitserscheinungen bei den Gläubigen, sondern auch und erst recht um die Lebensschwierigkeiten der körperlich und seelisch Gesunden. Weder zielt sie nur auf das gesunde Seelenleben und die fromme Innerlichkeit noch ist sie ein kirchenamtliches Privileg. Sie ist vielmehr, schlicht und umfassend gesagt, die lebensgemeinschaftliche, mitverantwortliche Hilfe zum Glauben, die Menschen einander geben können und die die Glaubenden einander zuteil werden lassen *müssen.* Ihr Gebiet ist der Gesamtbereich menschlichen Lebens, ihr Mittel die vorbehaltlos gewährte Gemeinschaft und die rückhaltlose Anteilnahme an des anderen Not und ihre Kraft die Verheißungsmächtigkeit des Wortes, dessen also, was das Wort im Namen Jesu gutheißt.

Solche Hilfe zum Glauben kann in Belehrung bestehen. Angesichts des Urwalds von Mißverständnissen und verkehrten Vormeinungen ist die intellektuelle Diakonie vermutlich ein Vorzugsbereich der Seelsorge durch den geschulten Theologen. Sie wird sich aber nie auf Belehrung beschränken, sondern den andern so weit wie möglich in den ihm auferlegten Kampf des Glaubens begleiten wollen. Sie wird dabei immer wieder auf die vom Bösen losreißende Härte des göttlichen Anspruchs und eben deshalb vor allem auf die befreiende Gewalt des Vergebungszuspruchs zurückkommen müssen, ihre Flamme in der ermutigenden, Raum gewährenden und Zeit lassenden Geduld und ihr Zentrum in der Beichte besitzen. Aber gerade auch in ihrer menschlichen Verhülltheit ist diese brüderliche „Seelsorge" in der Treue, die für den andern einsteht vor Gott und den Menschen, das Grundgeschehen des kirchlichen Dienstes und seine eigentliche missionarische Potenz.

Mit dem allgemeinen Priestertum der Gläubigen ist nichts anderes gemeint als solche „Seelsorge", solche einander konkret zugelebte und zugesprochene Seelenheil-Kunde. Durch sie ist die Christenheit zu dem Menschheitsfaktor geworden, den sie heute noch darstellt, mehr als durch ihre amtliche Predigt und durch alle kirchliche Erziehung. Bessere Schulung der Pfarrer, auch bessere psychologische Unterrichtung, und konkretere Einübung in die speziellen „seelsorgerlichen" Tätigkeiten, die ihr Amt mit Vorliebe nach sich zieht, sind nicht gering zu veranschlagen. Doch die Entscheidung über die Zukunft der Christenheit, die in ihrer seelsorgerlichen Potenz fällt, wird sich an einem andern Punkt ergeben: daran, in welchem Maß die Laienchristen „vor Ort" ihren Nebenmenschen zum Glauben helfen können und so zu ihren Seelsorgern werden. Sie dazu zu ermutigen und anzuleiten und sich dabei auch ihre Erfahrungen selber zunutze zu machen, bleibt die hauptsächlichste, vornehmste Seelsorgeverantwortung der amtlichen Diener der Kirche.

Beichte VI/3

Die evangelischen Bekenntnisse sehen in der Predigt, zusammen mit Taufe und Abendmahl, das hauptsächliche äußere Kennzeichen der Kirche. Denn die Predigt beruft öffentlich zu dem Glauben, dem die Kirche sich verdankt und dem sie dient. Sie macht den Glauben namhaft, und wo es recht um sie bestellt ist, kann man an ihr sehen, nicht nur daß Kirche da ist, sondern auch, wozu sie da ist. Man könnte die Beichte das wesentliche innere Kennzeichen der Kirche nennen, wenn dies nicht ein so widerspruchsvoller Begriff wäre. Einer der großen lutherischen Beichtväter des letzten Jahrhunderts, Wilhelm Löhe, hat sie „das Herz der Seelsorge" genannt. Nun ist Seelsorge, wie wir sahen, schwer greifbar: umfassend, vielgestaltig, intim. Sie sorgt um das Seelenheil, aber das eine Wort ist so mißdeutbar wie das andere: sie ist deshalb gerade *nicht* desinteressiert an den äußeren Welt- und Lebensproblemen, sondern leidenschaftlich an ihnen mitbeteiligt. Hilfe zu einem Leben aus Glauben, das ist ihr Auftrag.
Die Beichte ist eine sehr spezielle, im evangelischen Bereich alles andere als häufige Vollzugsweise von Seelsorge; es ist ja weithin gerade der antikatholische Stolz des aufrechten Protestanten, nicht beichten zu müssen. Dennoch wird an dieser einen Stelle die christliche Seelsorge unverwechselbar, namhaft und eindeutig, und vermutlich ist sie es auch, von der sich der überaus zweifelhafte Begriff „Seelsorge" dann doch immer wieder seine relative Berechtigung borgt. Das Beichtgeschehen ist jedenfalls nicht nur ein besonderer Vorgang im kirchlichen Dienst; es läßt vielmehr eine eigenartige Kontur besonders deutlich heraustreten, die für ihn in allen seinen Formen kennzeichnend ist: seine Kampfseite. Hier steht man sozusagen unverhüllt vor der heimlich-unheimlichen Front, gegen die die christliche Heilsbotschaft angeht, und zugleich vor dem Wirkgeheimnis der Kirche und dem existentiellen Ernst des Glaubens. Die Frontlinie, an der die christliche Heilskunde ihre Heilsmacht erweist, verläuft im Schatten der glänzenden Weltentwicklungen, an den Rändern des überall wuchernden Unheils entlang. Zu ihm gehören Haß und Herzenskälte, feine und grobe Selbstsucht, lieblose Selbstbehauptung und emsige Selbstrechtfertigung, mitmenschliches Versagen, die Kette des Fehlgetanen und der Pan-

zer des Angewöhnten, hilflose Verstrickungen des guten Willens, Mißbrauch der Lebensfreude, Mißachtung des andern Menschen, Fanatismus der Erfolgs- oder Weltverbesserungsprogramme, brutale Zwecklügen und fromme Lebenslügen, die Diktatur der Angst, der Arbeit, der Macht, der Lebensgier mit der Unsumme von Völkerleid und Familienleid, die sie im Gefolge haben, aber auch mit der großen Lebensleere, unter der die unerkannten Sünden der Intakten schlummern.

Aller kirchliche Dienst ist zuinnerst von genau demselben existentiellen Ernst, derselben Vollmacht und derselben Front geprägt wie das Leben und Lehren Jesu; die Predigt nicht weniger als die Seelsorge, die Taufe ebenso wie das Abendmahl, auch die Unterweisung hat solches Leben aus Glauben und die Bestärkung darin zum Ziel, der Gottesdienst ist feiernde und bekennende Teilnahme daran, das Amt in der Kirche hat hier seine Mitte und die Gemeinde davon ihren Auftrag und ihre Besonderheit, ihre Lebendigkeit und ihre Gefährdung. In der Beichte freilich ist dieser kämpferische und zugleich geistliche Innenaspekt wie in einem Brennspiegel gesammelt. Genauer gesagt: in demjenigen Geschehen, in dem die Beichte gipfelt, nämlich in der Absolution. Hier treten uns Gewalt und Anspruch des kirchlichen Handelns so konkret und konzentriert entgegen, daß davon Glaube wie Unglaube aufs schärfste herausgefordert sind. „Niemand kann Sünden vergeben als allein Gott“, lautete schon die Einrede gegen das Tun Jesu bei den Gottesfürchtigen seiner Tage. Und in der sehr bezeichnenden Frage in Luthers Beichtbüchlein – „Glaubst du, daß meine Vergebung Gottes Vergebung sei?“ – hallt dasselbe Erschrecken nach. Es kann auch nicht wundernehmen, daß Luther etwa in den Schmalkaldischen Artikeln die Absolution zu den unveräußerlichen Kennzeichen der christlichen Kirche gezählt hat. Hier geht es nicht nur um das Herz der Seelsorge, sondern um das Herz ihrer ganzen Vollmacht schlechthin, um ihre innere Gewißheit bei all ihrem Handeln. Hier steht eine Elementarerfahrung der Jesus-Sache selbst mit auf dem Spiel. Das Vermächtnis seines Wegs ist in die Ermächtigung zum lösenden (und bindenden) Wort eingegangen. Nicht von ungefähr sind die berühmten Worte von der Übergabe der Schlüsselgewalt an Petrus und die Jünger (Matth. 16, 18 f.; Matth. 18, 18 f.; Joh. 20, 22 f.) in ihrer Auslegung zwischen den Konfessionen so umstritten geblieben.

Es verwundert auch nicht, daß in und zwischen den Konfessionen der Streit darüber nicht zur Ruhe kommt, ob die Absolution ein Sakrament sei oder nicht. Das Absolutionsgeschehen ist so sakramental wie nur irgendeines; die kirchliche Einrichtung der Beichte jedoch steht auf einem andern Blatt. Sie macht ja als solche die kirchliche Seelsorge keineswegs eindeutig. Denn Schuldgefühle, Schuldbekenntnisse, Schuldopfer und andere Entsühnungsriten als Voraussetzungen für den Kult sind menschheitsalt und überall verbreitet, und daß Geständnisse, man habe etwas falsch gemacht oder sei etwas schuldig geblieben, Entzweite versöhnen und heimliche Aussprachen über Fehlleistungen die Gemüter erleichtern können, das konnte jedermann immer schon erfahren. Daß man sich in der ältesten Christenheit mit besonderem Ernst um die Sünden seiner Nächsten bekümmerte und sie nicht einfach als deren Privatangelegenheit ansah, läßt das Neue Testament ebenso gewiß erkennen wie daß die Ermächtigung zum lösenden Wort Menschen einlud, Begangenes der Vergebung Gottes durch den Bruder anzuvertrauen (Matth. 18, 51 ff.; Jak. 5, 16 ff.). Je ernsthafter der Kampf gegen das Böse gemeint ist, desto mehr werden Hilfen dafür begehrt. Daß im Gebet vor Gott eigene Schuld mitbekannt werden soll und kann, konnte man eindrucksvoll in der Schule des alttestamentlichen Psalters lernen. Dies alles liegt nahe und läßt sich im Neuen Testament greifen. Einrichtungen und Anordnungen kirchenamtlicher Beichte oder Beichtgelegenheit sind jedoch dort nirgends zu finden, nicht einmal sichere Ansätze dazu. Daraus entspringt die – lange zögernde – reformatorische Entscheidung, der Beichte die Würde und Verbindlichkeit eines Sakramentes nicht zuzuerkennen.

Läßt man die *heimliche* Beichte außer Betracht, in der der einzelne im Gebet vor Gott seine Schuld ausspricht, und ebenso auch die *menschliche* Beichte, in der Verfehlungen vor dem Gekränkten eingestanden und so Zerwürfnisse bereinigt werden, dann bleiben zwei Formen übrig, die die christliche Kirche der Beichte gegeben hat und die sie, unter vielen Wandlungen, auf ihren Wegen begleitet haben. Die *öffentliche* Beichte vor der Gemeinde war ein imposantes Zeichen für den entschlossenen Ernst des Glaubens und das hochgemute Bewußtsein des Gottesvolks in der Kirche. Der Fall eines einzelnen ging die Gemeinde an, die Krankheit eines Gliedes machte den ganzen Leib untüchtig. Vielleicht war ein etwas enthusiastischer Kirchengedanke, jedenfalls aber ein kaum genügender, massiver Sündenbegriff mit im Spiel. Auf alle Fälle kam dieses schwere Unterfangen öffentlicher Bußzucht mit abschließender Aussöhnung mit der Gemeinde wieder zum Erliegen, weil am Ende der Verfolgungszeiten die Zahl der Abgefallenen zu groß geworden war und aus der kleinen Herde die Reichskirche wurde, der die Massen von Staats wegen angehörten. Vermutlich ist aber überhaupt keine Gemeinde, gleich welchen Zustands, über ganz ungewöhnliche Einzelfälle hinaus der tiefen Problematik solcher öffentlichen Beichte des einzelnen in der Gemeinschaft geistlich gewachsen. Im späteren Mittelalter kam, im Anklang daran, die Sitte der „Offenen Schuld" auf: eine allgemeine Formelbeichte als Bestandteil der Liturgie. Die Kirchen der Reformation griffen teilweise wieder auf diese Auskunft zurück, mindestens in der Bußtags- und der Abendmahlsagende. Solche allgemeine Beichte erinnert an die Front des Unheils, und der redliche

Beter kann darin sein heimliches Sündenbekenntnis mit vorbringen. Im übrigen wird sie immer an ihrer Allgemeinheit und Formelhaftigkeit kranken und deshalb kaum mehr an geistlicher Hilfe zuwege bringen, als im Gottesdienst, in der Predigt, durchs Taufgedächtnis und in der Abendmahlsfeier zustande kommt.

Die große Tat der mittelalterlichen Kirche wurde der Beichtstuhl; die *amtliche* Beichte, die der einzelne Christ von den Unterscheidungsjahren an mindestens einmal im Jahr vor seinem zuständigen Priester, später auch etwa vor einem bevollmächtigten, durchreisenden Seelsorgepriester aus einem Orden, abzulegen hatte und hat. So wollte es die IV. Lateransynode von 1215. Hier ist nun ermächtigte Aktion im Namen Gottes wider lebenzerstörendes Unheil in die Sitte kirchlicher Heilspädagogik umgesetzt worden. Die Folgen waren unermeßlich; im Guten vor allem, aber auch im Schlechten. Denn hier erinnert die Kirche jeden einzelnen unüberhörbar daran, daß sie es um seines Seelenheils willen nicht zulassen kann, über begangene Sünden schlicht hinwegzugehen. Sie schärfte so die Gewissen und sorgte dafür, daß auch der Leichtfertige einmal ernstlich mit seinen Sünden zu tun bekam. Wort und Macht der Kirche senkten sich hier am tiefsten ins Gewissen der Leute. Daß man dabei auch lernen konnte, nun an der Hand der Kirche relativ billig über die Sünden hinwegzukommen, das war wohl nicht zu vermeiden. Das Problem war und ist, wo das geistliche Geschehen bleibt, wenn es sich in eine Verfahrensweise verwandelt. Es wurde ein sehr ausgeklügeltes kirchliches Verfahren daraus, aufgefangen in einem fein differenzierten theologischen Gedankensystem. Es an seinen sattsam bekannten Entartungen allein zu messen wäre sinnlos. Freilich, die Frage, ob und wie man subjektiv, mit ausreichender Reue, und objektiv, mit zureichender kirchlicher Satisfaktion und eventuellen pekuniären Ergänzungen, den Bedingungen des Verfahrens genüge, machte solche Beichte immer mehr zur frommen Leistung; vom Glauben drohten nur abergläubische Relikte übrigzubleiben, und Gott verschwand fast hinter dem Apparat.

Die Reformation hat den Zwang dieser Einrichtung ebenso zerbrochen wie das Übergewicht dessen, was der Mensch hier verfahrensgerecht zu leisten hatte. Sie hat den Glaubenden wieder schutzlos und ohne Rechenkünste vor das lösende Wort allein gerufen: Glaubst du das? Es zeigen sich auch starke Ansätze, die Beichte aus der amtlichen Zuständigkeit herauszunehmen und zur brüderlichen Beichte zu machen. Wäre dies gelungen, so hätte man damit die auch im Mittelalter nicht ganz vergessene Laienbeichte sehr solenn auf den Schild erhoben. Aber die Reformation hat das Problem, daraus eine kirchliche Sitte werden zu lassen, nicht zu lösen vermocht. Die Stimmen schier überschwenglichen Lobes für das Kleinod der Beichte, die man ungesucht bei den Reformatoren hören kann, wirken, fleißig zitiert, um so deklamatorischer, je weniger ihnen eine konkrete kirchliche Wirklichkeit entspricht. Es blieb im ganzen bei hinkenden Versuchen. Als die lutherische Orthodoxie die Beichtsitte fester zu zementieren suchte, hatte sie durch den mit der Pfarrbesoldung verquickten Beichtpfennig rasch mit unerfreulichen Mißbildungen zu tun. Auch ohne dies gerieten doktrinäre Belehrung und moralisches Verhör und später dann auch gefühlige Zudringlichkeit nur allzu leicht mit den evangelischen Impulsen durcheinander.

Beichte entartet schnell. Sie kann zur Mode werden, zum frommen Werk. Die Eitelkeit dringt durch alle Ritzen, und wer sonst nicht viel vorzuweisen hat, schmückt seine Demut notfalls auch mit fromm bekannten Sünden. Das eigene Selbstbewußtsein kann sich auch an der eigenen Selbsterniedrigung auferbauen. Es muß sehr viel geschehen, bis ein Mensch die Selbstbespiegelungen läßt und in das Licht tritt, das in der Beichte auf ihn wartet. Vielleicht ist ihre Empfindlichkeit ein Gradmesser ihres geistlichen Ranges. Ihr Erlöschen und Wiederauftreten ist kirchengeschichtlich immer höchst aufschlußreich.

Es ist vermutlich nicht so alarmierend, wie man häufig hört, wenn Ärzte und Psychiater heute den Pfarrern den Rang des Beichtvaters streitig machen. Vermutlich suchen und bekommen dort manche einen Rat, den sie von uns gar nicht so finden könnten. Sicher finden sie dort nur selten, was wir ihnen zu geben hätten. Denn das Auffädeln von Schuldkomplexen und das Erkennen von Neurosen ist nötig, aber das angerichtete Leid behält sein Gewicht und kann es nur an Gottes Erbarmen verlieren. Es bleibt in diesem Zusammenhang immer ein schwieriges Problem, rechten Rat zu geben oder anderswo Rat zu holen. Ohne zuhörendes und ratgebendes Gespräch kann eine eifrig erteilte Absolution wie ein abstraktes theologisches Dekret oder eine liturgische Verfügung wirken. Auch das absolvierende Wort ist der Mitmenschlichkeit fähig und bedürftig, so gewiß es sie erschwert. Wir werden zu entscheiden haben, wie weit das Amtliche und Liturgische dem, der das brüderlich helfende Wort bei uns sucht, sein beunruhigtes Gewissen stärken helfen kann.

Unterweisung VI/4

Das Stichwort Unterweisung läßt in Westdeutschland in erster Linie an den Religionsunterricht denken, den die christlichen Konfessionen in den staatlichen Schulen durch Pfarrer, kirchliche Religionslehrer und Katecheten, am liebsten aber durch die Lehrer der Schulen selbst erteilen lassen, soweit diese dazu bereit sind. Fast jedermann hat hier an solcher Unterweisung teilgenommen und kennt ihre Problematik. Im andern Teil Deutschlands und in den meisten Ländern der Erde gehört diese Einrichtung bereits der Vergangenheit an. Dort ist die christliche Unterweisung eine personell, finanziell, räumlich und oft auch weltanschaulich von den staatlichen Erziehungsanstalten gelöste, ausschließlich kircheninterne Angelegenheit. Schon während der Auseinandersetzungen mit dem Nationalsozialismus mußten die Kirchen darangehen, eine eigenständige Christenlehre aufzubauen, die im Konfirmandenunterricht ausmünden und, soweit möglich, nach der Konfirmation durch die kirchliche Jugendarbeit in der „jungen Gemeinde" weitergeführt werden soll. Im Unterschied dazu erstreckt sich der Religionsunterricht als staatlich gefördertes Angebot der Kirche in der Schule, als freiwilliges, aber ordentliches Lehrfach über die ganze Schulzeit und erreicht auch noch die Berufsschulen. Der Konfirmandenunterricht in der Kirchengemeinde läuft in seinem geordneten Zeitraum nebenher. Beidem vorgebaut ist die Arbeit des kirchlichen Kindergartens. Sie ist als Beitrag zur häuslichen und beruflichen Entlastung in fast allen Gesellschaftssystemen geschätzt, mindestens geduldet, oft unterstützt und besitzt im Zug der frühkindlichen Beeinflussung eine relativ hohe volkskirchliche Bedeutung. In der Hochschulzeit stellt die Arbeit der Studentengemeinden ein aufschlußreiches Modell dar sowohl für den Übergang der Unterweisung in mündiges Gemeindeleben wie auch für die pluralitäre Situation des kirchlichen Dienstes überhaupt; sie steht nicht zufällig sehr häufig im Brennpunkt der aktuellen Auseinandersetzungen.

Das äußere Panorama zeigt, wie situationsabhängig die Formen der christlichen Unterweisung sind: sie sind eng mit der gesamten öffentlichen Erziehungswirklichkeit verflochten, gleichviel ob sie sich mit ihr verzahnen oder von ihr absetzen. Über ihre gesellschaftliche Bedeutung ist mit ihrem gesellschaftlichen Status noch nicht entschieden. Sie kann, selbst wo sie den allgemeinen Erziehungstrend mitsteuert, wo sie durch politische Instanzen oder durch die Eltern die Schulform mitbeeinflußt usw., ziemlich fremd im Erziehungsgeschehen stehen. Sie kann umgekehrt auch dort, wo sie dem allgemeinen Trend widerstrebt und rein freiwillig geschieht, sehr kooperativ wirken.

Wenn eine kircheninterne Christenlehre trotz ihrer institutionellen und ideologischen Isolierung in ihre Umgebung teilweise stärker ausstrahlt, als die ihr eingeräumten Möglichkeiten vermuten lassen, dann kann dies davon herkommen, daß die Einrichtungen der christlichen Unterweisung in diesem Rahmen sachgemäßer und die Lehrenden sachbeteiligter sind. Es kann aber auch dem situationsbedingten deutlicheren Entscheidungsprofil entspringen, das unwillkürlich zugleich auch die funktionale Erziehungsmitgift vom Elternhaus her stärker aktiviert.

Im privilegierten Religionsunterricht scheinen umgekehrt die Möglichkeiten der Unterweisung ihre Kräfte zu übersteigen und kommt gerade innerhalb der geöffneten Türen eine innere Isolierung dieses Dienstes schmerzlich zum Bewußtsein. Unter dem Ansporn konfessioneller Parität wird ein stattliches Kontingent von Religionsstunden aufrechterhalten und so gut als möglich ausgefüllt. Ob sie das Verständnis der Predigt, die Teilnahme am Gemeindeleben, die persönliche Frömmigkeit der jungen Menschen und ihrer Elternhäuser fördern oder eher dagegen immunisieren, diese Frage wird man im Einzelfall sehr verschieden zu beantworten haben. Daß der Religionsunterricht an den Gymnasien anziehend oder abschreckend auf den Theologennachwuchs wirkt, ist handgreiflich. Die verbreiteten Klagen über den Religionsunterricht überhaupt gelten zum Teil seiner unbefriedigenden Qualität, zum Teil auch der mangelnden Fähigkeit, zumeist der unzureichenden Zurüstung derer, die ihn erteilen. Die tieferen Ursachen liegen im Zeitgeschick, dessen geistige Durchdringung und theologische Bewältigung schwer geworden ist. Es ist aber in der Fülle der Informationen, die in der Schule zusammentreffen, ungemein präsent. Nicht der Inhalt der christlichen Unterweisung als solcher, sondern ihr Beitrag zum Ganzen und ihr Kontakt mit dem Ganzen liegt dort auf einer kritischen Waage. Noch sind die öffentlichen Positionen der christlichen Unterweisung eindrucksvoll, herkömmlich und weithin selbstverständlich. Aber ihr Gewicht ist schon in sich von vornherein zu dem bloßer konfessioneller Meinungen reduziert, und sie stehen unter der beharrlichen stillen Rückfrage, inwieweit sie sich noch als sachlich notwendig oder wenigstens lohnend erweisen können. Das mittelalterliche Unisono des christlichen Themas ist zur Einzelstimme in einem sehr vielstimmigen Konzert geworden, und die Gelegenheiten zu christlicher Plerophorie sind viel zahlreicher als die Fähigkeiten dazu.

Erst von dieser Gesamtlage her werden die Schwierigkeiten auf dem Feld der christlichen Unterweisung verständlich. Man darf ihre häufigen Mißerfolge nicht einseitig persönlichem Versagen anlasten oder zornig den ungezogenen Kindern oder den unkirchlichen Lehrern und Eltern zuschreiben; hier sind größere Probleme im Spiel. Das Gesamtbild der Erziehung ist so zwiespältig wie das geistige Gesicht der Zeit und ist deren getreues Spiegelbild. Die erste Voraussetzung für jede rechte Gestaltung der Unterweisung und ihrer Einrichtungen wird darum in jedem Fall eine theologische Klärung des Verhältnisses von Erziehung und Glaube sein.

Die Unterweisung im Glauben berührt sich vielfältig mit der Erziehungsaufgabe, ohne sich mit ihr zu decken. Sie ist eine Elementarfunktion der Glaubensgemeinschaft als solcher. Wo immer Glaube sich äußert, und sei's in der Anrufung Gottes, da teilt er sich mit und beginnt, andere in sich einzuweisen; sie sollen ja in ihn einstimmen lernen. Wenn die christliche Predigt die im Namen Jesu gegenwärtige Heilsmächtigkeit Gottes ansagt, ist sie damit auch schon Glaubensunterweisung; „lehrend" verkündet Jesus seine neue Zeit. Christliche Unterweisung ist damit allerdings viel weiter gespannt als die vorsätzliche Erziehung. Sie ist nicht auf bestimmte Lebensabschnitte und Menschengruppen beschränkt, sondern will möglichst viele für den Glauben gewinnen und muß sie alle, wo immer es not tut, darin bestärken. Sie ist im Ansatz keineswegs nur Kindern zugedacht; die Konzeption eines Gesamtkatechumenats entwürdigt den mündigen Christen nicht, sondern will ihm zugute kommen. Alle Weisen des kirchlichen Dienstes haben auch einen unterweisenden Sinn, bis hin zur wissenschaftlichen Theologie, die als Selbstverantwortung der lehrenden Kirche eine Spitzengestalt christlicher Glaubensunterweisung darstellt. Solche Unterweisung erwartet auch mehr, als ein menschliches Erziehungsziel sich vornehmen kann: ihr Ziel ist der Glaubende als die eschatologisch bestimmte neue Kreatur Gottes, als Bürger der Gotteswelt, die im Kommen ist. Aber weil dieses Ziel nicht menschlich herstellbar ist, dieses Ganze ganz und gar nur von Gott gewirkt werden kann, bleibt die christliche Unterweisung auch weit hinter sonstigen ganzheitlichen Erziehungszielen zurück, tut sie etwas viel Bescheideneres, Abwartendes: sie vertraut sich dem Wort an, das die heilschaffende Pädagogik Gottes unter den Menschen bezeugt und vollzieht, so wie diese in der Erscheinung und im Kreuz Christi in der Tiefe der menschlichen Existenz angekommen ist, wendet sich redlich und entschlossen den überlieferten Texten dieser Botschaft zu und sucht die Menschen für sie und für alles, was ihnen entsprang, zu öffnen.

Die Unterschiede zwischen der Unterweisung im Glauben und der Erziehung sind deutlich; deutlich ist aber auch, wie sie darin positiv eingehen kann als in ein nötiges, gutes, weltliches Werk. Sie bringt nach dort die höchst nötige Mischung von persönlichem Optimismus und sachlicher

Nüchternheit, von Beteiligung und Gelassenheit mit. Sie teilt die Einsicht in die hohe Bedeutung der funktionalen Erziehungskomponenten. Sie hat es nötig, im Erziehungsgeschäft das Gewicht der außertheologischen Faktoren beurteilen zu lernen. Sie muß die allgemeinen Bildungsmittel in Gebrauch nehmen. Luther hat groß gedacht über die kulturelle Bedeutung der Schulen für das Format der menschlichen Gesellschaft; man bedürfe ihrer ebenso für die Verwaltung des christlichen Wortes und den Bestand des Reiches Christi wie für die Selbstverwaltung und den Bestand der Welt, war seine Meinung. Freilich wird christliche Unterweisung in der weltlichen Erziehung stets auch gegen die Diktatur selbstentworfener Menschenbilder und um ideologische Offenheit kämpfen. Sie ist darin durchaus Bundesgenossin der Pädagogik auch in deren Kampf um ihre Autonomie gegen den Primat kirchlicher Erziehungsmacht und gegen dogmatische Überfremdung pädagogischer Sachverhalte. So wie die christliche Theologie sich dadurch zum geistesgeschichtlichen Menschheitsfaktor formierte, daß sie das Gespräch mit den maßgeblichen Bildungskräften der Antike aufnahm, und so wie umgekehrt auch Pädagogik und Schulwesen der kirchlichen Unterweisung unendlich viel zu verdanken haben, so wird die Theologie sich selber und der Pädagogik dadurch einen bedeutenden Dienst leisten können, daß sie ihre Kriterien, die fundamentalen Unterscheidungen von Gesetz und Evangelium, Schöpfung und Erlösung, Kirche und Welt, immer aufs neue an der jeweiligen Erziehungswirklichkeit konkretisiert.

Die älteste Unterweisungseinrichtung der Kirche, der Katechumenat, war missionarisch und für Erwachsene gedacht. Er sollte für die Taufe gewinnen, unter Umständen den Zugang zu ihr erschweren. Die Kinder wuchsen durch die Ordnungen des häuslichen und gemeindlichen Lebens ins Christentum hinein. Als das Christsein zur selbstverständlichen Voraussetzung und die Kleinkindertaufe zur Regel geworden war, richtete man nicht etwa eine besondere Unterweisung für die Kinder ein, sondern überließ diese weiterhin der kirchlichen Einübung, wie sie das gottesdienstliche Leben mit sich brachte. Firmung und Beichtpflicht waren Anlässe, aber markierten keine Stadien der Unterweisung für eine ohnehin nicht schulpflichtige Jugend. Auch nach der Reformation bedurfte es keines Religionsunterrichts in den Schulen. Die Schulen selber waren Gegenstand hohen evangelischen Interesses, und die Lehrer und Schüler stellten das Hauptkontingent für die Wochengottesdienste, durch die zusammen mit dem Katechismus, dem häuslichen und kirchlichen Lehrbuch, faktisch die kirchliche Unterweisung erfolgte.

Heute sind die Selbstverständlichkeiten funktionaler christlicher Erziehung weggeschmolzen; öffentliche, private, anonyme und kirchliche Erziehungstendenzen laufen nebeneinander her, oft auch gegeneinander. Eine Fülle neuer pädagogischer und anthropologischer Einsichten muß von der christlichen Unterweisung heute berücksichtigt werden. „Katechetik“, Kunstlehre von der katechetischen Übermittlung christlicher Glaubenswahrheiten, ist ein zu schmaler Titel für das hier heranstehende Problemfeld geworden, wie die Flut literarischer Produkte, die Legion praktischer Experimente auf diesem Sektor ausweist. Der heute gebräuchliche Name „Religionspädagogik“ läßt zwar die Tiefe des Problemfeldes ahnen, bleibt aber problematisch, weil der Begriff Religion wie beim „Religionsunterricht“ leicht zu Mißverständnissen führt und das kirchliche Gefüge, der biblisch-dogmatische Stoff und das eschatologische Gefälle der christlichen Unterweisung dadurch mehr verdeckt als bezeichnet wird. Das unbewältigte fachpädagogische Hinterland drängt unaufhaltsam zur Ausgliederung dieses Zweigs der Praktischen Theologie und zu neuen Ausbildungs- und Einübungsinstitutionen.

Gleichviel unter welchem Namen und auf welchen Ausbildungswegen: von der christlichen Unterweisung sind heute drei Bereiche zu bewältigen. Der erste ist die implizite Katechetik. In ihm steht nicht nur zur Debatte, was Kinder- und Jugendgottesdienst, Bibelarbeit und Predigt, Gemeindeseminare und Freizeiten von den didaktischen Erfahrungen in der Schule lernen können; vor allem geht es dabei um die ethische Reichweite der Unterweisung im Glauben. Sie soll ja nicht Christen und Christenkinder durch angelernte Begriffe zu Miniaturtheologen machen, sondern sie in einer den Glauben verantwortlich, hoffnungsvoll, kritisch mit ins Spiel bringenden Weise als Zeugen des Heils am gesamten Leben teilnehmen lehren. Es geht dabei also um so etwas wie die Anwendung theologisch geklärter Einsichten in einer *weltlichen* Christenlehre. Der zweite Bereich ist spezieller. Man kann ihn vielleicht „funktionale Katechetik“ nennen. Damit ist die Einübung in den kirchlichen, gemeindlichen Lebensrahmen des Glaubens, in den Gottesdienst, in persönliche Gemeinschaft und konkrete Aufgaben gemeint, also so etwas wie eine *kirchliche* Christenlehre. Der dritte Bereich ist der speziellste. Er meint die explizite Katechetik. Sie ist dem Katechismus, den Bibeltexten und der Kirchengeschichte zugewandt. Hier sind methodisch und didaktisch viele Erfahrungen und Spezialprobleme mit der Pädagogik auszutauschen. Es geht dabei um so etwas wie eine *dogmatische* Christenlehre. Wenn allen diesen Bemühungen klare Einsicht in das Verhältnis von Glauben und Erziehung zugrunde liegt, dann werden sie nicht in christliche Lebenskunde, Erziehung zur Kirchlichkeit und dogmatisches Reglement auseinanderfallen und mit ihrem theologischen Grund auch ihre pädagogische Ganzheit und Kraft verlieren.

Konfirmation VI/5

Die Konfirmation kommt von selbst in den Blick, wo in der Kirche von Unterweisung die Rede ist. Denn der mit dieser Feier abgeschlossene Unterricht stellt auch dort, wo er eingebettet bleibt in umgreifenden Religionsunterricht, das Herzstück der kirchlichen Unterweisung dar, und wo dieser Rahmen wegfällt, da ist er und mit ihm dann die Konfirmation sogar so etwas wie die organisierende Mitte der ganzen Unterweisung.
Die Bezeichnung Konfirmation stammt vom katholischen Sakrament der Firmung; bei ihm muß die Geschichte der Konfirmation einsetzen. Die mit diesem Namen verbundene evangelische Praxis meint aber keinen Sakramentsakt, sondern eine unterrichtliche Aufgabe. „Confirmatio est catechesis" (Konfirmation bedeutet Unterweisung im Glauben) lautet, nicht unpolemisch gemeint, die Parole, die sich in der Reformation zuerst herausgebildet hat, und in ihr steckt ein theologisches Programm. Es gab Vorläufer dazu: auch die mittelalterlichen Häretiker bis hin zu den böhmischen Brüdern konnten sich mit dem Sakrament der Firmung nicht befreunden, das sich etwa in der karolingischen Zeit fest in der Kirche etabliert hatte. Schon sie hatten den Schriftbeweis für die Firmung aus Apg. 8, 14 ff. als mißlungen betrachtet und das Schwergewicht auf bessere biblische Unterweisung gelegt. Die Reformatoren befürchteten vor allem eine Entwertung der einzigartigen, das ganze Leben und Sterben umfassenden sakramentalen und zugleich geistlichen Bedeutung der Taufe für den Glauben. Sie wandten sich gegen das religionsgeschichtlich so verständliche und wirksame siebenfache römische Sakramentssystem, das allen bedeutenden Lebenseinschnitten mit sakramentalen Riten begegnet („rites de passage"), den gesamten Lebenslauf ins System der kirchlichen Gnadenzuweisungen einfügt, im Fall der Firmung der Schwelle zwischen Kindheit und Reifezeit gerecht werden will und sich dort zugleich mit einer Demonstration der bischöflichen Weihegewalt, damit der Heilsnotwendigkeit der hierarchisch strukturierten Kirche, zu verbinden weiß. Sie wollten das geistliche und kirchliche Leben der Glaubenden durch gesunde Lehre belebt und durchs Wort begleitet und so dem freien Zugriff des redenden Gottes und seiner schaffenden Kraft ausgesetzt und seiner ver-

gebenden Huld anvertraut sehen, aber das Heil nicht von kirchlich organisierten sakramentalen Akten erhoffen, mit denen sich so schnell die verzerrende Vorstellung quantitativer Gnadenzufuhr und aufgestockter übernatürlicher Kräfte verbinden konnte.

Nicht für die Firmlinge, wohl aber für die Erstkommunikanten hatte auch die mittelalterliche Kirche eine erste Unterweisung vorsehen müssen, nachdem man von dem gelegentlichen Brauch einer communio neophytorum, einer Applizierung der Abendmahlselemente an die neugetauften Kinder, begreiflicherweise rasch wieder abgekommen war. Die Unterweisung der Erstkommunikanten war ausbaufähig. Luther hat ja dann für die Mehrzahl auch der erwachsenen Kommunikanten ein Dauerbedürfnis nach rechter Unterweisung statuiert, nachdem es sich gezeigt hatte, daß die emanzipierenden kirchlichen Neuerungen viel schneller um sich griffen als die persönlichen Wirkungen des erneuernden Wortes. Der reformatorische Nachdruck auf der Glaubensunterweisung kam übrigens auch den besten Tendenzen des Humanismus nahe. Luther hat den Katechismus immer klarer als eine Lebensfrage der Kirchenerneuerung betrachtet und alle Konsequenzen daraus gezogen; der Unterricht darin, in erster Linie für das junge Volk eingerichtet, aber im Grund allen einschließlich der einfältigen Pfarrherrn gewidmet, trat an die Stelle der abgelehnten oder an die Seite einer interimistisch geduldeten Firmungszeremonie. Ohne solche Unterweisung kam und kommt keine evangelische Kirche aus; auf einen Konfirmationsakt dagegen konnten nicht wenige von ihnen ohne Schaden nach der Reformation noch zweihundert Jahre lang verzichten.

Die Institutionalisierung dieses Unterrichts wurde zum Kernproblem. Lebenslange Unterweisung aller Christen wird man sinnvoll nur der Predigt anvertrauen können; der Glaube sträubt sich mit Recht gegen die Dauerzumutung kirchlicher Schulung. Jeder gezielten Unterweisung ist es natürlich, daß sie am Ziel auch zu einem Abschluß kommt. So selbstverständlich die Notwendigkeit und auch der Gegenstand der Unterweisung ist, so schwierig wurde und blieb die solenne Gestaltung ihres Abschlußaktes und eine Einigung über dessen theologischen Sinn und Rang. Denn dieser Abschluß soll mit einer einzigen Einrichtung einer verwirrenden Fülle wesentlicher Beziehungen gerecht werden.

Die kirchliche Verpflichtung zur Unterweisung im Glauben ist zwar eine Sache völlig eigenen Rechts; sie ist aber früh schon praktisch und theologisch in Zusammenhang mit der Taufe gebracht worden, nachdem in Matth. 28 das Taufen und das Lehren zu einem unzertrennlichen Paar verkoppelt sind. Der Katechumenat, der zur Taufe zurüstete, nie nur Wissen vermittelte, sondern auch die Bewährung im christlichen und kirchlichen Leben einschloß, mußte nach dem Totalsieg der Kindertaufe zur nachträglichen Taufunterweisung werden. Auch wenn das Hineinwachsen in Kirche und Christlichkeit sicher funktionierte, war die Kirche doch nicht einfach eine Gemeinschaft natürlicher Religiosität, sondern als konkrete Glaubensgemeinschaft eine zugleich geschichtliche und geistliche Größe, in der man nicht einfach auf funktionale Erziehung abstellen kann, sondern Überlieferungen fortzusetzen und deren Empfänger geistlich zu beeinflussen hat.

Die Taufe als tragender Grund der Unterweisung forderte aber nicht nur auf, Kenntnisse weiterzugeben. Sie besiegelt ja, daß aus Belehrung Jüngerschaft wird. Zu ihr tritt, antwortend, das persönliche Bekenntnis des Täuflings hinzu, sein eigenes Ja zur christlichen Heilslehre und sein vorsätzlicher Anschluß an die Gemeinde. Diese Faktoren gibt die Säuglingstaufe an die Eltern und Paten weiter. Bedarf die in eine so vage elterliche und gemeindliche Mitverantwortung eingebettete Taufe nicht in der Tat einer selbstverantwortlichen Ergänzung durch den Getauften, sobald er selbst dazu in der Lage ist, wenn die großkirchliche Kindertaufe nicht unverantwortlich werden und durch eine kirchliche Großtaufe abgelöst werden soll? Katholisch stellte sich dieses Problem nicht. Der dortige Sakramentsbegriff wies der Taufe nur eine initiierende Teilaufgabe zu, das Abfangen der erbsündlichen Schuldverhaftung, und ergänzte es durch die andern Sakramente. In den Kirchen der Reformation mußte es mit ganzer Schärfe aufbrechen. Die Wiedertäufer schärften es hier unüberhörbar ein.

Die christliche Unterweisung drängt nicht nur auf Belehrung, sondern auf Entscheidung. Aber eine in der Kindertaufe gefallene elterliche Vorentscheidung kann nur dem Christenleben überhaupt anvertraut werden; irgendein späterer feierlicher Akt kann sie höchstens allgemein bewußt machen, aber nicht ebenso pauschal ratifizieren wollen. Die sachlichen Anforderungen der Unterweisung können nur von der Sache her bestimmt werden, nicht von der Aufnahmewilligkeit der Unterwiesenen. Nach ihrer Aufnahmefähigkeit wird man sich richten müssen, ihre Bereitschaft immer nur provozieren, aber durch keinen noch so feierlichen Akt organisieren können.

Die Kirche will aus unmündigen Christen mündige Glieder machen; sie ist um der Unterwiesenen, aber auch um ihrer selbst willen daran interessiert, daß es zum persönlichen Ja kommt. Die Taufe weist immer persönlich in konkrete kirchliche Gemeinschaft, und Luther hat sie uns als den Freibrief, mindestens als den Gesellenbrief des allgemeinen Priestertums lesen gelehrt. Darin liegt entschieden mehr als die Bereitschaft, sich die geregelten Einrichtungen der Kirche zur geistlichen Versorgung gefallen zu lassen. Es ist nötig, daß die Unterweisung auch den jungen Menschen das Ziel des mündigen Laien möglichst konkret zeigt, der zu dem imstande ist, was Schleiermacher einmal die „selbständige Ausübung des Christentums“ genannt hat. Aber wer sie grundsätzlich als Laienordination verstehen möchte, überschreitet den Rahmen einer nahezu obligaten volkskirchlichen Einrichtung für irgendeine denkbare Altersstufe bei weitem. Taugt der Begriff Laienordination in diesem Zusammenhang wirklich? Gibt es einen Stand des mündigen Laien als solchen und eine Ordination dazu ohne ganz konkrete, jeweilige und damit auch zufällige Dienstaufgabe? Ist sie ohne dies nicht mindestens ebenso problematisch wie die Ordination des Theologen zum geistlichen Stand ohne bestimmten Verantwortungsbereich? Wenn sich für eine konkrete Aufgabe der Mann findet, wird er doch wohl nur im Einzelfall ausdrücklicher Ordination bedürfen. Die Kirche wird sicher nicht durch den Mythus von den mündigen Laien, vielleicht aber durch deren Tätigkeiten erneuert.

Im Konfirmationsakt ist von dem allem nur die kümmerliche Andeutung einer Art Katechumenatsstufe übriggeblieben: eine geistlich unbeträchtliche, jugendpsychologisch und theologisch gleich zweifelhafte Mündigkeitserklärung, die die Unterwiesenen zum kaum begehrten Abendmahl zuläßt und ihnen eine Fähigkeit zum Patenamt zuspricht, der viele Kirchen hinterher in ihrer Taufpraxis dann doch nicht trauen können, die sie vielmehr durch Patenbescheinigungen zu reglementieren und rein fiktiv zu kontrollieren versuchen.

Damit ist eine weitere Hauptbeziehung der Konfirmation schon genannt: das Abendmahl und der erste Gang zu ihm. Im „Unterscheiden des Leibes des Herrn" von anderen Mahlzeiten haben ja die „Unterscheidungsjahre" der katholischen Kirche ihre Wurzel. Hier liegt eine eklatante Unterweisungsnotwendigkeit vor mit kontrollierbarem Ziel. Sie würde freilich, analog zur wohlüberlegten Praxis der Erstkommunion, einen sehr viel früheren Ansatz der Konfirmation ermöglichen, wenn es allein darum ginge. Keine feierliche erste Zulassung kann auch verdecken, daß das Problem weiterhin bestehen bleibt, und zwar als ein ungemein schweres Problem. Denn die Grenzen der Kirchengemeinschaft werden hier konfessionsgeschichtlich und ökumenisch besonders fragwürdig.

Und noch ein Gesichtspunkt für die Konfirmation: Die Kirche kann ja nicht nur unterrichten auf Grund der Taufe, Bekenntnisse fordern in der Erwartung ihrer Tragfähigkeit, Gelübde veranstalten aus sachlichem Ernst, zum Abendmahl zulassen mit dem Wunsch, man möge es gebrauchen, ihre Mündigkeit erklären in der Hoffnung, daß sie eines Tages eintrete, nicht als Mündigkeit von, sondern in der Kirche – ohne um dies alles zu beten und ihre Fürbitte den Unterwiesenen im Gottesdienst ausdrücklich als ihren Segen zuzuwenden. Hier wurzelt die so oft zur Aussegnung gewordene Einsegnung durch Handauflegung. Die Firmung hat diesen Gestus nicht mehr; sie besteht aus dem Kreuzeszeichen, das der Bischof mit geweihtem Öl auf der Stirn des Täuflings macht, verbunden mit einem leichten Backenstreich, vielleicht einer Art von exorzistischem Ritterschlag zum christlichen Kampf. Wohl aber spielt in ihrem Schriftbeweis die Handauflegung eine große Rolle, und sie erscheint dort als Zeichen oder Mittel wirksamer Geistesübertragung. Der Schritt vom Segen zum Sakrament ist klein. Kann nicht gewisses Gebet den Gesegneten dessen versichern, was man für ihn erfleht? Freilich bleibt die Frage, welche Vorstellungen vom Geist und von der Gnade und welche Vorbehalte hinsichtlich der werkzeuglichen Kraft des kirchlichen Amtes und auch hinsichtlich des Gebetes selber darin in Kraft stehen. Ungeachtet aller Interpretationen empfindet das Gemeindeglied solche Segnungen auch unter weniger exhibitiven Formeln als sakramentale Heilszuwendung. Und man darf nicht übersehen, daß hier auf einem evangelisch so nicht gut weiterzuverfolgenden Weg immerhin versucht wird, einer Gefahr zu entkommen, die beinahe zu den evangelischen Geburtsschwächen zählt: der Hypertrophierung intellektueller Schulung. Wer davor in Gefühle flieht, läßt nur das Heimweh nach gesunder Lehre und klarem Denken groß werden. Aber wer vom Katechesieren allein alles erhofft, erzieht geradezu zu einem religiösen Defizit.

Als Pseudosakrament war die Konfirmation freilich das Pendant zur katholischen Firmung, und so entsprach sie wohl den verschwiegensten Bedürfnissen am besten. So klein wie der Schritt von der Segnung zum Sakrament war der vom heimlichen Sakrament zur kirchlichen Jugendweihe, der ihm folgte. Dem Rationalismus war es beschieden, die so verstandene und mißverstandene Konfirmation vollends durchzusetzen und zum liebsten Kind volkskirchlichen Feierns zu machen. An der Gemeinde entschied sich, was diese Feiern wurden.

Bedenkt man nicht nur die Gefahren und Entartungen, sondern gerade auch das Unaufgebbare in all diesen Werdesträngen, die sich im Konfirmationsakt verwoben, dann wundert nicht, daß ein schwieriger Komplex herauskam, der immer zum heißen Eisen des kirchlichen Dienstes geworden ist. Ein einheitliches theologisches Konzept aus ihrem geschichtlichen Werden zu gewinnen ist unmöglich. „Jedes Zeitalter hat in die Handlung seine Lieblingsgedanken hineingelegt" (Martin Schian). Die kritischen Stimmen aller Schattierungen sind zahlreich und nicht ohne berechtigtes Pathos. Sie reichen vom Possierlichen bis zum Zynischen. „Herr Pfarrer, es eilt, die Kleine glaubt noch dran." „Sie dürfen meine Kinder bis zur Konfirmation unterrichten; nachher erledige ich das selber." Die „gigantische Kirmes" der häuslichen Nachfeiern wird oft und leider mit viel Grund beschworen. Kierkegaard nannte die Konfirmation ein „christliches Komödienspiel", Stoecker sprach von „organisierter Verwüstung", Wichern von einer an ihrem Untergang arbeitenden Kirche. Die ursprünglich gleich heftige Polemik aus dem sozialistischen Lager mündete aus in gezähmter Kleinbürgerlichkeit. An Reformen und Experimenten war und ist kein

Mangel. Zusammen mit den gesellschaftlichen Verschiebungen und pädagogischen Einsichten werden sie das Konfirmationsproblem aus einer Dauerbeschäftigung der Kirchenleitungen in ein Stadium bescheidener, aber entschlossener Maßnahmen überführen müssen. Sicher ist nur das eine Ergebnis: daß es keine einzelne kirchliche Einrichtung geben kann, die der Vielfalt der Gesichtspunkte, die hier zusammenkommen, insgesamt auch nur annähernd gerecht werden könnte. Es muß ein starker Kern in ihr stecken, sonst könnte sie nicht fast allen Pfarrern und vielen Gemeindegliedern so tief problematisch sein und doch nur von relativ wenigen ausschließlich mit Widerwillen und ganz ohne Freude vollzogen oder miterlebt werden. Sicher bleibt eine volkskirchliche Massenkonfirmation mit vollem theologischem Programm eine unlösbare Aufgabe. Sicher sind die Probleme für bloße liturgische Umformulierungen zu groß. Aber auch rigoristische Abschaffungsparolen werden hier eher eindrucksvoll als hilfreich sein.

Gottesdienst VI/6

„Die Kirche ist immer so stark wie ihre Gottesdienste" (Hans Otto Wölber). Dieser Satz regt zum Nachdenken an. Man möchte wünschen, daß er nicht recht hätte.

Sind die Gottesdienste der Kirchen wirklich der Maßstab für ihre Stärke? Hat diese sich nicht an andere Plätze verlagert: in die häuslichen und beruflichen Konfliktssituationen; in die Krankenzimmer oder wo immer es zermürbende Alltagslasten zu ertragen gilt; in die Bemühungen um Frieden oder um gesündere politische und soziale Verhältnisse; in Erziehungsanstalten und Entwicklungsländer? Oder ist ihre Kraft in all diesen komplizierten Bereichen so klein, daß zur Beurteilung fast nur noch die Feierlichkeit ihrer Gottesdienste übrigbleibt? Dann wäre deren Fotografie sozusagen im Negativ aufschlußreich für die Problemfelder und Personenkreise, die der kirchliche Dienst heute *nicht* mehr erfaßt?

Das durchschnittlich ernüchternde Erscheinungsbild und der offensichtlich geringe Stellenwert der kirchlichen Gottesdienste in der Gesellschaft heute gilt nicht nur für den evangelischen Bereich. Die römische Messe ist ein feierlicherer Sakramentsgottesdienst und besitzt für die Teilnehmer höhere Verbindlichkeit als der protestantische Predigtgottesdienst. Die Gottesdienste kleinerer Denominationen lassen häufig mehr menschliche Wärme spüren. Aber das entkräftet das Gesamturteil nicht, daß die Wirklichkeit rundum eine alarmierende Sprache spricht.

Vielleicht lassen sich folgende gültige Strukturelemente des Gottesdienstes herausstellen:

1. Überall ist der kirchliche Gottesdienst umfassend gemeint im Blick auf seine Teilnehmer. Jedermann hat Zutritt. Man kann in ihm freilich auf Schwellen stoßen, die nicht jeder überschreiten darf. Das Abendmahl ist den Getauften vorbehalten, mit Brot und Wein in der römischen Messe nur den Geweihten. Aktive Mitwirkung in einem Sektengottesdienst kommt dort nur den anerkannt Wiedergeborenen zu.

2. Der Gottesdienst ist auch überall umfassend gemeint im Blick auf das menschliche Leben. Alles hat Zutritt zu ihm: Geburt und Reife, Saat und Ernte, Krieg und Frieden, Liebe und Tod. Das alles dringt mit Natur-

gewalt herein, soll aber auch bewußt mit eingebracht werden. Denn gerade im Gottesdienst sollen die Menschen mit dem, was sie umtreibt, besser umgehen lernen. Hier wird es eingeordnet in gestaltetes Leben, auf eine Mitte bezogen, auf ein Ziel gerichtet. Der gottesdienstliche Raum selber weist oft durch seine Orientierung in starker künstlerischer Sprache auf die jeweils typische Erwartung hin: auf die neue Welt, auf das heilige Altarmysterium mit der substantiell greifbaren Gnade, auf das rettende, in den Gnadenbund einholende Gotteswort. Er kann das in der hinreißenden Schönheit einer mittelalterlichen Kathedrale tun, aber auch in der kargen Schlichtheit eines hugenottischen Versammlungslokals, das mit seiner vorsätzlichen Armut die Verachtung bloßen Zierats geradezu stolz zur Schau tragen kann. Durch die Fülle gekonnter Formen wie durch eine zur Innerlichkeit zwingende Formlosigkeit kann sich aussprechen, daß solcher Gottesdienst das ganze Leben meint, und das Gebet wird in ihm immer ein Brennspiegel seiner inneren Totalität sein.

3. Dennoch ist er überall eine freiwillige Angelegenheit. Nur wo man aus eigenem Antrieb dem christlichen Leben die Dienstgestalt der Ordenszugehörigkeit gibt, wird der tägliche Gottesdienst zur zwingenden Regel des Tageslaufs. Einiges davon hatte einst die christliche Haussitte kaum weniger gestreng in den Familienalltag herübergenommen. Auch die bürgerliche Erziehung mag zuweilen im Interesse der Betroffenen selber einen soliden Zwang für wohltätig ansehen. Aber die grundsätzliche Freiwilligkeit des kirchlichen Gottesdienstes möchte Gott seine souveräne Freiheit lassen und bezeugen, daß mit dem Evangelium Neues eingebrochen ist in den Bereich von Zwang und Gesetz; daß hier unter seiner Gewalt in einer freien Gemeinschaft nicht mehr die Pädagogik das entscheidende Wort spricht, sondern der Glaube, zu dessen Wesen Freiheit gehört und der sich nirgends einfach in einem vorgeprägten Schema dieser Welt einfangen läßt.

4. Die Freiwilligkeit bedeutet allerdings nicht die Preisgabe seiner Formen an die Willkür individueller Einfälle. In allen Institutionen wirkt sich das Verlangen nach etwas Bleibendem aus; man sucht Fuß zu fassen im Mahlstrom des Vergehens. Erst recht in gottesdienstlichen Einrichtungen. Je mehr sie am Wesentlichen orientiert sind, um so klarer sind Willkür und Ungebundenheit ausgeschlossen. Wenn der Gottesdienst zum ewig gültigen Heilswillen Gottes und zum rechten Umgang mit ihm führen will, braucht er wohlbedachte Formen und beharrliche Formeln; Gott soll hier recht gedient werden, und im Blick auf die Teilnehmer ist die Tiefenwirkung stets wiederholter Formen kaum überzubewerten. Die Liturgie, die den Gottesdienst so sehr zu verschließen scheint, ist langfristig gesehen eine erstrangige pädagogische und missionarische Potenz. Freilich kann man davon dann geistlose Wiederholung und abergläubische Tabuisierung nur

schwer fernhalten und erfährt die bedrohliche Verflochtenheit alles gestalteten Gottesdienstes mit den Urkräften des Kultischen nachdrücklich.

5. Zum eingerichteten christlichen Gottesdienst gehört auch seine geradezu seismographische Empfindlichkeit gegenüber Veränderungen. An ihnen entzweien sich Kirchen. Die Kirchentrennung in der Reformation ist erst unwiderruflich geworden, als Luther im Gottesdienst die Konsequenzen seines neuen Sakraments- und Heilsverständnisses auszog, obwohl er es sehr behutsam und unter größter Rücksicht auf die Schwachen tat. Das evangelische Bekenntnis kämpft nicht um ein neues Zeremoniell, sondern für die rechte Freiheit gegenüber allem Zeremoniell. Außer dem Einverständnis in der Predigt und Sakramentsverwaltung sei keine zeremonielle Gleichschaltung nötig, sagt es und tritt damit in der Freiheit des Glaubens einer Urversuchung alles Kultischen entgegen. Beides bestätigt die Reformationszeit: daß kirchliche Reformen nirgends so schwierig und hochverantwortlich sind wie im gottesdienstlichen Bereich, aber auch, daß sie erst wirklich zum Durchbruch kommen, wenn sie auch ihn mit erfassen. Kirchenreform bleibt auf dem Papier, bis sie nach diesen Institutionen greift.

In diesen gemeinsamen Strukturelementen erscheint der christliche Gottesdienst also seltsam zwielichtig. Das hat tiefe Wurzeln. Denn für jede vom Neuen Testament herkommende Betrachtung bleibt ein institutioneller Gottesdienst etwas Widerspruchsvolles. Kann man diesen Namen noch für Veranstaltungen reklamieren, an denen er dann auch prompt hängen bleibt, wenn der Glaube der wahre und totale Gottesdienst ist; alles, was aus Glauben geschieht, das Außergewöhnliche und das Allergewöhnlichste; und wenn alles, was nicht aus dem Glauben kommt, Sünde ist (Röm.14,23) – und wär's vollendetster Kult und perfekte Moral? Damit ist allerdings jeglicher gottesdienstlicher Veranstaltung in ihrem kultischen Wurzelboden eine Pfahlwurzel durchgeschnitten, nämlich die Scheidung zwischen einer Sakralzone und einem profanen Bereich, die zwar nicht wesensnotwendig zum Kultus gehört, ihm aber in aller Regel auf dem Fuße folgt. Sie führt freilich schnell dazu, daß der Mensch Gott auf seinem Sektor sein Recht läßt, um in eigenen Angelegenheiten desto ungestörter zu bleiben.

Das Kultische ist ein Urphänomen im Wurzelboden der Menschheit; ein wahres Labyrinth. Abstoßendes und Hinreißendes, primitiver Aberglaube und tiefsinnige Spekulation, raffinierte Selbstsucht und überwältigende Hingabe gehen unentwirrbar durcheinander. Hier begegnet der Mensch in seiner frömmsten Gestalt und in seiner schreiendsten Erlösungsbedürftigkeit. Die Geschichte des christlichen Gottesdienstes veranschaulicht Kraft und Versuchlichkeit des Kultischen. Allzunahe liegen da das in sich gute Werk und der Schein besonderer Heiligkeit; allzunahe auch, daß man Gott für abgegolten und sich selbst für gesichert hält. Die Propheten des Alten Testaments haben nicht gegen den Kult überhaupt, um so schärfer aber gegen seine Isolierung vom Leben protestiert. Im jungen Christentum hat man sich bewußt an kultferne Institutionen angelehnt und profane Bezeichnungen für die kirchlichen Dienste bevorzugt. Der reformatorische Protest gegen das Gesetz heiligen Zeremoniells, der weniger diesem als den damit verbundenen Meinungen galt, hat deshalb Urchristliches wieder zur Geltung gebracht. Seitdem bleibt es das Los evangelischen Kirchentums, daß ihm kultische Vollkommenheit schlecht gelingt und ihm etwas ernüchternd Provisorisches anhaftet. Das unvermeidliche Ritual will da eher dem freien Wort Raum schaffen, während sich dieses in den Kirchen mit geheiligter Liturgie solchen Raum mühsam erkämpfen muß. Nicht immer freilich provoziert solche Armut den Geist; zuweilen deprimiert sie auch bloß das Formempfinden. Das Ziel ist, daß das freie Wort nicht bloß fromme Vollzüge begleitet, sondern Menschen zur Gemeinschaft führt, ihr Gewissen befreit vom Beschwerenden, ihren Glauben einsichtiger macht in das, was an der Zeit ist, ihre Dienstgemeinschaft und die Aktivität ihrer Hoffnung ermutigt, die Tragkraft ihrer Liebe mehrt, ihre Leidens- und Lastengemeinschaft stärkt. Darin ist die Heiligkeit des kultischen Bereichs grundsätzlich aufgehoben.

Dennoch wären Pauschalverdikte gegenüber dem Kultischen sinnlos. Denn wenn der Glaube den totalen Gottesdienst meint und lehrt, so braucht er auch dazu Einrichtungen; Stationen der Überlieferung und der Kontrolle, Gelegenheiten zur Gemeinschaft, zum Bekenntnis und zum Gebet, zum öffentlichen Reden und gemeinsamen Hören. Er braucht und schafft Regeln für Gewähr und Vollzug und Folgen der Taufe und für den Zutritt zum Mahl und seine Feier. Gerade solche Stationen haben seine Selbstüberlieferung im neutestamentlichen Kanon fixieren helfen. Völlig kultloser Glaube fällt rasch der bloßen Moral anheim oder wird zur Ideologie. Er hat seinen totalen Gottesdienst vielmehr auch auf diesem Boden zu bewähren. Die Glaubenden müssen sich solche kultähnlichen Einrichtungen schaffen, nicht nur um den eigenen Glauben zu bestärken, sondern auch, um die Anteil nehmen zu lassen, die zu eigener Mündigkeit noch nicht fähig sind, und die mitzutragen, die gerade der Ermutigung gewährter Gemeinschaft bedürfen. Sie können sich auf diesen Boden begeben, denn der hörende Glaube will nicht nur streiten, sondern auch feiern, und freut sich, wenn das freie Wort mitten in drängender Zeit aus deren Mühlsteinen Funken der Gotteszeit herausschlägt. Er fügt zum scharfen Nein gegen die fromme Verdienstlichkeit solchen Kultes das besonnene Ja zu seiner Dienlichkeit für die Gemeinschaft der Glaubenden, und zum ebenso scharfen Nein gegen das heilige Gesetz gottesdienstlicher Ordnungen die redliche Mühe um ihre sachgemäße und hilfreiche Gestalt.

Heute wird es an der Zeit sein, den einen Gottesdienst für alle nicht länger der pluralen Gesellschaft abzutrotzen und zum Maß der rechten Gläubigkeit zu machen. Es scheint mir verlorene Mühe zu sein, wie auch der Versuch, ihn zum sogenannten „Vollgottesdienst“ zu steigern. Ob man diesen überhaupt billiger wiedergewinnen könnte als durch entschlossene Rekatholisierung des Abendmahlsverständnisses? Fruchtbarer wird es sein, gottesdienstliche Vielförmigkeit zu wagen und nach solchen Gelegenheiten zu suchen, an denen auch solche Menschen – vielleicht – teilnehmen könnten, die sich vom herkömmlichen Gottesdienst offenkundig nicht mehr angezogen, sondern eher abgestoßen fühlen, sei’s durch zu viel oder zu wenig Form, durch zu wenig Menschlichkeit oder zu viel des Allzumenschlichen. Eine gewisse geistliche Entspannung und Entkrampfung, die den sonntäglichen Gottesdienst in der Parochie nicht mehr als unbedingtes Kriterium des Christenstands ansieht, könnte ihm selber helfen und ihn aus einem mit heimlichen Vorwürfen an die Abwesenden belasteten Soll zu einem wohltuenden Angebot verwandeln!

Abendmahl VI/7

Das Abendmahl stellt nicht erst heute eine offene Frage dar. Luthers Angriff auf die Meßfeier hat die reformatorische Kirchenspaltung schlagartig vollends unheilbar gemacht; die Schrift „Von der babylonischen Gefangenschaft der Kirche“ war ein Rubikon, hinter den es kein Zurück mehr gab. Der Angriff galt weniger der Gestalt der Messe, mit der Luther sehr behutsam verfuhr, als vielmehr zentralen theologischen Gehalten und tief eingewurzelten Meinungen der kirchlichen Eucharistiefrömmigkeit. Und noch einmal war es dann das Abendmahl, an dem sich die kirchliche Entzweiung innerprotestantisch fortgesetzt hat. Daran war nicht nur, aber zu erheblichen Teilen die Erblast scholastischer Fragestellungen und der Nachhall einer höchst angestrengten philosophisch-theologischen Begrifflichkeit schuld. Auf jeden Fall war es ein Trauerspiel für das evangelische Kirchenwesen, dessen Schatten auf lange hinaus über dem Abendmahl blieb.

Aber es ist um das Mahl der Versöhnung auch früher schon ziemlich unversöhnlich gerungen worden; die Differenzen lassen sich bis ins Neue Testament selber zurückverfolgen. Die Erwartung, hier ein sturmfreies und krisenfestes christliches Überlieferungsgut anzutreffen, das in stets gleichem Verständnis und unverrückbaren Formen von einem Jahrhundert ans nächste weitergereicht würde, ist töricht. Das wäre nicht bloß zu viel verlangt von der Geschichte, sondern auch zu wenig verlangt vom Evangelium. Es gibt weder für seine Botschaft eine zeitlose Formulierung noch für seine hauptsächliche Feiergestalt eine zeitlose Fixierung. Weder ist das Wort einfach die subjektive noch das Sakrament einfach die objektive Überlieferungsweise des Evangeliums, wenngleich es zweifellos in beiden Hinsichten unveräußerliche Akzente gibt, die dort die Äußerung des Zeugen, hier die Entäußerung des Verwalters verlangen. Aber in der Geschichte kann nichts lebendig bleiben, für das man nicht den Preis der Unruhe und der Gefährdung voll zu erlegen bereit ist. Das entschuldigt nicht jede Phase des oft sehr leidigen Streites ums Abendmahl. Es entlastet auch nicht von der stets gebotenen Frage, ob es sich jeweils in einer guten, gefährlichen oder gar irreführenden Wandlung befinde. Aber es rechtfertigt allerdings die Notwendigkeit seiner kirchengeschichtlichen Umformungen, sofern sie Versuche sind, in jeweils zeitgerechter Verantwortung und Gestaltung den ursprünglichen Sinn zu vergegenwärtigen. „Je näher und ähnlicher die Messe der allerersten Messe ist, die Christus beim Abendmahl gehalten hat, um so christlicher ist sie. Christi Messe aber war so einfach wie möglich... Nicht daß jemand die Kirche lästern sollte, weil sie die Messe mit vielen weiteren Bräuchen und Zeremonien ausgeschmückt... hat; aber das wollen wir, daß niemand, durch... die Fülle des Pompes behindert, die Einfalt der Messe verliere.“ Diese Regel Luthers behält ihren Wert als Leitlinie. Nur sektiererische Engstirnigkeit kann daraus folgern, es gelte darum schlicht, die Urgestalt des Abschiedsmahles Jesu herauszupräparieren und sie dann unverändert zu konservieren. Sie ist uns überlieferungsmäßig entzogen, und sie wäre auch nicht wiederholbar. Dieses Mahl konnte sich nach Karfreitag und Ostern nur gewandelt fortsetzen und dann gerade kein Abschiedsmahl mehr sein. Und die Art und Weise, wie es sich nachher tatsächlich fortgesetzt hat, spiegelt sich bereits in den evangelischen Berichten vom letzten Mahl Jesu wider und läßt sich in diesen nicht mehr abblenden. Sie haben ja gerade um der neuen Mahlfeier willen, die zu einem Herzstück des kirchlichen Gottesdienstes wurde, von jenem letzten Mahl erzählt, durch das sie auch das spätere im Willen Jesu begründet wußten.

Die Streitfragen aus dem 16. Jahrhundert sind sicher noch nicht einfach verklungen. Sie haben nicht nur in der konfessionellen Landschaft, sondern auch in den Gewissen tiefe Spuren hinterlassen. Sowohl in der innerprotestantischen Debatte wie in den Auseinandersetzungen mit dem römisch-katholischen Verständnis des Altarsakraments sind erhebliche Barrieren in nahe verwandten Problembezirken stehen geblieben. Sie heften sich vornehmlich an die Abendmahlselemente, sind weithin von dem Interesse gezeichnet, was sich in diesen substantiell ereigne: ob sie sich übernatürlich verwandelten und mit Leib und Blut Christi materiell identifizierten (Transsubstantiation), oder ob sie zu geschichtlichen Vehikeln leibhaftiger Begegnung mit dem erschienenen Christusheil in der Feier würden und darin seine reale Gegenwart repräsentierten (Konsubstantiation) – oder ob sie als Analogien oder Symbole für die geistliche Gegenwart Christi in den glaubenden Empfängern stünden. Immer galt die theologische Leidenschaft den Vorstellungen von seiner realen Anwesenheit und seiner objektiven Wirksamkeit, der Realpräsenz in den Elementen, in ihrem Gebrauch oder im gläubigen Empfang. Natürlich kann bei dem allem die römische Seite mit den markanteren und verbindlicheren Positionen amtlicher Kirchenlehre antreten, auch wenn diese in den Festlegungen zurückhaltend geblieben ist und der Deutung einen heute aufmerksam wahrgenommenen Spielraum läßt.

Stärker als die konfessionelle Erbmasse und quer durch die Konfessionen hindurch sind heute, so scheint es, mit verheißungsvollem Zwang zwei Entwicklungen bestimmend. Die eine spielt sich auf einem relativ stillen Feld ab und greift weit zurück. Es ist das Feld der theologischen Forschung, und es sind deren Erhellungen im Ursprungsgelände des Abendmahls. Die historisch-kritische Arbeit der exegetischen Theologie hat in ihren zahllosen Detailstudien den auslegenden Umgang mit den Texten so schwierig gemacht und die sich darin spiegelnde Situation der werdenden Kirche in ihrer aufregenden Vielfältigkeit so herausgearbeitet, daß das simple Argumentieren mit einschlägigen Bibelstellen in der interkonfessionellen Auseinandersetzung einer sehr viel behutsameren Betrachtungsweise weichen mußte, nachdem die Streitfragen ums Sakrament ja schon in der Reformationszeit exegetisch nicht hatten entschieden werden können. Manche späteren Differenzen dürften aus sehr differenten neutestamentlichen Ansätzen stammen, deren situationsbedingte Lösungen man als Prinzipien in ganz andere Epochen hineinnahm. Vor allem aber hat die Exegese in Sachen der Taufe und des Abendmahls als sakramentaler Urgegebenheiten des christlichen Gottesdienstes mehr und mehr Aspekte aus ihren ursprünglichen Zusammenhängen herausgehoben, deren Stoßrichtung an den klassischen interkonfessionellen Streitpunkten weit vorbeiführte.
Es handelt sich vor allem um den gemeinschaftsoffenen und den zukunftsgewissen Charakter der Mahlfeier. Hier wird das Mahl des neuen Gottesvolks gefeiert, das sich nicht seinen eigenen religiösen Leistungen verdankt, sondern Jesu rückhaltloser Selbsthingabe an die Menschen bis in den Tod, um Gottes willen, wie Gott sie nun als rettendes Handeln seiner Liebe offenbar werden ließ. Indem man dieses Mahl feiert, bekennt man sich dazu, unterstellt man sich ihm in konkreter Bruderschaft, in der jeder den andern in Jesu Namen annimmt und ernst nimmt. Gerade darum wird es keine geheimnisvoll verschlossene, sakrale Feier für Eingeweihte. Es ist in seinem schmucklosen, geradezu profanen Vollzug und seiner Offenheit ebenso jesusgemäß wie evangeliumsgemäß. In ihm wollen sich Jesu Tischgemeinschaft mit Zöllnern und Sündern und das große Abendmahl, dessen Gäste sich von draußen her rekrutieren, verwandelt fortsetzen. Es erinnert und realisiert die Kraft der von Jesus vollbrachten Liebe im Angebot konkreter, vorurteilsloser Gemeinschaft, auch mit Schwachen, Irrenden, Fernen. Es ist so umfassend und so unabhängig von moralischen Vorleistungen und völkischen oder religiösen Voraussetzungen wie die Taufe. Es ist, mit dieser, ein tragender Faktor des neuen Gottesvolks, der Inbegriff des Reichs der Versöhnung und dessen Angriff auf die Zerklüftungen der adamitischen Menschheit, und es kann dies alles nur sein und durchhalten, weil es ganz durchtränkt ist von der Gewißheit der gottverbürgten Zukunft Jesu und seiner Sache. Im Abglanz des messianischen Mahles und

Heiles finden hier Menschen unter den Schatten des tausendfältigen Unheils der Welt zueinander. Gerade dieser eschatologische Horizont macht aber ihre Feier nun nicht hypergeistlich und religiös-innerlich, läßt sie vielmehr als ganz irdische Mahlzeit bestehen, läßt die Urerfahrung auch in ihr gelten, daß gemeinsames Mahl mehr ist als bloßes Essen und Trinken, und erfüllt auch das zeichenhafte Brechen des Brotes und Segnen des Kelches mit dem Vertrauen zu dem, der die Glaubenden aus seiner Allmacht ernährt, so wie der Christus die Fünftausend mit den fünf Broten sättigte. Sicher hat es die Urchristenheit häufig gefeiert. Unsicher bleibt, ob sie es regelmäßig und bei der offiziellen Zusammenkunft tat oder eher in kleineren Kreisen, die gerade darin sich verbunden wußten. Unsicher bleibt, ob es einmal ein Stück der Agapen war, der normalen gemeinschaftlichen Mahlzeiten, oder ob es von Anfang an als Feier danebenstand. Aber auch dann war es nicht kultisch abgetrennt, sondern Feier in eben der Gemeinde, für die anfänglich auch die Agapen selbstverständliche Konkretion ihres Glaubens und ihrer Hoffnung waren, eingebettet in der Wirklichkeit ihres gesamten sozialen Lebens.

Die zweite Entwicklung, die weiterzwingt, verläuft sozusagen am anderen Ende. Sie meldet sich in den Schwierigkeiten gegenwärtigen Feierns, die aus dem Abendmahl trotz aller Mühen immer mehr einen sonderbaren Fremdling machen. Sie ist im Grunde gar kein gesondertes Abendmahlsproblem, sondern ist in der öffentlichen und geistlichen Situation des Christentums heute überhaupt begründet. „Ich muß bitten, nicht sofort Erinnerungen an die früheren Verhandlungen, zum Beispiel an die Luthers mit der römischen Priesterschaft... oder mit Zwingli, einzumischen. Damit würde die Tiefe dessen, was unter uns geschieht, verhüllt. Heute entsteht die Abendmahlsfrage daraus, daß sich ein großer Teil unsres Volkes besinnt, ob das Christentum nicht zu Ende sei." Das steht in einer Schrift, die schon vor vierzig Jahren geschrieben wurde, aber in der Deutung der Lage und in den Andeutungen möglicher Hilfe nicht überholt, in der Umsicht und Schlichtheit selten mehr erreicht worden ist (Adolf Schlatter, „Unsre Abendmahlsfeier", 1928).

Die Probleme sind zu groß; sie werden sich weder allein durch theologische Erläuterungen des Abendmahls noch allein durch liturgische Verbesserungen seiner Feier vom Fleck bewegen lassen. Nur wenn in einer sich erneuernden Feiergestalt eine sich erneuernde Schau dieses Mahles als elementarer Bestandteil des christlichen Lebens überzeugend wird, ist auf einen Durchbruch zu hoffen. Das Abendmahl darf nicht abgeschirmtes konfessionelles Binnenzentrum bleiben. Sonst bleibt es ein Kultmahl ohne Ausstrahlung hinter einem Zaun offizieller und stillschweigender kirchlicher und gesellschaftlicher Vorbedingungen, und die Teilnahme daran bleibt die mühsame, maximale Glaubensleistung des konservativen Gemeindekerns. Es könnte aber aus einem Schmuckstück geschlossener Gemeinschaft, die ihren Glauben und seine schönen Aussichten feiert, zu einer ansteckenden Quelle neuer Gemeinschaft werden, zu einer Stätte, an der sich Glaube konkret als Gemeinschaftsgewähr mitteilt. Es wird wieder natürlicher werden müssen, um glaubhaft und hilfreich zu sein; kein Treffpunkt vollkommener Christen, sondern ein offener Tisch für Suchende, Zweifler, Sünder und Anfänger. Wollen wir es am Altar feierlich erstarren lassen und nicht in die Gruppengemeinschaften hereinholen? Als sonntägliches Programm für die ganze Gemeinde oder dann eben vor ihr, für ein paar Kommunikanten, wird sich's schwerlich einüben lassen. Freizeitliche Gelegenheiten, in denen es ohnehin zur Tischgemeinschaft kommt, könnten ihm neue Möglichkeiten öffnen. Von den Abendessen der Arbeiterpriester wäre hier Ermutigendes zu lernen. Freilich müssen dem Bemühungen an seinen regulären, überkommenen Stätten zur Seite gehen, damit nicht eine verkümmernde Sitte durch ebenso seltene geistliche Extravaganzen ersetzt wird. Bonhoeffer hielt, tief nachdenkenswert, die Situation mit den zufälligen, einander meist fremden Abendmahlsgästen einer großstädtischen Feier für einen verheißungsvollen Ansatzpunkt neuer Kommunikation. Es ist quälend, wenn man ausgerechnet das eschatologische Sakrament der Bundeserneuerung wie eine austrocknende Mumie am Weg der Christenheit zurückbleiben sieht. Experimente „im dogmatischen Niemandsland" gefährden freilich die Reste noch vorhandener Abendmahlssitte. Aber vermutlich besteht hier keine Wahl mehr. Keiner wird hier etwas zu erhalten vermögen, wenn nicht der Funke ökumenischen Wagemuts die „Berge konfessioneller Verantwortlichkeit" (Johannes Christiaan Hoekendijk) überfliegt und nicht alle Kraft entschlossen darangesetzt wird, ein Neues zu pflügen.

Taufe VI/8

Die Predigt will engagieren; nicht nur den, der sie hält, sondern auch den, der sie hört. Das Engagement, auf das sie zielt, das sie herstellen oder beleben will, ist die Taufe. Diese Auskunft wirkt überraschend. Denn der sachliche und erlebnismäßige Zusammenhang zwischen der Predigt und der Taufe ist für den Augenschein der Menschen im christlichen Abendland und für ihre tägliche Erfahrung durchaus verdeckt. Aber es ist nicht aus der Welt zu schaffen: das Evangelium endet im Taufbefehl.

Die Taufe gehört zur Predigt, das Sakrament zum Wort, damit die Predigt nicht willenlos und ziellos wird und dem Wort das Engagement, das es meint, nicht entgleitet. Denn was hier mitzuteilen ist, beteiligt den Redenden und den Hörenden ganz. Den, der sich hier mitteilt, können nur Erfaßte vernehmlich machen und vernehmen. Die Predigt will nicht Lehre über Gott bleiben, sondern Wort aus Gott werden, das vor Gott stellt. Sie will mit dem verbinden, der sich mit den Menschen verbunden und dadurch den Grund zur Predigt gegeben, Predigt möglich, notwendig, verheißungsvoll und verheißungsmächtig gemacht hat. So gehören Predigt und Taufe zusammen. Die Taufe stellt fest, daß die Predigt nicht nur stattfinden, sondern ankommen will. Daß sie notwendiges Wort, Aktion mit dem Wort werden will. Daß sich etwas ereignet, wenn das Wort ankommt. Daß man das gehörte Wort zwar wieder vergessen, aber nicht mehr ungehört machen kann. Die Taufe zeigt und vollzieht auch, was sich ereignen will, wenn das Wort bei uns ankommt. Sacramentum fidei („Das Sakrament des Glaubens") ist ihre klassische Bezeichnung; Sterben und Auferstehen mit Christus das gefüllteste Bild für die Wirklichkeit des Taufgeschehens.

Wirken diese anspruchsvollen Worte neben dem sehr unscheinbaren Geschehen der Taufe nicht wie eine theologische Theorie, die in der kirchlichen Wirklichkeit nicht ausreichend gedeckt wird? Im Abendland, das heißt in der kindertaufenden Christenheit, erscheinen die Hinweise auf die Taufe und ein darin erfolgtes Engagement wohl immer etwas steil und künstlich; sie strengen Intellekt und Phantasie an, aber es kommt ihnen nirgends das Gewicht eigenen Erlebens zu Hilfe. Selbst wer die eigenen Kinder taufen läßt, fühlt sich durch deren Dasein unmittelbar, durch deren Taufe aber nur auf Umwegen beschenkt, allenfalls irgendwie beruhigt. Man muß schon weit übers Abendland hinausgreifen, in schier aussichtslose christliche Minderheitssituationen hinein, um noch zu sehen, wovon die Taufe trennt und wie stark sie wirklich engagiert. Dann sieht man, wie die Kirche geworden ist; wie die drei Hände voll Wasser Kirche und Nichtkirche scheiden; wie sie ein Faktum schaffen, ein Schritt sind hinter den Schlagbaum eines anderen Reiches.

Hierzulande scheint die Kirche friedlicher zu wachsen, sofern sie noch wächst: durch die Kinderfreudigkeit christlicher Eltern, die häusliche und schulische Erziehung, die staatlichen und gesellschaftlichen Konventionen. Denn spätestens seit dem 2. nachchristlichen Jahrhundert hat die Kindertaufe ihren beinahe lückenlosen und anscheinend unaufhaltsamen Siegeszug in der älter werdenden Christenheit angetreten. Mit den christlichen Häusern nahmen die kindlichen Täuflinge zwar zu, die erwachsenen Taufbewerber indes ab.

Bei den letzteren nahm die Kirche die Unterweisung in der Lehre und die Einübung in der Sitte gewissenhaft wahr; der Katechumenat konnte sich über Jahre hinziehen. Manche scheuten selber vor dem Engagement zurück und zögerten die Taufe hinaus. Andere fürchteten den Verlust der Taufgnade durch späteren Rückfall und schoben sie bis aufs Sterbebett auf. So bei den Erwachsenen. Aber was mit den mitgebrachten oder nachwachsenden Kindern geschah, das blieb vom Neuen Testament an in seltsamem Dunkel. Erwägungen über ein Mindestalter sind nicht auf uns gekommen, ein besonderes Ritual für die Kindertaufe ist ein Jahrtausend lang nicht geschaffen worden. Theologische Äußerungen setzen allerdings die Kindertaufe schon früh voraus. Es scheint, daß zunächst niemand sagte, sie müsse sein, aber auch selten jemand, sie dürfe nicht sein; man vollzog sie auf Wunsch wie etwas Selbstverständliches. Als umstürzende Neuerung hätte sie zu Diskussionen führen müssen, die schwerlich verborgen geblieben wären. Gleichviel, wann vollzogen – die Selbstverständlichkeit scheint für die Taufe eine ihrer ältesten Begleiterscheinungen gewesen zu sein. Es war eine gefährliche Mitgift, freilich wohl auch eine unvermeidliche Entwicklung. Denn wo das Christentum Sitte ist, da wird es auch die Taufe und mit ihr deren Ordnung. Die Predigt hatte darum früh schon alle Mühe, den schlafenden Riesen dieses Sakraments zuweilen aufzuwecken.

Die Reformation schuf hierin eine neue Lage. Sie ordnete das ganze religiöse Ritual der Predigt unter und die beiden verbliebenen Sakramente, Taufe und Abendmahl, entschlossen ins Wortgeschehen ein. Die Predigt sollte die Sakramente nicht so sehr mystagogisch erläutern; vielmehr sollte der durchs Wort geweckte Glaube sich in ihnen einüben, den Zugriff der gnädigen Herrschaft Gottes und deren Gaben in Wort und Sakrament geltend machen gegen den täglichen Anprall alles dessen, was das Gewissen anfocht und das Gemüt belastete. Den Reformatoren folgten die Wiedertäufer auf dem Fuß. Sie stellten die Frage nach dem selbstverantwortlichen Taufempfänger mit aller Deutlichkeit. Die Reformatoren hingegen bestanden in ihrer Antwort entschlossen auf der Taufe als auf dem Dokument der souverän zuvorkommenden Gnade, der bedingungslosen Verheißung, die mit dem Evangelium erschienen ist für alle, und sie nahmen sie als Unterpfand für deren unerschütterliche Gültigkeit in den Kampf des Glaubens hinein. Lieber noch wollte Luther aller psychologischen Absurdität zum Trotz einen gottgewirkten Kinderglauben postulieren als von der Kindertaufe lassen. So sehr war ihm der Glaube ein Widerfahrnis und keine Leistung.

Ob diese Argumente noch immer überzeugend sind? Der Altersbeweis schlichtet die Frage nicht. In der Christenheit gibt es zwischen gläubigen Katholiken und entschlossenen Baptisten so ziemlich alle Schattierungen: volle Zustimmung, wohl erwogene Duldung, wenig erwägende Geringschätzung und leidenschaftliche Ablehnung. Jede Taufe geht in der Sitte auf, sobald die Christenheit in ihrer Umwelt integriert ist. Das gemeinte aktuelle Engagement des Glaubens entspannt sich zur Gewohnheit, zur erwarteten religiösen Veranstaltung, die dann fast nur noch familiäre Intimbedeutung besitzt, gleichviel ob es sich um die Sitte der Kindertaufe oder der Erwachsenentaufe handelt. Die Taufe erhält in dem Augenblick ihre kritische Kraft zurück, in dem das Christsein seine Selbstverständlichkeit verliert und zu einer nonkonformistischen Sache wird. Wo solche Situationen zunehmen, da wird die Taufe alsbald wieder höher notiert.

Von ihren Ursprüngen her ist die Taufe stets auf zwei Ebenen bezogen: auf die Gemeinschaft der Heiligen und die Vergebung der Sünden. Sie schloß eine Zusage und eine Absage in sich. In der konstantinischen Ära mußte sich schier zwangsläufig alles auf ihre Intimwirkungen und auf den geistlichen Umgang mit ihr konzentrieren, sofern sie sich nicht schlicht zur kirchlichen Pflichtleistung und Bedingungshandlung verrechtlichte; als Sammlungs- und Scheidungszeichen konnte sie nicht mehr aktuell sein. Auch der Streit um die Gültigkeit einer Ketzertaufe darf darüber nicht hinwegtäuschen. Es wurde da im Grund gar nicht mehr die Taufe, sondern der kirchliche Sakramentsbegriff als solcher diskutiert. Je mehr sich der soziologische Rang der Taufe verringerte, um so mehr nahm ihre sakramentale Würde zu.

Die Taufe steht nicht für eine Wesens-, sondern für eine Standortveränderung. Das Heil, das sie zur Geltung bringt, verändert unsre Beziehungen — zu Gott, zu den andern und zu uns selbst. Im Glauben und in dessen jeweiligen konkreten Zu- und Absagen wird der neue Standort immer von neuem aktuell. Dabei lassen sich Zu- und Absagen nicht voneinander trennen. Ihre positiven „Wirkungen" – die besiegelte Vergebung, der verheißene Geist, die Annahme an Kindesstatt –, wie immer sie die Kirchenlehre beschreiben mag, lassen sich nicht kontrollieren, sondern immer nur praktisch ausleben. Die Konturen verleiht der Existenz des Getauften nicht das Ja, sondern das grundsätzliche und das jeweilige Nein. Die scheidende Potenz der Taufe wird stets das Maß für ihr spirituelles Gewicht abgeben.

Es ist freilich eine seltsame Scheidung, die sie bezeichnet und bewirkt, nämlich gerade die Aufhebung quälender Trennungen durch Politik oder Rasse, Generationen oder Positionen. Denn die Kirche bleibt ein Land mit offenen, wenn auch markierten Grenzen: der Bereich der Menschen, denen das Wort Christi mehr als alles gilt, unter dem Selbsterweis seiner inneren, sachlichen Autorität. Die Marksteine dieser Autorität in Weltgeschichte und menschlicher Existenz sind die Grenzsteine der Kirche. Wo sie verfallen, da verstummt die Taufe.

Noch erreichen die Kirchen in den „alten" Ländern der Christenheit das Gros der Menschen durch die Taufe an einer sehr persönlichen Stelle: an ihren Kindern, dem Kostbarsten, was dem Schutz ihrer Häuser und Hände anvertraut ist. Wird das Heil, für das die Kirche mit ihrer Taufe zeugen will, als jener neue Standort erkennbar, wenn sie allen den Taufwunsch erfüllt, sofern nur die Formalitäten stimmen und evangelische Paten auf dem Papier stehen – selbst wo die Eltern für ihre Person kaum mehr dem Namen nach Christen zu sein wünschen? Wonach aber wären Taufgewähr und -versagen zu entscheiden? Diese Fragen beschatten das Gewissen derer, die die Taufe vollziehen, oft stärker als dasjenige derer, die sie als gutes Recht für ihre Kinder begehren.

Man wird die Situation nicht künstlich verändern können, es auch nicht versuchen sollen. Solange sie währt, bleibt aber wohl dreierlei zu bedenken:

1. Das Taufgeschehen kann kein anderes Wesen haben als das Heil, das es bezeugt und besiegelt. Und dieses Heil besteht nicht in einer Erwachsenenreligion frommer Leistungen; die Taufe ist kein Leistungsabzeichen. Der Glaube – und der Mann, in dem er sich inkarniert hat – schafft einen Raum der Freiheit, in dem auch die durch Fehlleistungen und Schwächen Disqualifizierten aufatmen können: Jesus nimmt die Sünder – und die Kinder an. Kinder koexistieren, und der Glaube läßt sie mitkommen, sogar vorzugsweise. Wer ihre Taufe grundsätzlich für unmöglich erklärt, muß sich fragen lassen, ob er nicht eine helle Seite des Evangeliums verdunkelt.

2. Kindertaufe darf sein, aber sie muß nicht sein. Was grundsätzlich möglich ist, ist es nicht auch schon in jedem Fall. Welche Kinder getauft werden können, muß jeweils konkret verantwortet werden. Man wird die Taufe

zuweilen widerraten, je und dann sogar abschlagen müssen. Das ist beschwerend. Aber auch hier gilt, daß die Kinder koexistieren. Daß man sie elterliches Versagen nicht entgelten lassen dürfe, spricht nicht dagegen. Eine begehrte und einstweilen noch nicht gewährte Taufe wird das Heil deutlicher bezeugen können als die wahllos auf Wunsch vollzogene Taufe. Die Taufordnung kann dabei allenfalls Handreichung und Hilfestellung geben, die kirchenamtliche Verantwortung aber nicht abnehmen. Irren wir, wird sich Gott nicht beirren lassen. Es muß, wie bescheiden und ansatzweise auch immer, wieder deutlich erkennbar werden, daß die Taufe die Einsetzung des Laien in den Samariterdienst des Glaubens, der Liebe und der Hoffnung an der Welt ist.

3. Die Taufen als die häufigsten Amtshandlungen stehen meist unter dem Druck von Zahl und Zeit, sind oft unzureichend vorbereitet und werden dann auch im Gemeindegottesdienst zum ungeduldig geduldeten oder kopfschüttelnd übernommenen Anhängsel. Sie erforderten mehr Erkenntnisse, als man den Taufeltern bei diesen Anlässen beibringen kann. Die alte Christenheit besaß feste Taufzeiten – an Ostern, Pfingsten und an Epiphanias. Die Nottaufe hat sie aufgefressen. Sollte man nicht sowohl eine gemischte Taufpraxis mit kindlichen und erwachsenen Täuflingen sowie feste Taufzeiten erwägen, um den rechten Taufgottesdienst wiederzugewinnen? Das würde eine rechte Vorbereitung aller Beteiligten ermöglichen, die Taufbewerber sichten, die untergewichtige jederzeitige Gewährung unterbinden, die in ihren Motiven achtenswerte, aber in ihren Folgen fürs Taufverständnis verhängnisvolle Nottaufe zum Verschwinden bringen, eine ganz andere Laienmitwirkung erfordern und ermöglichen und der Konfirmation einen Teil ihres falschen Windes wegnehmen. Die vorauszusehenden Schwierigkeiten entbinden jedenfalls nicht von solchen oder besseren Versuchen, die Taufe in der Christenheit nicht länger so stumm bleiben zu lassen.

Amt VI/9

„Ich hab hier bloß ein Amt und keine Meinung" (Wallensteins Tod, 3, 1). Die Szene zwischen Wallenstein und dem schwedischen Unterhändler ist denkwürdig, und dessen Ausspruch bringt Gewicht, Grenze und Wesensspannung des Amtes klassisch auf den Begriff. Das Gewicht des Amtes liegt im Vorrang der Sache vor der Person.

Das Wesen des Amtes erhellt aber erst von seinen Grenzen her. Es meint von Haus aus einen Auftrag und keine Behörde. Der schwedische Unterhändler hat sein „Amt" nicht von Berufs wegen, sondern nur jetzt, in der Sache mit Wallenstein. Das Amt ist zeitlich und sachlich begrenzt; es kann eine streng gebundene Marschroute haben oder auch einen weiten Spielraum. Er ist aber in jedem Fall bemessen. Das Amt erlischt, wo es erfüllt ist oder wo man ihm nicht nachkommt.

Dahinter steckt aber auch eine sachliche Grenze aller Amtlichkeit, die viel tiefer geht. Sie ist damit gegeben, daß das „Amtliche" notwendig ist im zweischneidigsten Sinn des Wortes. Eben die Notwendigkeit, die das Amt von außen her gewichtig macht, begrenzt es zugleich von innen her. Die Welt bedarf des Amtes, weil die Personen allein ihr nicht gewachsen sind. Amtliches muß dafür sorgen, daß das Leben nicht der Willkür verfällt, der Despotie starker oder dem Chaos schwacher Personen. Dieser Charakter des Notbehelfs ist zugleich Würde und innere Grenze des Amtlichen. Auch das Amt allein ist der Welt, ist dem Zusammenleben der Menschen nicht gewachsen. Es bannt die Welt in seine Regeln, bis zur Unverbrüchlichkeit indischer Kastenordnungen. Sie tragen aber den explosiven Kern des Widerspruchs und damit der Selbstzerstörung immer schon in sich selber. Das Amt hält nur, solange man es heilig hält. Das Leben verkommt nicht allein in den Händen der Idealisten, sondern auch, wenn es ganz in denen der Funktionäre liegt.

Würde und Grenze des Amtes finden oder verfehlen daher ihr Gleichgewicht immer und allein im Verhältnis von Person und Amt. Die Person zählt in Wahrheit immer mit, und die Spannung zwischen dem amtlich Notwendigen und dem persönlich Möglichen begleitet alle Phänomene des Amtlichen. Es wird immer die Frage sein, ob und wie die Person sich eignet für das Amt. Und es wird auch immer wieder Zerreißproben geben und Kompromisse geben müssen zwischen dem, was das Amt will, und dem, was die Person vermag. In Politik und Rechtsprechung erfahren die Amtsträger sehr häufig die tragische Wahrheit, daß vollkommene Amtsgerechtigkeit zur völligen Unmenschlichkeit führen kann, summum ius summa iniuria, und daß das Amt, nur noch als Amt genommen, sich dann geradezu selber ad absurdum führt.

Die Identifizierung von Person und Amt bleibt darum eine beständige Aufgabe; sie geht nicht in Identität über. Wie groß der Spielraum zwischen ihnen ist, hängt von Art und Charakter sowohl des betreffenden Amtes wie der konkreten Person ab. Je mehr Geist zum Amt gehört und mit ihm gemeint ist, desto größer ist der persönliche Spielraum des Amtsträgers, desto schöner und mühsamer seine Amtsführung; desto größer aber auch die Versuchung, dem beschwerlichen Wagnis des Geistes und der Person in der vollen Deckung der Institution zu entkommen. Erst die Fähigkeit, zwischen dem Amt und der Meinung zu unterscheiden und im Konfliktsfall auch zu entscheiden, bringt die rechte Verantwortlichkeit fürs Amt zustande. Das Amt will nicht als Funktion funktionieren, sondern als Rolle gespielt werden. Darin steckt Einsicht in ihren Sinn, in das notwendige Zusammenspiel, das Gespür für die Grenzen, und also eine hohe persönliche Leistung. Der Ernst des Rollenspiels muß sich mit dem Spiel des Rollenernstes verbinden.

Auch die Kirche hat ein Amt. Natürlich gibt es auch viele Meinungen in ihr und über sie. Aber sie möchte sich selbst nur von ihrem Auftrag, von ihrem „Amt“ her verstanden wissen. Sobald man hier jedoch näher zufaßt, werden die Dinge kompliziert. Denn dann begegnet man alsbald einem vielgliedrigen Kirchenwesen mit teilweise ähnlichen, teilweise aber auch recht unterschiedlichen amtlichen Einrichtungen. Weder die eine Kirche noch ihr singulärer Auftrag liegen am Tage. Beide verstecken sich in einem breiten Fächer verschiedener kirchlicher Meinungen und Einrichtungen. Jedes besondere Kirchentum hat ja seine besondere amtliche Gestalt, und gerade diese bestimmt weitgehend sein öffentliches Erscheinungsbild. An der römisch-katholischen Kirche tritt das wohl jedermann am ausgeprägtesten entgegen. So weiträumig, vielfarbig und feinnervig dieser Kirchenkörper ist, es ist sein einheitliches, in der leitenden Gestalt urbi et orbi imposant sichtbares priesterliches Amtstum, das ihm als geschichtlicher Erscheinung die geschlossene Wucht verleiht. Amtstum und darin institutionalisierte Amtslehren bilden für die ökumenische Eintracht den am schwersten zu bewältigenden Komplex. Das ist völlig verständlich. Denn das konkrete Amtstum, so wie es geschichtlich geworden ist, stellt nun einmal das Ordnungsgerüst jeden Kirchenwesens dar. Zugleich kommt in seiner rechtlichen Duldung oder öffentlichen Anerkennung die Legalität der

Kirche in der Gesellschaft zum Ausdruck. Hier ist die geschichtliche Erblast in den Kirchen darum besonders gewichtig und vielsträngig. Was so gewachsen ist, sich so in und mit dem jeweiligen Kirchentum verfestigt und mit der öffentlichen Meinung und dem öffentlichen Recht arrangiert hat, läßt sich nicht beliebig ummodeln, verwandelt sich wohl überhaupt nur noch im Geschiebe ganzer geschichtlicher Epochen.

Zu dieser äußeren Erblast kommt die innere Wesenslast hinzu. Das kirchliche Amtstum ist ja nirgends einfach ein Zufallsprodukt, das organisatorische Ergebnis reiner Zweckmäßigkeitserwägungen. Es hat seine Wurzeln mitten im Kirchenbegriff selber. Die Kirche muß ja das, was man jeweils unter Kirche versteht, nun auch „amtlich" sein wollen, soweit sie dies unter den vorgegebenen Umständen sein kann. So hängen das Amt und die Ämter in der Kirche eng mit dem Amt der Kirche selber zusammen; sie sind in der Sendung der Kirche, in ihrem Auftrag mitverankert, spiegeln ihn wider unter den Bedingungen konkreter historischer Situationen. Darum rührt die Frage nach dem Amtstum immer zugleich an das geschichtliche Ordnungsgefüge und an das theologische Sendungsbewußtsein einer Kirche, und das macht das Amtsproblem zu einem so empfindlichen ökumenischen Thema. Natürlich denkt man dort nicht an die Organisation einer Einheitskirche, sondern an die Kommunikation bleibend verschieden geordneter und gearteter Kirchentümer, in der Absicht, daß die situationsbedingten Glaubenserfahrungen der einen auch den andern zugute kommen und deren Austausch die Mitwirkung der ganzen Christenheit an den großen Weltproblemen besonnener und umsichtiger, die Erfüllung ihres gemeinsamen christlichen Auftrages wirksamer werden läßt.

Nach der Reformation hat die evangelische Glaubenslehre, von Luther und vor allem von Calvin her beeinflußt, den Versuch gemacht, den Glauben an Jesus Christus, der sich in der alten Kirche in Definitionen seiner gottmenschlichen Person oder Natur artikuliert und in der scholastischen Theologie vornehmlich durch eine Lehre von seinem gottmenschlichen Versöhnungswerk expliziert hatte, in einer Lehre vom dreifachen Amt Christi als Priester, Prophet und König zu verdeutlichen, ihn also nicht durch metaphysische Vorstellungen, sondern von der Vollmacht seiner geschichtlichen Sendung her aufzuschließen. Aber das Amt der Kirche muß man davon unterscheiden. Es folgt dem Amt Christi, setzt es jedoch nicht fort. Denn die Sendung Jesu als Heilbringer aus Gottes Gnade und Macht ist so einmalig wie seine Person. Sie besteht gerade in der Erscheinung, dem Verhalten und dem Geschick dieser Person, ist darin erfüllt und abgeschlossen. Hier, in ihm, sind Person und Amt vollkommen eins. Hier gibt es darum auch nicht den einen, einzeln eingesetzten Nachfolger im Amt wie für den Prinzipal eines Unternehmens, sondern immer nur die vielen berufenen Nachfolger, die den hier aufgeschlossenen Glaubensweg beschreiten und bezeugen. Das Amt der Kirche ist die Berufung vieler zum Christsein. Alle Berufenen sind damit gleichberechtigte Träger dieser Berufung, zum Glaubensweg des Christseins, zur Freiheit eines Christenmenschen ermächtigt und verpflichtet, reichsunmittelbar, gewissensunmittelbar zu dem, in dessen Namen sie berufen sind.

Darin ist aber eingeschlossen, daß die Kirche, wenn sich ihr Auftrag in einem allgemeinen Amtstum der Glaubenden erfüllen soll, zu dessen Vollzug auf ein besonderes Amtstum angewiesen ist, das gleichfalls unmittelbar ihrem Auftrag entspringt und ihn wahrnehmen hilft. Und auch dieses besondere Amtstum kann nur das Amt Christi zur Geltung zu bringen versuchen. Das Amt Christi fortzusetzen ist auch ihm unmöglich und gänzlich erlassen. Wo immer ein Mensch dem Amt der Kirche nachkommt, sei es im Zug seiner allgemeinen Christenberufung oder innerhalb eines besonderen kirchlichen Amtes, da tritt er in beiden Fällen ein für den Christus, dessen Heilsmacht er bezeugt, und da tut er es hier wie dort in der Zuversicht, daß dabei der Bezeugte selber für ihn und für sich eintreten werde, nach der für alle gültigen Verheißung: „Wer euch hört, der hört mich", die kein Privileg des besonderen kirchlichen Amtes ist.

Das besondere Amt der Diener der Kirche und das allgemeine Christenamt der Gläubigen in der Kirche stehen in einer vielfältigen Wechselbeziehung zueinander. Auf der einen Seite ist der besondere Kirchenberuf nur eine besonders herausgestellte, damit auch besonderen Gefährdungen ausgesetzte Weise des allgemeinen Christenberufs. Er hat keinen anderen Grund und kein anderes Ziel als dieser; weil es diesen geben soll, muß es auch ihn geben. Er hat daran auch sein Maß: wenn ein kirchliches Amt nicht mehr dazu dient, daß das Leben der Menschen aus der Berufung ihres christlichen Glaubens dadurch gefördert wird, hat es sich selber verfehlt.

Andererseits steht das kirchliche Amt aber auch den in den Christenstand Berufenen gegenüber – als die Instanz, durch die sie direkt oder indirekt ihre Berufung erreicht, die sie mobilisieren und notfalls korrigieren soll, der die Bewahrung und Deutung des Auftrags der Kirche, also ihre Tradition und ihre geistliche Wirksamkeit, in hervorragendem Maße anvertraut und zur Pflicht gemacht ist; die also auch den Wünschen der Berufenen nicht unterworfen ist, sondern ihnen mit dem Auftrag der Kirche und im Namen ihres Herrn begegnet, notfalls auch entgegentritt. Die Diener dieses Amtes müssen dazu ausgerüstet, der Überlieferungen kundig, zur pfleglichen und kritischen, zeitoffenen und urteilsfähigen Arbeit an ihnen und zu ihrer lebendigen Vermittlung imstande sein. Sie sind für die Gemeinde der Berufenen bestimmt, an sie gewiesen und auf sie angewiesen, wie immer diese Beziehungen zwischen den Dienern im kirchlichen Amt und denen, die sie konkret fördern sollen, sich wandeln, auflockern, schwieriger werden und vom bisher üblichen Bild der lokal umgrenzten Ortsgemeinde abweichen mögen. Sie mögen auch von der Gemeinde oder in ihrem Namen zu ihrem besonderen Amt bestellt werden. Für solche Bestellung sind recht verschiedene Weisen denkbar und theologisch vertretbar. Nur ist das jedesmal zugleich eine Freistellung, die keinerlei formaljuristische Unterordnung des Amtes unter die Gemeinde zur Folge haben kann, sowenig wie sie eine solche Unterwerfung der Gemeinde unter das Amt zuläßt. Alles, was der Träger dieses Amtes mit dem geistlichen Gewicht des Auftrags der Kirche ins Werk zu setzen und als Auftrag der Kirche einsichtig zu machen vermag, bindet diejenigen, für die er bestellt ist; alles, was sie ihm ihrerseits mit geistlichem Gewicht, aus dem Auftrag der Kirche heraus, fragend, ergänzend, widersprechend entgegenhalten können, ist auch für ihn bindend. Und jegliche kirchliche Amtsordnung kann sich nur als Ordnungshilfe verstehen, die das Wechselspiel solcher geistlichen Verbindlichkeit und Verantwortung zwischen Amt und Amtsbefohlenen so sorgsam als nötig ermöglichen und schützen will.

Die evangelische Kirchenlehre bestimmt nur weniges, dazuhin Unterschiedliches über die Ordnung von Amt und Ämtern in rechtlicher, beruflicher, gesellschaftlicher und kirchenorganisatorischer Hinsicht. Im reformierten Lager hielt man in engem Anschluß an neutestamentliche Befunde das in Pastoren und Lehrer, Älteste und Diakone vierfach gegliederte Kirchenamt für ein Merkmal der rechten Kirche. Bei Luther und seinen Nachfahren wurde das „Predigtamt" Kernpunkt und Zusammenfassung des besonderen Amtstums in der Kirche. Damit sollte aber vielmehr die zentrale Funktion, der Dienst mit dem lebendigen Wort, als Hauptsache des kirchlichen Amtes eingeschärft und als eine kirchenbehördliche Amtsinstitution begründet werden. Das „Predigtamt" nennt den Auftrag, dem man mittelst der pfarramtlichen Institutionen hauptsächlich nachzukommen habe. Wer weiß, was das Evangelium ist und wer es recht lehren und auf der Kanzel, in der Schule, auf dem Lehrstuhl, unter vier Augen im Beichtstuhl, am Taufbecken und bei der Abendmahlsfeier vertreten kann, und auch mit dem persönlichen Kreuz zurechtkommt, ohne dessen Bekanntschaft die Erfahrung des Evangeliums schwerlich abgeht, der ist zum kirchlichen Amt geschickt. Es muß ihm dann nur rite, durch öffentliche Bestellung, auferlegt werden. Solche Vokation, dieser öffentliche und „ordentliche Beruf" ist es allein, was den Auftrag der Kirche im „Predigtamt", als Pflicht und Recht zur *öffentlichen* Wahrnehmung des Glaubenswortes in den regulären Funktionen der Kirche vom allgemeinen Christenamt unterscheidet.

Insgesamt macht die evangelische Amtslehre ohne Zweifel einen etwas unabgeschlossenen, mehrgleisigen Eindruck. Das Spektrum zwischen beinahe erschreckender Geringschätzung und ebensolcher Überschätzung des kirchlichen Amtes ist sehr breit, und die Geduld katholischer oder ökumenischer Gesprächspartner wird hier in der Tat angestrengt. Es ist unverkennbar, daß der institutionelle Akzent den funktionalen rasch erdrückt und aus dem Predigtamt das Pfarramt, die zuständige ortsgemeindliche Kirchenbehörde, gemacht hat, meist als Einmannbetrieb. „Amtliche" Erstarrung widerfuhr aber auch dem gegliederten Amt der reformierten Kirchen vielerorts. Vielleicht schuf sich zwar nicht die römische Amtswirklichkeit, die vielgliedrig und abwechslungsreich ist, wohl aber der römische Priesterbegriff, der dort alles in seiner geschlossenen Amtlichkeit einfängt, unwillkürlich das kaum weniger monopolistisch wirkende Pendant im evangelischen Pfarramt. Sicher trug auch die Ernüchterung hinsichtlich der Gemeindemündigkeit, die die Visitationen mit sich brachte, dazu bei. Die Entwicklung zum theologischen Amtsmonopol entschlossen rückgängig zu machen ist im evangelischen Bereich die heute gestellte, langfristige Hauptaufgabe.

In der mangelnden Geschlossenheit der evangelischen Amtslehre steckt auch ein positiver Beitrag zum ökumenischen Gespräch. Je fester die dogmatischen Amtslehren sind, desto heilsverbindlicher geraten dann schnell die kirchenamtlichen Institutionen. Wenn wir die Erscheinungsweisen des Amtes in den neutestamentlichen Schriften betrachten, dann konfrontieren uns diese ja mit einer ganzen Fülle von amtlichen, halbamtlichen und quasiamtlichen Spielarten, die dort unausgeglichen nebeneinanderstehen. Gewiß, das ist ein Spiegelbild werdender Amtlichkeit. Aber offenkundig ist es in dem für die Fundamente der Christenheit so entscheidenden Zeitraum weder gelungen noch als notwendig empfunden worden, eine einhellige Amtslehre oder Ämterordnung zu schaffen. Die geschlossenen kirchlichen Amtskonzeptionen sind nachkanonisch. Allenfalls kann man von einer wahrnehmbaren Tendenz auf Uniformierung, Zentralisierung, ja Monopolisierung hin sprechen, die dann sehr bald sehr greifbar und sehr wirksam geworden ist, die aber im Neuen Testament in der Regel zu den problematischen Anzeichen des Frühkatholizismus gerechnet wird. Diese Not einer unausgegorenen Ämterordnung ist aber durchaus auch eine Tugend. In ihr spiegelt sich wider, daß Nötigung und Ansätze zur Amtlichkeit in der werdenden Kirche unter dem Übergewicht des Dienstgedankens standen. Von daher wurden die Ordnungsfragen zwar nicht aus der theologischen Kontrolle entlassen, aber doch in erster Linie dem nüchternen, bewußt profanen Gesichtspunkt der jeweiligen Dienlichkeit und Situationsangemessenheit unterstellt. Es liegt nicht am Rückzug auf die Dienstgesinnung oder an der Formel, daß das Amt als „Dienst" verstanden worden sei. Diese Vokabel hat in der Kirchen- und Weltgeschichte schon manchen Mißbrauch geistlicher und weltlicher Macht bemänteln müssen. Es liegt vielmehr das Entscheidende daran, daß nach den neutestamentlichen Gesichtspunkten für alle konkreten Ansätze zur Kirchenamtlichkeit und zur Ämterordnung das Recht aufrechterhalten bleiben muß, sie schlicht unter dem Gesichtspunkt ihrer Tauglichkeit für die Sache, die Menschen und die gegebenen Situationen zu konzipieren und zu kontrollieren und sie nicht wieder religiös oder gar mythisch einzunebeln. Nicht zufällig gab das beginnende Amtsvokabular im Neuen Testament weltlichen Bezeichnungen eindeutig den Vorzug, die dann freilich im kirchlichen Gebrauch mittlerweile hochgradig sakralisiert worden sind.

Im Ansatz unvereinbar mit dem evangelischen Amtsverständnis ist und bleibt allerdings das gefährliche Spiel mit einem besonderen geistlichen Stand der zum besonderen kirchlichen Amt Bestellten. Gleichfalls nicht mit evangelischem Amtsverständnis auszugleichen ist die Selbstabsicherung des kirchlichen Amtes in einer hierarchischen Struktur. Sie verwandelt ja das Verhältnis des besonderen Kirchenamts zum allgemeinen Christenamt in ein einseitiges Gefälle und löst das Gleichgewicht wechselseitiger geistlicher Verantwortlichkeit auf. Hier sitzt die beschwerlich offene Stelle des evangelischen Amtsverständnisses: man kann von ihm aus die Instanz, die den Auftrag der Kirche sowohl gegenüber dem besonderen Kirchenamt wie dem allgemeinen Christenberuf vertritt und beide in ihrer wechselseitigen Verantwortlichkeit zurechtweist, nicht schlüssig institutionell besetzen. Man wird an synodale Gremien denken, dazu an die Theologie als an eine freie, indirekt kirchenleitende Geistesmacht. Hier wird der Notbehelfscharakter des Kirchenamtlichen unübersehbar. Die cathedra Petri läßt sich evangelisch weder besetzen noch ersetzen. Ein institutioneller Schlußstein an dieser offenen Stelle wäre nicht der krönende Abschluß, sondern das Ende der evangelischen Lehre vom kirchlichen Amt.

Die heutige Situation könnte, so scheint es, die Kirchen schlechterdings dazu zwingen, ihr besonderes Amtstum in vielen Hinsichten von den Vorbelastungen seiner historischen Institutionalisierung und seiner religiösen Tabuisierung frei zu machen. Sie hat die heimliche und unheimliche Frage im Köcher, ob unser derzeit praktizierter und immer weniger praktikabler kirchlicher Amtsbegriff überhaupt schon evangelisch ist. Sie macht es jedenfalls unumgänglich, daß sich das ordinierte kirchliche Amt heute sehr konkret als koordiniertes Amt versteht und auch entschlossen so betätigt. Daß es sich also entschlossen vom Monopoldenken verabschiedet, das auf der amtlichen Zuständigkeit beharrt, und ebenso vom Repräsentationskonzept, das die ganze Kirche im Amt amtlich dargestellt und notfalls durch das Amt ersetzt sieht, und schließlich auch von den Totalitätsansprüchen, unter deren Druck die Amtsträger von sich und die Gemeinden von ihnen erwarten, daß sie alles können und darum auch alles tun sollen.

Das Schlagwort vom „koordinierenden“ Amt bleibt nur zu leicht bloß eine modische Reprise der heute entkräfteten Amtsvorstellungen von dem einen leitenden Kirchenamt in der geschlossenen Gemeinde. Es wirkt leicht als eine Variante der Parole „divide et impera", wenn es das Amt nicht zuerst, zuinnerst und von der Wurzel her als koordiniertes Amt verstehen lehrt. Als koordiniertes Amt muß es sich zuerst im eigenen Haus, im kirchlichen Amtstum selber mit den andern Ämtern arrangieren und sich auf gemeindlicher wie übergemeindlicher Ebene überhaupt erst einmal die Grundelemente wirklicher Arbeitsteilung und Arbeitsgemeinschaft anschaffen, um sie dann auch über den Bereich des Amtstums hinaus weitergeben zu können. In zweiter Linie wird es sich dann auch als der Gemeinde koordiniertes Amt mit dieser neu arrangieren müssen, indem es sich nicht mehr als Alleininhaber, sondern als theologisches Gewissen der Gemeindeleitung versteht und sehr konkrete Konsequenzen daraus zieht, notfalls sogar gegen den Willen der Gemeinde, die sich gegen alle Zumutungen der Freiheit zu wehren pflegt und am liebsten an der geistlichen Totalversorgung durch das eine Amt festhalten möchte, die wir ihr nicht mehr gewähren dürften, auch wenn wir es noch könnten. Und drittens wird sich das koordinierte Amt auch mit der Gesellschaft neu arrangieren müssen. Es wird gelten, die pluralistische Situation wirklich anzunehmen, das heißt, es muß nicht sein theologisches Konzept, sondern sein Weltverhalten ändern. Denn es erscheint in der Welt als Beruf unter Berufen, so wie die Kirche als Gruppe unter Gruppen erscheint. In diesem Koordinatensystem liegen seine ganzen reellen gesellschaftlichen Wirkungsmöglichkeiten beschlossen – auch für eine Kirche, die in Wahrheit mehr als eine Gruppe, und für ein Amt, das in Wahrheit noch etwas anderes als ein Beruf ist. Kirchliches Amtstum, das dieses Koordinatensystem nicht akzeptiert, begibt sich freiwillig in Quarantäne. Dann bleibt das Schifflein der Kirche vertäut in einem vergessenen Hafenbecken. Das Amt braucht seine Fremdheit nicht zu tarnen, büßt sie auch sicher nicht ein. Aber es könnte, gerade wenn es in der Bescheidung eines geprägten Berufs und in der klaren Einsicht in dessen begrenzte Möglichkeiten das Seine mit Hingabe zu tun sucht in der menschlichen Gesellschaft, die Isolierschicht einer Pseudoamtlichkeit, die hölzernen Stelzen unerwiesener Ansprüche und die überall zu große Saulsrüstung eines immer unwahrscheinlicheren Amtsheroismus ablegen und gerade so geschickter werden zu allem guten Werk. Es könnte durch fachgerechte und bescheidene Zusammenarbeit mit anderen, gleich hoch respektierten Berufen besser verwirklichen, was in ihm das „Amtliche" ist und mehr als den bürgerlichen Beruf meint. Und es könnte damit wohl auch in die sich immer mehr zu bloßen Verrichtungen entleerenden anderen Berufe etwas hineinbringen von der inneren Unruhe und Begnadung des allgemeinen Christenberufs.

Gemeinde VI/10

Wenn sich im Amt der Knoten der Probleme heutigen kirchlichen Dienstes schürzt, so bezeichnet die Gemeinde das Hauptkampffeld, auf dem diese Problematik auszutragen ist. Theologiestudenten haben häufig Angst vor der Gemeinde. Sie fürchten die Diktatur unbeweglicher Gewohnheiten, schwer aufzulösender Vorurteile und allzu hoher Erwartungen. Sie fürchten sich vor den anspruchsvollen Aufgaben, vor dem religiösen Ernst der Verantwortung, vor einem kaum zu bewältigenden Arbeitspensum ohne den geregelten Rhythmus von Arbeit und Freizeit, der sonst überall selbstverständlich ist. Sie fürchten die Dauerzumutung persönlicher Selbstveräußerung ohne ausreichende Zufuhr und daß der Aufwand ihre Kräfte mehr ab- als ausnütze, weil er sie an einen erstarrten Frontabschnitt binde. Diese Sorgen haben Grund. Diese Bilanz wird nicht überall ausgeglichen durch ganz andere Erfahrungen, durch persönliches Wachstum an ungesuchten, reellen Problemen und in beglückenden oder bedrückenden menschlichen Begegnungen, in denen die eigene Stimme Echo findet und sich wandeln kann.

Umgekehrt fürchtet sich die Gemeinde vor unvergorenen Formulierungen im gewachsenen Wald gewichtiger Glaubensüberlieferung, vor rücksichtslosen Experimenten an lieb gewordenen Gestalten gelebter Frömmigkeit, vielleicht auch vor burschikosem Gebrauch christlicher Freiheit, vor unerwogener Identifizierung mit den Kindern der Welt oder vor allzu hitzigem politischem Engagement. Auch diese Sorgen haben Grund. Theologen, Pfarrer und Gemeinden müssen heute alle eine Übergangszeit annehmen, die von der Kirche weithin erst recht spät zur Kenntnis genommen worden ist.

Freilich liegt hier nicht nur eine Zeiterscheinung, sondern eine grundsätzliche und unaufhebbare Spannung vor. Die Theologie hat alte Fragen neu im Gegenwartsgeschick zu bedenken, die Gemeinde mit kirchlichen Einrichtungen, deren Herkunft generationenlang zurückliegt, gegenwärtiges Menschenlos zu bestehen. Hier können traditionelle und gegenwärtige Interessen sehr verschränkt zusammenstoßen und Kierkegaards schreckliche Sorge aufwecken, ob es überhaupt gelingen könne, das Christentum wieder in der Christenheit einzuführen. Aber die Gemeinde ist als genaues Pendant zum kirchlichen „Amt“ heute ganz auffällig zum Brandplatz der Diskussionen und Reformvorschläge in der Ökumene geworden. Wenden die Gemeinden das Evangelium der Welt zu, oder verbrauchen sie es für sich? Was tragen sie dazu bei, daß den Menschen in ihren quälendsten Nöten Glaubenshilfe zukommt? Sind die Gemeinden nicht so in gesellschaftliche Engpässe eingeschnürt, daß die konfessionellen Differenzen mit ihrem jahrhundertealten Gewicht daneben vergleichsweise harmlos erscheinen? „Die wirkliche ökumenische Krise vollzieht sich heute nicht zwischen Katholiken und Protestanten, sondern zwischen den traditionellen und experimentellen Formen kirchlichen Lebens“ (Harvey Cox, Stadt ohne Gott?, 1966, S. 178). Die abendländischen Gemeinden leben teilweise noch sozusagen unter einem integrativen Überhang institutioneller Positionen und faktischer Geltung aus ihrer Vergangenheit. Aber offensichtlich brechen heute in allen großen Kirchentümern die Spannungen zwischen einem alten und einem neuen Lebensstil auf dem Boden der Gemeinden aus, in ihnen selber oder in Neubildungen, die versuchsweise neben ihnen entstehen.

Katholisches und evangelisches Kirchenverständnis sind nächst dem Priesterbegriff vor allem durch die verschiedenen Rollen geschieden, die die Gemeinden in ihrer jeweiligen Sicht spielen. Die Konzilstheologen der Gegenwart beschreiben das Wesen der Kirche mit einer ökumenisch sehr geschmeidigen Begrifflichkeit. Sie reklamieren das Priestertum aller Gläubigen energisch als genuin katholische Losung, insoweit mit Recht, als die tatsächliche Laienaktivität dort vielen protestantischen Kirchen um Längen voraus ist und die Laien dort teilweise auch bessere theologische Fürsprecher gefunden haben. Aber durch die faktische Gleichsetzung von Gemeinde und Laientum wird das eigentliche Gemeindeproblem in der Kirchenlehre im Grund umgangen. Mobilität der Kirche ist im römischen Katholizismus mit dem Priester als solchem gegeben. Denn er bringt mit sich selber und mit dem Sakrament der Messe die Kirche und die Macht des ihr eingestifteten Gotteserbarmens überallhin realiter und sicher mit. Sie ist sicher, weil der Amtsträger sakramental geweiht und damit, abgesehen von allen persönlichen Bewandtnissen, ein Glied der hierarchischen Struktur der Kirche selbst geworden ist. Die Laienmitarbeit, als gesamtkirchliche Aktivität verstanden und betrieben, erhöht die kirchliche Wirksamkeit beträchtlich. Aber sie bleibt trotz aller Selbständigkeit amtsgelenkt, der hierarchischen Kirchenstruktur eingeordnet. Ernsthafte Zusammenstöße zwischen dem charismatischen Laienelement und dem kirchlichen Amtstum sind strukturell abgefangen, Reformationen nur noch amtlich dekretiert vorstellbar. Der sakramentale ordo, die Priesterweihe, läßt die kirchliche Dynamik letzten Endes risikolos bleiben.

Aber ist solche Abschirmung gegen Unsicherheitsfaktoren wie Wort und Gemeinde nicht auch etwas Unheimliches? Entgegen tritt uns überall das Kolossalbild einer Gesamtkirche mit konziliarer und papaler, überall amtsdurchwirkter Repräsentation. Sie bildet aus den sakramentsverwaltenden Amtsträgern und den einzelnen Sakramentsempfängern das geordnete Gottesvolk, in dem die „Gemeinde" die geographisch-administrative Kleinstzelle ist. Demgegenüber wird in der evangelischen Kirchenlehre die Gemeinde nicht so sehr als Kleinstzelle, sondern als Keimzelle der Kirche angesehen. Hier ist immer auch schon die ganze Kirche. Aus dem alttestamentlich verwurzelten kollektiven Gottesvolkgedanken tritt die Jüngergemeinde heraus als das „geistliche" Gottesvolk. „Das erste Dogma der Kirche war und ist die Bruderschaft, die bekannt und erfahren wird und allen dogmatischen Formeln und organisatorischen Formen vorausgeht" (Franklin Littell). Das Kardinalproblem steckt dann in dem Ausschließlichkeitsanspruch, der sich damit verbunden und die konfessionelle Debatte weithin bestimmt hat: als diese konkrete Gemeinde die eine wahre Kirche am jeweiligen Ort zu sein. Die Frage ist, ob solches Verständnis der Gemeinde noch von der Realität gedeckt wird, ob hier nicht auch ein ekklesiologischer Mythus droht und die Kirche an jener Multiformität hindert, in der sie den Herausforderungen der pluralen Welt allein wirksam begegnen kann.

Wir müssen einige historische Streiflichter einblenden, die das Werden und das Geschick der kirchlichen Ortsgemeinden erhellen sollen. Glaubensgemeinschaften gehören seit eh und je zur Geschichte der Menschheit. Weil religiöser Glaube sich mitteilen will, sucht er, und wo immer er sich mitteilt, schafft er Gemeinschaft, die sich dann immer irgendwie um herausragende Menschen ordnet und ein gemeinsames Leben organisiert. Denn was der Glaube an Gottesmächtigkeit erfuhr, das will er wieder erfahren und also weiterbegehen und weitergeben, solange solche Mächtigkeit anhält. Rein so von außen, im religionssoziologischen Sinne betrachtet, ist es also gar nichts Besonderes, daß der christliche Glaube als „Kirche" erscheint und örtliche Gemeinden um die Zentren religiöser Begehung bildet. Der Glaube, der im Abendland fast alle anderweitigen religiösen Überlieferungen, Strömungen und Gemeinschaften abgelöst, überwältigt oder auch nur überformt hat, hat rein strukturell nichts schlechthin Neues mit seinen Gemeinschaftsgebilden herausgestellt. Auch nach der konfessionellen Spaltung blieb es, von außen gesehen, im Grund bei einer verblüffenden Gleichheit der Begriffe und des Erscheinungsbildes.

Solche Verwechselbarkeit im gemeindlichen Erscheinungsbild kommt nicht allein von soziologischen Grundbewandtnissen, sondern mehr noch ist sie ein kirchengeschichtliches Ergebnis. Die evangelischen Gemeinden sind in eine Erbfolge eingetreten: sie haben nicht nur die vorhandenen Kirchengebäude, sondern auch die Gemeindeorganisation übernommen oder, wo es nötig wurde, eine solche parallel danebengebaut. Hier wie dort blieb es beim parochialen System, das heißt bei der kirchenbehördlichen Zuordnung eines Wohnbezirks zu einer zentralgelegenen Pfarre und Pfarrkirche. Die Parochie ist aber kein Gemeindekonzept, sondern ein Amtskonzept; sie ist primär administrativ gemeint und legt die kirchenamtliche Zuständigkeit fest. Dem parochus wird die cura animarum in einem Wohnbezirk auferlegt; er muß die dort Wohnenden zur Kirchlichkeit erziehen und ihnen durch die kirchlichen Institutionen wie durch seine persönliche Einwirkung zum Heil verhelfen. Sie wiederum sind ihm gegenüber beichtpflichtig und versorgungspflichtig. Diese parochiale Struktur setzt das christliche Abendland voraus als eine Gesellschaft, die sich in kirchliche Zuständigkeitsbereiche aufteilen *läßt*. Sie ist die möglichst lückenlose kirchliche Raumplanung des konstantinischen Zeitalters zur Regelung umfassender kirchenamtlicher Versorgung. Gemeindliche Elemente kommen da nur als Konsequenz hinzu; sie begleiten die parochiale Struktur, aber konstituieren und formieren sie nicht. Das konnte in Ordnung gehen, solange der parochiale Bezirk einen geschlossenen Raum selbstverständlich gemeinsamen Erlebens darstellte und solange beinahe ausschließlich im kirchenamtlichen Tun das gemeinsame Erleben zu Wort kam. Je magnetischer aber andere Gemeinschafts- und Gruppengebilde zu eigenen Erlebens- und Informationsmittelpunkten wurden, um so mehr mußte die Parochie zum kirchlichen Versorgungsbetrieb einschrumpfen, eine spezifisch religiöse Instanz werden und die Tuchfühlung mit dem profanen Leben verlieren.

Die Reformation hat die Gemeinde aufs Programm geschrieben und hat durch die in ihr fälligen Entscheidungen zwischen altem und neuem Kirchenwesen erhebliche personale Elemente in die parochiale Struktur eingebracht. Jetzt stand die konfessionelle Weise, Christ zu sein, theoretisch und bisweilen auch praktisch wieder zur Wahl. Ein konfessorisches Moment umspielte wieder die parochialen Strukturen. Aber das profane Leben emanzipierte sich mehr und mehr von kirchlichen Ereignissen. Die Parochie löste sich als Erlebnisgemeinschaft weitgehend auf; die Verstädterung machte aus ihr ein bisweilen wunderliches administratives Zufallsprodukt, und derselbe städtische Sog sprengte auch die dörflichen Lebensgemeinschaften auseinander. Gleichzeitig wurde die einst selbstverständliche Ehe zwischen christlicher Lebenshaltung und kirchlichem Verhalten lockerer.

Wer heute die Ortsgemeinde herkömmlichen Stils gegen Neuerungen mißtrauisch verteidigt, mag gute Gründe dafür haben. Er muß aber sein Mißtrauen auch auf die parochiale Erblast ausdehnen. Und wer seine Parochie zu einer lebendigen Gemeinde machen will, folgt damit einem andern

kirchlichen Konzept und muß darauf achten, daß die parochiale Struktur ihm nicht selber das Konzept wieder verdirbt.
Was ist aber nun eine evangelische Gemeinde? Wenn Luther den Begriff „Kirche“ eher gemieden als gesucht hat und ihm den der Gemeinde oder Christenheit weit vorzog, so steht dahinter gewiß auch die Erfahrung eines Zuviel an Kirche; einer Kirche, die das Heil so selbstbewußt verwaltete, daß sie den, von dem es kommt, mehr verdeckte als zeigte. Schon bei den mittelalterlichen Häretikern war ein solches latentes Volksempfinden laut geworden. Der reformatorische Durchbruch betraf aber nicht das verbreitete kirchliche Unbehagen, sondern eine neue Weise der Heilserfahrung und Heilsvergewisserung. Aus der Tiefe dieser Erfahrung heraus wurde der Glaube allein zur Mitte evangelischer Frömmigkeit und wurde auch die Kirche aus einer Verwalterin des dogmatischen Glaubenserbes wieder zur Gemeinschaft der Glaubenden und zentral von daher verstanden, was sie als solche zustande bringt. Die Jüngergemeinde trat hier dem etablierten Gottesvolk wieder spannungsvoll gegenüber. Moderner könnte man sagen: die urchristliche, in der Apokalyptik verwurzelte Vorstellung der eschatologischen Heilsgemeinde brach wieder machtvoll hervor. Dann aber ist hier die Kirche nicht Bestandteil der Offenbarung als deren Gefäß, sondern primär Antwort auf sie; ist also weder ihre Gestalt noch ihre Struktur geoffenbart. Nicht gottgestiftete Strukturen der Kirche werden zur Gewähr für das Heil, sondern die Mittel, die das Heilsgeschehen weitergeben, das weiterbezeugte Evangelium und die gefeierten Sakramente, zeigen an, daß Kirche da ist. Hier wird die Heilsvollendung auch nicht von der Vollendung der Kirche erwartet – so daß der Kreis der geweihten Amtsträger das durch die Taufe geweihte Gottesvolk schafft und dieses schließlich deckungsgleich mit der Menschheit wird, wodurch dann allerdings die Kirche zur Heilsnotwendigkeit schlechthin wird. Dem steht vielmehr jetzt ein Kirchenverständnis gegenüber, bei dem, scharf formuliert, die Heilsvollendung gerade keine Kirchenherrlichkeit meint, sondern die Kirche entbehrlich macht. Es ist dann nicht alles Kirche, sondern alles neu geworden. Hier wird dann der ganze kirchliche Dienst sein Ziel nicht schon in der bloßen Kirchlichkeit sehen, sondern wird sich selber lieber zum helfenden Angebot der Heilserfahrung und Heilsvergewisserung machen.
Die Kirche wird damit freilich nicht überhaupt entbehrlich, ihre Gestalt auch nicht einfach dem geschichtlichen Zufall und der menschlichen Willkür überlassen. Aber sie bekommt dann allerdings für evangelisches Verständnis interimistische, situationsoffene, solidarische und diakonische Wesenszüge. Als Kirche des erschienenen, aber noch verborgenen Heils, als Kirche der Glaubenszeit, kann sie sich mit keiner geschichtlichen Gestaltung zeitlos und endgültig identifizieren. Die Wegmarken des Wortes und

der Sakramente passen zu ihr. Denn es gibt ja kein Wort an sich, sondern immer nur Wort in der Situation zwischen Menschen; Wort, das zwischen den sich wandelnden Zeiten unterwegs bleibt und sich im Namen des heilschaffenden Gottes an die stets wechselnden, zuinnerst immer gleichen Unheils-Situationen dieser Welt heranwagt und den vom Unheil Übermächtigten brüderlich beispringt, damit aus gleicher Betroffenheit gleicher Mut und gleiches Beschenktsein werde. So wird Gotteserfahrung aus der Vertikalen in die Horizontale umgesprochen, wird zur diakonischen Solidarität. Und gerade die Sakramente als ausgeprägte Gemeinschaftsakte besiegeln konkret, leibhaft solches gemeinsame Betroffensein und Beschenktsein, wobei die Taufe vielleicht etwas mehr die Betroffenheit, das Abendmahl etwas mehr das Beschenktsein zum Ausdruck bringt. In solcher situationsoffenen, weltoffenen, dienstfähigen, bruderschaftlichen Daseinsweise erscheint die Kirche als Gemeinde, will sie in ihr geschehen und gelingen.

Evangelisches Gemeindeverständnis ist darum grundsätzlich offen für ökumenische Pluriformität. Zwischen klerikaler Überakzentuierung einer konkreten Gemeindegestalt und der stets hochversuchlichen Relativierung alles Kirchlichen hindurch führt hier der Weg. Es bleibt freilich eines, in der dogmatischen Kirchenlehre der Gemeinde theoretisch eine Menge zuzudenken, und ein anderes, es ihr dann auch praktisch zuzutrauen und zuzumuten! Hierin ist Luther schmerzlich konservativ geblieben. Sein Wort, er habe die Leute nicht dazu, ist bekannt. Wahrscheinlich hatte er damit nüchtern recht. Trotzdem bezeichnet es eine tragische Klippe in der Reformation, über der die Frage des Schwärmer- und Täufertums mahnend und unbeantwortet stehengeblieben ist.

Die Gemeinde ist der normale Boden jeden kirchlichen Dienstes. Er soll und will ja dafür sorgen, daß Kirche in der Welt ist und wirkt und das in ihr wirkende Heil zu den Menschen kommt. Als Gemeinschaft solchen Dienstes ist die Gemeinde grundsätzlich offen nach allen Seiten, für alle Menschen und auch nach allen Zeiten hin. Natürlicherweise erscheint sie in konkreter räumlicher Begrenztheit, innerhalb deren Glaubens- und Dienstgemeinschaft überhaupt nur sinnvoll realisierbar ist; insoweit spricht man von Gemeinde. Soweit sie aber ihre Offenheit durchhält, erscheint in ihr – Kirche! Das wird sehr reell dadurch, daß es in der Nachbarschaft andere Menschen und andere Gemeinden gleichen Glaubens gibt, Kommunikation im Glauben und Dienst also sich ereignet, aber auch gesucht werden kann und muß. Jede Gemeinde ragt aber mit ihren Erinnerungen auch temporär in die Kirche hinein, die vor ihr war. Und alle ihre Bemühungen um ihr gegenwärtiges Leben und den ihr befohlenen Dienst meinen stets die Nachwachsenden mit und also den Anschluß nach vorn. Auch die kommende Kirche ragt in die Gemeinde hinein als das Ziel, dem sie entgegenlebt. Daß in ihr die gewesene und die kommende Kirche miteinander identisch bleiben wollen und sollen, das macht ihre Lebendigkeit aus, gibt ihr den Halt und den Elan.

Zu solchem Halt gehört also auch ihr empfangenes Ordnungserbe. Es würde sie nicht halten, sondern nur fesseln, wenn es nicht entwicklungsfähig bliebe im Rhythmus zeitgenössischen Lebens. Aber vornehmlich sind die ererbten Ordnungen an der Erhaltung interessiert. Hier gibt es in der Tat Unveräußerliches zu erhalten: den Namen Jesus Christus als Inbegriff alles dessen, was hier zu sagen ist und kraft dessen hier Glauben hervorgerufen werden soll und kann; die Bibel als die ebenso zufällig wie erstaunlich erhaltene und abgegrenzte Sammlung von Erstdokumenten jener Geschichte, die hinter dem Namen Jesus Christus steht und von ihm ausgelöst worden ist; die Gemeinschaft, die solchen Glauben konkret bekennt; Taufe und Abendmahl als ihre äußerlichen, kontinuierlichen, leibhaften Marksteine. Aber all dieses Unveräußerliche will immerzu ins Wort, will in heutigem Wort geäußert, nicht nur zitiert, sondern bezeugt und gedeutet werden. Die Glaubensgemeinschaft will lebendig bleiben und also Schritt halten mit dem gesellschaftlichen Leben in all seinen Wandlungen und Bedrohungen. Weil die Kirche in der Gemeinde erscheint und ihr zugleich vorausliegt, herkünftig wie zukünftig; weil die Gemeinde ihr gegenwärtiges Kirchesein an der herkünftigen Kirche messen muß, um sich auf die zukünftige Kirche zuzubewegen, kann sie nur lebendig bleiben in rückhaltloser Bereitschaft zur Erneuerung, steht sie mit allen Formen ihres Lebens unter der beständigen Frage, ob sie diese jetzt nicht erneuern, ergänzen, ablösen oder ersetzen müßte. In ihren öffentlichen Wort-Formen wie Predigt, Unterweisung und Seelsorge kommt es von selbst heraus, ob sie an der Zeit bleibt oder aus der Zeit kommt. In ihrem Gottesdienst ist zwar das Modische immer besonders unerträglich, haben die herkömmlichen Formen ein besonders starkes Recht; aber wenn sie überwiegend als Zaun wirken, ist auch der Gottesdienst aus der Zeit.

Leuchtet dies alles schon im kirchlichen Binnenraum ein, so erst recht, wenn man mitbedenkt, daß die Kirche nicht um ihrer selbst willen da ist, sondern damit ihr Dienst in der Welt wirksam werde. Hier wird die Frage nach ihrer Zeitgemäßheit dann erst recht gewissensdringlich. Wie weit taugen ihre Formen noch zum Dienst an und in der *Welt?* Nicht ihre Funktionseinrichtungen allein, auch ihre ganze Gemeindegestalt selber rückt unter diese Frage. Steht sie sich selber im Weg? Für den kirchlichen Dienst gibt es nicht nur ein theologisches, sondern auch ein ebenso empfindliches säkulares Barometer, und beide Aspekte sind in Wirklichkeit nur die zwei korrespondierenden Ableseskalen für ein und denselben Zeiger! Nähme man die Kirche als Begriff, isolierte man sie in der Wirklichkeit, dann fielen allerdings Dauerreformation und kirchliche Routinearbeit zusammen ohne belangvollen Ertrag. Kirchenreform kann aber nicht intra muros konzipiert, sondern nur in Tuchfühlung mit der gesellschaftlichen Wirklichkeit praktiziert werden. Auch wenn soziologische Einsichten aus dem Feld der Historie die Kirche nicht in ihrem Wesen erklären können, sind sie doch für ihre Erneuerung theologisch von Belang.

Im Zusammenhang mit ihnen ergeben sich für heutige Sicht der Gemeinde im Rahmen des kirchlichen Dienstes und als dessen Boden einige Richtpunkte:

1. Vordringliches Gebot ist die Überwindung der parochialen Mentalität bei Pfarrern und Gemeinden. Die Parochie entspringt letzten Endes der Konzeption einer ecclesia triumphans: sie ist die amtsstrategische Einvernahme des ganzen Erdkreises in die Kirche, einfach dadurch, daß die amtlichen Zuständigkeiten nahtlos durchliniert werden und jeder Fleck Erde seinen Bischof bekommt, sei es in partibus fidelium oder infidelium. Evangelisches Gemeindeverständnis dagegen kann den parochialen Rahmen nur als administrative Arbeitshilfe gelten lassen, je nach Tauglichkeit. Jeder Casus confessionis macht die parochialen Grenzen ohnehin belanglos und stellt die Kirche in den Gemeinden wieder frisch zur Wahl. Man muß nicht gegen die Parochialgemeinden zu Feld ziehen; sie haben es schwer genug und bleiben hierzulande auf lange hinaus das Rückgrat des kirchlichen Dienstes. Aber für eine parochiale *Mentalität* gibt es innerhalb evangelischen Kirchenverständnisses nicht einen einzigen guten Grund.

2. Kirchlichkeit kann die willkommene Frucht des kirchlichen Dienstes sein, aber sie darf weder sein Ziel werden noch seine Verfahrensweisen diktieren. Man muß auf Glauben bedacht sein, um zur Kirche zu führen, und nicht auf Kirche, um zum Glauben zu helfen. Diese Alternative ist gewiß wenig delikat für das Ineinander der Aspekte, aber das damit bezeichnete Gefälle ist evangelisch; das haben die klassischen Vertreter des Pietismus immer besonders stark empfunden.

3. Die Entwicklung im kirchlichen Dienst auf dem Boden der Gemeinde muß von der inklusiven Katholizität zu einer kooperativen Ökumenizität weiterführen. Schon innerhalb einer einzigen Gemeinde wird ohne ökumenisches Zutrauen jede kirchliche Aktivität im Grund nur verkümmern können. Solches Zutrauen sollte sich nicht erst an vorausgehenden Ergebenheitsadressen an die parochiale Amtshoheit entzünden. Die Kirche muß es zulassen, daß die Situationen überall ein bißchen anders sind und lokal wie global, temporär wie epochal immer ein wenig mitmodellieren an den Gestalten gemeindlichen Lebens. Das ist eine Banalität; aber es geht dahinter um die Bereitschaft, aus dem Wissen um die Vorläufigkeit aller gestalthaften Positionen in der Gemeinde Konsequenzen zu ziehen oder doch zu erlauben.

4. Die Wohngemeinden können sich entlasten von dem Vielzuvielen, das ihnen das Monopoldenken aufladen will. Nicht jede Gemeinde muß alles haben oder tun, was eine andere Gemeinde hat oder tut. Auch die kirchlichen Aufsichtsbehörden sollten sich von jedem Schema verabschieden, das zu typisieren sucht, wie eine blühende Gemeinde aussieht. Die Befreiung von dem Zwang, versagten Möglichkeiten nachzuweinen, kann gegebene Gaben entdecken helfen. Es ist nicht gut, wenn hier falsche Erwartungen das Bild jenes Pfarrers bieten, der sich von einem Sattel in den andern schwingt und am Ende in keinem mehr recht reiten kann.
5. Gemeinschaftsbildungen, die sich zu bestimmten, präzisen Aufgaben zusammenschließen, also in gewisser Weise offenbleiben und eines Tages wieder aufhören, wenn das derzeit Mögliche erreicht ist, sind nicht nur theologisch legitim, sondern auch geistlich voller Chancen, wirkliche Gemeinschaft zu realisieren. Sie ist stets ein Geschenk; man muß sie aber auch lassen können. Das Aufhören einer zeitbedingten Gruppe ist nicht schon automatisch eine Cannae für das Reich Gottes, es kann auch ein Sieg sein über die eigene Trägheit. Der Glaube macht sich für Neues bereit. Solche Gruppen können nachbarschaftlich, beruflich, altersmäßig, vielleicht aus bestimmten politischen oder Bildungsinteressen entstehen und müssen weder vom Pfarrer ins Leben gerufen noch betreut noch genehmigt sein. Das beste, was er für sie tun kann, ist, für geeignete theologische Gesprächspartner zu sorgen. Der Gefahr einer Cliquenbildung kraft gegenseitiger Sympathie wird man ins Auge sehen müssen. Vielleicht kann man ihr durch den Vorrang sachlicher Aufgaben und durch die Geduld, zu der ungeeignete Teilnehmer herausfordern, die durchs Schlüsselloch hereinzukommen pflegen, in etwa begegnen. Nur in der kleinen Gemeinschaft kann man nach Kierkegaard „Herz ansetzen".
6. Solche Gruppen bilden sich nicht überall und greifen oft über die Parochiegrenzen hinaus. Sie tun gut daran, die Region einzubeziehen. Denn es gibt immer wieder gute Gaben einzelner Christen, die der Kirche nicht gehörig zugute kommen, weil sie unter Niveau verbraucht werden. Und nur wenn die Parochiegrenzen ins Geflecht nachbarschaftlichen Lebens hinein geöffnet werden, kann man auch die starken Einseitigkeiten der theologischen Amtsträger positiv ausnützen und ihre Schwächen besser auffangen. Und erst dank der vollen kirchlichen und theologischen Reputation der freien Gruppen im kirchlichen Dienst, in denen auch die sonst Milieufremden existieren können, wird es der Gemeinde gelingen, das mittelbürgerliche Parochialmilieu nach beiden Seiten hin aufzuweichen.
7. Die Vorstellung des sogenannten Hauptgottesdienstes als *der* repräsentativen Selbstdarstellung der Gemeinde als ganzer ist wohl nur noch als verständlicher und stark begründeter Wunsch festzuhalten. Vielleicht

wird er wieder, was er sein wollte, wenn wir die Nichtteilnehmer aus dem unausgesprochenen Anklagezustand mangelhaften Christseins entlassen und ihn einfach als ein hoffentlich verlockendes und erfreuliches Angebot betrachten. Dazu wird allerdings gehören, daß wir auch anderen Zusammenkünften mit anderen Tagen, Zeiten, Ordnungen und Räumlichkeiten ihr volles theologisches Recht lassen. Aus Vielheit Einheit zu machen, bleibt die Gnade des Geistes.

8. Ohne Zweifel ist die große Chance der ortsgebundenen Gemeinde mit dem ortsfest installierten Amt vorwiegend diakonischer Art. Sie braucht sich des Dienstes an Kindern, Alten, Kranken und sozial Frustrierten nicht zu schämen, sondern immer nur dessen, daß sie ihn schlecht genug tut. Er hat stärkere Ausstrahlungen auf die Gesunden und in der Mittätigkeit Verhinderten, als man denkt.

Amtshandlungen VI/11

Für eine gewisse, nicht ganz einheitlich bestimmte Gruppe von Formen des kirchlichen Dienstes ist der Begriff Amtshandlungen gebräuchlich geworden. Die wichtigsten Formen haben ein hohes kirchliches Dienstalter vorzuweisen, reichen teilweise in die alte Kirche zurück; der Sammelname Amtshandlungen für sie ist jedoch verhältnismäßig jung. Man verwendet ihn in steigendem Maß erst seit etwa einem halben Jahrhundert. Im Grund ist dieser Name ein bloßer Arbeitstitel und keine sachlich zureichende oder gar notwendige Definition. Er drückt nicht einmal ein unentbehrliches gemeinsames Kennzeichen der so rubrizierten Dienstformen aus. Einerseits erscheint er viel zu allgemein und zu weit, andererseits auch wieder zu eng, und insgesamt ist er ziemlich mißverständlich.

Üblicherweise rechnet man heute in der praktisch-theologischen Arbeit zu den Amtshandlungen Taufe, Konfirmation, Krankenabendmahl, Gemeindebeichte – besonders dort, wo sie noch Vorbereitungsgottesdienst für die Abendmahlsfeier ist; ferner kirchliche Trauung einschließlich „Jubelhochzeit“ und kirchliches Begräbnis in seinen verschiedenen Vollzugsweisen von der Aussegnung im Trauerhause bis zur Urnenbeisetzung. Dazu kommen noch zwei ziemlich buntfarbige Gruppen: einmal die Einführungshandlungen, also Ordination und Amtseinführung von Pfarrern, Vikaren, Katecheten, Kantoren, Gemeindehelferinnen und Gemeindeschwestern, Kirchengemeinderäten, Mesnern u. a. m. Sodann sind es die Einweihungsfeiern in neuen oder erneuerten Kirchen, Gemeindehäusern, Friedhöfen, oder wenn Orgeln, Glocken, gottesdienstliche Geräte in Gebrauch genommen werden. Die Generation des Wiederaufbaus nach den Kriegszerstörungen hat solche sonst seltenen Feiern in ungewöhnlicher Zahl miterlebt. An sie kann sich da und dort noch ein ganzer Kometenschweif weiterer öffentlicher kirchlicher Auftritte anhängen, etwa bei Brücken-, Haus- oder Fahnenweihen, bei Kirchen- oder Amtsjubiläen, Gemeinde- und Staatsakten, je nach den Wärmegraden der nachkonstantinischen Öffentlichkeitstemperatur: hier will man die kirchlichen Handlungen zur Überhöhung der weltlichen Feierlichkeit dabeihaben, da sie wenigstens paritätisch dabei zulassen und dort am liebsten ferngehalten wissen. In stramm staatskirchlichen Verhältnissen war auch der Eidesvorhalt eine kirchliche Amtshandlung: also die amtliche kirchliche Mitwirkung, die bei staatlichen Vereidigungen zur Wahrhaftigkeit im Namen Gottes vermahnte, wobei die Anwesenheit der Kirche aber immer nur die Unbedingtheit des Treuegelöbnisses verschärft, keineswegs jedoch sie durch einen geistlichen Vorbehalt gemildert zu haben scheint. Und schließlich fallen unter die Rubrik von Amtshandlungen auch noch mehr oder weniger feierliche Akte der Kirchenordnung, etwa die Aufnahme schon Getaufter in die Kirche, wenn sie aus einer andern Konfession oder Sekte übertreten, oder die Wiederaufnahme Ausgetretener.

Allein schon diese Übersicht dürfte deutlich machen, warum ein umfassender und zugleich treffsicherer Sammelname für dies alles nahezu unmöglich ist. Denn da sollen Handlungen, die für die Kirche so ursprünglich und wesensnotwendig und auch nur aus ihr erklärbar und auf sie bezogen sind, wie Taufe und (Kranken)Abendmahl, zusammengehören mit anderen, die die Kirche im Lauf der Zeit eingerichtet und ausgebaut hat, die gleichfalls ausschließlich für ihr eigenes Leben wichtig sind, fast notwendig dafür wie die Ordination, von problematischer Notwendigkeit wie die Konfirmation, oder auch mehr nur dekorativ wie manche anderen Einführungs- und alle Einweihungshandlungen. Und dann wieder stehen Handlungen daneben, die nicht um des kirchlichen Eigenlebens, sondern um ihres Dienstes an den Menschen willen eingerichtet sind – und zwar solche, die ausschließlich mit ihren besonderen Lebenslagen zu tun haben wie die persönliche Beichte, das Abendmahl im Krankheitsfall, das Begräbnis im Todesfall, und wieder andere, in denen die Kirche sowohl einen Lebensabschnitt begleitet wie eine göttliche Ordnung vertritt wie eine kirchliche Ordnung wahrnimmt – das geschieht in der Trauung; von anderen öffentlichen Mitwirkungen ganz abgesehen, für die außer einigem ethischen Interesse fast nur gesellschaftlich-repräsentative Interessen aller Beteiligten federführend sind. Heilige Handlungen von höchstem, heilsverpflichtendem Anspruch, notwendige und nützliche Einrichtungen, deren Gestaltung die Kirche selber vorgenommen hat und die sie auch wieder ändern kann, die vielleicht überhaupt nur durch besondere Zeitumstände ermöglicht sind, Ordnungen von erheblicher geistlicher Tiefenwirkung wie die Beichte und freie Zeremonien einer bloß erwünschten, zweckmäßigen Feierlichkeit – alles ist hier unter einem Dach! Neben den Sakramenten mit ihren bindend vorgeschriebenen materiellen Elementen Wasser, Brot und Wein fallen Benediktionen darunter, Handlungen mit der Segensgebärde der aufgelegten oder ausgestreckten Hände, die uns die schwierige theologische Frage nach dem Wesen und Recht, der Reichweite und den Bedingungen und Vollzugsweisen solchen kirchlichen Segens aufgeben; dazu kommen wieder andre Handlungen ganz ohne Element oder Gestus. Gelobendes Ja bei den einen, schweigendes und hörendes Mitfeiern bei den andern; biblische, kirchliche, natürliche, gemeindliche, völkergeschichtliche, gesellige und biographische Anlässe stehen dahinter. Die einen haben ihre Hauptbedeutung in der kirchlichen Erziehung, die andern in der Seelsorge; andere eher für die Ordnung von Kirchen und Gemeinden und wieder andre mehr nur für ihre gesellschaftliche Geltung oder als Lebensgeleit. Mehr oder weniger kommt in ihnen allen aber auch zum Tragen, daß die Kirche hier ihren Auftrag bezeugt, verkündigend handelt und handelnd verkündigt. Der Schwerpunkt kann sowohl auf der seelsorgerlichen oder erzieherischen Vorbereitung wie auf dem liturgischen Akt wie auf den kirchenrechtlichen Folgen liegen.

So nimmt es nicht wunder, wenn das Kapitel von den Amtshandlungen in der Praktischen Theologie auffallend stellenlos und unselbständig geblieben ist. Man kann sie entweder auf alle ihre Fächer aufteilen oder sie schier an jedes anhängen, an die Liturgik ebensowohl wie an die Predigt- und die Seelsorgelehre, an die Lehre von Amt und Gemeinde und sogar an die von der Unterweisung. Denn alle diese Gesichtspunkte treffen in den Amtshandlungen so zusammen, daß zugleich jede einzelne wieder etwas anders gemischt und akzentuiert erscheint. Überhaupt ist für sie alle die Mixtur der bestimmenden Faktoren und der verschiedensten Interessen und die unlösliche Verflochtenheit der Beziehungsfelder charakteristisch, und gerade so sind sie jedesmal verblüffende Beispiele dafür, wie komplex der kirchliche Dienst in der Wirklichkeit ist. Gebotenes und Gewordenes, Notwendigkeiten des kirchlichen Auftrags und Zwangsläufigkeiten der geschichtlichen Selbstverwirklichung der Kirche, aber auch persönliche und gesellige Elementarerfordernisse des menschlichen Lebens sind ineinander verschlungen, denn der kirchliche Dienst selber gilt ja letzten Endes nicht der Kirche und etwa einem sturmfreien Raum zu ihrer Selbstentfaltung in der Welt, sondern gilt gerade dem, was die Menschen in den Gelegenheiten und Gefährdungen ihres Lebens zu ihrem Heil nötig haben. Wer diese Amtshandlungen zu vollziehen oder zu ihrem Vollzug zu helfen hat, braucht geistliche und theologische Urteilsfähigkeit, aber auch – was darin hoffentlich nicht aus-, sondern eingeschlossen ist – Vernunft und Erfahrung, menschlichen Mut und persönlichen Takt und warmherzigen Wirklichkeitssinn, wenn er nicht unheimlicher Selbsttäuschung oder kläglicher Enttäuschung erliegen soll. Man kann sich da nicht mit einem theologisch korrekt abgehandelten Ritual beruhigen, wenn es über die Menschen hinweggeht, so wenig wie mit einem Ordnungsstandpunkt, der nur nach Paragraphen verfährt; umgekehrt wird sich aber auch keine haltlose und auftragsunsichere Menschengefälligkeit mit dem Deckmantel des beliebten Seelsorgers und kein fromm-erbauliches und allzu situationskundiges Routinegerede mit dem des erfahrenen Kasualredners tarnen dürfen.

Ehe man von Amtshandlungen sprach, bevorzugte man in der Praktischen Theologie wie im kirchlichen Dienst den ebenso allgemeinen und sicher um nichts besseren Sammelnamen der Kasualien. Mitten in des Dienstes ewig gleichgestellter Uhr brechen plötzlich oder auch im Rhythmus der Zeiten Lebenslagen ein, die einer Stunde ihre unüberhörbare Prägung geben. Kein Prediger kann etwa daran vorbei, daß Advent, Karfreitag, Erntedank oder Totengedenken die Stunde der Predigt mitbestimmen. Wenn er diesen Casus ignoriert, redet er entweder an den Hörern vorbei oder nimmt er auf solche stillschweigende Weise kritisch zu ihm Stellung. Mit theologischem Pathos die kasuelle Atmosphäre zu attackieren ist zwar ein beliebter Zeitvertreib der Homileten, in der Regel aber weder weise noch lohnend. Der Fall aller Fälle ist der Todesfall; die Amtshandlung am Grab ist deshalb am eindeutigsten kasuell bestimmt. Die Trauung ist kasuell für die Betroffenen, zugleich jedoch führen Wort und Handlung sie darauf zu, daß Lebensfügung und persönlicher Entschluß sie nun hier in den „Stand der Ehe“ bringen. Ordinationen und Amtseinführungen sind für Pfarrer und Gemeinde ein Kasuale, für die Kirche eine Ordnung, und kaum anders ist es mit der Konfirmation bestellt. Auch die Taufe ist durch die Sitte der Kindertaufe so sehr in die Nähe des Geburtsfalls geraten, daß das Sakrament zugleich zum Kasuale geworden ist. Und nicht in der gottesdienstlichen Konzeption, aber in der kirchlichen Wirklichkeit ist auch die Abendmahlsgemeinde heute kasuell zusammengesetzt. So wird man zusammenfassend sagen können, daß für alle Amtshandlungen zwei spannungsvolle Faktoren kennzeichnend bleiben: eine rituelle Struktur und ein kasuelles Moment. Die eine fordert und setzt die vorgeformten, das andere die freien Worte. Das Kasuelle kann zur Krise des Rituals werden, wenn die Formel kühl an den konkreten Menschen vorübergeht und das Wort die Stunde nicht trifft, sondern kirchliche Rezitation bleibt. Die Rituale brauchen darum in der Regel auch kasuell aufgefächerte Wechselstücke, die ganzen Handlungen selber rufen ebenso in der Regel nach dem freien Wort. Umgekehrt kann und soll das Ritual die betroffenen Menschen und den, der da amtlich das Wort nimmt, vor der Übermacht des vordergründigen und zufälligen Geschehens und vor seinen Verwirrungen behüten und das Erlebte hilfreicher Ordnung einfügen. Es beschränkt die individuelle Auffächerung des Formulars aufs Notwendige und erinnert das freie Wort an den kirchlichen Auftrag, in dem allein es gewagt werden und sachgemäß und substanzhaltig bleiben kann.

Über diese beiden Faktoren hinaus ist diese disparate Gruppe der kirchlichen Amtshandlungen vornehmlich durch ihre Geschichte und durch ihr gemeinsames gegenwärtiges Geschick zu einer Einheit verbunden. Ihr gemeinsames Geschick heute ist handgreiflich durch Kraft und Krise der volkskirchlichen Sitte, der institutionalisierten christlichen Frömmigkeitsformen bestimmt. Sie sind gerade auch darin wieder besonders beispielhaft für die Lage des kirchlichen Dienstes in der Gesellschaft überhaupt; zugleich machen sie Ordnung, Notwendigkeit, Gefahren und Grenzen der Sitte für den Glauben schärfstens bewußt und den verantwortlichen Umgang mit ihr zur ausdrücklichen theologischen Aufgabe. Sie werden als vorgeschobene Bastionen der Kirche im Niemandsland der Unkirchlichkeit gelobt, als missionarische Gelegenheiten gepriesen. Sie werden ebenso als kirchlicher Ausverkauf beargwöhnt, als Rückfall vom Glauben in ein christlich verbrämtes Ritual angesichts jener tabuisierten Lebensschwellen, die seit eh und je nach religiösen Akten riefen. Die Frage kann in der Tat quälend werden, ob hier nicht redliche Mühe der Seelsorge und des freien Wortes sowohl durch die zahlenmäßigen Überforderungen in den großkirchlichen Gemeinden als auch durch die vorgenannten, von der kirchlichen Sitte wider Willen gepflegten Jedermannserwartungen schier notwendig zum Scheitern verurteilt wären. Rezepte werden gesucht, Versagungen erbetener Handlungen durchprobiert, aber überzeugende Aushilfen sind darin bislang schwerlich zu erkennen. Ohne Zweifel ist dieses ganze Gebiet dem Magnetismus der Religionsgeschichte besonders ausgesetzt, liegt im Kräftefeld solcher Erwartungen. Es liegt damit aber auch deutlich unter den Schatten seiner eigenen Geschichte, das heißt unter den Nachwirkungen des Systems der sieben katholischen Sakramente mitsamt deren Vorhof an sogenannten Sakramentalien; dieses System hatte jenes religionsgeschichtliche Kraftfeld genial in sich aufgefangen und verkirchlicht. Luther hat wortgläubig diese sieben Sakramente auf jene zwei reduziert, die er unmittelbar als Früchte und Wirkweisen der historischen Erscheinung Jesu, als Heiltümer der guten Botschaft erkennen konnte. Er hat die übrigen Gestaltungen kirchlicher Ordnung in die Freiheit und Besonnenheit der Kirche und ihrer Theologen überantwortet und für beides persönliche Beispiele vorgelegt und schließlich sie alle aus dem mysteriösen Dunkel selbstwirksamer Vollzüge in die Grenzen jener geistlichen Glaubenswirksamkeit zurückgeholt, in der allein er die kennzeichnende und tragende Kraft der Kirche fand. Das war aber alles andere als eine Zurücknahme des kirchlichen Dienstes in eine konventikelhafte Kirche des reinen Glaubens und der sicheren Ordnungen. Er hat diese Dienste ohne den Schutz einer hierarchisch gesicherten Kirche allein im Vertrauen aufs Wort den Welt- und Lebensläufen ausgesetzt. Ob die Amtshandlungen nicht gerade in diesen höchst gefährdeten Engpässen zwischen der freien und der zur Sitte gewordenen, von Willkür und Unsitte, Menschenknechtschaft und Baalismus bedrohten Macht des Geistes ein hervorragendes Beispiel sind für Gefahr und Verheißung des kirchlichen Dienstes überhaupt, dessen Vollmacht sich gegenüber dem allem erweisen muß und auch gegenüber der Erblast seiner eigenen, zweitausendjährigen Geschichte?

Diakonie VI/12

Wir stellen das Stichwort Diakonie an den Abschluß dieser Skizzenreihe, die in die einzelnen Aufgabenbereiche der Praktischen Theologie und in deren Problematik einen Einblick zu geben suchte und dabei das ebenso umfangreiche wie schwierige Pensum dieser jüngsten unter den theologischen Disziplinen an Beispielen anschaulich werden ließ. Die Praktische Theologie ist ja eigentlich mehr ein notwendiger abschließender Schritt der gesamten wissenschaftlich-theologischen Arbeit überhaupt als ein klar umrissenes und leicht abzugrenzendes besonderes Fachgebiet. Sie bringt zum Ausdruck, daß alle christliche Theologie die Kirche voraussetzt; daß sie in dem, was deren Leben begründet, mitbegründet ist und daß sie ihr Ziel darin hat, diesem Leben der Kirche auf ihre Weise und nach ihrem Vermögen, kraft ihrer Freiheit und in ihren Grenzen so zu dienen, daß es in seiner gehörigen Richtung und Kräftigkeit besonnen weitergehen kann. Die einzelnen theologischen Sachgebiete mit ihren immer intensiveren und spezielleren Forschungsaufgaben und ihren immer breiteren und komplizierteren Problemfeldern entzogen sich unaufhaltsam der Bemeisterung durch eine einzelne Gelehrtenhand. Damit schlugen sie aber auch nicht mehr automatisch im Leben der Kirche ausreichend zu Buch. Aus diesem Grund mußte die Sorge, daß die Theologie dem Leben der Kirche angemessen zugutekomme, dem sie ja zugedacht ist und das ihrer bedarf, zu einem besonderen Verantwortungsbereich innerhalb der theologischen Wissenschaft werden. Er soll die wesentlichen Erträge der gesamten theologischen Arbeit aufnehmen, aber seinen eigenständigen Forschungsgegenstand sollten die Dienstformen darstellen, die um der Erhaltung und der Weltwirkung des Lebens der Kirche willen entstanden sind. Indem sie das historische Werden, das Wesen und die Bedeutung, die gegenwärtigen Funktionsmöglichkeiten und Gefährdungen, aber auch die sachgemäßen und zeitgerechten Vollzugsweisen dieser Dienstformen erforscht, kritisch bedenkt und verantwortlich fördert, tut die Praktische Theologie sowohl eine wesensnotwendige theologische Arbeit wie einen lebenswichtigen kirchlichen Dienst. Man wird sie als die Theologie des kirchlichen Dienstes definieren können.

Sie ist damit zwangsläufig auf viele Felder geführt, auf denen der Einfluß außertheologischer Faktoren auf den konkreten kirchlichen Dienst beträchtlich groß ist und auf denen gleichzeitig die Erträge profaner Nachbarwissenschaften für die theologische Reflexion höchst beachtlich sind und mitverarbeitet werden müssen. Auch scheint sie hier dem Strudel der Aktualitäten so sehr ausgesetzt zu sein, daß man von ihr ähnlich wie von der Soziologie sagen könnte, ihr Gegenstand laufe ihr ständig davon. Aber gerade so muß sie den kirchlichen Dienst und sich selber sowohl vor der Verwirrung durch das bloß Ephemere wie vor der Erstarrung im Überkommenen und der Selbstgenügsamkeit im gestern Bewährten zu behüten suchen.

Viele Fragen könnten sich jetzt noch aufdrängen: der ganze Komplex des Kirchenrechts und der Kirchenverfassung, die Ausbildung der Pfarrer und aller anderen kirchlichen Dienstleute, die Einweisung der Laien in den Apostolat und in konkrete Dienstgemeinschaften; das heikle Problem der Kirchenzucht; die Fragen der missionarischen Existenz und des ökumenischen Verhaltens im großen Welt- wie im kleinen Gemeinderahmen; neue Arbeitsmöglichkeiten mit Hilfe der Massenmedien, in Gemeinschaftsformen auf Zeit oder in verpflichtenden Ordensbildungen; kirchliche Mitarbeit an den Problemen der Gesellschaft, in der Politik, in den Vereinen, in den Betrieben; Krankenseelsorge und Eheberatung; Gebet und Lied, Kirchenmusik und kirchliche Kunst. Wir haben statt dessen mit Bedacht die Diakonie zum letzten Thema gemacht. Denn es präzisiert noch einmal das Gesamt-Thema der Praktischen Theologie als einer Theologie des kirchlichen Dienstes. Es erläutert den kirchlichen Dienst auf seine sehr profilierte, ja geradezu provozierende Weise. Es erinnert an das Ziel, aber auch an das Ende der Theologie überhaupt, an deren immer nur vorläufige, zeitlich und sachlich begrenzte Aufgabe. Denn die Diakonie verlangt zwar nach einer Theologie, die sie nicht nur ernst nimmt, sondern die ihr Wesen und ihren Auftrag klären hilft und sie im gesamten Erscheinungsbild des kirchlichen Lebens in der Welt verantwortet. Aber jede ernsthafte kritische Frage nach der theologischen Verantwortung der diakonischen Arbeit wird alsbald zu einer noch viel kritischeren, eindringlichen Rückfrage nach der diakonischen Verantwortung der theologischen Arbeit. Denn das diakonische Element gehört zu den ursprünglichen Wesenszügen des kirchlichen Lebens. Es geht der theologischen Arbeit vorher und will und muß auch wieder aus ihr hervorgehen. Diakonie will wohl auch gelehrt werden; aber vor allem will und muß sie geschehen. Noch ihre einleuchtendste und beredteste Theorie erscheint geringfügig gegenüber ihrer Praxis und wertlos ohne sie. Zwar bedarf die Kirche dringend der Theologie um der Gefährdungen des Wortes willen, aus dem sie lebt. Und doch kann sie im Notfall eher die Explikation der theologischen Arbeit entbehren als das diakonische Tun unterlassen. Denn die Diakonie macht gerade den konkreten Notfall, der das Leben heillos beengt, zum weiten Raum – und die jeweilige Notzeit, die das Leben heillos bedroht, zur guten Zeit der heilsamen Gotteshilfe, zur Herberge des Evangeliums. Wahrscheinlich muß man sagen, daß das Wort Diakonie sich zum Schaden der Sache geschichtlich im Singularis verfestigt hat. Die Diakonie ist da in der Tat zu etwas Singulärem geworden: zum Inbegriff für einen ganz bestimmten Sektor kirchlichen Dienstes. Er ist mit Institutionen besetzt, die man die kirchlichen Liebeswerke nennt, obwohl sie historisch nicht etwa der kirchenbehördlichen Initiative entsprungen sind, sondern sich der Spontaneität, dem beunruhigten Gewissen einzelner verdanken und mühsam genug um das kirchliche Einverständnis und die theologische Reputation kämpfen mußten. Es gibt nun schwerpunktmäßige Diakonie, die in den Anstalten der Inneren Mission konzentriert ist, und offene Diakonie, die jeweiligen Notständen im eigenen Haus und im Weltrahmen entgegenzuwirken sucht, etwa in der Art des Kirchlichen Hilfswerks; aufnehmende und ausstreuende, pflegende und vorbeugende Diakonie also.

Im Ursprungsraum der Kirche, im Quellgebiet ihrer pneumatischen Lebendigkeit wird freilich anders von der Diakonie gesprochen. Paulus etwa kann 1. Kor. 12, 5 von einer großen Vielzahl von Dienstleistungen in der Gemeinde reden. Sie stehen dort in einer Linie mit den allgemeinen Geistesgaben und ihren bannenden Kraftwirkungen gegenüber den unheilvollen Mächten. Es genügt nicht, daß solche Geisteskräfte vorhanden sind und wie enthusiastische Eruptionen in Erscheinung treten; es kommt vielmehr in erster Linie auf ihren Nutzen in den zwischenmenschlichen Beziehungen an, auf ihren diakonischen Wert und ihre diakonische Art also; auf das Ziel, alles, was dem einen vorzugsweise möglich oder vordringlich auferlegt ist, für andere fruchtbar zu machen. Was immer das Leben der Kirche fördert, tut es in der Gestalt des „Dienstes", und was ihr nicht als „Dienst" zuteil wird, fördert ihr Leben nicht. Die apostolische Botschaft auszurichten ist „Dienst" für das heilbringende Versöhnungswerk Gottes (2. Kor. 5, 18); die Mühe, unter den Menschen in der Gemeinde mit Gebot und Rat, mit mächtigem Brief oder zitterndem Wagnis persönlichen Einsatzes heiligender Versöhnung Raum zu schaffen, ist es nicht minder. In der Erzählung von der Einsetzung der sieben Diakone (Apg. 6) spiegelt sich für den unbefangenen Betrachter beides: das ursprüngliche Beieinander, ja die wesenhafte Zusammengehörigkeit von Wortdienst, Dienst in der kultischen Mahlfeier der Gemeinde und Dienst in der leiblichen Versorgung ihrer notleidenden Glieder; ebenso aber auch die Nötigung, Kult und Charitas, die Sorge für das Heil und die Sorge für das Wohl aufzuteilen auf verschiedene Dienstleute, und die Gefahr, daß dann daraus Trennung und unverbundenes Nebeneinander wird, eine Vergeistlichung der Heilssorge und eine Verweltlichung der Fürsorge. In der alten Kirche wurde der Diakon zum geweihten Beamten mit rein gottesdienstlicher Funktion, zum zweithöchsten priesterlichen Weihegrad und Würdetitel. Darin wirkt zwar das Wissen um die geistliche Verwurzelung allen Dienstes nach, ebenso die Tatsache, daß Diakonie vom Ursprung her keineswegs an die Vorstellung spezieller Liebestätigkeit fixiert war; aber es war zugleich ein schwerwiegender Schritt zur hierarchischen Verfremdung und Klerikalisierung des kirchlichen Dienstes. Es ist im übrigen von tiefer Symbolik und der Erinnerung wert, daß die mittelalterlichen Kaiser im Diakonengewand gekrönt wurden und damit ein begrenztes ius in sacra erhielten, sich aber damit auch eindeutig dem Priestertum eingeordnet und zu seinem vornehmsten Helfer geweiht fanden. Noch im lutherischen Kirchentum war Diakon bzw. „Helfer" lange Zeit schlicht ein anderer Titel für den Pfarrer, vor allem für den zweiten Pfarrer an großen Kirchen, dem dann auch beinahe zwangsläufig der ärmere Gemeindebezirk seelsorgerlich anbefohlen war. In der reformierten Kirche dagegen wird der Diakon als Gemeindefürsorger offiziell installiertes, meist von einem Laien ehrenamtlich verwaltetes Gemeindeamt. Erst seit etwa hundert Jahren, nicht ohne Zusammenhang mit dem Aufbruch der Inneren Mission, verkörpert der Diakon ein anderes, an der Krankenpflege und an den vielerlei Aufgaben eines Gemeindehelfers orientiertes Berufsbild und besiegelt nun, zusammen mit dem genau in gleiche Richtung weisenden Bild der Diakonisse, seinerseits die Gleichsetzung von Diakonie und fürsorgerischer Liebestätigkeit.

In einer wichtigen Hinsicht jedoch bewahrt der singularische kirchliche Sprachgebrauch des Begriffs Diakonie etwas Unaufgebbares. Gerade als ursprüngliche Sammelbezeichnung für alle möglichen Dienstleistungen leitender und helfender Art, die aus der pneumatischen Lebendigkeit der Kirche entspringen, ihr gelten und in ihrem Namen geschehen, kennzeichnet er auch ihren durchgängigen Charakter, ihre gemeinsame Struktur, ihre einhellige Grundrichtung. Es ist die durch Jesus bezeugte, in ihm zur revolutionären Wirklichkeit gewordene, allen Erwartungen und Gewohnheiten zuwiderlaufende neue Weise göttlicher Machtausübung; seine Weise, Menschen der kommenden Gottesherrschaft zu unterstellen und in ihr zu bergen.

Mit der Schürze, die Jesus sich umband, um den Jüngern die Füße zu waschen, hat er dem Glauben die Magna Charta seines Wirkens und den Weg der göttlichen Verheißungen gewiesen. Seine Erhöhung ans Kreuz bezeugt das Neue Testament als seine Weihe und Krönung zum großen Diakon Gottes in der heillosen Welt. Das ist von uns weder nachzuahmen noch fortzusetzen, aber es prägt dem Weg der Glaubenden unauslöschlich sein Merkmal, sein unumkehrbares Gefälle auf: das der dienenden, sich an fremder Not engagierenden Liebe. Bloße Selbstvergessenheit wäre ebenso unmöglich wie zerstörerisch; die Liebe besteht darin, daß wir uns selbst und das Unsre den andern zuwenden lernen.

Solche Diakonie ist Christologie im Alltag ohne jeden Heiligenschein. Ihre Würde liegt in Gottes Verheißungen allein beschlossen. Sie ist von ihrem Ursprung her ganz welthaft konzipiert. Wir können die Worte vom Dienst, von der Diakonie gar nicht mehr so hören, wie sie im Neuen Testament klingen; sie haben durch ihren Platz in der Heiligen Schrift im Lauf der Geschichte sehr viel religiöse Patina angesetzt. Das Wort erinnert von Haus aus an den Kellnerdienst, so wie der Bischofstitel einst an den Vorarbeiter gemahnte. Dieses Werk des Glaubens zielt auf die Nöte der Welt, wo und wie immer sie Menschen betreffen, genauso wie das ganze Evangelium keine heiligen Zufluchtsorte schaffen, sondern Gott in das gottvergessene Leben tragen will. Es macht die Nothilfe nicht zu einem Vorrecht der Christen, aber unterstellt alle begegnende Not der Wachsamkeit ihres Gewissens. Darum wird der unter die Mörder Gefallene ebenso wie der reiche Jüngling Gegenstand solcher Diakonie. Sie verweist allerdings mit den Werken der Barmherzigkeit vorzugsweise in die Schattenbezirke übersehener Not. Sie verkörpert den Protest des Evangeliums gegen die Überschätzung frommer Gedanken und gegen die Preisgabe der Welt Gottes an Spekulationen.

Ebenso ist die Diakonie von ihrem Ursprung her ganz weltoffen konzipiert. Sie ist Lastgemeinschaft nicht nur zwischen Glaubenden, sondern auch mit Nichtglaubenden. Sie vereitelt sich ebenso, wenn sie sich als kirchliches Propagandamittel zur Geltung bringen und aus menschlicher Not Kapital für sich selber schlagen will, wie wenn sie im Gefühl frommer Werke und um der Hoffnung himmlischen Lohnes willen geschieht und also, wie Luther es einmal sarkastisch charakterisiert hat, einen Tropfen Wasser verschenkt, um ein Fuder Wein zu gewinnen. Sie hilft schlicht und anspruchslos mit, daß die Menschen weiterleben können in dieser Welt und das Leben, wie man in Holland sagt, „lebbar" bleibt für die Bedrängten und Verzweifelten.

Ohne Zweifel wird auch der diakonische Bereich des kirchlichen Dienstes heute vom Zeitgeschick erheblich geschüttelt. Der sogenannte humanitäre Wohlfahrtsstaat, gleichviel, wie stark oder schwach vom christlichen Erbe beeinflußt, macht deutlich, daß die Fürsorge keine Domäne der Kirche, sondern auch ein Selbsterhaltungsinteresse der Gesellschaft ist. So ist die Diakonie im Umbruch ihrer Leitbilder. Die Versachlichung des immer stärker durchorganisierten Gesamtlebens macht bloße Appelle an die persönliche Dienstbereitschaft ebenso schwer anbringlich, wie sie den guten Willen der hingebungsvollen einzelnen in der Stille oft beinahe zur Wirkungslosigkeit verurteilt und an ihnen vorbei nach großmaßstäblichen

Könnern, geradezu nach Managern der Diakonie in der Leistungswelt ruft. Es scheint eine starke, zwangsläufige Reduktion im Gang zu sein, die uns die diakonische Struktur alles Glaubenstuns wieder radikal als seinen eigentlichen Charakter zu erfahren gibt. Und Hand in Hand damit scheint eine universale Öffnung der Diakonie in die Weite der Weltprobleme hinein zu gehen.

Dabei wird eines bleiben: an der diakonischen Grundrichtung des Lebens aus dem Glauben, an dem unverwischbaren persönlichen Entscheidungskern der Berufung zu diesem Leben, an seiner unverkennbar immer auch etwas unwirtschaftlichen, nicht einfach an der Rentabilität orientierten kindlichen Freiheit werden die Glaubenden auch weiterhin die Kraft des Kreuzes und der Auferstehung Christi einzuexerzieren, die Ungläubigen aber sie vielleicht zu studieren bekommen. Der reichen Christenheit wird die Welt immer eng in der Rivalität mit den vielen, die darin ihre Positionen behaupten wollen. Aber vielleicht empfängt sie vom Umgang mit dem „Sakrament der Armut", was sie von der Theologie oft nicht lernen mag, oft auch nicht lernen kann: die Freiheit des Glaubens und deren beglückende Früchte.

Leseratschläge

I

CLAUS WESTERMANN, ALTES TESTAMENT

1. ZUR DISZIPLIN (ALLGEMEIN)

Gerhard von Rad
Theologie des Alten Testaments, 2 Bde., München 1962[4] / 1965[4]

Theodor C. Vriezen
Theologie des Alten Testaments in Grundzügen, Neukirchen 1956

Ludwig Köhler
Theologie des Alten Testaments, Tübingen 1966[4]

Claus Westermann
Tausend Jahre und ein Tag, Stuttgart, 1965[6]
Ders., Abriß der Bibelkunde, Gelnhausen/Stuttgart 1966[4]
Stuttgarter biblisches Nachschlagewerk, Stuttgart o. J.

2. ZUM STICHWORT (SPEZIELL)

RETTUNG ODER HEIL
vgl. die alttestamentlichen Theologien

SEGEN
F. Horst, Segen und Segenshandlungen in der Bibel, EvTh (Evangelische Theologie) 1947/48, S. 23 ff.
C. Westermann, Segen und Fluch, in: EKL (Evang. Kirchenlexikon) III, Sp. 916 ff.
J. Scharbert, Solidarität in Segen und Fluch im Alten Testament und seiner Umwelt, Bonner bibl. Beitr. 14, 1958
S. Mowinckel, Psalmenstudien V, Segen und Fluch in Israels Kult und Psalmendichtung, 1923 (1962)

ZORN UND GERICHT, KLAGE
vgl. die alttestamentlichen Theologien
C. Westermann, Struktur und Geschichte der Klage im Alten Testament, in: Forschung am Alten Testament. Gesammelte Studien, 1964, S. 266 ff.

GOTTESLOB

C. Westermann, Das Loben Gottes in den Psalmen, 1963[3]

GOTTESDIENST

S. Mowinckel, Religion und Kultus, 1953
H.-J. Kraus, Gottesdienst in Israel, Studien zur Geschichte des Laubhüttenfestes, Beitr. z. ev.Th. 19, 1962[2]
S. Mowinckel, Gottesdienst (I. Religesch.; II. im AT) in: RGG[3] (Die Religion in Geschichte und Gegenwart) II, Sp. 1752 ff.
C. Westermann, Kultgeschichtliche Methode und Altes Testament: RGG[3] IV, Sp. 91 f.
C. Westermann, Kultgeschichtliche Schule: RGG[3] IV, Sp. 93 f.
R. Rendtorff, Gottesdienst und Kultus (I. in Israel): EKL I, Sp. 1667 ff.
K. Koch, Kultdrama: EKL II, Sp. 980 f.

GLAUBE

F. Baumgärtel, Glaube (II. im AT): RGG[3] II, Sp. 1588 ff.
A. Weiser, πιστεύειν (B. Der alttestamentliche Begriff): ThW (Theogisches Wörterbuch zum Neuen Testament) VI, S. 182 ff.
G. v. Rad, Der heilige Krieg im alten Israel, 1951

HEILIG

J. Hänel, Die Religion der Heiligkeit, 1931
R. Otto, Das Heilige. Über das Irrationale in der Idee des Göttlichen im Verhältnis zum Rationalen, 1917 (1963)
O. Procksch, ἅγιος (C. Die Geschichte des Begriffs im AT): ThW I, Sp. 90 ff.

SÜNDE UND VERGEBUNG

vgl. dazu die alttestamentlichen Theologien
R. Knierim, Die Hauptbegriffe für Sünde im AT, 1965
Th. C. Vriezen, Sünde und Schuld (II. im AT): RGG[3] VI, Sp. 478 ff.
F. Horst, Vergeltung (II. im AT): RGG[3] VI, 1343 ff.
K. Koch, Vergeltung und Vergebung (II. im AT): EKL III, Sp. 1637 ff.
K. Koch, Sünde und Schuld (II. im AT): EKL III, Sp. 1218 ff.

GOTT DER HERR

vgl. dazu die alttestamentlichen Theologien

GEBOT UND GESETZ

M. Noth, Die Gesetze im Pentateuch. Ihre Voraussetzungen und ihr Sinn: Schr. d. Königsberger Gelehrtengesell., geisteswiss. Kl. Jahr 17, H. 2, 1940
A. Alt, Die Ursprünge des israelitischen Rechts: Kl. Schr. zur Gesch. d. Volkes Israel I, 1959, S. 278 ff.
E. Gerstenberger, Wesen und Herkunft des „apodiktischen Rechts": Wiss. Monograph. zum A u. NT, Bd. 20, 1965

R. Rendtorff, Die Gesetze in der Priesterschrift. Eine gattungsgeschichtliche Untersuchung: FRLANT 62, 1963[2]

W. Zimmerli, Das Gesetz und die Propheten. Zum Verständnis des AT: Kl. Vandenhoeckreihe 166–68, 1963

G. v. Rad, Theologie des AT, Bd. I, IV, 2: Die Bedeutung der Gebote

GNADE UND BUND

E. Würthwein, Gnade (II. im AT u. Judentum): RGG[3] II, Sp. 1632 ff.

H. J. Stöbe, Gnade (I. im AT): EKL I, Sp. 1604 f.

J. Hempel, Bund (II. im AT): RGG[3] I, Sp. 1513 ff.

O. Bückmann, Bund (I. im AT): EKL I, Sp. 619 f.

FRIEDEN

C. Westermann, Shalom: Kirchentagsvorbereitungsheft 1967, S. 29 ff.

G. v. Rad, εἰρήνη (B šālōm im AT): ThW II, S. 400 ff.

II

EDUARD SCHWEIZER · NEUES TESTAMENT

1. ZUR DISZIPLIN (ALLGEMEIN)

Günther Bornkamm
Jesus von Nazareth, Stuttgart 1963[6]

Rudolf Bultmann
Theologie des Neuen Testamentes, Tübingen 1965[5]

Werner Harenberg
Jesus und die Kirchen. Bibelkritik und Bekenntnis, Stuttgart · Berlin 1966

Willi Marxsen
Einleitung in das Neue Testament. Eine Einführung in ihre Probleme, Gütersloh 1965[3]

Willi Marxsen
Das Neue Testament als Buch der Kirche, Gütersloh 1966

Eduard Schweizer
Neotestamentica, Aufsätze zur neutestamentlichen Theologie, Zürich 1963

2. ZUM STICHWORT (SPEZIELL)

GOTTESSOHN UND CHRISTUS

W. Bousset, Kyrios Christos. Geschichte des Christusglaubens von den Anfängen des Christentums bis Irenäus, 1965[4]

R. Bultmann, Die Christologie des Neuen Testaments, in: Glauben und Verstehen I, 1964[5], S. 245 ff.
O. Cullmann, Die Christologie des Neuen Testaments, 1966[4]
F. Hahn, Christologische Hoheitstitel, 1966[3]
W. Kramer, Christos, Kyrios, Gottessohn, 1963
W. Lohff, F. Hahn, G. Bornkamm, Die Frage nach dem historischen Jesus, 1962
E. Schweizer, Artikel „Hyios", in: ThWB VIII, Sp. 367 ff.
Ph. Vielhauer, Aufsätze zum Neuen Testament, 1965, S. 175 ff.

MENSCHENSOHN

E. Schweizer, Erniedrigung und Erhöhung bei Jesus und seinen Nachfolgern, 1962[2], § 3 und 5 d–h
ders., Der Menschensohn, in: Neotestamentica, 1963, S. 56 ff.
ders., Das Evangelium nach Markus, NTD 1, 1967, S. 94 ff.
H.-E. Tödt, Der Menschensohn in der synoptischen Überlieferung, 1963[2]
Ph. Vielhauer, Aufsätze zum Neuen Testament, 1965, S. 55 ff.

KREUZ UND NACHFOLGE

K. Barth, Kirchliche Dogmatik IV/1, S. 171 ff.
H. D. Betz, Nachfolge und Nachahmung Jesu Christi im Neuen Testament, 1967
G. Bornkamm, Jesus von Nazareth, 1963[6], S. 141 ff.
H. Conzelmann, E. Flesseman – van Leer, E. Haenchen, E. Käsemann, E. Lohse, Zur Bedeutung des Todes Jesu, 1967
F. Hahn, A. Strobel, E. Schweizer, Anfänge der Kirche (Ev. Forum 8), 1967
E. Käsemann, H.-G. Geyer, E. Schweizer, Christus unter uns, Vorträge in der Arbeitsgruppe Bibel und Gemeinde des 13. Deutschen Evangelischen Kirchentages Hannover 1967, 1967
B. Klappert (Hrsg.), Diskussion um Kreuz und Auferstehung, 1967
E. Schweizer, Erniedrigung und Erhöhung bei Jesus und seinen Nachfolgern, 1962[2]
ders., Das Evangelium nach Markus, NTD 1, 1967

AUFERSTEHUNG

K. Barth, Die Auferstehung der Toten, 1953[4]
R. Bultmann, Neues Testament und Mythologie, in: Kerygma und Mythos I, 1967[2]
H. Frhr. von Campenhausen, Der Ablauf der Osterereignisse und das leere Grab, 1966[3]
H. Grass, Ostergeschehen und Osterberichte, 1964[3]
G. Koch, Die Auferstehung Jesu Christi, 1965[2]
W. Marxsen, U. Wilckens, G. Delling, H.-G. Geyer, Die Bedeutung der Auferstehungsbotschaft für den Glauben an Jesus Christus, 1966[2]
K. H. Rengstorf, Die Auferstehung Jesu, 1954[2]

GOTTES REICH UND GERECHTIGKEIT

K. Barth, Rechtfertigung und Recht, 1948[3]
R. Bultmann, Theologie des Neuen Testamentes, 1965[5], bes. S. 271 ff.
E. Käsemann, Gottesgerechtigkeit bei Paulus, in: Exegetische Versuche und Besinnungen II, 1964, S. 181 ff.
R. Schnackenburg, Gottes Herrschaft und Reich, 1965[4]
G. Schrenk, Artikel „Dikaiosyne", in: ThWB II, Sp. 194 ff.
H. H. Walz, H. H. Schrey, Gerechtigkeit in biblischer Sicht, 1955

WUNDER UND SÜNDENVERGEBUNG

R. Bultmann, Zur Frage des Wunders, in: Glauben und Verstehen I, 1964[5], S. 214 ff.
E. Käsemann, Zum Thema der Nichtobjektivierbarkeit, in: Exegetische Versuche und Besinnungen I, 1964[3], S. 224 ff.
G. Klein, Wunderglaube und Neues Testament, Das Gespräch 28, 1964[3]
F. Mussner, Die Wunder Jesu, 1967

GEIST

E. Schweizer, Geist und Gemeinde im Neuen Testament und heute, 1952
ders., Artikel „Pneuma", in: ThWB VI, Sp. 394 ff.

FLEISCH UND SEELE

K. Barth, Kirchliche Dogmatik III/2, S. 391 ff.
W. G. Kümmel, Das Bild des Menschen im Neuen Testament, 1948
E. Schweizer, Artikel „Sarx", in: ThWB VII, Sp. 123 ff.
H.-D. Wendland, Vom Menschenbild des Neuen Testaments, 1953

LEIB

E. Käsemann, Leib und Leib Christi, 1933
E. Schweizer, Artikel „Sōma", in: ThWB VII, Sp. 1054 ff.

GEMEINDE

H. von Campenhausen, Kirchliches Amt und geistliche Vollmacht in den ersten drei Jahrhunderten, 1963[2]
N. A. Dahl, Das Volk Gottes, 1963[2]
F. Hahn, A. Strobel, E. Schweizer, Die Anfänge der Kirche im Neuen Testament, 1967
E. Schweizer, Das Leben des Herrn in der Gemeinde und in ihren Diensten, 1946
ders., Gemeinde und Gemeindeordnung im Neuen Testament, 1962[2]

GOTTESDIENST

W. Bauer, der Wortgottesdienst der ältesten Christen, 1930
O. Cullmann, Urchristentum und Gottesdienst, 1962[4]
G. Delling, Der Gottesdienst im Neuen Testament, 1952
E. Schweizer, Der Gottesdienst im Neuen Testament, 1958

TAUFE UND ABENDMAHL

M. Barth, die Taufe ein Sakrament?, 1957
W. Bieder, Die Verheißung der Taufe im Neuen Testament, 1966
O. Cullmann, Die Tauflehre des Neuen Testaments, 1958[2]
G. Delling, Die Taufe im Neuen Testament, 1963
J. Jeremias, Die Kindertaufe in den ersten vier Jahrhunderten, 1958
ders., Die Abendmahlsworte Jesu, 1967[4]
R. Koch, Erbe und Auftrag. Das Abendmahlsgespräch in der Theologie des 20. Jahrhunderts, 1957
W. Marxsen, Das Abendmahl als christologisches Problem, 1966[3]
G. Niemeier, Lehrgespräch über das heilige Abendmahl, 1961

III

BERNHARD LOHSE, KIRCHENGESCHICHTE

1. ZUR DISZIPLIN (ALLGEMEIN)

Bernhard Lohse
Epochen der Dogmengeschichte, Stuttgart · Berlin 1963

Peter Meinhold
Ökumenische Kirchenkunde. Lebensformen der Christenheit heute, Stuttgart · Berlin 1962

Kurt Dietrich Schmidt und Ernst Wolf (Hrsg.)
Die Kirche in ihrer Geschichte – Ein Handbuch, Göttingen 1961 ff. (in Lieferungen)

2. ZUM STICHWORT (SPEZIELL)

TRADITION

H. v. Campenhausen, Tradition und Geist im Urchristentum, in: Tradition und Leben. Kräfte der Kirchengeschichte, 1960
O. Cullmann, Die Tradition als exegetisches, historisches und theologisches Problem, 1952
P. Brunner, Schrift und Tradition, in: Festschrift H. Meiser, 1951
G. Ebeling, Die Geschichtlichkeit der Kirche und ihrer Verkündung als theologisches Problem, 1954
G. Gloege, Offenbarung und Überlieferung, 1954
H. Rückert, Schrift, Tradition und Kirche 1951

KIRCHENVÄTER

B. Altaner, Patrologie, 1963[6]
H. v. Campenhausen, Griechische Kirchenväter, 1961[3]
H. v. Campenhausen, Lateinische Kirchenväter, 1965[2]
H. Kraft, Die Kirchenväter bis zum Konzil von Nicäa, 1966

STAAT UND KIRCHE

H. Rahner, Kirche und Staat im frühen Christentum. Dokumente aus 8 Jahrhunderten und ihre Deutung, 1961

K. D. Schmidt, Staat und evangelische Kirche seit der Reformation, 1947

H. Bornkamm, Luthers Lehre von den zwei Reichen im Zusammenhang seiner Theologie, 1960²

KONSTANTINISCHES ZEITALTER

H. Berkhof, Kirche und Kaiser, 1947

E. Wolf, Zur Entstehung der kaiserlichen Synodalgewalt, in: Kirche und Kosmos, 1950, S. 153 ff.

H. Dörries, Konstantin der Große, 1958

SCHOLASTIK

M. Grabmann, Die Geschichte der katholischen Theologie seit dem Ausgang der Väterzeit, 1933

M. Grabmann, Mittelalterliches Geistesleben, 3 Bde., 1926–56

M. Grabmann, Die Geschichte der scholastischen Methode, 2 Bde., 1909–1911 (mehrfach neu gedruckt)

H. Grundmann, Vom Ursprung der Universität im Mittelalter, 1964³

PAPSTTUM UND KIRCHENREGIMENT

J. Haller, Das Papsttum, Idee und Wirklichkeit, 5 Bde., 1950–1953

F. X. Seppelt, Geschichte der Päpste von den Anfängen bis zur Mitte des 20. Jahrhunderts, 1954 ff.

W. v. Loewenich, Der moderne Katholizismus, 1959⁶

KONZILE, KONZILSBEWEGUNG

K. Stürmer, Konzilien und ökumenische Kirchenversammlungen. Abriß ihrer Geschichte, 1962

H. J. Margull (Hrsg.), Die ökumenischen Konzile der Christenheit, 1961

REFORMATION

P. Althaus, Die Theologie Martin Luthers, 1963²

G. Ebeling, Luther – Einführung in sein Denken, 1964

G. Ritter, Die Neugestaltung Europas im 16. Jahrhundert. Die kirchlichen und staatlichen Wandlungen im Zeitalter der Reformation und der Glaubenskämpfe, 1950

P. Joachimsen, Die Reformation als Epoche der deutschen Geschichte, 1951

J. Lortz, Die Reformation in Deutschland, 3 Bde., 1962⁴

L. v. Ranke, Deutsche Geschichte im Zeitalter der Reformation, 6 Bde., Neuausgabe 1925 f.

H. Bornkamm, Das bleibende Recht der Reformation, 1963

H. Bornkamm, Das Zeitalter der Reformation. Gestalten und Kräfte, 1965²

R. Stupperich, Geschichte der Reformation, 1967

GEGENREFORMATION

K. D. Schmidt, Katholische Reformation oder Gegenreformation, 1957
F. Heer, Europäische Geistesgeschichte, 1953
K. Brandi, Deutsche Geschichte im Zeitalter der Reformation und Gegenreformation, 1960[3]
E. W. Zeeden, Das Zeitalter der Gegenreformation, 1967

PIETISMUS

E. Hirsch, Geschichte der neueren evangelischen Theologie, Band 2, 1951, S. 91 ff.
M. Schmidt / W. Jannasch, Das Zeitalter des Pietismus, 1965
O. Weber / E. Beyreuther, Die Stimme der Stillen, 1959

KONFESSION UND KONFESSIONALISMUS

K. Barth, Die Kirche und die Kirchen, 1935
H. Mulert / E. Schott, Konfessionskunde, 1966[3]
W. v. Loewenich, Glaube, Kirche, Theologie, 1959[2]
J. Hermelink, Kirchen in der Welt, Konfessionskunde, 1959[2]
H. Küng, Die Kirche, 1967
H. Ristow / H. Burgert (Hrsg.), Konfession und Ökumene, 1965

KIRCHENKAMPF

E. Beyreuther, Die Geschichte des Kirchenkampfes in Dokumenten 1933/45, 1966
W. Niemöller, Die Evangelische Kirche im 3. Reich, 1956
E. Schlink, Der Ertrag des Kirchenkampfes, 1947
K. D. Schmidt (Hrsg.), Arbeiten zur Geschichte des Kirchenkampfes, 1958 ff.

IV

HEINRICH OTT, DOGMATIK

1. ZUR DISZIPLIN (ALLGEMEIN)

Johannes Feiner / Magnus Löhrer (Hrsg.)
Mysterium Salutis. Grundriß heilsgeschichtlicher Dogmatik, Bd. I u. II, Einsiedeln/Zürich/Köln 1965 u. 1967

Paul Althaus
Grundriß der Dogmatik, Gütersloh 1959[5]

Karl Barth
Dogmatik im Grundriß, Zollikon 1964[3]

Karl Barth
Einführung in die evangelische Theologie, Zollikon 1963[2]

Gerhard Ebeling
Das Wesen des christlichen Glaubens, Siebenstern Taschenbücher Band 8, München 1964
Johannes Feiner / Josef Trütsch / Franz Böckle (Hrsg.)
Fragen der Theologie heute, Einsiedeln
Götz Harbsmeier
Antworten des Glaubens. Grundfragen der Dogmatik, Gelnhausen / Stuttgart · Berlin 1964
A. van Harvey
Theologische Begriffe, München 1966
Karl Rahner / Herbert Vorgrimler
Kleines theologisches Wörterbuch, Freiburg 1964[4]
Paul Tillich
Auf der Grenze, Siebenstern Taschenbücher Bd. 3, München 1964
Otto Weber
Grundlagen der Dogmatik, Bd. I u. II, Neukirchen 1962 u. 1964

2. ZUM STICHWORT (SPEZIELL)

THEOLOGIE

E. Fuchs, Was ist Theologie?, 1953
G. Otto (Hrsg.), Glauben heute. Ein Lesebuch zur evangelischen Theologie der Gegenwart, 1965
H. J. Schultz (Hrsg.), Tendenzen der Theologie im 20. Jahrhundert, 1967[2]
H. Diem, Theologie als kirchliche Wissenschaft I, 1951; II (Dogmatik) 1964[4]

HERMENEUTIK

E. Fuchs, Hermeneutik, 1964[3]
R. Bultmann, Glauben und Verstehen, 4 Bde., 1933 ff.
J. M. Robinson / J. B. Cobb, Die neue Hermeneutik, 1965
G. Ebeling, Evangelische Evangelienauslegung, 1942
F. Gogarten, Entmythologisierung und Kirche, 1966[4]
M. Heidegger, Unterwegs zur Sprache, 1963[3]
H. G. Gadamer, Wahrheit und Methode, 1965[2]

OFFENBARUNG

Die dogmatische Konstitution über die göttliche Offenbarung „Dei Verbum", z. B. in: K. Rahner / H. Vorgrimler, Kleines Konzilskompendium, 1966
E. Brunner, Offenbarung und Vernunft, 1961[2]
R. Bultmann, Der Begriff der Offenbarung im Neuen Testament, in: Glauben und Verstehen III, S. 1 ff.
W. Pannenberg (Hrsg.), Offenbarung als Geschichte, 1963[2]

K. Barth, Das christliche Verständnis der Offenbarung, 1948
G. Gloege, Offenbarung und Überlieferung, 1954
P. Tillich, Systematische Theologie I, 1964[3]
E. Brunner, Dogmatik I, 1953, S. 339 f.
K. Barth, Nein! Antwort an E. Brunner, 1934

NATUR UND GNADE

K. Rahner, Natur und Gnade, in: Schriften zur Theologie Bd. IV, 1962, S. 209 ff.
E. Brunner, Natur und Gnade, 1935[2]
J. Scheeben, Natur und Gnade, hrsg. v. M. Grabmann, 1949[4]

TRINITÄT

F. Gogarten, Ich glaube an den dreieinigen Gott, 1926
K. Barth, Kirchliche Dogmatik I / 1, S. 311 ff.
K. Rahner, Bemerkungen zum dogmatischen Traktat „De Trinitate", in: Schriften zur Theologie Bd. IV, S. 103 ff.
E. Jüngel, Gottes Sein ist im Werden, 1965

VORSEHUNG

D. Bonhoeffer, Widerstand und Ergebung, 1967[13]
H. Ott, Wirklichkeit und Glaube I, 1966
E. Brunner, Dogmatik II, 1960[2], Kap. 6
F. Flückiger, Vorsehung und Erwählung in der reformierten und lutherischen Theologie, in: Antwort, Festschrift für Karl Barth, 1956, S. 509 ff.

INKARNATION

W. Pannenberg, Grundzüge der Christologie, 1966[2]
F. Gogarten, Jesus Christus – Wende der Welt. Grundfragen der Christologie, 1966
K. Adam, Jesus Christus, 1946[7]
E. Brunner, Der Mittler, 1947[4]
H. Vogel, Gott in Christo, 1952[2]
K. Rahner, Zur Theologie der Menschwerdung, in: Schriften zur Theologie Bd. IV, S. 137 ff.
K. Barth, Kirchliche Dogmatik IV / 1–3
D. Bonhoeffer, Wer ist und wer war Jesus Christus?, 1965

RECHTFERTIGUNG UND HEILIGUNG

W. Joest, Die katholische Lehre von der Rechtfertigung und von der Gnade, 1954; und E. Kinder, Die evangelische Lehre von der Rechtfertigung, 1957; beides in: Quellen zur Konfessionskunde, Reihe A, Heft II, bzw. Reihe B, Heft I
A. Köberle, Rechtfertigung, Glaube und neues Leben, 1965
H. J. Iwand, Rechtfertigungslehre und Christusglaube, 1961[2]
W. Dantine, Die Gerechtmachung des Gottlosen, 1959

GLAUBE

G. Ebeling, Wort und Glaube, 1967[3]
H. Ott, Glauben und Bekennen, 1963
W. Elert, Der christliche Glaube, 1960[5]
H. J. Iwand, Nachgelassene Werke I, Glauben und Wissen, 1962
P. Tillich, Wesen und Wandel des Glaubens, 1961[2]
H. Thielicke, Der Glaube der Christenheit, 1965[5]
P. Rousselot, Die Augen des Glaubens, 1963

KIRCHE

E. Brunner, Das Mißverständnis der Kirche, 1957[2]
J. Ch. Hoekendijk, Die Zukunft der Kirche und die Kirche der Zukunft, 1965[2]
T. Rendtorff, Kirche und Theologie, 1966
H. Küng, Die Kirche, 1967
Die dogmatische Konstitution über die Kirche „Lumen gentium", z. B. in: K. Rahner / H. Vorgrimler, Kleines Konzilskompedium, 1966
D. Bonhoeffer, Sanctorum Communio, 1960[3]

WORT UND SAKRAMENT

G. Ebeling, Wort Gottes und Tradition, 1966[2]
K. Rahner, Kirche und Sakramente in: Quaestiones Disputatae 10, 1960
K. Barth, Kirchliche Dogmatik I / 1–2
E. Brunner, Wahrheit als Begegnung, 1963[2]
H. Vogel, Das Wort und die Sakramente, Theologische Existenz heute 35, 1936

EWIGES LEBEN

R. Bultmann, Geschichte und Eschatologie, 1964[2]
W. Kreck, Die Zukunft des Gekommenen, 1966[2]
K. Barth, Kirchliche Dogmatik II/1, S. 685 ff.
R. de Pury, Die Gegenwart der Ewigkeit, 1958
E. Brunner, Das Ewige als Zukunft und Gegenwart, 1965
P. Althaus, Die letzten Dinge, 1964[3]

V

TÖDT, ETHIK

1. ZUR DISZIPLIN (ALLGEMEIN)

Ökumenischer Rat der Kirchen (Hrsg.)
Appell an die Kirchen der Welt – Dokumente der Weltkonferenz für Kirche und Gesellschaft, Stuttgart · Berlin 1967

Pastoralkonstitution „Die Kirche in der Welt von heute", II. Vatikanisches Konzil, lateinisch-deutsch in den Konzilsdokumenten, Trier 1965 ff.

G. Hirschauer

Der Katholizismus vor dem Risiko der Freiheit – Nachruf auf ein Konzil, München 1966

H. E. Tödt

Artikel „Säkularisierung" in: Evangelisches Staatslexikon, Stuttgart · Berlin 1966, Sp. 1896 ff.

Ernst Wolf (Hrsg.)

Unter der Herrschaft Christi, Beiträge zur Evangelischen Theologie, München 1961

K. A. Odin

Die Denkschriften der EKD, Texte und Kommentare, Neukirchen 1966

2. ZUM STICHWORT (SPEZIELL)

ETHIK

H. Thielicke / H.-H. Schrey, Christliche Daseinsgestaltungen. Äußerungen evangelischer Ethik zu Fragen der Gegenwart, 1962[3]

H. Thielicke / H.-H. Schrey, Glaube und Handeln. Grundprobleme evangelischer Ethik, 1961[2]

D. Bonhoeffer, Ethik, 1963[6]

E. Brunner, Das Gebot und die Ordnungen, 1932

W. Trillhaas, Ethik, 1959

K. Heim, Die christliche Ethik, 1955

W. Herrmann, Ethik, 1904

H.-D. Wendland, Einführung in die Sozialethik, 1963

W. Schweitzer, Freiheit zum Leben. Grundfragen der Ethik, 1959[2]

P. Lehmann, Ethik als Antwort, 1966

H. Thielicke, Theologische Ethik, 4 Bde., 1951 ff.

N. H. Søe, Christliche Ethik, 1965[3]

E. Troeltsch, Grundprobleme der Ethik, in: Ges. Schriften, Bd. 4, 1913, S. 552 ff.

K. E. Løgstrup, Die ethische Forderung, 1959

K. Barth, Kirchliche Dogmatik II/2, S. 564 ff.

NACHFOLGE

D. Bonhoeffer, Nachfolge, 1964[8]

R. K. Merton, Contributions to the Theory of Reference Group Behavior, – ders., Continuities in the Theory of Reference Groups and Social Structure, beides in: ders., Social Theory and Social Structure, rev. ed. 1957

K. Barth, Kirchliche Dogmatik IV, 2, S. 603 ff.

LIEBE

A. Nygren, Eros und Agape, 1957[2]

K. Barth, Kirchliche Dogmatik IV, 2, S. 852 ff.
P. Tillich, Liebe – Macht – Gerechtigkeit, 1955
Sex und Moral, Ein Report der Kirchen in England, 1967
H. Giese, Mensch – Geschlecht - Gesellschaft, Das Geschlechtsleben unserer Zeit gemeinverständlich dargestellt, 1961

VERANTWORTUNG

P. Brunner, Pro Ecclesia, 1962, S. 341 ff.
G. Picht, Der Begriff der Verantwortung, in: Kirche und Staat, Festschrift für H. Kunst, 1967, S. 189 ff.
M. Weber, Politik als Beruf, in: Ges. politische Schriften, 1958[2]
E. H. Erikson, Einsicht und Verantwortung, 1966

GEWISSEN

E. Wolf, Zum Problem des Gewissens in reformatorischer Sicht, in: Peregrinatio I (1962[2]), S. 81 ff.
Das Gewissen, 1958 (Mit Beiträgen von H. Zbinden, E. Böhler, R. I. Z. Werblowsky, H. Schär, J. Rudin, E. Blum u. C. G. Jung)
G. Ebeling, Theologische Erwägungen über das Gewissen, in: Wort und Glaube, 1960, S. 429 ff.
E. H. Erikson, Identität und Lebenszyklus, 1967

GESETZ GOTTES

H. Gollwitzer, Zur Einheit von Gesetz und Evangelium. in: Antwort, Festschrift für K. Barth, 1956, S. 287 ff.
K. Barth, Evangelium und Gesetz, Theologische Existenz heute 50, 1961[3]
W. Joest, Gesetz und Freiheit, Das Problem des tertius usus legis bei Luther und die neutestamentliche Paränese, 1961[3]

SITUATION

H. Albert, Entwicklung, Struktur und Anwendung sozialwissenschaftlicher Theorien, in: Theorie und Realität, 1964
K. Rahner, Grenzen der Wissensethik, in: K. von Bismarck / W. Dirks (Hrsg.), Neue Grenzen. Ökumenisches Christentum morgen, Bd. 1, 1966, S. 122 ff.
K. Thomas, Die betriebliche Situation der Arbeiter, 1964
K. E. Løgstrup, Artikel „Situation“, in: Die Religion in Geschichte und Gegenwart, Bd. VI, Sp. 95 ff.

SCHULD

W. Herrmann, Ethik, 1904[3], §16 f.
E. Brunner, Der Mensch im Widerspruch, 1937, S. 105 ff.
H. Harsch, Das Schuldproblem in Theologie und Tiefenpsychologie, 1964
K. Lorenz, Das sogenannte Böse, 1963

RECHT

E. Wolf, Artikel „Recht“ in: Evangelisches Staatslexikon, Sp. 1640 ff.
Th. Heckel, Kirche – Wahrheit – Recht, 1961

H. Dombois, Artikel „Institution": in: Evangelisches Staatslexikon, Sp. 791 ff.
R.-P. Calliess, Eigentum als Institution. Eine Untersuchung zur theologisch-anthropologischen Begründung des Rechtes. 1962
Th. Geiger, Vorstudien zu einer Soziologie des Rechts, 1964
Zur Geschichte der Erklärung der Menschenrechte, R. Schnur (Hrsg.), 1964

VERANTWORTLICHE GESELLSCHAFT

H. D. Wendland, Person und Gesellschaft in evangelischer Sicht, 1965, S. 53 ff.
P. Abrecht, Die Entwicklung einer ökumenischen Sozialethik; in: Die Kirche als Faktor einer kommenden Weltgemeinschaft, 1966, S. 13 ff.
R. Dahrendorf, Gesellschaft und Freiheit, 1961
G. Howe / H. E. Tödt, Frieden im wissenschaftlich-technischen Zeitalter, Ökumenische Theologie und Zivilisation, 1966
R. Dahrendorf, Gesellschaft und Demokratie in Deutschland, 1965

WISSENSCHAFTSETHIK

C. F. v. Weizsäcker, Die Tragweite der Wissenschaft, 1964, S. 173 ff.
G. Picht, Struktur und Verantwortung der Wissenschaft im 20. Jahrhundert, in: „Versuche" Nr. 6, 1966
W. Kamlah, Wissenschaft – Wahrheit – Existenz, 1960
M. Weber, Wissenschaft als Beruf, in: Ges. Aufsätze zur Wissenschaftslehre, 1951

FRIEDEN

G. Howe, Kirche und Atomfrage, in: Kirche und Staat, Festschrift für H. Kunst, 1967, S. 277 ff.
G. Howe (Hrsg.), Atomzeitalter – Krieg und Frieden, Ullstein-Taschenbuch Nr. 614, 1963
R. Aron, Frieden und Krieg – Eine Theorie der Staatenwelt, 1962
H. Kahn, Escalation, Die Politik mit der Vernichtungsspirale, 1967
T. Brocher, W. Gerlach, R. Löwenthal, N. Sombart, P. G. Walker, R. v. Weizsäcker, Der Zwang zum Frieden, 1967
R. Schmid und W. Beck (Hrsg.), Streit um den Frieden, 1967

VI

JETTER, PRAKTISCHE THEOLOGIE

1. ZUR DISZIPLIN (ALLGEMEIN)

Dietrich Bonhoeffer
Widerstand und Ergebung, München 1964[12]
Ders., Gemeinsames Leben, München, 1964[11]

Hermann Diem
Die Kirche und ihre Praxis, Theologie als kirchliche Wissenschaft Band III, München 1963
Gerhard Ebeling
Wort und Glaube, Tübingen 1967³
Ders., Wort Gottes und Tradition, Göttingen 1964
Martin Fischer
Überlegungen zu Wort und Weg der Kirche, Berlin 1963
Ders., Wegemarken, Berlin 1961²
Leonhard Fendt
Grundriß der Praktischen Theologie (3 Bde.), Tübingen 1949²
Otto Haendler
Grundriß der Praktischen Theologie, Tübingen 1957
Götz Harbsmeier
Antworten des Glaubens. Grundfragen der Dogmatik, Stuttgart 1964²
Johannes Christiaan Hoekendijk
Die Zukunft der Kirche und die Kirche der Zukunft, Stuttgart · Berlin 1965²
Kirche in Frankreich auf neuen Wegen, Ökumenisches Studienheft, Berlin 1953
Fragen zur Kirchenreform, Göttingen 1964
Gerard van der Leeuw
Der Mensch und die Religion, München 1940
Ders., Phänomenologie der Religion, Tübingen 1956²
Ders., Vom Heiligen in der Kunst, Gütersloh 1957
Ders., Sakramentales Denken, Kassel 1959
Robert Leuenberger
Berufung und Dienst, Zollikon 1965
Joachim Matthes
Die Emigration der Kirche aus der Gesellschaft, Hamburg 1964
Georges Michonneau
Paroisse communauté missionaire, Paris 1947²
Alfred Dedo Müller
Grundriß der Praktischen Theologie, Gütersloh 1950
Henri Perrin
Briefe und Dokumente aus dem Nachlaß, München o. J.
Eugen Rosenstock-Huessy
Soziologie (2 Bände), Stuttgart 1956
Hans Jürgen Schultz (Hrsg.)
Theologie für Nichttheologen. ABC Protestantischen Denkens, Stuttgart · Berlin 1966
Eberhard Stammler
Protestanten ohne Kirche, Stuttgart 1961²

Helmut Thielicke
Leiden an der Kirche, Hamburg 1965
Wolfgang Trillhaas
Das Evangelium und der Zwang der Wohlstandskultur, Berlin 1966
Wolfgang Trillhaas
Kirche in dieser Zeit, Hamburg 1964
Hans Otto Wölber
Religion ohne Entscheidung, Göttingen 1965

2. ZUM STICHWORT (SPEZIELL)

PREDIGT

G. Ebeling, Die Geschichtlichkeit der Kirche und ihrer Verkündigung als theologisches Problem, 1954
G. Ebeling, Die „nicht-religiöse Interpretation biblischer Begriffe", in: Die mündige Welt, Bd. II 1956, S. 12 ff.
H. Ott, Verkündigung und Existenz, 1956
W. Trillhaas, Evangelische Predigtlehre, 1964[5]
G. Wingren, Die Predigt, 1959[2]
H. J. Iwand, Predigtmeditationen, 1964[2]
J. Konrad, Die evangelische Predigt, 1965
E. Hirsch, Predigerfibel, 1964
W. Jetter, Wem predigen wir?, 1964
M. Mezger, Verkündigung heute, 1966
G. Michonneau / F. Varillon, Die ungenützte Chance. Von der Praxis des Predigens, 1965

SEELSORGE

Th. Bovet, Lebendige Seelsorge, 1962[3]
E. Thurneysen, Seelsorge und Psychotherapie, 1954
L. Köhler, Wahres Leben, Ein Buch von der Seelsorge, 1964
D. Rössler, Der „ganze" Mensch, 1962
H. Girgensohn, Heilende Kräfte der Seelsorge, 1966
H. O. Wölber, Das Gewissen der Kirche, Göttingen 1965[2]
E. Steinwand, Verkündigung, Seelsorge, gelebter Glaube, 1964
E. Müller / H. Stroh (Hrsg.), Seelsorge in der modernen Gesellschaft, 1961

BEICHTE

M. Buber, Schuld und Schuldgefühle, 1958
W. Böhme, Beichtlehre für evangelische Christen, 1956
L. Klein, Evangelisch-lutherische Beichte, 1961
Allgemeines Evangelisches Gebetbuch, 1955
M. Thurian, Evangelische Beichte, 1958
L. Fendt, Die Beichte, in: Monatsschrift für Pastoraltheologie 1935, S. 116 ff.
W. Geisser, Beichte und Absolution in evangelischer Sicht, 1966
W. Uhsadel, Evangelische Beichte in Vergangenheit und Gegenwart, 1961

UNTERWEISUNG

M. Langeveld, Einführung in die theoretische Pädagogik, 1965[5]

H. Kittel, Der Erzieher als Christ, 1961[3]

H. Kittel, Vom Religionsunterricht zur Evangelischen Unterweisung, 1956

G. Otto, Schule, Religionsunterricht, Kirche, 1961

G. Otto, Handbuch des Religionsunterrichts, 1965[2]

M. Stallmann, Christentum und Schule, 1958

W. Neidhart, Konfirmandenunterricht in der Volksschule, 1964

K. Frör, Erziehung und Kerygma, 1952

F. Gräßmann, Religionsunterricht zwischen Kirche und Schule, 1961

E. Reimers, Recht und Grenzen einer Berufung auf Luther in den Bemühungen um die evangelische Erziehung, o. J.

R. Dross, Religionsunterricht und Verkündigung, 1964

F. Hahn, Die evangelische Unterweisung, 1951/54

O. Hammelsbeck, Der kirchliche Unterricht, 1947[2]

W. Uhsadel, Evangelische Erziehungs- und Unterrichtslehre, 1954

KONFIRMATION

M. Doerne, Neubau der Konfirmation, 1936

K. Frör, Geschichte und Ordnung der Konfirmation, 1962

K. Frör (Hrsg.), Zur Geschichte und Ordnung der Konfirmation in den lutherischen Kirchen, 1962

G. Hummel, Konfirmation heute, 1965

M. Thurian, Die Konfirmation, 1961

Gründler / Kleßmann, Reformation der Konfirmation, 1960

Zur Konfirmationsdebatte, in: Pastoraltheologie Heft 10, 1966

G. Otto, Konfirmation und Konfirmandenunterricht, in: Theologia Practica 2, 1967, S. 133 ff.

GOTTESDIENST

O. Cullmann, Urchristentum und Gottesdienst, 1962[4]

V. Vatja, Die Theologie des Gottesdienstes bei Luther, 1954[2]

E. Lange, Chancen des Alltags. Überlegungen zur Funktion des Gottesdienstes in der Gemeinde, 1966[2]

G. Schnath (Hrsg.), Fantasie für Gott. Gottesdienste in neuer Gestalt, 1962[2]

W. Jetter, Wir rufen dich an – Gebete mit der Gemeinde, 1966

ABENDMAHL

J. Jeremias, Die Abendmahlsworte Jesu, 1966[4]

M. Thurian, Eucharistie. Einheit am Tisch des Herrn?, 1963

P. Jacobs u. a. (Hrsg.), Die Gegenwart Christi, 1960[2]

R. Koch, Erbe und Auftrag. Das Abendmahlsgespräch in der Theologie des 20. Jahrhunderts, 1957

P. Philippi, Abendmahlsfeier und Wirklichkeit der Gemeinde, 1960

TAUFE

K. Barth, Die kirchliche Lehre von der Taufe, Theol. Studien 16, 1947

P. Brunner, Die evangelisch-lutherische Lehre von der Taufe, 1951
O. Cullmann, Die Tauflehre im Neuen Testament, 1958[2]
J. Jeremias, Die Kindertaufe in den ersten vier Jahrhunderten, 1958
K. Aland, Die Säuglingstaufe im Neuen Testament und in der Alten Kirche, Theologische Existenz heute 86, 1963[2]
F. Gruenagel (Hrsg.), Was ist Taufe?, 1951
W. Jetter, Werde ich Christ durch die Taufe, bleiben wir Christen durchs Abendmahl?, 1965
W. Jetter, Taufgeleit, 1965
L. Vischer, Ihr seid getauft. Eine Untersuchung über Tauf- und Konfirmationsliturgien verschiedener Kirchen, 1961

AMT

H. v. Campenhausen, Kirchliches Amt und geistliche Vollmacht in den ersten drei Jahrhunderten, 1963[2]
E. Schlink, Theologie der lutherischen Bekenntnisschriften, 1947
E. Sommerlath, Das Amt und die Ämter, in: Viva vox evangelii, 1951
H. Hatzfeld, Feuer und Wind, 1954[2]
G. Michonneau, Der Pfarrer, 1956

GEMEINDE

H. Cox, Stadt ohne Gott?, 1967[3]
G. W. Weber, Gemeinde in East Harlem, 1963
C. W. Williams, Gemeinden für andere, 1965
G. Schnath (Hrsg.), Fantasie für die Welt. Gemeinden in neuer Gestalt, 1967
K. Barth, Kirchliche Dogmatik IV/2, S. 695 ff.
E. Schweizer, Geist und Gemeinde im Neuen Testament und heute, 1952
N. A. Dahl, Das Volk Gottes, 1941
O. Weber, Versammelte Gemeinde, 1949

AMTSHANDLUNGEN

M. Mezger, Die Amtshandlungen der Kirche als Verkündigung, Ordnung und Seelsorge, Bd. I, 1963[2]
R. Bohren, Unsere Kasualpraxis, eine missionarische Gelegenheit?, 1960
G. Dehn, Die Amtshandlungen der Kirche, 1950
W. Schmidt, Bedrohte Einheit, 1963
R. Oehninger, Die Bestattung des Oskar Lieberherr, 1966

DIAKONIE

K. Rahner / H. Vorgrimler, Diaconia in Christo, 1962
J. C. v. Dongen, Diakonie im Sozialstaat, in Pastoraltheologie 7, 1963, S. 291 ff.
J. Bosc, Kirche und Sozialarbeit, in: Ev. Ethik 2, 1964, S. 65 ff.
H. Krimm, Das diakonische Amt der Kirche, 1965[2]
P. Philippi, Christozentrische Diakonie, 1963

Namen- und Sachregister

Abba 71
Abendland 335, 350
Abendmahl, -selemente, -sfeiern 125, 126, 128, 140, 231, 309, 330 f., 332 f., 353 f.
Aberglaube 87, 327
Abraham 18, 33
Abschiedsreden, johanneische 119
Absolution 310, 313
Advent 361
Agapen 333
Aktualismus, personalistischer 279
Altar 29, 334
Altes Testament 13, 24, 33, 42, 68, 73, 104, 106, 112, 120
Althaus, Paul 266
Amos 30, 81
Amt 114 f., 233 f., 310, 340, 342 f., 345, 347
Amt Christi, dreifaches 342 f.
Amt der Kirche 342, 343
Amtshoheit, parochiale 355
Amtskirche 115, 116
Amtsträger 114, 307, 341
Anfechtung 47, 227
Angst 262, 276
Antike 141, 153 ff., 163, 243
Antikommunismus 246
antimetaphysisch 244
Äon, neuer 97
Apokalypik, Apokalyptisches 22, 86, 88
Apokalyptiker 88 f.
Apologetik 193
Apostel 94, 119 f., 233
Apostelbriefe 120
Apostelkonzil 161
Apostolat, Apostolizität, apostolisch 119, 233, 281
Aquin, Thomas von 157, 187, 201, 239
Arbeiterpriester 303, 334
Aristoteles 110, 243
Arnd, Johann 173
Arnold, Gottfried 175
Askese 105, 247
Athanasianum 219 f.
Atheisten 123
Atheisten, humanistische 252
atheistisch-ideologisch 285
Atombewaffnung 245
Atombombe, -waffen 289, 292
Atomphysiker 246
Atomzeitalter 261
Auferstandener 83, 86, 250
Auferstehung 68, 73, 83, 87, 96, 107, 238, 251 f.
Auferstehung Jesu 82, 92, 100, 105, 243, 249
Aufgebot Gottes 113
Aufklärung 146, 152, 168, 175, 177, 291
Augsburger Religionsfrieden 164, 176
Augustin 141, 239
Aussegnung 322
Autorität 156 ff., 160, 163, 165, 338

Bacon, Francis 287
Barkochba 113
Barmer Bekenntnissynode 182
Barth, Karl 36, 181, 197, 245, 266, 278 f.
Begnadigung 42 f.
Begräbnis, kirchliches 358

Beichte 309, 311 ff.
Bekennende Kirche 182, 245
Bekenntnis 13, 101, 112, 140, 178, 252, 309
Bekenntnisformeln 118
Bengel, Johann Albrecht 175
Bergpredigt 218, 258, 281, 291
Bernanos, Georges 300
Beruf 78, 82
Berufung 343
Bibel 7, 17, 19 f., 22 ff., 46, 54 f., 98, 354
Bonhoeffer, Dietrich 182, 190, 221, 248, 252, 259, 334
das Böse 311
Briefe, apostolische 268
Brüder, böhmische 319
Bruderschaften, kirchliche 245 f., 263
Brunner, Emil 278 f.
Buber, Martin 206, 228
Bullinger, Heinrich 236
Bultmann, Rudolf 220, 271 f.
Bund 21, 40, 44 f., 56, 91, 125
Bundesbruch 56 f.

Calvin, Johannes 126 f., 141, 159, 164, 342
Campingseelsorge 304
Canisius, Peter 170
Canterbury, Anselm v. 153, 154
Carafa, Giovanni Pietro 170
Cathedra Petri 346
Christenheit 17, 338 f.
Christenlehre 314
Christentum 328, 336
Christenverfolgungen 145, 149 f.
christliche Unterweisung, Formen der 314
Christologie, christologisch 250 f., 278 f., 367
Christus 43, 62, 78, 86, 92
Christusbekenntnis 82
Clemens v. Alexandrien 138
Comenius, Johannes 291
Confessio Augustana 176
Cox, Harvey 349

Dahrendorf, Ralf 293 f.
Dämonen 89, 92
David 19, 58, 67, 82
Davidssohn 68
Dekalog 39, 50 f.
Demokrit 109
Demut 247
Denken, biblisches 107
Denken, israelitisches 108
Denken, katholisches 201
Denkschrift, evangelische 291
Denomination 325
Descartes 287
Deuterojesaja 14, 29, 30, 34, 37, 40, 43 f., 48, 53, 55, 61
Deuteronomium 18, 49
deuteropaulinisch 218
Deutsche Christen 181 ff.
devotio moderna 169
Dezision, dezisionistisch 271 f.
Diakon, Diakonisse 366
Diakonie 363, 365
Diakonie, intellektuelle 307
Dialektik 111, 190
Dialog, dialogisch, Dialogisches 24, 188 f., 195, 203, 215, 228
Dienst 30, 69, 82, 110, 117 f.
Dienstgemeinschaft 328
Dodekalog 50
Dogma 156
Dogmatik, dogmatisch 7, 130, 138, 141, 194, 205, 213, 223, 253
Dombois, Hans 279
Dulles, John Foster 245
Dürrenmatt, Friedrich 87

Ebeling, Gerhard 131
Ehe 78, 251, 279, 283
Eheberatung 364
Ehelosigkeit 251
Einrichtungen, kirchliche 348
Einsegnung 322
Einsetzungsworte 124
Elia 78, 97
Endgericht 260
Endzeit 88 f., 91, 99

endzeitlich 217, 220, 238, 253
Entscheidung 141, 143 f., 150, 219, 230, 239, 264 f., 270 ff.
Erasmus von Rotterdam 291
Erbarmen Gottes 313
Erde, neue 98
Erhöhter, Erhöhung 67 f., 74, 103
Erlöser, Erlösung 13, 37, 156, 182, 204, 224, 231 ff., 260
Erscheinungsberichte 83
Erziehung 308, 316, 360
eschatologisch, Eschatologisches 62, 90, 239, 243, 253, 280, 296
Ethik 7, 226, 244, 267, 269, 291
Ethos, säkulares 270
Euseb v. Cäsarea 145
Evangelische Akademien 303
Evangelium 19, 84, 266, 335, 344, 352
Exegese, Exeget 139, 194, 218 f.
Exil, babylonisches 48, 112
existential 190
existentiell 238 f., 289, 309
Existenz 200, 244, 289
Existenz Gottes 224
Existenzkrise 283
Exodus 14, 51
Exodus- und Sinaitradition 45
Ezechiel 14, 44, 73

Familie 60, 82, 283
Faschismus 283
Feindesliebe 254
Firmung 319, 322
Formeln, liturgische 120
Frage, soziale 242
Francke, August Hermann 172, 174
Französische Revolution 146
Freiheit 55, 147, 166, 190, 275 ff., 284, 286 ff., 292, 348
Freizeit 318
Freude 25, 54, 56, 106, 126
Friede 19, 58, 60 ff., 88
Frömmigkeit 110, 236, 247 f., 267, 348
Frühkatholizismus 345
Fürbitte 111

Gadamer, Hans-Georg 195
Galerius 149 f.
Gebet 150, 189, 228
Gebote 43, 49 ff., 78
Gefangenenseelsorge 304
Gegenreformation 168
Gehorsam 68, 79, 99, 247
Geist 100 ff., 120, 268
Geist Gottes 97, 101, 110
Gemeinde 17, 22, 68, 70, 75, 78 ff., 82, 90 f., 97, 100, 102, 111 ff., 117, 120 ff., 314, 348
Gemeinde, nachösterliche 88
Gemeinde, neutestamentliche 116
Gemeindebeichte 358
Gemeindegottesdienst 119, 339
Gemeindehelfer 366
Gemeindeleitung 120, 347
Gemeindemündigkeit 345
Gemeindeorganisation 351
Gemeindeseminar 318
Gemeindeverständnis, evangelisches 353, 355
Gemeinschaft 56, 80, 87, 350, 356
Gemeinschaft der Heiligen 337
Gemeinschaftscharakter des Gottesdienstes 117
Gerechtigkeit 88, 245, 284
Gerechtigkeit Gottes 91 f. 115
Gerhardt, Paul 173
Gericht 19, 38, 55, 88, 90 f., 127, 277
Gerstenmaier, Eugen 266, 283
Gesamtkatechumenat 316
Geschichte, geschichtlich 22, 98, 143, 190, 192 f., 200, 216, 236, 239, 270, 275, 278
Geschichtlichkeit 42, 188, 190, 200
Geschichtshandeln Gottes 19
geschichtslos 264
Geschöpf 204, 239
Gesellschaft, säkulare 281
Gesellschaft, sozialistische 285
Gesellschaft, verantwortliche 283 ff.
Gesetz(e) 49 ff., 265 f., 284
Gesetz Christi 269
Gesetz, deuteronomisches 52

Gesetz Gottes 267 f., 270
Gesetz und Evangelium 49
Gesetzeslehre, paulinische 267
Gesetzestreue 267
Gesetzgebung Israels 49
Gesinnungsethik 258
Gewissen 247 f., 259 f., 262 ff., 268 271, 273, 276 f., 284, 337 f.
Gewissensfreiheit 262
Glaube 84, 95, 99, 101 f., 130, 134, 140 f., 143 f., 147 f., 150, 155 f., 159, 163, 174 ff., 178, 182, 198, 201, 207, 210 ff., 277 f., 309, 334, 338 f., 350, 355 f.
Glaubensbegriff 34
Glaubensbekenntnis 13, 219
Glaubensgehorsam 92, 281
Glaubensgemeinschaft 350
Glaubensunterweisung 320
Glaubensverständnis, neutestamentliches 32
Gnade 43, 53 f., 55 f., 81, 120, 139, 141, 155, 190, 201 ff., 223 ff., 233 ff., 237, 259, 337
Gnosis, Gnostiker 115, 135
Goethe, Johann Wolfgang von 84
Gogarten, Friedrich 266
„Goldene Regel" 255, 257
Gollwitzer, Helmut 246
Gott 7, 13, 19, 45, 103, 105 f., 120, 127, 335
Gott, persönlich 197, 205 ff., 218, 225
Gottesbild 254
Gottesdienst 17, 19, 24, 40, 50, 60, 117, 118 f., 121, 125, 328 f., 354
Gottesfeindschaft 127
Gottesferne 223
Gottes Gerechtigkeit 21, 223
Gottes Gericht 20 f.
Gottesherrschaft 243
Gottesknecht 30, 76
Gottesknechtlieder 30, 44, 48, 61
Gotteslob 24, 26
Gottesreich 92, 98
Gottessohn 68 f., 76, 97
Gottesvolk 22, 56, 114 f.
Grab, leeres 86
Griechen, -tum 78, 111, 287
Großstadtseelsorge 304
Grotius, Hugo 291

Handauflegung 323
Handeln Gottes 51, 101
Häretiker, häretisch 135, 193, 319, 352
Harnack, Adolf von 131
Hauptgottesdienst 356
Hausbesuche 303
Heidegger, Martin 192
Heil 19, 51, 63, 100, 101 f., 105, 136, 156, 207 f., 219, 223 f., 229, 231 f., 250, 259, 267, 337 f., 352
Heiliger Geist 93, 99, 101 f., 253
Heiliger Israels 37, 38
Heiligkeitsgesetz 39, 52
Heiligung 223, 226
Heilsgeschehen, Heilsgeschichte, heilsgeschichtlich 134, 195 f., 352
Heilsgewißheit 175
Heilsgut 239
Heilsnotwendigkeit 352
Heilsorakel 31
Heilspropheten 61
Heilszeit 98
Heilszuwendung, sakramentale 323
Heilungen 94
Heimatrechte 246
Hellenismus, Hellenist 100 f., 243
Heraklit 111
Hermann, Rudolf 266
hermeneutisch 214, 216
Herrenmahl 113, 119, 121, 123
Herrmann, Wilhelm 276, 291
Herrschaft Gottes 88 f., 91 f., 250
Herrsein Gottes 45 f., 48
Himmel, neuer 98
Himmelfahrt 83, 85
Hinrichtung Jesu 110, 123
Hiob 23, 34, 53 f.
Hirsch, Emanuel 266
Hoekendijk, Johannes Christiaan 334
Hoffnung 126, 187, 198, 227, 294, 296, 339

Holl, Karl 132, 266
Hölle 106
Hosea 37, 56
Howe, Günter 289
Humanismus, Humanisten, humanistisch 133, 140, 146, 152, 155, 165 f., 270, 291
Huß, Johannes 136

Ich-Du-Relationen, personalistische 251
Idealismus 61
Idee 211, 213, 218, 235
Ideologie, ideologisch 211, 245, 256, 285, 328
Ignatius von Loyola 165
Immanenz 254
Imperativ, kategorischer 260
Individualethik 248
Individuum und Gesellschaft 108
Information 259, 274, 302
Inkarnation 216, 218, 220 f.
Innere Mission 365
Inspiration 136
Institutionalität 279
institutionell 284
Institutionen 279, 293, 327, 341
Institutionenlehre 279
interkonfessionell 133, 137
Investiturstreit 149
Irrlehre 161, 163
Israel 17, 21, 47, 51, 56, 67, 69, 91, 97, 108 f., 112 f., 268

Jahwe 13, 38, 43, 45 f., 205 f.
Jakob 60, 109
Jansenismus 142
Janssen, Johannes 169
Jedin, Hubert 168
Jeremia 14, 22, 30, 56
Jerusalem 83, 86, 118
Jesaja 22, 30, 34, 36 f.
Jesuitenorden 165, 169
Johannes 68 ff., 83, 87, 103 ff., 115, 122
Johannes XXIII. 160
Johannes der Täufer 88
Johannesjünger 122
Joseph 58 f.
Josua 29, 40
Judenchristentum 69
Judentum 113
Jugendgottesdienst 318
Jugendseelsorge 304
Jünger 75, 77 ff., 81, 86, 90, 93 ff., 98 f., 112, 123, 128, 250, 352
Jüngerschaft 115, 321
Jüngster Tag 77, 122

Kähler, Martin 218
Kairos 193
Kanon 7, 135, 216, 328
Kant, Immanuel 243, 260, 291
Karfreitag 361
Karl der Große 148, 153
Käsemann, Ernst 218
Katechetik 318 f.
Katechismus 318, 320
Katechumenat 317, 320, 336
Katholizität 233, 355
Ketzertaufe 337
Kerygma 244, 272
Kierkegaard, Sören 271, 300, 323, 348, 356
Kindergarten, kirchlicher 314
Kindergottesdienst 318
Kindertaufe 336 ff.
Kirche 130 f., 135, 148, 164 f., 207, 301, 332, 336, 352, 354
Kirche, alte 342
Kirche, römisch-katholische 127, 201, 225, 341
Kirchenbegriff 342
Kirchenerneuerung 320
Kirchengedanke 311
Kirchengeschichte 318
Kirchenkampf 159, 180
Kirchenlehre 344
Kirchenmusik 364
Kirchenordnung 359
Kirchenrecht 364
Kirchenreform 327, 354

Kirchentrennung 60
Kirchenväter 138, 154, 305
Kirchenverfassung 159, 364
Kirchenzucht, -sordnung 364
Kirchlichkeit 306, 355
Klage 16, 23
Kleinglaube 106
Klerikalisierung 366
Kloster 306
Köhler, Ludwig 17
Kommen Jesu Christi 100, 107
Kommunikation 353
Kommunismus, kommunistisch 246, 279, 283, 285
Konfessionalismus 177 ff.
konfessionell 169, 182
Konfessionen 131, 141 f., 145 f., 168, 233, 236, 310, 314, 332
Konfirmandenunterricht 314
Konfirmation 314, 319, 322 ff., 339, 358
konfliktsoziologisch 293 f.
Königsherrschaft Gottes 46, 79, 88
Konstantin der Große 145, 148 ff., 162
Konsubstantiation 331
Konzilsbewegung 160
Konzilstheologen 349
Konzil zu Nicäa 162
Korinth, Korinther 95, 110, 118, 120, 122, 125
Kosmos 109, 269
Krankenabendmahl 358
Krankenheilungen 98
Krankenseelsorge 304
Kreuz 17, 70, 79 f., 92, 95 f., 101 ff., 105, 251
Kriterien, rationale 272
Kult, Kultisches 17, 117, 327 f.
Kult- und Rechtsgemeinde 112
Kultur 139, 267, 283
Kulturprotestantismus 244
Kurie 158
Künneth, Walther 246
Kunst, kirchliche 364
Kyros 48
Laien, -tum 114, 308, 339, 349
Laienelement, charismatisches 349
Laienordination 321
Laterankonzil, Viertes 163, 312
Leben 103, 106, 108
Leben, ewiges 239
Leben, neues 55
Leben, soziales 251
Lehramt 234
Lehre 119 f., 134 f., 141, 144, 156, 170, 172
Lehre von der Sünde 43
Lehre von der unbefleckten Empfängnis Mariens 160
Lehren, stoische 243
Leib 104, 108
Leib Christi 114 f., 119, 121
Leiblichkeit 109 f.
Leiden 79 ff., 111
Leidensbereitschaft 247
Leitbild(er) 242
Leo I. 157
Leviten 29
Liebe, -sgebot 227, 255 ff., 259, 339
Liebeswerke, kirchliche 365
Littell, Franklin 350
Liturgie 25, 117, 326
Liturgik 360
Lob 14, 16
Lobpreis der Liebe 102
Lobpsalm 27
Logos 69
Löhe, Wilhelm 309
Lorenz, Konrad 255
Lukas 83, 85 ff., 98, 101, 114, 118, 124
Luthard, Christoph Ernst 291
Luther, Martin 51, 85, 127, 133, 136, 141 146, 155, 158, 163 f., 166, 169, 179, 192, 224, 239, 259, 263, 266, 310, 317, 320 f., 327, 330 f., 337, 342, 344, 352 f., 362, 367
Lutheraner, lutherisch 126, 278
Lutherbild 193
Luthertum 266

Macht Gottes 91 f.
Macht Jesu 90
Mächte 105
Magie 237
Magnifikat 27
Majestät Gottes 46
Mariendogmen 136
Markus 97 f., 115, 124
Martha 84 f.
Märtyrer, Martyrium 107, 113, 140, 176
Massenmedien 302, 364
Massenseelsorge 304
Materie und Form 109
Matthäus 87, 97, 113 f., 124
Maurenbrecher, Wilhelm 168
Meliton von Sardes 145
Mensch 13, 70, 106, 109, 225
Mensch, neuzeitlicher 275
Mensch, säkularer 193
Menschenbildung 305
Menschenrechte 283
Menschenrechtsnormen 280
Menschensohn 73 f., 76 ff., 95
Menschwerdung 40, 204, 216, 222
Messe, römische 325, 330
Messias 67, 74
meta-normativ 268 f.
Metaphysik 214
Militärseelsorge 246, 304
Mirjamlied 17, 26
Mitmenschlichkeit 244, 248, 272
Mittelalter 126, 243, 311
Mittleramt 15
Mönche 306
Montanismus 161
Moral, moralisch 253, 327
Moraltheologie 244
Morgenstern, Oscar 288
Mose 30, 38, 49
Mündigkeit 268 f.
Müntzer, Thomas 132
mythologisch 219 f.
Mythus, ekklesiologischer 350

Nachfolge 68, 71, 78 ff., 89, 95, 115, 140, 143, 221, 250 ff.
Nachfolgeethik 250 f.
nachkapitalistisch 256
nachösterliche Zeit 79 ff.
napoleonisch 291
Nation, national 283, 291
Nationalismus, nationalistisch 246 f.
Nationalprotestantismus, nationalprotestantisch 247, 291
Nationalsozialismus, nationalsozialistisch 180 f., 244 f., 278 f., 283, 314
Nationalstaat, -sidee 283, 291
Natur 155, 269
Naturgesetz 223, 267
Naturrecht, naturrechtlich 269 ff., 279, 285
Neues Testament, neutestamentlich 42, 71, 74, 85, 97, 106, 108, 112, 122
Neuschöpfung 107
Neuzeit 165 f., 243, 254, 260, 294
New Morality 248
Niedrigkeit 76 f.
Niemöller, Martin 182
Nietzsche, Friedrich 254
Nomos 51 f., 269
normativ 269, 273
Norm(en) 265, 267 f., 270, 272, 275, 279
Normenethik 271, 273
Normensysteme 271
Noth, Martin 15
Nottaufe 339

Offenbarung(en) 118, 155, 177, 182, 196, 201 ff., 207, 209, 217, 219 ff., 227, 231, 235, 238 f., 244, 253, 263, 352
Offenbarungstheologie 201
ökumenisch 285
Ökumenizität 355
Oldham, Joseph Houldsworth 283
Opfer, -dienst, -gesetzgebung, -gottesdienst, -kult 24, 28, 61, 113 f.
Ordination 322, 358
Ordnungstheologie 279
Origenes 138, 140, 145
Orthodoxie, orthodox 152, 158, 162 f., 172 ff.

Orthodoxie, lutherische 313
Ortsgemeinde 344, 350
Osterbegegnungen 250
Ostern 67, 86, 113
Otto, Rudolf 36

Pädagogik Gottes 316 f.
Palästina 69, 124
Papsttum 156
paradiesisch 292
Paränese, paränetisch 243, 267
Parochialgemeinde, Parochie 306, 351, 355
Parteiideologie, atheistische 285
Passion 79
Pastoralbriefe 114 f.
Paten, -amt 321 f., 388
Patriotismus 291
Paul III. 170
Paul IV. 170
Paulus 27, 62, 67 f., 70 f., 73, 75, 80 f., 83, 86 f., 91 ff., 95 f., 98, 100 ff., 110 f., 115, 118 ff., 122, 124 ff., 136, 144 f., 157, 218, 224, 228, 251, 259, 266 ff., 281, 304
Pazifismus 292
Pentateuch 14, 18, 52 f.
Person, personal 127, 190, 200, 202, 214, 225, 228 f., 235, 237 ff., 248, 262, 273, 289, 305, 340
Petrus 71, 83, 93 f., 113, 136, 156 f., 310
Pfarramt 345
Pfarrer, Ausbildung der 364
Pfingsterlebnis 231
Pharisäer 88, 96, 105, 112
Philipp II. 149
Philosophen, Philosophie 8 f., 197, 203, 222
Picht, Georg 260, 264, 287, 295
Pietismus 152, 177, 355
Pilatus 71
Plato 107 f., 110
pluralistisch 281
Pluralität 281
Pluriformität, ökumenische 353
Polis 243, 269
Politik, politisch 246, 265
Politologie 242
Polyzentrismus 160
Positivismus 178
positiv-rechtlich 270
Prädestinationslehre 142
Predigt, -amt 299 f., 318, 335, 344
Predigtbewegung 303
Predigtgottesdienst 325
Predigtlehre 302
Priester, -begriff 29, 120, 345, 349
Priestergesetz 52
Priesterschrift 28
Priestertum der Gläubigen, allgemeines 308, 349
Priesterweihe 349
Procksch, Otto 38
profan 267
Propheten, Prophetie 15, 20 ff., 28, 30, 37, 39, 43, 47, 56, 75, 97, 99, 112, 118 f., 121, 301, 327
Protestant, protestantisch, Protestantismus 171 ff., 180 f., 236, 247, 266, 291 f., 309, 328
Psalmen, Psalter 16, 19, 25, 38, 54, 118, 206, 311
Pseudoamtlichkeit 347
Pseudosakrament 323
Psychiater 313
Psychologie 242
Puritanismus 172
Pütter, J. St. 168

Quäker 178
Qumran 89, 112, 120

Rabbi, Rabbinat 78, 120
Rabbi Akiba 113
Rad, Gerhard von 34
Ranke, Leopold von 168
Rahner, Karl 229
Rasse, rassisch 256, 283
Rationalität, säkulare 264
Raum, gottesdienstlicher 326
Realpräsenz 331

Recht 49, 275, 280
Rechte Gottes 67, 69
Rechtfertigung, -slehre 174, 223 f., 226 f., 229, 238, 259, 278
Rechtgläubigkeit 138, 152
Rechtspositivismus 279
Reform, clunizensische 153
Reformation 7, 131 ff., 136 f., 140 f., 145 f., 152, 155, 158 f., 163 f., 168 ff., 172, 174, 202, 207, 211, 223, 235, 243 f., 247, 291, 303, 312, 317, 319, 336, 342, 351, 353
Reformator(en), reformatorisch 49, 51, 140, 158, 190, 225, 227, 232, 312, 319, 337
Reformen, kirchliche 327
Reformierte 126
Reich Gottes 23, 76, 88 f., 91 f., 116, 220 f., 232, 238, 240, 244, 296
Reich-Gottes-Ethik 244
Reichskirche 311
Religionsgeschichte 8 f., 18
Religion 13, 17, 20
religionslos 244, 248
Religionsunterricht 314
Restauration, restaurativ 280 f., 291
Richter 21, 76, 100, 260
Ritschl, Albrecht 172
Ritualismus, magischer 236
Ritus, Riten 42, 112
Rollenerwartung 279
Romantik, romantisch 272, 280
Rousselot, Pierre 230
Rückkoppelungsprinzip 259
Ruf Jesu 80 f.

Sabbat 113 f.
Sadduzäer 84
Sakrament 125, 235 f., 359
Sakrament der Armut 368
Sakramentalien 362
Sakramentsgottesdienst 325
Sakramentslehre 299
Sakramentsverwaltung 158
säkular, Säkularisierung 260, 267, 269
Sätze heiligen Rechtes 119
Satzungen 49
Säuglingstaufe 321
Schian, Martin 323
Schlatter, Adolf 333
Schleiermacher, Friedrich 244, 321
Schmalkaldische Artikel 310
Schmidt, Kurt Dietrich 131
Scholastik, scholastisch 135, 140 f., 152 ff.
Schöpfer 9, 46 f., 104, 260
Schöpfung, -sgedanke, -sordnung, -srecht, -sthologisch 24, 104, 204, 206, 266 f., 269, 278 f., 283, 294
Schöpfung, neue 250
Schriftbeweis 207
Schriftgelehrter 120
Schriftprinzip 136 f.
Schrifttheologie 155
Schuld, -bewußtsein 139, 275 f., 311
Schwärmertum 353
Scientismus, scientistisch 288
Scotus, Duns 155
Seele 106 f., 110, 289
Seele, unsterbliche 87, 107
Seelenfriede 61
Seelsorge, -bewegung, -verantwortung 303 f., 307 f., 360
Seelsorger 307
Segen 17, 127
Segen und Frieden 19
Segnen 59
Selbstbestimmung, verantwortliche 275 f.
Selbstentäußerung 247
Selbstoffenbarung 207, 219 ff., 235
Sendung 69
Sendung Jesu 54, 100
Sexualität, Sexus 248, 253
Sittlichkeit 278, 281
Situationen 119
Situationsethik 271, 273
Smend, Rudolf 36
Sohn Gottes 67, 93, 103 f.
Sokrates 84, 305
Solidarität 255, 272

Sonderbericht, lukanischer 125
Sonntag 117
Sozialethik 242, 248, 271
Sozialmedizin 242
Sozial-Theologie 283
Soziologie, soziologisch 9, 242, 279, 364
Spaltung, konfessionelle 119, 350
Spätantike 145, 148
spiritualistisch 294
Staat und Kirche 180
Staatsgesetz 51
Staatskirche, -ntum 143, 148
Stand, geistlicher 346
Stapel, Werner 266
Stellvertreter, Stellvertretung 157, 220, 251, 259
Sterben Jesu 100, 111
Stoa, Stoiker 108, 110, 267, 269
Stoecker, Adolf 323
Strauß, David Friedrich 177
Streit 60 f.
Stuttgarter Schuldbekenntnis 183, 244
Substanz 100, 103, 126 f.
Sukzession, apostolische 135
Sünde, -nbegriff, -nbekenntnis, -nvergebung 41 ff., 54, 73, 96, 119, 123, 139, 141, 176, 202 f., 223, 236, 247, 250, 275, 277, 294, 312
Sünder 223, 225, 252, 267, 277 f., 281
Synagoge, -ngottesdienst 31, 113, 120
Systematik 7

Taufe 68 f., 88 f., 91, 97, 113, 121 f., 309, 321, 332, 335 f., 337 f., 353 f., 358
Täufer 98
Täufertum 353
Taufgottesdienst 118, 339
Taufordnung 339
Taufpraxis 89, 322, 339
Taufverständnis 339
Taufunterricht, -unterweisung 118, 320
Taufzeiten 339
technisch-wissenschaftlich 292, 295
Telefonseelsorge 304
Tertullian 145
Teufel 97, 106, 110, 113, 117
Theodosius der Große 148
Theodosius I. 163
Theologe, -nnachwuchs 120
Theologie, theologisch 7, 133, 141, 192, 203, 211, 214, 317, 332, 346
Theologie, dogmatische 194
Theologie, exegetische 194
Theologie, katholische 196, 229, 236
Theologie, natürliche 201
Theologie, orthodoxe 175
Theologie, praktische 7
Theologie, protestantische 229, 236, 243, 283
Theologie, scholastische 342
Theologie, systematische 242, 266
Theologie und Philosophie 154
Theophanie 38
Thessalonich 118
Thron und Altar 181
Tischgemeinschaft(en) 123, 125, 128, 332
Tod 85, 87, 106 ff., 238 f.
Tod Jesu Christi 62, 126, 243, 249
Toleranz, tolerant 144, 146, 149 f.
Tora 14, 52
Totalitarismus, totalitär 278, 293
Totenauferstehung, allgemeine 73, 86
Totengedenken 361
Tradition, traditionalistisch, traditionell 22, 50, 54, 114 ff., 139 ff., 150, 152 ff., 156, 158, 172, 262, 273, 278, 284 f., 287
Traditionsbeweis 140
Transsubstantiation 127, 331
Trauung 358, 361
Trienter Konzil (Tridentinum) 136 f., 165, 168, 170, 190, 227
Trinität, -slehre 162 f., 216, 219 f.
Tugendkataloge 268
Tun des Gebotes 51

Umkehr 68, 91
Unfehlbarkeit 137, 156 f., 160
Unglaube 106, 310

Unheil 73
Universalismus 261
Unkirchliche 123
Unterbewußtsein 276
Unterweisung 310, 316
Urbekenntnis 15, 45
Urchristenheit (Urgemeinde) 40, 101, 125, 333
Urgeschichte 43, 53
Utopie, utopisch 293 ff.

Vätergeschichte 17 f.
I. Vatikanisches Konzil 156, 160, 196
II. Vatikanisches Konzil 157, 160, 178, 193, 271
Verantwortung, verantwortlich, Verantwortlichkeit 187 f., 226, 248 f., 251, 259, 264, 267, 269, 275 ff., 278, 281, 284 ff., 305
Verantwortungsethik 248, 258
Verbalinspiration 136
Verborgenheit Gottes 254
Verdienst 225
Verfolgungen 144
Vergebung 41 f., 44, 247, 277, 307, 311, 337
Verheißung 67, 337
Verifikation 188 f.
Verkündigter 220
Verkündigung 92, 111, 120 f., 127, 134, 217, 219 ff., 236 f., 284, 291
Verkündigung Jesu 243
Vernunft, autonome 260
Versöhnung, -stat 246, 249, 262, 270, 290, 293, 330
Versorgungsbetrieb, kirchlicher 351
Verstehen 191, 193 ff., 203
Versuchung 70
Vertriebenendenkschrift 245 f.
Verzweiflung 227
Vilmar, August 178
Visionen 73, 84
Vokation 344
Volk 55, 283
Volk Gottes 113, 240
Volksdemokratien 285
Vollgottesdienst 329
Vollkommenheitsideal, mönchisches 305
Vollmacht 310
Vorstellungen 69

Wahrheit 103, 128, 287, 289, 300, 340
Wasserstoffbombe 288 f.
Weber, Max 258
Weihegewalt, bischöfliche 319
Weimarer Republik 247
Weiß, Johannes 244
Weisung 52
Weizsäcker, Carl Friedrich von 288, 292
Welt 354
Welt Gottes 103
Welt, himmlische 100
Welt, mündiggewordene 248
Weltbezogenheit 251
Weltbild 197, 212, 214
Weltfriede 280, 292
Weltgericht 23, 73
Weltgesellschaft 280
Welt, technisch-wissenschaftliche 261, 266 f., 269, 289 f.
Werk(e) 140, 225
Westermann, Claus 266, 269
Wichern, August Hinrich 323
Wiederaufrüstung 245, 292
Wiedergeburt 173 f.
Wiedertäufer 321, 337
Wille Gottes 270
Wirken Gottes 24
Wirklichkeit Gottes 76, 85
Wirklichkeit Jesu 71
Wissenschaftsgläubigkeit 288
Wölber, Hans Otto 325
Wolf, Ernst 279
Wort Gottes 95 f., 166, 182, 189, 197, 228, 235 f.
Wort und Sakrament 336
Wortgeschehen 336
Wortgottesdienst 31
Wortverkündigung 127, 158
Wunder, -erzählungen, -geschichten, -taten, -täter, -zeichen 93 ff., 99
Wyclif, John 136

Xerxes 93

Zeitalter, konstantinisches 351
Zentralismus 160
Zeugen 85, 87, 111
Zeugnis, apostolisches 121
Zinzendorf, Nikolaus Graf von 172, 174
Zivilisation 261, 269
Zivilisation, technisch-wissenschaftliche 286
Zorn Jahwes 20, 47
Zukunft 63, 86, 125
Zungenrede 99, 102, 118
Zweifel 227
Zwei-Reiche-Lehre 263
Zwingli, Huldrich 126 f., 164
Zwischenzeit 107
Zwölf Stämme 113